高等职业教育铁道运输类新形态一体化系列教材

# 铁路隧道工程施工与维护

万　涛◎主编
谭富圣◎主审

中国铁道出版社有限公司

2025年·北　京

## 内容简介

本书为高等职业教育铁道运输类新形态一体化系列教材之一，共分为6个项目，包括隧道施工准备、隧道洞口段施工、隧道洞身施工、辅助坑道施工、TBM隧道施工和隧道病害与防治。

本书可作为高等职业院校铁道工程技术、高速铁路施工与维护、铁道桥梁隧道工程技术等专业隧道课程教材，也可作为隧道领域设计人员、施工人员、维护人员等的参考书。

**图书在版编目（CIP）数据**

铁路隧道工程施工与维护 / 万涛主编. -- 北京 ：中国铁道出版社有限公司，2025. 1. --（高等职业教育铁道运输类新形态一体化系列教材）. -- ISBN 978-7-113-31480-4

Ⅰ. U459.1

中国国家版本馆CIP数据核字第20245ZD537号

**书　　名：** 铁路隧道工程施工与维护
**作　　者：** 万　涛

**策　　划：** 陈美玲
**责任编辑：** 陈美玲　　**编辑部电话：**（010）51873240　　**电子邮箱：** 992462528@qq.com
**封面设计：** 刘　莎
**责任校对：** 刘　畅
**责任印制：** 高春晓

**出版发行：** 中国铁道出版社有限公司（100054，北京市西城区右安门西街8号）
**网　　址：** https://www.tdpress.com
**印　　刷：** 河北宝昌佳彩印刷有限公司
**版　　次：** 2025年1月第1版　2025年1月第1次印刷
**开　　本：** 787 mm×1 092 mm　1/16　**印张：** 19.75　**字数：** 502千
**书　　号：** ISBN 978-7-113-31480-4
**定　　价：** 58.00元

# 前　言

铁路施工维护技术的快速发展，对铁路隧道施工与维护人员提出了更高要求。为全面贯彻党的教育方针，落实立德树人根本任务，适应隧道施工与维护人才培养的需求，编者在总结工作经验和教学经验的基础上，融合当前职业教育理念，完成本教材的编写。教材具有以下特色：

（1）以职业能力分析为基础，设计模块化学习项目

教材编写坚持职业教育行动导向、任务驱动、项目学习理念，对接高等职业学校教学标准、职业技能等级证书标准和国家职业技能标准，以培养铁路隧道施工与维护一线高素质技术技能人才为目标，以职业能力培养为核心，进行职业能力分析，设定三维学习目标，进而设计学习项目和工作任务。教材依据《高速铁路隧道工程施工技术规程》（Q/CR 9604—2015）、《客货共线铁路隧道工程施工技术规程》（Q/CR 9653—2017）和《铁路隧道设计规范》（TB 10003—2016）等行业规范，对接铁路隧道施工员和铁路桥隧工等工作岗位，按照铁路隧道工程施工与维护的典型工作任务，构建了6个模块化学习项目，以满足模块化学习需求。

（2）教材体例、内容凸显职业教育特色

教材内容选取以必需、够用为度。同一技能点多次循环递进学习，符合技术技能人才成长规律，满足高素质技术技能人才培养需求。每个学习任务均设置了任务工单，明确了任务目标、任务实施和考核评价等，激发学习者学习兴趣。以项目为载体，以任务为驱动，让学习者在学完理论知识后完成实操实训，做到学习过程与工作过程深度融合，实现“理实一体、工学结合”。

（3）以“做”为中心的“教学做”一体化教材

教材按照“以学生为中心、学习成果为导向”思路进行开发设计，强化学习材料功能，将相关技能点和知识点分解到各工作任务中。编写团队在铁路隧道工程施工与维护省级精品在线课程中，配套建设了微课视频、演示文稿、施工图纸、演示动画、施工视频、施工图片、案例工程施工作业指导书、虚拟仿

真实训、考核习题等数字资源。利用丰富教学资源，根据任务工单，可实现“做中学、学中做”的任务驱动模式。

(4) 校企合作开发教材，实现校企“双元”育人

本教材为校企合作开发教材，充分依靠铁路设计、施工及运营企业的专家，对各项目的学习目标、学习内容、素材、工程案例进行把关，及时将行业新技术、新工艺、新规范和新装备纳入教材内容，使得本教材能够紧跟铁路行业发展和人才培养需求。

本教材由石家庄铁路职业技术学院万涛担任主编，石家庄铁路职业技术学院习淑娟、郭汝坤、王飞担任副主编，中铁工程设计咨询集团有限公司谭富圣担任主审。具体编写分工如下：习淑娟编写项目1，石家庄铁路职业技术学院付迎春编写项目2，万涛编写项目3，郭汝坤编写项目4，中铁十七局集团有限公司梁海灵编写项目5，王飞编写项目6。

在本教材编写过程中，编者得到了中国铁路北京局集团有限公司专家的大力支持和帮助，在此表示诚挚的感谢。由于编者水平有限，书中难免存在不足之处，恳请广大同行、读者批评指正，联系邮箱 xiaosuxi36@163.com。

编　者

2024年11月

# 目　录

# 项目1　隧道施工准备

## 项目描述

铁路隧道在正式开始主体结构施工前，应该完成施工的各项准备工作。隧道施工准备是在隧道工程施工前进行的技术准备、资源配置和现场准备等系列工作的总称，该项工作对整个隧道工程项目的实施具有重要意义。

作为铁路隧道施工技术管理人员，在铁路隧道施工准备阶段的任务包括：开展施工调查，了解施工项目中隧道工程的工程规模、施工重难点；编制隧道工程施工组织设计、施工作业指导书和施工技术交底，做好施工技术准备；组建施工队伍，编制隧道工料机计划，布置施工场地和施工设施，做好隧道施工资源配置。

本项目以实际隧道工程施工项目为依托，依次完成隧道施工图纸的识读、隧道施工调查、隧道施工技术准备和隧道施工资源配置4项学习任务。

## 学习目标

**能力目标**

(1)能识读隧道工程工点图，能识读隧道衬砌结构参考图；

(2)能用专业术语描述围岩状况，根据围岩情况进行围岩分级；

(3)能对隧道工程进行施工调查，制定调查大纲，编制施工调查报告；

(4)能编制施工临时设施配置方案，指导隧道施工临时设施施工。

**知识目标**

(1)掌握隧道概念与分类；

(2)掌握我国现行的围岩分级方法，了解影响围岩稳定性的因素；

(3)掌握隧道净空和隧道加宽；了解铁路隧道的组成；掌握隧道支护结构的分类与构造；了解隧道附属结构的种类；掌握隧道防排水的设计原则、类型；

(4)了解隧道施工方法；掌握新奥法施工原理；了解隧道施工技术文件的种类；

(5)掌握施工调查的内容，了解分级技术交底制度，掌握各级技术交底内容；

(6)掌握施工场地布置要求，掌握隧道施工临时设施的施工要求。

**素质目标**

(1)在隧道施工准备中贯彻绿色施工理念；

(2)民族自豪感和浓郁的爱国情怀；

(3)善于观察、认真分析的能力；

(4)勤于思考、严谨细致、认真负责的工作态度。

# 任务 1.1　认识铁路隧道

## 任务工单

班级：______ 姓名：______ 学号：______ 小组：______ 日期：______

| 工作任务 | 认识铁路隧道 | 学习模式 | 项目＋任务驱动 |
|---|---|---|---|
| 建议学时 | 6 学时 | 学习地点 | 理实一体教室 |
| 任务描述 | 作为铁路隧道施工员，首先应该能够识读隧道施工图，了解铁路隧道设计、施工和验收等技术规范。××铁路的××隧道工程，已完成项目标段的合同签署工作，即将进入项目进场工作阶段，需要对本合同段的隧道工程进行施工技术准备，具体任务包括：<br>(1)根据施工图纸和合同文件，完成隧道工程图纸的收集、整理和初步审核；<br>(2)了解隧道工程的工程概况，包括工程规模、围岩地质情况、洞口工程、洞身工程、附属工程和施工环境等；<br>(3)为隧道施工调查、施工技术准备和施工资源配置提供数据支持 | | |
| 任务目标 | **能力目标**<br>(1)能整理隧道工程施工图纸、技术规范等技术文件；<br>(2)能识读隧道工程工点图，能识读隧道衬砌结构参考图；<br>(3)能用专业术语描述隧道工程围岩分级。<br>**知识目标**<br>(1)了解隧道的概念与分类；掌握围岩、围岩稳定性、围岩压力等概念；<br>(2)了解围岩与围岩分级基本概念；掌握铁路隧道围岩分级的方法；<br>(3)了解围岩压力的类型及其分类、围岩的成拱作用、影响围岩压力大小的因素；<br>(4)掌握铁路隧道的组成，了解隧道工程的构造；<br>(5)了解隧道施工方法的分类；掌握新奥法施工原理；<br>(6)了解铁路隧道施工图纸的种类和作用；了解铁路隧道工程规范体系。<br>**素质目标**<br>(1)民族自豪感和专业认同感；<br>(2)善于观察，认真分析的能力；<br>(3)勤于思考、严谨细致、认真负责的工作态度 | | |
| 任务实施 | (1)学习隧道的概念与分类、铁路隧道围岩分级、铁路隧道净空、铁路隧道的组成、隧道施工方法及隧道施工文件等知识点，进行知识准备；<br>(2)整理××隧道工程施工图纸，准备铁路隧道工程设计、施工、验收规范等技术文件；<br>(3)识读××隧道工程的设计说明、纵断面图和隧道衬砌结构图，编写××隧道的工程概况 | | |
| 考核评价<br>(100 分) | 考核项目 | 得分 | |
| | 图纸、规范等技术文件整理(20%) | | |
| | 知识掌握(40%) | | |
| | ××隧道工程概况编写(20%) | | |
| | 职业素质养成(20%) | | |

## 知识准备

### 1.1.1　隧道的概念与分类

1. 隧道的概念

隧道是一种修建在地下的工程结构物，是人类利用地下空间的一种形式。1970 年经济合作与发展组织(OECD)将隧道定义为:“以某种用途、在地面下用任何方法按规定形状和尺寸修筑的断面面积大于2 $m^2$的洞室”。我国《铁路隧道词汇》(GB/T 16566—2018)将铁道隧道定义为“修建在地下或水下,铺设轨道供铁路机车车辆及可在轨道上行走的机具通行的建筑物”。

2.隧道的分类

隧道的范围广,且种类繁多,从不同的角度出发,有不同的分类方法。

(1)按隧道所处地理位置,可分为山岭隧道、水底隧道、城市隧道等。穿越山岭,为克服线路高程障碍而设置的隧道称为山岭隧道;修建在海峡、江河、湖泊等水下的隧道称为水底隧道,又称水下隧道。为适应铁路通过大城市的需要而在城市地下穿越的隧道称为城市隧道。

(2)按隧道所处的地层情况,可分为岩石隧道(或称岩质隧道)和土质隧道(或称软土隧道)。

(3)按隧道断面形式,可分为圆形断面隧道、多心圆断面隧道、马蹄形断面隧道、矩形断面隧道等形式。

(4)按隧道的长度($L$),铁路隧道可分为短隧道($L\leqslant$500 m)、中长隧道(500 m$<L\leqslant$3 000 m)、长隧道(3 000 m$<L\leqslant$ 10 000 m)和特长隧道($L>$10 000 m)。

隧道长度是指进出口洞门之间的距离,以端墙面或斜切式洞门的斜切面与设计内轨顶面的交线同线路中线的交点计算。双线隧道按下行线长度计算;位于车站上的隧道以正线长度计算;设有缓冲结构的隧道长度应从缓冲结构的起点计算。

(5)按隧道净空有效面积的大小,可分为极小断面隧道(2~3 $m^2$)、小断面隧道(3 ~10 $m^2$)、中等断面隧道(10~50 $m^2$)、大断面隧道(50~100 $m^2$)和特大断面隧道(大于100 $m^2$)。

(6)按隧道开挖跨度,可分为小跨度、中等跨度、大跨度、特大跨度,见表1.1.1。

**表1.1.1 铁路隧道跨度分级**

| 跨度分级 | 小跨度 | 中等跨度 | 大跨度 | 特大跨度 |
|---|---|---|---|---|
| 开挖跨度(m) | 5~8.5 | 8.5~12 | 12~14 | >14 |
| 对应开挖断面积($m^2$) | 30~70 | 70~110 | 110~140 | >140 |
| 适用范围 | 无轨运输辅助坑道;120~160 km/h单线隧道 | 120 km/h隧道;200~350 km/h单线隧道 | 160~200 km/h双线隧道 | 250~350 km/h双线隧道;三线及以上隧道 |

注:隧道开挖跨度是指隧道开挖横断面的水平最大宽度。

(7)按隧道埋深,可分为深埋隧道和浅埋隧道。深埋隧道和浅埋隧道的临界深度是以隧道顶部覆盖层能否形成压力拱(自然拱)为原则确定。因此,不同级别围岩的分界深度也不一样,一般采用塌方平均高度的2~2.5倍为深浅埋的临界深度。

我国《铁路隧道设计规范》(TB 10003—2016)规定,深埋和浅埋隧道的分界,按荷载等效高度值,并结合地质条件、施工方法等因素综合判定。当隧道覆盖层厚度不小于$H$时为深埋,当小于$H$时为浅埋。

$$H=2.5h \tag{1.1.1}$$

$$h=0.45\times 2^{s-1}w$$

式中 $H$——深、浅埋隧道分界的深度(m);

$h$——围岩压力计算高度(m);

$s$——围岩级别;

$w$——宽度影响系数,$w=1+i(B-5)$,其中$B$为坑道宽度(m),$i$为$B$每增减1 m时的围岩压力增减率:当$B<5$ m时,取为0.2;$B>5$ m时,可取为0.10。

式(1.1.1)中,如隧道围岩为Ⅴ级、隧道开挖最大宽度为 14 m 时,则

$$H=2.5\times0.45\times2^{5-1}\times[1+0.1\times(14-5)]=34.2(\mathrm{m})$$

(8)按隧道用途,可分为交通隧道、市政隧道、水工隧道、国防隧道和矿山隧道等。

交通隧道是目前隧道种类中应用得最多的一类隧道,主要是用于公路、铁路交通运输,其作用是为公路、铁路运输提供通道。交通隧道又分为铁路隧道、公路隧道、地下铁道、航运隧道、地下人行通道等。

市政隧道是修建在城市地下,用作敷设各种市政设施、地下管线的隧道。由于城市中供市政设施用的地下管线越来越多,如自来水、污水、暖气、煤气、通信、供电等,需要大量建造市政隧道,以便从根本上解决各种市政设施的地下管线系统的运营问题。市政隧道已经发展为城市综合管廊。

水工隧道又称水工隧洞,是在山体中或地下开凿的过水隧洞。水工隧道可用于灌溉、发电、供水、泄水、输水、施工导流和通航等。

在国防建设中,隧道也得到了广泛的应用,如人防工程、地下掩体等。

矿山隧道是在矿山开采中,在地表与矿体之间钻凿出各种通路,用来运矿、通风、排水、行人以及为冶金设备采出矿石而新开凿的各种必要准备工程等,这些通路,统称为矿山隧道。

(9)按洞线设置方式,分为单洞双线隧道、双洞单线隧道和单洞单线隧道。通常情况下,高速铁路隧道考虑空气动力学效应和经济性,多采用单洞双线断面,较少采用双洞单线断面。在特殊条件下,如隧道很长,考虑养护维修、防灾救援等需要,采用双洞单线断面。综合比较,采用双线断面比采用单线断面有利。

### 1.1.2　围岩稳定性与铁路隧道围岩分级

1. 围岩的概念

围岩是指隧道周围一定范围内对洞身产生影响的岩土体。这里定义的围岩所包括的范围是相对的,视研究对象而定。从力学分析的角度来看,围岩的边界应划在因开挖隧道而引起的应力变化可以忽略不计的地方,或者说在围岩的边界上因开挖隧道而产生的位移应该为零,这个范围在横断面上一般为 6～10 倍的洞径。

2. 围岩的稳定性

地层被挖成隧道后的稳定程度称为隧道围岩的稳定性。围岩稳定就意味着开挖隧道引起的地层变形很小,而且在较短的时间内就可基本停止,这对施工过程和支护结构都是非常有利。如围岩不稳定且隧道设计施工应对不利的话,隧道开挖后,地层会持续变形或突然坍塌,造成人员伤亡和财产损失。

影响围岩稳定性的因素可以归纳为两大类:第一类是地质环境方面的客观因素,它们决定了隧道围岩的质量,如岩体的完整程度、岩石的力学性质、地下水状态和初始地应力状态等;第二类是工程活动所形成的人为因素,如隧道的形状、尺寸、施工方法、支护措施等,它们虽然不能决定围岩质量的好坏,但却能给围岩的质量和稳定性带来不可忽视的影响。

1)地质因素

(1)岩体的完整程度

岩体通常被各种结构面切割成大小不等、形态各异、种类不同的岩块。岩体的完整程度是指构成岩体的岩块大小以及各种结构面的组合排列形态。岩体的完整程度可以从定性和定量两个方面来描述评价。

定性描述评价岩体完整程度的指标包括：结构面发育程度、结构面结合程度、结构面类型、岩体的结构类型。岩体的结构面发育程度可分为不发育、较发育、发育、很发育、无序五类；岩体的结构面结合程度分为结合好、结合一般、结合差和结合很差四类；层状岩层按厚度分为巨厚层（大于1.0 m）、厚层（0.5～1.0 m）、中厚层（0.1～0.5 m）和薄层（小于0.1 m）四类。定量评价岩体完整程度的指标包括：岩体完整性指数 $K_v$ 和岩体体积节理数 $J_v$。

(2)岩石的力学性质

围岩的岩石强度是围岩体抵抗外力的一个重要方面，在结构特征和完整状态相同的情况下，围岩的稳定性主要取决于岩石的强度。一般来说，无裂隙或少裂隙的围岩具有整体结构，其强度可用岩石试件的抗压强度或抗剪强度来表示，对于多裂隙的围岩体，其强度可用工程类比法判断。岩石的强度主要由岩石的岩性类型和风化程度来决定。岩石的风化程度分为全风化、强风化、弱风化、微风化、未风化5个等级。

此外，岩石强度还影响围岩失稳破坏的形态：强度高的硬岩多表现为脆性破坏，在隧道内可能发生岩爆现象；而在强度低的软岩中则以塑性变形为主，流变现象较为明显。

(3)地下水状态

地下水能软化围岩，降低围岩体强度；地下水能软化围岩体中的结构面，降低围岩体的抗剪强度，使围岩体容易滑动；地下水往往形成承压水体，促使围岩失去稳定。总之，地下水对于围岩的稳定性是不利的。

(4)围岩初始地应力状态

在自然条件下，由于受自重和构造运动作用，在岩体中形成的地应力称为初始地应力。初始地应力对围岩的稳定性有直接影响：初始地应力的大小和方向决定隧道围岩的应力状态；当工程活动导致局部地质环境发生改变时，隧道围岩的初始地应力场也会进行相应的调整。围岩的初始地应力状态分为一般地应力、高地应力和极高地应力三种状态。

2)人为因素

(1)坑道尺寸和形状

在同类围岩中坑道跨度愈大，坑道围岩的稳定性愈差，因为岩体的破碎程度相对加大了。例如，裂隙间距为0.4～1.0 m的岩体，对中等跨度（5～10 m）的坑道而言是大块状的，但对大跨度（大于15 m）的坑道来说，只能算是碎石状的。

坑道的形状主要影响开挖隧道后围岩的应力状态。圆形、椭圆形和拱形隧道围岩应力状态以压应力为主，应力集中程度较小，这对维持围岩的稳定性是有好处的。而对于矩形和梯形隧道，在明显的拐角处，围岩中将出现较大的拉应力，从而导致岩体张裂破坏。

(2)开挖方法

不同开挖方法对隧道围岩稳定性的影响也有明显不同。山岭隧道中，传统钻爆法施工对围岩的扰动较大，需要采用光面爆破、预裂爆破等控制爆破技术，以降低爆破施工对围岩稳定性的不利影响。同时，由于非爆破开挖的掘进振动小，有利于保护隧道围岩的自身承载力和稳定性，非爆破开挖法近些年在山岭隧道施工中得到了广泛应用。

3.围岩压力

围岩压力是指引起开挖空间周围岩体和支护结构变形或破坏的作用力。它包括由地应力引起的围岩应力以及围岩变形受阻而作用在支护结构上的力。从狭义来理解，围岩压力是指隧道开挖后，因围岩变形或松弛等原因，作用于支护或衬砌结构上的压力。

1)围岩压力分类

围岩压力按作用力发生的形态,一般可分为以下四种类型。

(1)松散压力

由于隧道开挖、支护的下沉以及衬砌背后的空隙等原因,使隧道上方的围岩松动,以相当于一定高度的围岩重量作用于支护或衬砌结构上的压力称为松散压力。松散压力按作用在支护上力的位置不同,分为竖向压力、侧向压力和底压力。松散压力常通过下列三种情况发生:

①在整体稳定的岩体中,可能出现个别松动掉块的岩石。

②在松散软弱的岩体中,坑道顶部和两侧边帮冒落。

③在节理发育的裂隙岩体中,围岩某些部位沿软弱面发生剪切破坏或拉坏等局部塌落。

(2)形变压力

形变压力是由于隧道开挖并支护后,围岩变形受到与之密贴的支护结构的抑制,围岩与支护结构共同变形过程中围岩对支护结构施加的接触压力。所以形变压力的大小,既决定于围岩初始应力大小、岩体力学性质,也决定于支护结构刚度和支护时间。

(3)膨胀压力

当岩体具有吸水膨胀崩解的特征时,由于围岩吸水而膨胀崩解所引起的压力称为膨胀压力。它与形变压力的基本区别在于它是由吸水膨胀引起的。岩体的膨胀性,既决定于其蒙脱石、伊利石和高岭土的含量,也取决于外界水的渗入和地下水的活动特征。岩层中蒙脱石含量愈高,有水源供给,膨胀性愈大。

(4)冲击压力

冲击压力通常是由岩爆引起的。它是指当围岩中积累了大量的弹性变形能之后,开挖时隧道由于围岩的约束被解除,被积累的弹性变形能突然释放,引起岩块抛射所产生的压力。一般是在高地应力的坚硬岩石中发生。

冲击压力的来源是岩体的能量积累与释放,其大小与岩体的弹性模量直接相关。弹性模量较大的岩体,在高地应力作用下,易于积累大量的弹性变形能,一旦遇到适宜条件,它就会突然猛烈地大量释放。

2)坑道开挖前后的围岩应力状态

(1)坑道开挖前的围岩应力状态

坑道开挖前,地层处于相对静止的状态。如图1.1.1所示,隧道开挖前地层中任一处的岩土都受到上、下、左、右、前、后岩土的挤压,保持着相对平衡,称为初始应力状态。它是由上覆地层自重、地壳运动的残余应力以及地下水活动等因素所决定。

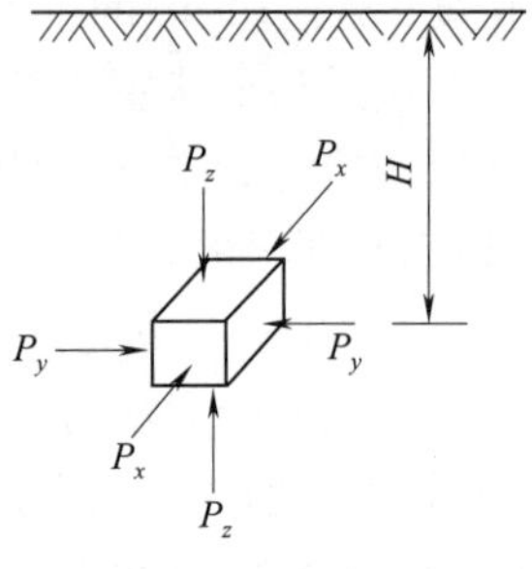


图1.1.1　隧道开挖前任一处围岩受力状态

(2)坑道开挖后的围岩应力状态

坑道开挖之后,围岩原来保持的平衡状态受到破坏,由相对的静止状态变成显著的变动状态,于是围岩在应力和变形方面开始了一个新的变化运动,出现了围岩应力的重分布和围岩向开挖的坑道空间变形的现象,力图达到新的平衡。

从上述可知,坑道开挖以后,地层的一侧丧失了约束,平衡状态受到破坏,引起应力集中,围岩就可能向坑道内变形。变形的大小取决于应力变化的大小和围岩抵抗这些变形的能力。

对于不同的岩质则有不同的情况。在坚硬且完整的围岩中,围岩体本身强度足以承受坑道周边应力，这时围岩是自承的，不需要支撑或衬砌提供外加平衡力。在松软或裂隙围岩中，由于围岩体破碎，加之在开挖坑道时受到爆破振动，因而在坑道周边一定范围内的岩体遭到严重的分割与破坏。同时围岩体本身强度低，不足以抵抗围岩的周边应力，因此这一部分岩体在坑道开挖之后，开始是产生向内的变形运动，而后则出现松动或坍塌。松动或坍塌的那一部分岩体便对支护结构施加压力，此压力即围岩压力。

3)围岩的成拱作用

在工程实践中人们发现，当隧道在多裂隙围岩(包括一般土层)中埋置较深时，作用在支护结构上的围岩压力远远小于其上覆层自重所造成的压力，这可以用围岩的“成拱作用”来作解释。下面以水平岩层中开挖一个矩形坑道，来说明坑道开挖后围岩由形变到坍塌成拱的整个变形过程，如图1.1.2所示。

隧道开挖后，在围岩应力重分布过程中，顶板开始沉陷，并出现拉断裂纹[图1.1.2(a)]，可视为变形阶段。顶板的裂纹继续发展并且张开，由于结构面切割等原因，逐渐转变为松动[图1.1.2(b)]，可视为松动阶段。顶板岩体视其强度的不同而逐步塌落[图1.1.2(c)]，可视为塌落阶段。顶板塌落停止，达到新的平衡，此时其界面形成一近似的拱形[图1.1.2(d)]，可视为成拱阶段。

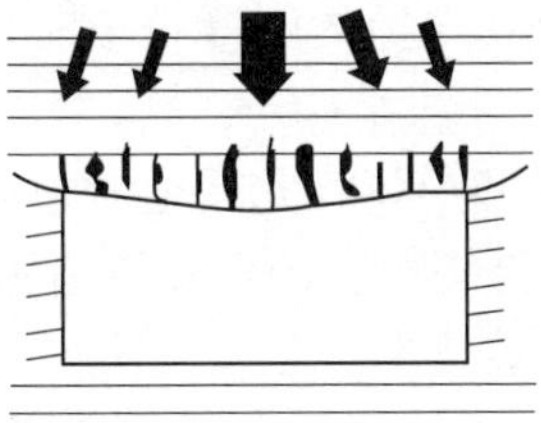
(a) 变形阶段

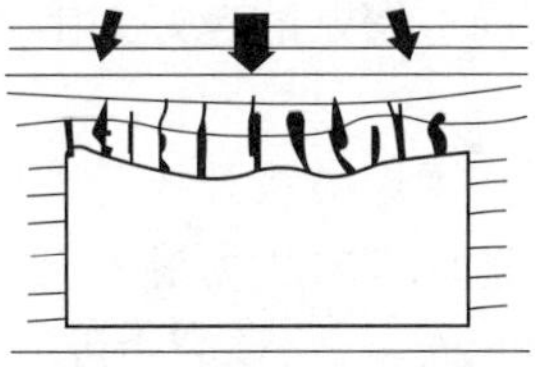
(b) 松动阶段

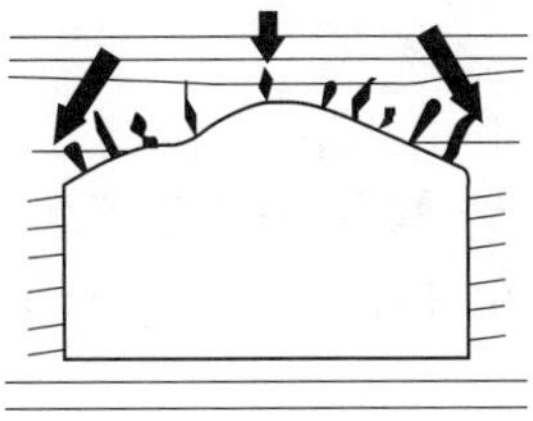
(c) 塌落阶段

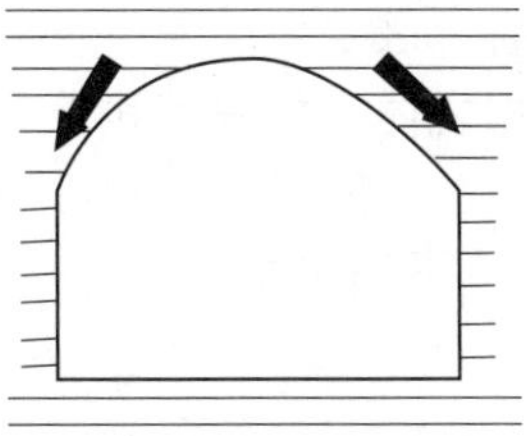
(d) 成拱阶段

图1.1.2　自然拱的形成

实践证明，自然拱范围的大小除了受上述的围岩地质条件、支护结构架设时间、刚度以及它与围岩的接触状态等因素影响外，还取决于以下因素：

(1)隧道的形状和尺寸。隧道拱圈越平坦，跨度越大，则自然拱越高，围岩的松动压力也越大。

(2)隧道的埋深。从实践中得知，只有当隧道埋深超过某一临界值时，才有可能形成自然拱。习惯上，将这种隧道称为深埋隧道，否则称为浅埋隧道。由于浅埋隧道不能形成自然拱，所以，它的围岩压力的大小与埋置深度直接相关。

(3)施工因素。如爆破的影响，爆破所产生的振动常常是引起塌方的重要原因之一，造成围岩压力过大。又如分部开挖多次扰动围岩，也会引起围岩失稳，加大自然拱范围。

4)影响围岩压力的因素

影响围岩压力的因素很多,一类是工程地质因素,主要包括初始地应力状态、岩石的力学性质、岩体的完整程度等;另一类是工程结构因素,包括施工方法、支护设置时间、支护本身的刚度、坑道形状和尺寸、埋置深度等。其中起决定作用的是围岩的地质条件,它是内因,其对围岩压力的影响将在围岩分级中讲述。现将其他因素(外因)分析如下:

(1)时间因素。不论何种围岩,在坑道开挖后的暴露时间均是越短越好。从另一个方面讲,就是要修筑永久性衬砌并使之提供所需支护力的时间不宜过迟。否则,要受到较大的松动围岩压力作用。按照一般混凝土衬砌的修筑方法,从开挖到做完衬砌并使之具有一定的强度,往往需要较长的时间,因此衬砌结构一开始就要受到很大的松动围岩压力,衬砌结构就要做得相对厚些。而采用喷射混凝土技术来支护围岩,可使围岩的暴露时间较短,能及时制止围岩的变形,防止变形过大而产生较大的松动压力,充分利用围岩自身的承载能力。

(2)坑道的尺寸与形状因素。围岩压力是随着坑道的尺寸增大而增大的,当坑道有引起应力集中的形状,即有明显的拐角时,围岩压力相对较大。

(3)坑道的埋深因素。当坑道的埋置深度在一定范围内时,围岩压力是随着埋深的增大而增大的;当坑道埋深超过此范围时,则围岩压力的大小基本不受埋深变化的影响。

(4)支护因素。有支护的坑道围岩压力要比无支护的坑道小;支护及时要比支护晚的围岩压力小;支护与坑道周边密贴的越好则围岩压力越小;支护的刚度较小时,坑道的围岩压力相对较小。

(5)爆破因素。采用爆破法开挖对围岩的稳定极为不利,尤其是对地质条件较差的围岩,爆破的扰动很大,能造成围岩压力过大、岩体松动甚至坍方。因此在隧道施工中应严格控制爆破用药量,提倡采用光面爆破、预裂爆破等先进的爆破技术。

(6)超挖回填因素。衬砌背后的超挖部分在施工时回填不密实,使围岩得不到很好的支护而继续松动,严重时会造成围岩坍塌,引起衬砌裂损。

4.铁路隧道围岩分级

围岩分级是根据岩体完整程度和岩石坚硬程度等主要指标,按坑道开挖后的围岩稳定性对围岩进行的等级划分。围岩分级的目的包括:确定结构荷载(松散荷载);确定衬砌结构的类型及尺寸;选择合理隧道施工方法;进行科学管理及正确评价经济效益;制定劳动定额、材料消耗标准等。

我国《铁路隧道设计规范》(TB 10003—2016)依据围岩主要工程地质条件的定性描述、围岩开挖后的稳定状态、围岩基本质量指标 BQ 及围岩弹性纵波速度 $v_p$ 值等指标,把围岩分为 6 级,依其稳定性由好到差为Ⅰ、Ⅱ、Ⅲ、Ⅳ、Ⅴ、Ⅵ。

在铁路工程设计和施工的实践中,先是按照岩石坚硬程度和岩体完整程度两个因素,进行基本分级;然后在围岩基本分级的基础上,再结合隧道工程的特点,考虑地下水出水状态、初始地应力状态、主要结构面产状状态等因素进行修正。

1)围岩基本分级

围岩基本分级由岩石坚硬程度和岩体完整程度两个因素确定。岩石坚硬程度和岩体完整程度应采用定性划分和定量指标两种方法确定。岩石坚硬程度划分为极硬岩、硬岩、较软岩、软岩和极软岩 5 类,见表 1.1.2;岩体完整程度划分为完整、较完整、较破碎、破碎和极破碎 5 类,见表 1.1.3。

**表 1.1.2　岩石坚硬程度的划分**

| 岩石类别 | | 单轴饱和抗压强度 $R_c$(MPa) | 定性鉴定 | 代表性岩石 |
|---|---|---|---|---|
| 硬质岩 | 极硬岩 | $R_c>60$ | 锤击声清脆，有回弹，振手，难击碎；浸水后，大多无吸水反应 | 未风化～微风化的 A 类岩石 |
| | 硬岩 | $30<R_c\leqslant 60$ | 锤击声较清脆，有轻微回弹，稍振手，较难击碎；浸水后，有轻微吸水反应 | 微风化的 A 类岩石；未风化～微风化的 B、C 类岩石 |
| 软质岩 | 较软岩 | $15<R_c\leqslant 30$ | 锤击声不清脆，无回弹，较易击碎；浸水后，指甲可刻出印痕 | 强风化的 A 类岩石；弱风化的 B、C 类岩石；未风化～微风化的 D 类岩石 |
| | 软岩 | $5<R_c\leqslant 15$ | 锤击声哑，无回弹，有凹痕，易击碎；浸水后，手可掰开 | 强风化的 A 类岩石；弱风化～强风化的 B、C 类岩石；弱风化的 D 类岩石；未风化～微风化的 E 类岩石 |
| | 极软岩 | $R_c\leqslant 5$ | 锤击声哑，无回弹，有较深凹痕，手可捏碎；浸水后，可捏成团 | 全风化的各类岩石和成岩作用差的岩石 |

**表 1.1.3　岩体完整程度的划分**

| 完整程度 | 结构面发育程度 | | | 主要结构面结合程度 | 主要结构面类型 | 相应结构类型 | 岩体完整性指数($K_v$) | 岩体体积节理数(条/m³) |
|---|---|---|---|---|---|---|---|---|
| | 定性描述 | 组数 | 平均间距(m) | | | | | |
| 完整 | 不发育 | 1～2 | >1.0 | 结合好或一般 | 节理、裂隙、层面 | 整体状或巨厚层状结构 | $K_v>0.75$ | $J_v<3$ |
| 较完整 | | 1～2 | >1.0 | 结合差 | 节理、裂隙、层面 | 块状或厚层状结构 | $0.55<K_v\leqslant 0.75$ | $3\leqslant J_v<10$ |
| | 较发育 | 2～3 | 1.0～0.4 | 结合好或一般 | | 块状结构 | | |
| 较破碎 | | 2～3 | 1.0～0.4 | 结合差 | 节理、裂隙、劈理、层面、小断层 | 裂隙块状或中厚层状结构 | $0.35<K_v\leqslant 0.55$ | $10\leqslant J_v<20$ |
| | 发育 | ≥3 | 0.4～0.2 | 结合好 | | 镶嵌碎裂结构 | | |
| | | | | 结合一般 | | 薄层状结构 | | |
| 破碎 | | ≥3 | 0.4～0.2 | 结合差 | 各种类型结构面 | 裂隙块状结构 | $0.15<K_v\leqslant 0.35$ | $20\leqslant J_v<35$ |
| | 很发育 | ≥3 | ≤0.2 | 结合一般或差 | | 碎裂结构 | | |
| 极破碎 | 无序 | — | — | 结合很差 | — | 散体结构 | $K_v\leqslant 0.15$ | $J_v\geqslant 35$ |

围岩基本质量指标 BQ 是以岩体完整程度及岩石坚硬程度为基本参数确定的围岩质量指标。围岩基本质量指标 BQ 值，应根据岩石坚硬程度、岩体完整程度分级因素的定量指标 $R_c$ 的兆帕数值和 $K_v$ 按式(1.1.2)计算。

$$BQ=100+3R_c+250K_v \tag{1.1.2}$$

使用公式(1.1.2)计算时，应符合下列规定：

(1)当 $R_c>90K_v+30$ 时，应以 $R_c=90K_v+30$ 和 $K_v$ 代入计算 BQ 值。

(2)当 $K_v>0.04R_c+0.4$ 时，应以 $K_v=0.04R_c+0.4$ 和 $R_c$ 代入计算 BQ 值。

确定了围岩的岩石坚硬程度和岩体完整程度等特征及围岩基本质量指标 BQ 参数后，围岩的基本分级可按表 1.1.4 确定。

**表 1.1.4　围岩的基本分级**

| 级别 | 岩体特征 | 土体特征 | 围岩基本质量指标 BQ | 围岩弹性纵波速度 $v_p$(km/s) |
|---|---|---|---|---|
| Ⅰ | 极硬岩，岩体完整 | — | >550 | A：>5.3 |
| Ⅱ | 极硬岩，岩体较完整；<br>硬岩，岩体完整 | — | 550～451 | A：4.5～5.3<br>B：>5.3<br>C：>5.0 |
| Ⅲ | 极硬岩，岩体较破碎；<br>硬岩或软硬岩互层，岩体较完整；<br>较软岩，岩体完整 | — | 450～351 | A：4.0～4.5<br>B：4.3～5.3<br>C：3.5～5.0<br>D：>4.0 |
| Ⅳ | 极硬岩，岩体破碎；<br>硬岩，岩体较破碎或破碎；<br>较软岩或软硬岩互层，且以软岩为主，岩体较完整或较破碎；<br>软岩，岩体完整或较完整 | 具压密或成岩作用的黏性土、粉土及砂类土，一般钙质、铁质胶结的粗角砾土、粗圆砾土、碎石土、卵石土、大块石土，黄土($Q_1$、$Q_2$) | 350～251 | A：3.0～4.0<br>B：3.3～4.3<br>C：3.0～3.5<br>D：3.0～4.0<br>E：2.0～3.0 |
| Ⅴ | 较软岩，岩体破碎；<br>软岩，岩体较破碎至破碎；<br>全部极软岩及全部极破碎岩(包括受构造影响严重的破碎带) | 一般第四系坚硬、硬塑黏性土，稍密及以上、稍湿或潮湿的碎石土、卵石土、圆砾土、角砾土、粉土及黄土($Q_3$、$Q_4$) | ≤250 | A：2.0～3.0<br>B：2.0～3.3<br>C：2.0～3.0<br>D：1.5～3.0<br>E：1.0～2.0 |
| Ⅵ | 受构造影响严重呈碎石、角砾及粉末、泥土状的富水断层带，富水破碎的绿泥石或炭质千枚岩 | 软塑状黏性土，饱和的粉土、砂类土等，风积沙，严重湿陷性黄土 | — | <1.0(饱和状态的土<1.5) |

2)围岩级别的修正

围岩级别修正宜采用定性修正与定量修正相结合的方法，综合分析确定围岩级别。

(1)地下水影响的定性修正

当遇有地下水时，先按表 1.1.5 对地下水状态进行分级，再按表 1.1.6 定性修正围岩的级别。

**表 1.1.5　地下水状态的分级**

| 地下水出水状态 | 渗水量[L/(min·10 m)] |
|---|---|
| 潮湿或点滴状出水 | ≤25 |
| 淋雨状或线流状出水 | 25～125 |
| 涌流状出水 | >125 |

表 1.1.6 地下水影响的修正

| 地下水出水状态 | 围岩级别 | | | | |
|---|---|---|---|---|---|
| | Ⅰ | Ⅱ | Ⅲ | Ⅳ | Ⅴ |
| 潮湿或点滴状出水 | Ⅰ | Ⅱ | Ⅲ | Ⅳ | Ⅴ |
| 淋雨状或线流状出水 | Ⅰ | Ⅱ | Ⅲ或Ⅳ① | Ⅴ | Ⅵ |
| 涌流状出水 | Ⅱ | Ⅲ | Ⅳ | Ⅴ | Ⅵ |

注:①围岩岩体为较完整的硬岩时定为Ⅲ级;其他情况定为Ⅳ级。

(2)初始地应力影响的定性修正

围岩初始地应力状态,可根据隧道工程埋深、地貌、地形、地质、构造运动史、主要构造线与开挖过程中出现的岩爆、岩芯饼化等特殊地质现象,按表 1.1.7 评估。初始地应力对围岩级别的定性修正,按表 1.1.8 进行。

表 1.1.7 初始地应力状态评估基准

| 初始地应力状态 | 主要现象 | 评估基准($R_c/\sigma_{max}$) |
|---|---|---|
| 一般地应力 | 硬质岩:开挖过程中不会出现岩爆,新生裂缝较少,成洞性一般较好 | >7 |
| | 软质岩:岩芯无或少有饼化现象,开挖过程中洞壁岩体有一定的位移,成洞性一般较好 | |
| 高地应力 | 硬质岩:开挖过程中可能出现岩爆,洞壁岩体有剥离和掉块现象,新生裂缝较多,成洞性较差 | 4~7 |
| | 软质岩:岩芯时有饼化现象,开挖过程中洞壁岩体位移显著,持续时间较长,成洞性差 | |
| 极高地应力 | 硬质岩:开挖过程中有岩爆发生,有岩块弹出,洞壁岩体发生剥离,新生裂缝多,成洞性差 | <4 |
| | 软质岩:岩芯常有饼化现象,开挖过程中洞壁岩体有剥离,位移极为显著,甚至发生大位移,持续时间长,不易成洞 | |

注:表中 $R_c$ 为岩石单轴饱和抗压强度(MPa);$\sigma_{max}$ 为垂直洞轴线方向的最大初始地应力值(MPa)。

表 1.1.8 初始地应力影响的修正

| 初始地应力状态 | 围岩级别 | | | | |
|---|---|---|---|---|---|
| | Ⅰ | Ⅱ | Ⅲ | Ⅳ | Ⅴ |
| 极高应力 | Ⅰ | Ⅱ | Ⅲ或Ⅳ① | Ⅴ | Ⅵ |
| 高应力 | Ⅰ | Ⅱ | Ⅲ | Ⅳ或Ⅴ② | Ⅵ |

注:1. ①围岩岩体为较破碎的极硬岩、较完整的硬岩时定为Ⅲ级;其他情况定为Ⅳ级;②围岩岩体为破碎的极硬岩、较破碎及破碎的硬岩时定为Ⅳ级;其他情况定为Ⅴ级。
2. 本表不适用于特殊围岩。

(3)主要结构面产状状态影响的定性修正

主要结构面是指对围岩稳定性起主要影响的结构面,如层状岩体的泥化层面,一组很发育的裂隙,次生泥化夹层,含断层泥、糜棱岩的小断层等。主要结构面产状状态对围岩级别的修正,应考虑主要结构面产状与洞轴线的组合关系,并结合结构面工程特性、富水情况等因素综合分析确定。

(4)围岩级别定量修正

围岩级别定量修正是对围岩基本质量指标 BQ 进行修正,围岩基本质量指标修正值[BQ]按式(1.1.3)计算。

$$[BQ]=BQ-100(K_1+K_2+K_3) \tag{1.1.3}$$

式中 [BQ]——围岩基本质量指标修正值;

BQ——围岩基本质量指标值;

$K_1$——地下水影响修正系数,按表 1.1.9 取值;

$K_2$——主要软弱结构面产状修正系数,按表 1.1.10 取值;

$K_3$——初始地应力影响修正系数,按表 1.1.11 取值。

**表 1.1.9 地下水影响修正系数 $K_1$**

| 地下水出水状态 | 岩体基本质量指标 BQ | | | | |
|---|---|---|---|---|---|
| | >550 | 550～451 | 450～351 | 350～251 | ≤250 |
| 潮湿或点滴状出水 | 0 | 0 | 0～0.1 | 0.2～0.3 | 0.4～0.6 |
| 淋雨状或线流状出水 | 0～0.1 | 0.1～0.2 | 0.2～0.3 | 0.4～0.6 | 0.7～0.9 |
| 涌流状出水 | 0.1～0.2 | 0.2～0.3 | 0.4～0.6 | 0.7～0.9 | 1.0 |

**表 1.1.10 主要结构面产状影响修正系数 $K_2$**

| 结构面产状及其与洞轴线的组合关系 | 结构面走向与洞轴线夹角<30°<br>结构面倾角 30°～75° | 结构面走向与洞轴线夹角>60°<br>结构面倾角>75° | 其他组合 |
|---|---|---|---|
| $K_2$ | 0.4～0.6 | 0～0.2 | 0.2～0.4 |

**表 1.1.11 初始地应力状态影响修正系数 $K_3$**

| 初始地应力状态 | 岩体基本质量指标 BQ | | | | |
|---|---|---|---|---|---|
| | >550 | 550～451 | 450～351 | 350～251 | ≤250 |
| 极高应力区 | 1.0 | 1.0 | 1.0～1.5 | 1.0～1.5 | 1.0 |
| 高应力区 | 0.5 | 0.5 | 0.5 | 0.5～1.0 | 0.5～1.0 |

3)围岩级别的确定

考虑地下水出水状态、初始地应力状态、主要结构面产状状态等因素,进行定性和定量修正后,围岩可按表 1.1.12 进行级别确定。

**表 1.1.12 铁路隧道围岩分级**

| 围岩级别 | 围岩主要工程地质条件 | | 围岩开挖后的稳定状态(小跨度) | 围岩基本质量指标 BQ | 围岩弹性纵波速度 $v_p$(km/s) |
|---|---|---|---|---|---|
| | 主要工程地质特征 | 结构特征和完整状态 | | | |
| Ⅰ | 极硬岩(单轴饱和抗压强度 $R_c$>60 MPa):受地质构造影响轻微,节理不发育,无软弱面(或夹层);层状岩层为巨厚层或厚层,层间结合良好,岩体完整 | 呈巨块状整体结构 | 围岩稳定,无坍塌,可能产生岩爆 | >550 | A:>5.3 |

续上表

<table>
<tr><th rowspan="2">围岩级别</th><th colspan="2">围岩主要工程地质条件</th><th rowspan="2">围岩开挖后的稳定状态（小跨度）</th><th rowspan="2">围岩基本质量指标BQ</th><th rowspan="2">围岩弹性纵波速度 $v_p$(km/s)</th></tr>
<tr><th>主要工程地质特征</th><th>结构特征和完整状态</th></tr>
<tr><td>Ⅱ</td><td>硬质岩($R_c$＞30 MPa)：受地质构造影响较重，节理较发育，有少量软弱面(或夹层)和贯通微张节理，但其产状及组合关系不致产生滑动；层状岩层为中厚层或厚层，层间结合一般，很少有分离现象，或为硬质岩石偶夹软质岩石</td><td>呈巨块状或大块状结构</td><td>暴露时间长，可能会出现局部小坍塌，侧壁稳定，层间结合差的平缓岩层顶板易塌落</td><td>451～550</td><td>A:4.5～5.3<br>B:＞5.3<br>C:＞5.0</td></tr>
<tr><td rowspan="2">Ⅲ</td><td>硬质岩($R_c$＞30 MPa)：受地质构造影响严重，节理发育，有层状软弱面(或夹层)，但其产状及组合关系尚不致产生滑动；层状岩层为薄层或中层，层间结合差，多有分离现象；硬、软质岩石互层</td><td>呈块(石)碎(石)状镶嵌结构</td><td rowspan="2">拱部无支护时可产生小坍塌，侧壁基本稳定，爆破振动过大易塌</td><td rowspan="2">351～450</td><td rowspan="2">A:4.0～4.5<br>B:4.3～5.3<br>C:3.5～5.0<br>D:＞4.0</td></tr>
<tr><td>较软岩($R_c$＝15～30 MPa)：受地质构造影响轻微，节理不发育；层状岩层为厚层、巨厚层，层间结合良好或一般</td><td>呈大块状结构</td></tr>
<tr><td rowspan="3">Ⅳ</td><td>硬质岩($R_c$＞30 MPa)：受地质构造影响极严重，节理很发育；层状软弱面(或夹层)已基本破坏</td><td>呈碎石状压碎结构</td><td rowspan="3">拱部无支护时，可产生较大的坍塌，侧壁有时失去稳定</td><td rowspan="3">251～350</td><td rowspan="3">A:3.0～4.0<br>B:3.3～4.3<br>C:3.0～3.5<br>D:3.0～4.0<br>E:2.0～3.0</td></tr>
<tr><td>软质岩($R_c$≈5～30 MPa)：受地质构造影响较重或严重，节理较发育或发育</td><td>呈块(石)碎(石)状镶嵌结构</td></tr>
<tr><td>土体：(1)具压密或成岩作用的黏性土、粉土及砂类土；(2)黄土($Q_1$、$Q_2$)；(3)一般钙质、铁质胶结的碎石土、卵石土、大块石土</td><td>(1)和(2)呈大块状压密结构，(3)呈巨块状整体结构</td></tr>
<tr><td rowspan="2">Ⅴ</td><td>岩体：较软岩、岩体破碎；软岩、岩体较破碎至破碎；全部极软岩及全部极破碎岩(包括受构造影响严重的破碎带)</td><td>呈角砾碎石状松散结构</td><td rowspan="2">围岩易坍塌，处理不当会出现大坍塌，侧壁经常出现小坍塌；浅埋时易出现地表下沉(陷)或塌至地表</td><td rowspan="2">＜250</td><td rowspan="2">A:2.0～3.0<br>B:2.0～3.3<br>C:2.0～3.0<br>D:1.5～3.0<br>E:1.0～2.0</td></tr>
<tr><td>土体：一般第四系坚硬、硬塑黏性土，稍密及以上、稍湿或潮湿的碎石土、卵石土、圆砾土、角砾土、粉土及黄土($Q_3$、$Q_4$)</td><td>非黏性土呈松散结构，黏性土及黄土呈松软结构</td></tr>
<tr><td rowspan="2">Ⅵ</td><td>岩体：受构造影响严重呈碎石、角砾及粉末、泥土状的富水断层带，富水破碎的绿泥石或炭质千枚岩</td><td rowspan="2">黏性土呈易蠕动的松软结构，砂性土呈潮湿松散结构</td><td rowspan="2">围岩极易变形坍塌，有水时土砂常与水一齐涌出；浅埋时易塌至地表</td><td rowspan="2">—</td><td rowspan="2">＜1.0(饱和状态的土＜1.5)</td></tr>
<tr><td>土体：软塑状黏性土，饱和的粉土、砂类土等，风积沙，严重湿陷性黄土</td></tr>
</table>

### 1.1.3　铁路隧道净空

1. 直线隧道净空

隧道净空是指隧道衬砌的内轮廓线所包围的空间。铁路隧道净空是根据隧道建筑限界确定的，而隧道建筑限界是根据基本建筑限界确定的，基本建筑限界又是根据机车车辆限界确定的。

限界是一种规定的轮廓线，这种轮廓线以内的空间是保证列车安全运行所必需的。建筑限界是建筑物不得侵入的一种限界。

(1)机车车辆限界

机车车辆限界是指与线路中心线垂直的，限制机车车辆外形尺寸的极限横断面轮廓。要求所有在线路上行驶的机车车辆停在平坡直线上时，车体所有部分都必须容纳在此限界范围内而不得超越。

(2)基本建筑限界

基本建筑限界是指与线路中心线垂直的，除机车车辆和与机车车辆有相互作用及相关的设备外，其他设备或建筑物、构筑物均不得侵入的极限横断面轮廓。它的用途是保证机车车辆(包括超限车辆，其最大装载高度为 5 300 mm，宽为 4 450 mm)的安全运行及建筑物和设备不受损坏。

(3)隧道建筑限界

隧道建筑限界是指在保证机车车辆安全行驶的条件下，衬砌结构和各种设备不受损害，以及考虑通风、安设接触网、预留安全空间或救援通道等，要求隧道内保有的最小空间。隧道建筑限界要比基本建筑限界大一些，留出少许空间，用于安装通信信号、照明、电力等设备。

《铁路隧道设计规范》(TB 10003—2016)规定了内燃牵引区段和电力牵引区段的客货共线铁路隧道($v \leqslant 160$ km/h)、客货共线铁路隧道(160 km/h$<v \leqslant$200 km/h)和双层集装箱运输隧道的建筑限界，同时还规定了城际铁路隧道和高速铁路隧道的建筑限界。图 1.1.3、图 1.1.4 分别为客货共线铁路(160 km/h$<v \leqslant$200 km/h)内燃牵引区段和电力牵引区段隧道的建筑限界；图 1.1.5、图 1.1.6 分别为城际铁路隧道和高速铁路隧道的建筑限界。

(4)直线隧道净空

直线隧道净空要比隧道建筑限界稍大一些，除了满足界限要求外，还考虑了在不同的围岩压力作用下，衬砌结构的合理受力形状以及施工方便等因素。

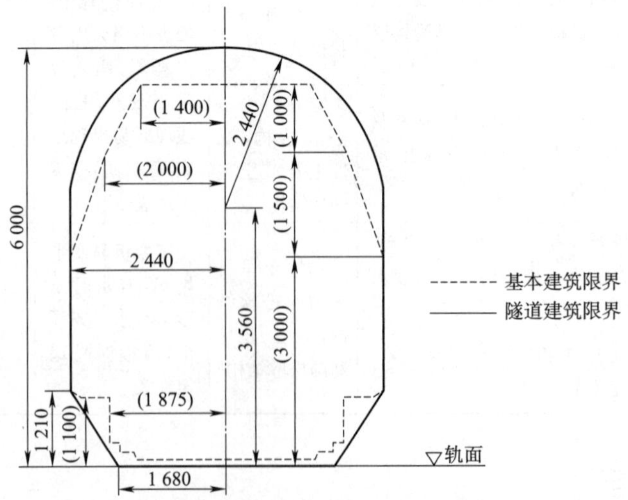


图 1.1.3　160 km/h$<v \leqslant$200 km/h 客货共线铁路内燃牵引区段隧道建筑限界(单位：mm)

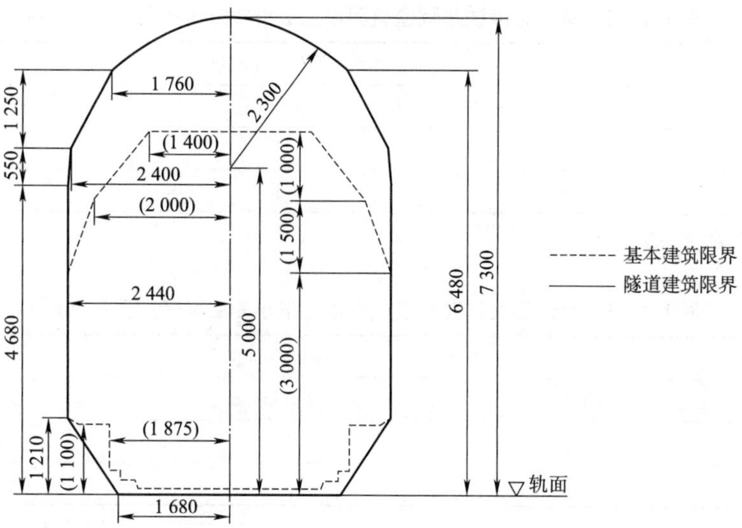


图 1.1.4　160 km/h<$v$≤200 km/h 客货共线铁路电力牵引区段隧道建筑限界(单位:mm)

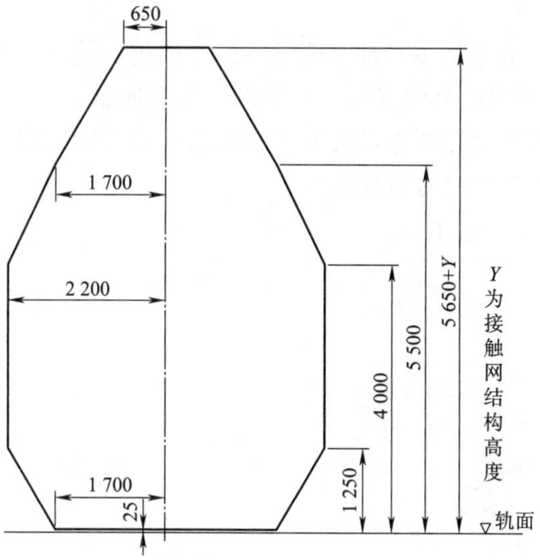


图 1.1.5　城际铁路隧道建筑限界(单位:mm)

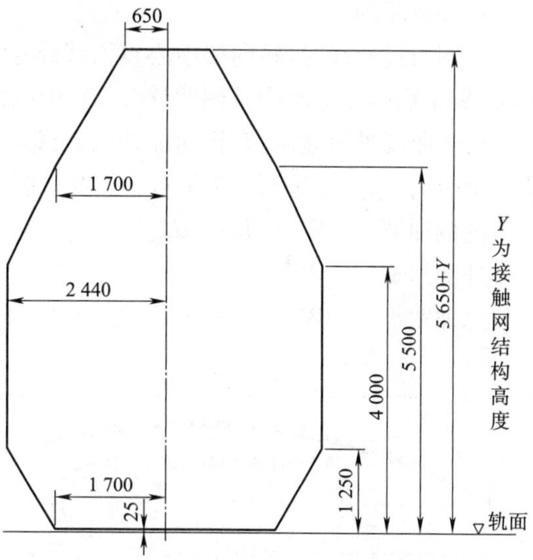


图 1.1.6　高速铁路隧道建筑限界(单位:mm)

《铁路隧道设计规范》(TB 10003—2016)规定,新建铁路隧道的内轮廓,应满足相关限界标准规定、轨道结构形式及其维护方式、疏散救援的要求。最高运行速度 160 km/h 及以上新建铁路隧道内轮廓的确定尚应考虑列车类型、车辆密封性和旅客舒适度等因素。新建铁路隧道设计常用的轨面以上最小净空横断面面积见表 1.1.13～表 1.1.15。

**表 1.1.13　新建客货共线铁路、重载铁路隧道轨面以上最小净空横断面面积**($m^2$)

| 线　别 | 设计行车速度 | | |
|---|---|---|---|
| | 120 km/h 及以下 | 160 km/h | 200 km/h |
| 单　线 | 30(28) | 42 | 52 |
| 双　线 | 64(59) | 76 | 80 |

注:表中括号外数值适用于电气化铁路,括号内数值适用于非电气化铁路。

**表 1.1.14　新建城际铁路隧道轨面以上最小净空横断面面积（m²）**

| 线　别 | 设计行车速度 | | |
|---|---|---|---|
| | 120 km/h | 160 km/h | 200 km/h |
| 单　线 | 35 | 35 | 48 |
| 双　线 | 64 | 64 | 72 |

注：列车动态密封指数不应小于 6 s。

**表 1.1.15　新建高速铁路隧道轨面以上最小净空横断面面积（m²）**

| 线　别 | 设计行车速度 | | |
|---|---|---|---|
| | 250 km/h | 300 km/h | 350 km/h |
| 单　线 | 58 | 70 | 70 |
| 双　线 | 90 | 100 | 100 |

2. 曲线隧道的净空加宽

1）加宽原因

车辆通过曲线时，转向架中心点沿线路运行，而车辆本身却不能随线路弯曲仍保持其矩形形状，故车辆两端向曲线外侧偏移（$d_{外}$），中间向曲线内侧偏移（$d_{内1}$），如图 1.1.7 所示。

由于曲线外轨超高，车辆向曲线内侧倾斜，使车辆限界上的控制点在水平方向上向内移动了一个距离 $d_{内2}$，如图 1.1.8 所示。据此，曲线隧道净空的加宽值为

内侧加宽　　$W_1 = d_{内1} + d_{内2}$

外侧加宽　　$W_2 = d_{外}$

总加宽　　　$W = W_1 + W_2 = d_{内1} + d_{内2} + d_{外}$

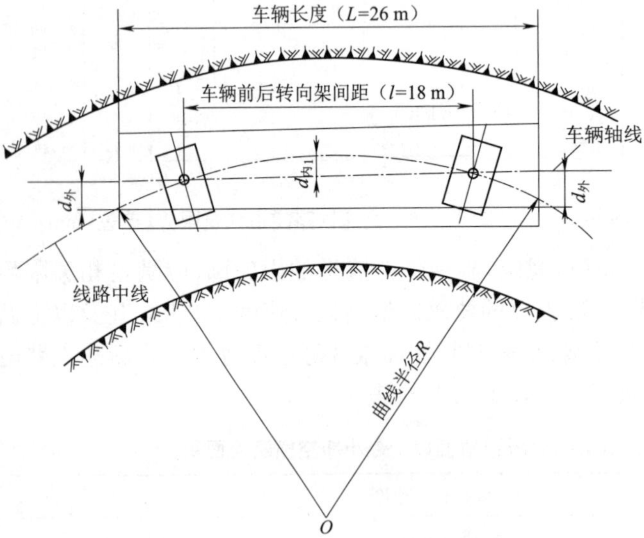


图 1.1.7　列车在曲线地段运行情况

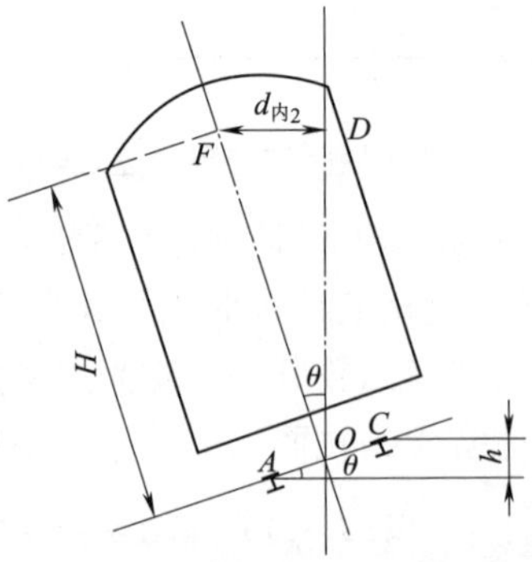


H—隧道限界控制点自轨面起的高度；
h—曲线外轨超高；θ—车辆横向倾角。

图 1.1.8　车辆运行情况

2)曲线隧道的加宽计算

(1)单线曲线隧道加宽值的计算

①车辆中间部分向曲线内侧的偏移

$$d_{内1}=\frac{l^2}{8R} \tag{1.1.4}$$

式中 $l$——车辆转向架中心距,取 18 m;

$R$——曲线半径(m)。

$$d_{内1}=\frac{18^2}{8R}\times 1\ 000=\frac{40\ 500}{R}\quad (\text{mm}) \tag{1.1.5}$$

②车辆两端向曲线外侧的偏移

$$d_{外}=\frac{L^2-l^2}{8R} \tag{1.1.6}$$

式中 $L$——标准车辆长度,我国为 26 m。

$$d_{外}=\frac{26^2-18^2}{8R}\times 1\ 000=\frac{44\ 000}{R}\quad (\text{mm}) \tag{1.1.7}$$

③外轨超高使车体向曲线内侧倾移

$$d_{内2}=\frac{H}{1\ 500}h\quad (\text{mm}) \tag{1.1.8}$$

式中 $H$——隧道限界控制点自轨面起的高度(mm);

$h$——曲线外轨超高(mm)。

$\frac{H}{1\ 500}h$ 的值也可以用内侧轨顶为轴,将有关限界旋转 $\theta$ 角($\theta=\arctan\frac{h}{1\ 500}$)求得。

综上所述,《铁路隧道设计规范》(TB 10003—2016)规定,客货共线铁路隧道、双层集装箱运输隧道和城际铁路隧道内侧加宽值为

$$W_1=d_{内1}+d_{内2}=\frac{40\ 500}{R}+\frac{H}{1\ 500}h\quad (\text{mm}) \tag{1.1.9}$$

隧道外侧加宽值为

$$W_2=d_{外}=\frac{44\ 000}{R}\quad (\text{mm}) \tag{1.1.10}$$

隧道总加宽值为

$$W=W_1+W_2=\frac{40\ 500}{R}+\frac{H}{1\ 500}h+\frac{44\ 000}{R}\quad (\text{mm})$$

或

$$W=W_1+W_2=\frac{84\ 500}{R}+\frac{H}{1\ 500}h\quad (\text{mm}) \tag{1.1.11}$$

对于高速铁路隧道,曲线地段的建筑限界仅考虑因超高产生车体向曲线内侧倾斜引起的加宽,加宽量为

$$W=W_1=\frac{H}{1\ 500}h\quad (\text{mm}) \tag{1.1.12}$$

(2)双线曲线隧道加宽值的计算

双线曲线隧道的内侧加宽值 $W_1$ 及外侧加宽值 $W_2$ 与单线曲线隧道加宽值的计算相同。

双线曲线隧道,除了两侧需要加宽以外,两线的中心线间距也要由规定的直线间距加大一个水平距离。这是因为当两线列车交会时,外线车辆中部向内偏移而内线车辆两端向外偏移,

使行车安全空间被压缩，如图 1.1.9(a)所示，所以，两线间的线间距必须也随之加大，才能保证行车的安全。此外，如果外线的超高值大于内线的超高值，则两线上行驶的车辆顶部互相靠近，也减小了行车安全空间，如图 1.1.9(b)所示，因而两线的距离必需再加大。内外侧线路中线间的加宽值 $W_3$ 按下面情况计算。

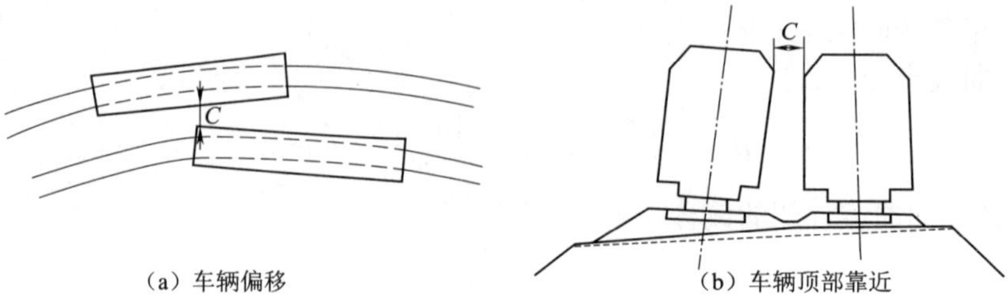


C—车顶净距。

图 1.1.9　列车在曲线地段运行情况

当外侧线路的外轨超高大于内侧线路的外轨超高时：

$$W_3=\frac{84\ 500}{R}+\frac{360}{150}\times\frac{E}{2}\quad (\text{mm}) \tag{1.1.13}$$

其他情况时：

$$W_3=\frac{84\ 500}{R}\quad (\text{mm}) \tag{1.1.14}$$

双线隧道总加宽值为

$$W=W_1+W_2+W_3 \tag{1.1.15}$$

(3)曲线隧道中线偏移距离的确定

从以上计算可知，曲线隧道内外侧加宽值不同(内侧加宽大于外侧加宽)，断面加宽后，隧道中线应向曲线内侧偏移一定距离 $d$。

单线隧道线路中线偏移如图 1.1.10 所示。

$$d=\frac{1}{2}(W_1-W_2)\quad (\text{cm}) \tag{1.1.16}$$

双线隧道线路偏移如图 1.1.11 所示。

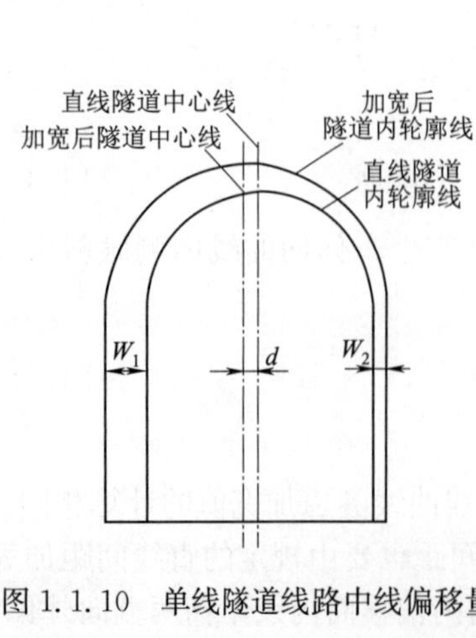


图 1.1.10　单线隧道线路中线偏移量

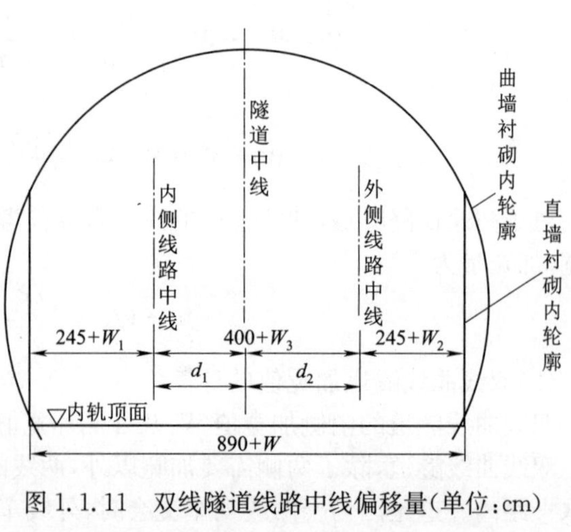


图 1.1.11　双线隧道线路中线偏移量(单位：cm)

内侧线路中线至隧道中线的距离：

$$d_1=200-\frac{1}{2}(W_1-W_2-W_3)\quad (\text{cm}) \tag{1.1.17}$$

外侧线路中线至隧道中线的距离：

$$d_2=200+\frac{1}{2}(W_1-W_2+W_3)\quad (\text{cm}) \tag{1.1.18}$$

3. 曲线隧道与直线隧道衬砌的衔接方法

曲线地段隧道建筑限界的加宽范围，包括全部圆曲线、缓和曲线和部分直线，加宽方法可采用图 1.1.12 和图 1.1.13 所示的阶梯形方式，或采用曲线圆顺方式。

对于客货共线铁路隧道、双层集装箱运输隧道和城际铁路隧道，其断面加宽除圆曲线部分按上述计算值加宽外，缓和曲线部分可分两段加宽，即自圆曲线起点至缓和曲线中点，并向直线方向延伸 13 m，这一段用圆曲线加宽的断面（按 $W$ 值加宽）；其余缓和曲线，并向直线方向延伸 22 m，应采用圆曲线加宽值的一半（即按 $W/2$ 加宽），如图 1.1.12 所示。

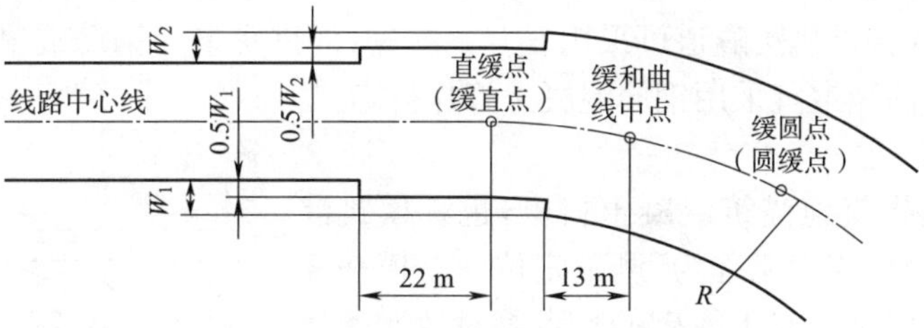


图 1.1.12　曲线地段隧道的双侧加宽

同理，曲线上高速铁路隧道建筑限界的加宽范围、衬砌衔接方法如图 1.1.13 所示。

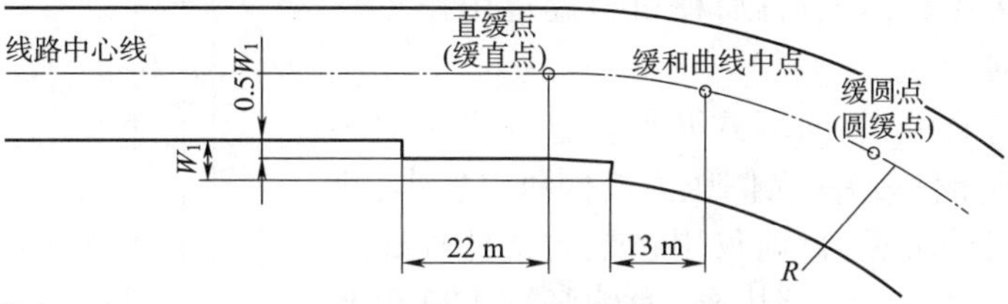


图 1.1.13　曲线上高速铁路隧道加宽

### 1.1.4　铁路隧道的组成

隧道结构可分为主体建筑物和附属建筑物。主体建筑物是为了保持隧道的稳定，保证隧道正常使用而修建的，由洞身支护结构及洞门组成，在铁路线上洞口附近容易坍塌或有落石危险时需要加筑明洞、洞身段埋深较浅无法用暗挖修建时也会采用明洞通过；附属建筑物指保证隧道正常使用所需的各种辅助设施。

1. 隧道洞门

广义隧道洞门系隧道洞口段结构物的总称，是在隧道进出口用混凝土浇筑或砌体砌筑而成的建筑物，包括隧道洞门（狭义）与明洞洞门等形式。洞门的作用是用来维持山体的稳定，主要是支挡洞口正面仰坡和路堑边坡，拦截仰坡落石与掉块，并将仰坡、洞顶汇集的水排出洞口以外，以稳定洞口，保证隧道正常使用和行车安全。

隧道洞门主要有墙式洞门和斜切式洞门两种形式。墙式洞门是我国铁路隧道的传统洞门，主要有端墙式、挡(翼)墙式、柱式、台阶式等结构形式，其组成主要为端墙、翼墙、挡墙等挡土结构。斜切式洞门是一种不刷坡或少刷坡、凸出式的高速铁路隧道洞门构造，线条流畅、整洁美观，能有效缓解洞口处的空气动力效应，具有良好的整体稳定性。斜切式洞门的基本类型有直切、正切、倒切、弧形挡墙加切削等形式。

明洞洞门是采用明挖法在隧道进出口处修建的一段隧道。它是在露天地面上或是在敞口基坑内先修筑衬砌等结构物，再回填覆盖土石。我国铁路隧道传统的明洞结构类型有拱形明洞和棚洞两大类。

对于高速铁路隧道，当隧道洞口的噪声对洞口附近居民或建筑物产生较大影响时，往往在隧道入口增设适当的缓冲结构。

2. 洞身支护结构

开挖后的隧道，为了保持围岩的稳定性，一般都需要修建支护结构体系。隧道支护结构体系的构造与隧道围岩的地质情况和施工方法密切相关，归纳起来可分为整体式衬砌(模筑混凝土衬砌)、喷锚衬砌、拼装式衬砌和复合式衬砌几种类型。

《铁路隧道设计规范》(TB 10003—2016)规定，矿山法隧道应采用曲墙式衬砌，并宜采用复合式衬砌；敞开式掘进机法隧道可采用复合式衬砌，仰拱宜采用钢筋混凝土预制块结构；护盾式掘进机或盾构法隧道宜采用钢筋混凝土管片衬砌。

1)整体式衬砌

整体式衬砌是指就地浇筑混凝土衬砌，也称模筑混凝土衬砌或模筑衬砌，施工流程为：测量定位→立模→浇筑→养护→拆模。模筑混凝土衬砌的特点是对地质条件的适应性强，易于按需要成形，整体性好，抗渗性强，而且可以适合多种施工条件，多采用钢模板或模板台车施工。隧道明洞结构常采用整体式衬砌；模筑衬砌也用作复合式衬砌的二次衬砌。

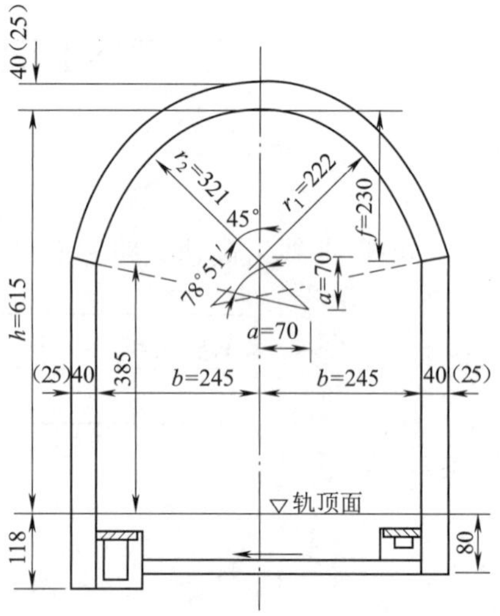


图 1.1.14　单线铁路隧道整体直墙式衬砌实例(单位：cm)

衬砌的形状有直墙式、曲墙式两种。直墙式衬砌适用于一般地区地质条件较好、无侧压力或侧压力较小、开挖后围岩稳定地段的坑道，目前仅用在地质条件较好的辅助坑道。直墙式衬砌由上部拱圈、两侧竖直边墙和下部铺底三部分组合而成。图 1.1.14 为单线铁路隧道整体直墙式衬砌实例，其拱部内轮廓线系由三心圆曲线组成。

曲墙式衬砌适用于地质较差，有较大水平围岩压力的情况。它由顶部拱圈、侧面曲边墙和底板(或铺底)组成。曲墙式衬砌根据底部有无仰拱结构分为有仰拱衬砌和无仰拱衬砌。Ⅲ级及以上围岩地段，岩层一般受地质构造影响严重，风化破碎，侧压力较大，基础易产生沉陷；土质地段则承载力低，稳定性较差，开挖后易产生隆起等变形，故采用曲墙有仰拱衬砌，以抵御底部的围岩压力和防止衬砌沉降，并使衬砌形成一个环状的封闭整体结构，以提高衬砌的承载能力。Ⅱ级围岩、地下水不发育的Ⅲ级硬质岩地段，为了便于隧道底排水，避免日后翻修重建的困难，一般设置钢筋混凝土底板，以保证隧道的长期稳定并满足道床沉降控制要求。重载铁路隧道应设置仰拱，仰拱厚度应大于拱部厚度，Ⅳ～Ⅵ级围岩段仰拱应采用钢筋混凝土结构。图 1.1.15为单线铁路隧道整体曲墙式衬砌实例，其内部轮廓线由五心圆曲线组成。

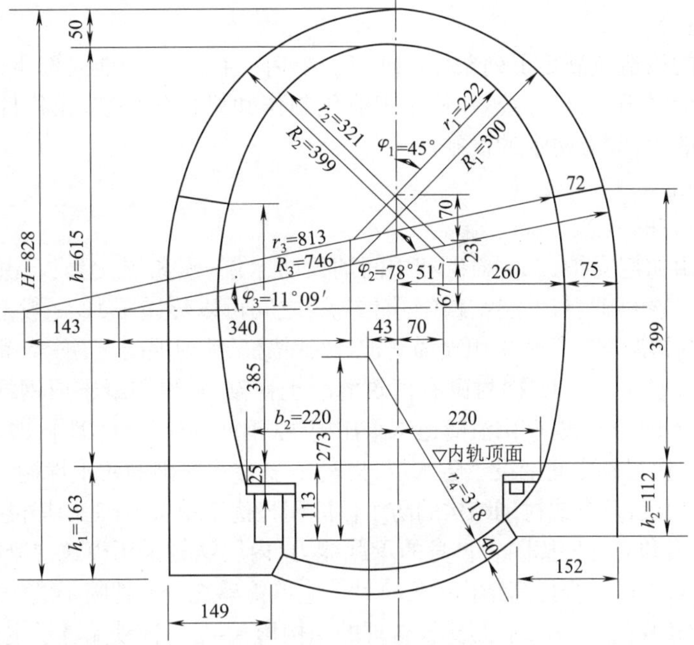


图 1.1.15 单线铁路隧道整体曲墙式衬砌实例(单位:cm)

2)喷锚衬砌

以喷射混凝土为主体,根据需要与锚杆、钢筋网、钢架等构件组合而成的隧道支护结构,称为喷锚结构。喷锚结构有喷射混凝土、锚杆喷射混凝土、锚杆钢筋网喷射混凝土、喷钢纤维混凝土等形式。喷锚结构既可用作隧道的初期支护(称为喷锚支护),又可用作隧道永久衬砌结构(称为喷锚衬砌),如图 1.1.16 所示。

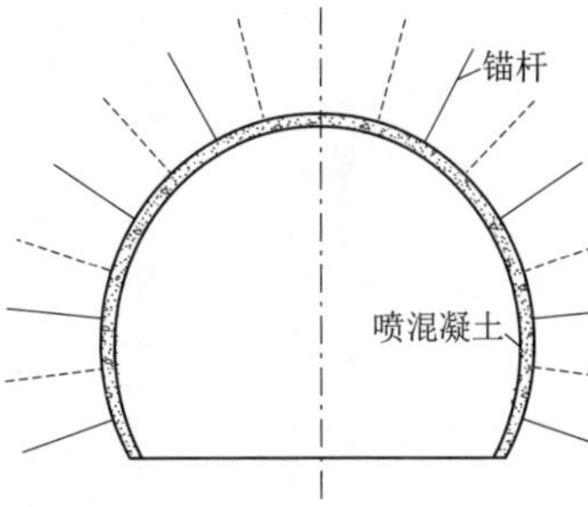


图 1.1.16 喷锚衬砌结构

作隧道初期支护时,喷锚支护可充分发挥围岩的自承能力,控制围岩的变形,并有效地利用洞内净空,提高作业安全性和作业效率,并能适应软弱和膨胀地层中隧道的开挖,还可用于整治塌方和隧道衬砌的破损。

3)拼装式衬砌

在隧道施工向工业化和机械化进展的过程中,出现了拼装式的隧道衬砌。拼装式衬砌是将衬砌分成若干块构件,这些构件在工厂或现场预先制备,然后运入坑道内,用机械将它们拼装成一环接一环的衬砌。图 1.1.17 所示的管片式衬砌,是拼装式衬砌的一种形式。拼装式衬砌在盾构法隧道和护盾式 TBM 施工的隧道中广泛应用,在地铁车站中也在积极推广应用。

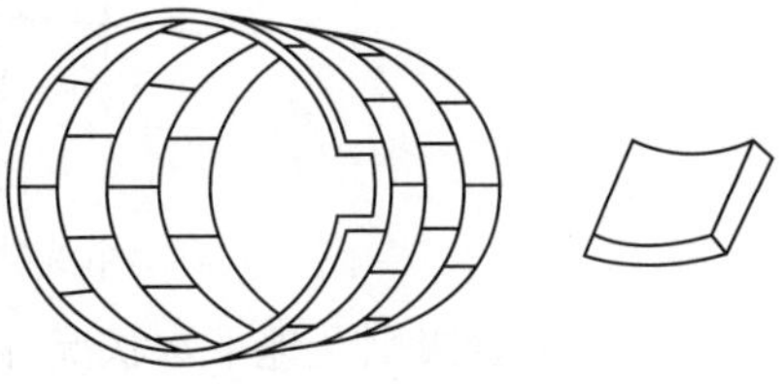

图 1.1.17 管片式衬砌

拼装式衬砌具备下列优点:

①一经装配成环,不需要养生时间,即可承受围岩压力;②大量构件可以在工厂成批生产,在洞内可以机械化拼装,从而改善了劳动条件,节省了劳动力;③拼装时,不需要临时支撑如拱

架、模板等,从而节省大量的支撑材料及劳力;④拼装速度因采用机械化施工而提高,缩短了工期,还可能降低造价。

拼装式衬砌的构造应满足下列条件:①强度足够而且耐久;②能立即承受荷载;③装配简便,构件类型少,形式简单,尺寸统一,便于工业化制作和机械化拼装;④构件尺寸大小和重量适合拼装机械的能力;⑤有防水的设施。

4)复合式衬砌

(1)复合式衬砌的概念

复合式衬砌由初期支护、二次衬砌和中间铺设防水层(隔离层)组成。由于中间设置了防水层,内层结构(二次衬砌)与外层结构(初期支护)之间可以传递压力,一般不传递剪力。

复合式衬砌的初期支护一般采用喷锚支护,包括锚杆、喷射混凝土、钢架、钢筋网或它们的组合形式,厚度多在 5～20 cm。二次衬砌有模筑混凝土衬砌、喷射混凝土或钢纤维喷射混凝土衬砌、拼装式衬砌等不同的形式,矿山法隧道常采用模筑(钢筋)混凝土衬砌作二次衬砌。

初期支护与二次衬砌之间铺设了防水层,提高了复合式衬砌的防水性能。从工程实践经验看,在地下水发育地段,复合式衬砌结构的防水性能明显优于单层衬砌。其外层结构采用喷锚支护,能适应围岩变形和充分发挥围岩自身的承载能力;内层结构采用模筑混凝土,既可以保证隧道内表面光滑平整,也进一步提高结构的安全性。它既能够充分发挥喷锚支护的优点,又能发挥二次衬砌永久支护的可靠作用。它是比较合理的结构形式,是目前铁路隧道主要的结构形式。

(2)复合式衬砌构造实例

图 1.1.18 所示为单线铁路隧道Ⅳ级围岩复合式衬砌标准图。

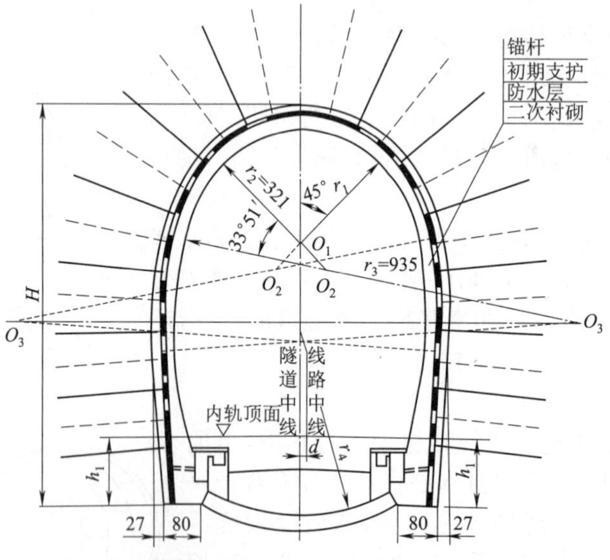


图 1.1.18 单线铁路隧道Ⅳ级围岩复合式衬砌标准图(单位:cm)

根据围岩级别及地下水状况,高速铁路隧道复合式衬砌的形式,按以下原则确定:

①Ⅰ、Ⅱ级围岩隧道的复合式衬砌一般采用曲墙带底板的结构形式(图 1.1.19),当地下水特别发育时,可采用曲墙带浅仰拱形式。

②Ⅲ级围岩隧道的底部位于弱风化、完整性好的硬质岩时,可采用拱墙加底板结构形式。底板施工前先施作 10 cm 厚 C20 混凝土找平层。底部为软质岩、节理裂隙较发育的硬质岩,或为缓倾斜岩层时,可采用曲墙带仰拱的结构形式。

③Ⅳ～Ⅵ级围岩隧道采用曲墙带仰拱的结构形式,如图 1.1.20 所示。

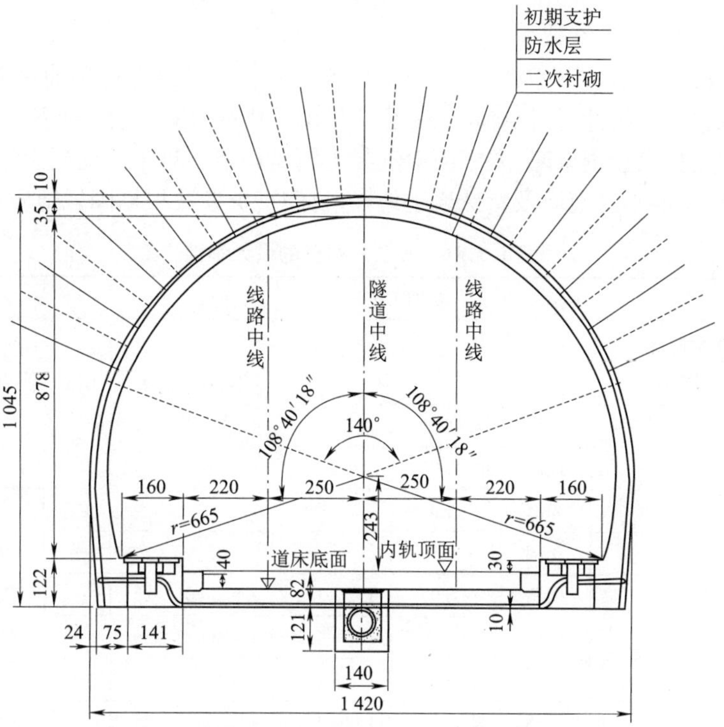


图 1.1.19　曲墙带底板衬砌结构代表断面(单位:cm)

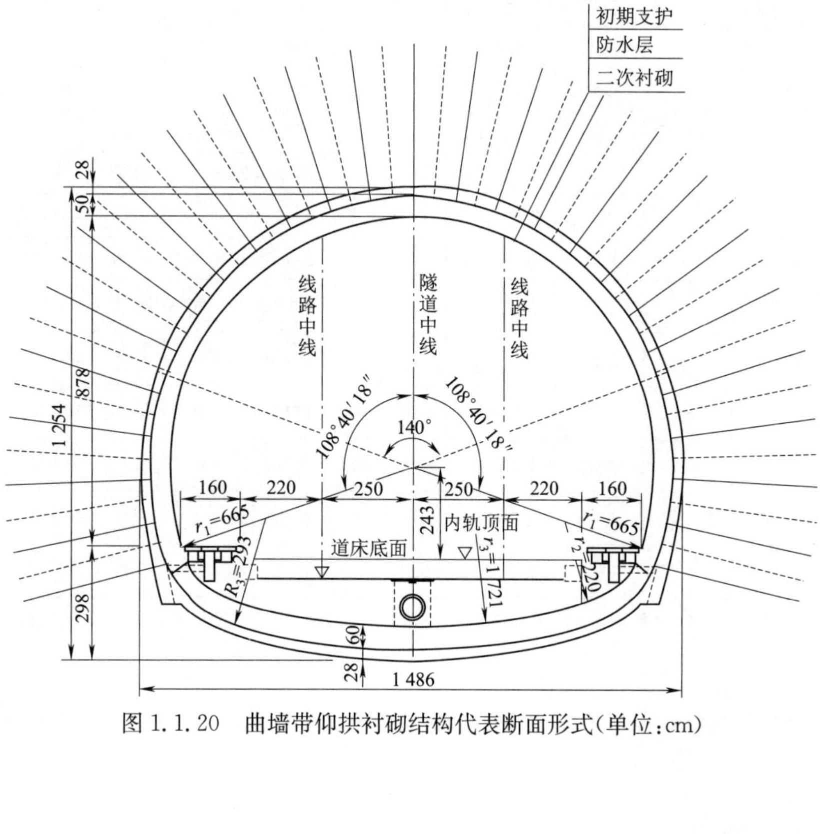


图 1.1.20　曲墙带仰拱衬砌结构代表断面形式(单位:cm)

根据二次衬砌在运营期间是否承受水压力，复合式衬砌结构可分为排水型衬砌和防水型衬砌两种类型。前者二次衬砌不承受水压力，后者承受水压力。

(3)复合式衬砌的设计参数

《铁路隧道设计规范》(TB 10003—2016)根据近年来铁路隧道衬砌通用参考图及国内公路、铁路隧道支护参数，统计、类比确定了复合式衬砌常用的设计参数，见表 1.1.16。其中Ⅳ、Ⅴ级围岩当初期支护设置钢架时，要求喷射混凝土覆盖钢架。对于活动断裂带、软岩大变形及膨胀岩土、石膏地层等不良地质及特殊岩土地段，衬砌支护参数根据围岩地质条件单独确定。

**表 1.1.16　复合式衬砌的设计参数**

| 围岩级别 | 隧道开挖跨度 | 初期支护 | | | | | | | 二次衬砌厚度(cm) | |
|---|---|---|---|---|---|---|---|---|---|---|
| | | 喷射混凝土厚度(cm) | | 锚杆 | | | 钢筋网(cm) | 钢架 | 拱墙 | 仰拱 |
| | | 拱墙 | 仰拱 | 位置 | 长度(m) | 间距(m) | | | | |
| Ⅱ | 小跨 | 5 | — | 局部 | 2.0 | — | — | — | 30 | — |
| | 中跨 | 5 | — | 局部 | 2.0 | — | — | — | 30 | — |
| | 大跨 | 5～8 | — | 局部 | 2.5 | — | — | — | 30～35 | — |
| Ⅲ硬质岩 | 小跨 | 5～8 | — | 拱墙 | 2.0 | 1.2～1.5 | 拱部@25×25 | — | 30～35 | — |
| | 中跨 | 8～10 | — | 拱墙 | 2.0～2.5 | 1.2～1.5 | 拱部@25×25 | — | 30～35 | — |
| | 大跨 | 10～12 | — | 拱墙 | 2.5～3.0 | 1.2～1.5 | 拱部@25×25 | — | 35～40 | 35～40 |
| Ⅲ软质岩 | 小跨 | 8 | — | 拱墙 | 2.0～2.5 | 1.2～1.5 | 拱部@25×25 | — | 30～35 | 30～35 |
| | 中跨 | 8～10 | — | 拱墙 | 2.0～2.5 | 1.2～1.5 | 拱部@25×25 | — | 30～35 | 30～35 |
| | 大跨 | 10～12 | — | 拱墙 | 2.5～3.0 | 1.2～1.5 | 拱部@25×25 | — | 35～40 | 35～40 |
| Ⅳ深埋 | 小跨 | 10～12 | — | 拱墙 | 2.5～3.0 | 1.0～1.2 | 拱墙@25×25 | — | 35～40 | 40～45 |
| | 中跨 | 12～15 | — | 拱墙 | 2.5～3.0 | 1.0～1.2 | 拱墙@25×25 | — | 40～45 | 45～50 |
| | 大跨 | 20～23 | 10～15 | 拱墙 | 3.0～3.5 | 1.0～1.2 | 拱墙@20×20 | 拱墙 | 40～45 * | 45～50 * |
| Ⅳ浅埋 | 小跨 | 20～23 | — | 拱墙 | 2.5～3.0 | 1.0～1.2 | 拱墙@25×25 | 拱墙 | 35～40 | 40～45 |
| | 中跨 | 20～23 | — | 拱墙 | 2.5～3.0 | 1.0～1.2 | 拱墙@20×20 | 拱墙 | 40～45 | 45～50 |
| | 大跨 | 20～23 | 10～15 | 拱墙 | 3.0～3.5 | 1.0～1.2 | 拱墙@20×20 | 拱墙 | 40～45 * | 45～50 * |
| Ⅴ深埋 | 小跨 | 20～23 | — | 拱墙 | 3.0～3.5 | 0.8～1.0 | 拱墙@20×20 | 拱墙 | 40～45 | 45～50 |
| | 中跨 | 20～23 | 20～23 | 拱墙 | 3.0～3.5 | 0.8～1.0 | 拱墙@20×20 | 全环 | 40～45 * | 45～50 * |
| | 大跨 | 23～25 | 23～25 | 拱墙 | 3.5～4.0 | 0.8～1.0 | 拱墙@20×20 | 全环 | 50～55 * | 55～60 * |
| Ⅴ浅埋 | 小跨 | 23～25 | 23～25 | 拱墙 | 3.0～3.5 | 0.8～1.0 | 拱墙@20×20 | 全环 | 40～45 * | 45～50 * |
| | 中跨 | 23～25 | 23～25 | 拱墙 | 3.0～3.5 | 0.8～1.0 | 拱墙@20×20 | 全环 | 40～45 * | 45～50 * |
| | 大跨 | 25～27 | 25～27 | 拱墙 | 3.5～4.0 | 0.8～1.0 | 拱墙@20×20 | 全环 | 50～55 * | 55～60 * |

注：1. 表中喷射混凝土厚度为平均值；带 * 号者为钢筋混凝土。@20×20 表示钢筋网的钢筋纵向、横向间距均为 20 cm。

2. Ⅵ级围岩和特殊围岩应进行单独设计。

3. Ⅵ级缓倾软质岩地段，隧道拱部 180°范围初期支护可架设格栅钢架，相应调整拱部喷射混凝土厚度。

《铁路隧道设计规范》(TB 10003—2016)同时规定，隧道二次衬砌结构设计应符合下列规定：

①Ⅳ～Ⅵ级围岩地段应采用钢筋混凝土，Ⅰ～Ⅲ级围岩地段采用素混凝土衬砌时，拱墙应设置护面钢筋或构造钢筋等措施。

②地下水发育地段、沟谷洼地、寒区隧道抗冻设防段，热害较严重及以上地段，中等及以上岩爆风险地段，邻近活动断裂带地段等特殊地段，隧道二次衬砌应采用钢筋混凝土结构。

③可溶岩地段隧道衬砌结构应结合围岩级别及衬砌受力情况设置构造钢筋或受力钢筋，具体设计措施应结合经济技术比选确定。

3. 隧道防排水设施概述

1)隧道防排水设计原则

按照我国《铁路隧道设计规范》(TB 10003—2016)的要求，铁路隧道防排水设计采取"防、排、截、堵相结合，因地制宜，综合治理，保护环境"的原则，对地下水的处理除关注结构本身的安全外，还要重视隧道修建过程中的施工安全以及隧道修建对周边环境的影响。

"防"：即要求隧道建立具有一定自防水能力的防水体系，能防止地下水的无度渗入，确保隧道的使用功能，同时也使地下水环境处于可控状态，如衬砌采用防水混凝土或设置防水板、防水层等。

"排"：即隧道有完善的排水系统并充分利用，以减小渗水压力、维护结构安全，但需注意大量排水诱发的不良后果，如围岩颗粒流失、围岩稳定性降低、次生灾害及水环境的破坏(造成当地农田灌溉和生活用水困难、水体污染)等。

"截"：隧道顶部如有地表水易于下渗的通道、可能直接补给隧道的水系、坑洼积水等，需设置截、排水沟等措施；地下水丰富、来源明确而隧道排水能力不足时，于地下水来源一侧设置具截水功能的泄水洞等。

"堵"：隧道附近有直通隧道的漏斗、管道等，采用堵塞封闭的工程措施；隧道施工过程中，有涌、突水时，采用注浆等封堵地下水径流通道；运营隧道渗漏水采用注浆、喷涂防水层、嵌填防水材料等措施堵水。

隧道防排水的各种措施相互影响、相生相克、相辅相成。因此，隧道防排水设计要结合工程的水文地质条件、环境保护要结合工程防水等级、施工工艺水平、工程经济分析等，因地制宜，选择适宜的方法，贯彻综合治理的设计理念，以达到保护环境、保障主体工程施工安全和运营安全的目的。

保护环境是隧道防排水设计时需要考虑的重要因素，隧道防排水设计要尽可能减少对水环境的影响，防止水土流失，避免次生灾害。同时，在保护环境的前提下，进行合理排放是必要的。

2)隧道防排水的类型

隧道按排水与否分为排水型隧道、不排水型隧道两种。排水型隧道包含"以排为主"和"以堵为主、限量排放"的隧道，不排水型隧道主要指位于城市等地区因环境要求不允许地下水排放采用全包防水设计、完全不排水的隧道。山岭隧道一般采取"以排为主"的原则，只有少部分位于水资源保护区或环境敏感区等有水环境特殊要求地段的隧道，采取"以堵为主、限量排放"的原则。

3)隧道防排水设施的组成

隧道防排水设施分为排水设施和防水设施。

隧道防水是为确保隧道运营不致因漏水、积水造成灾害，影响使用功能和腐蚀设备而采取的防水措施。隧道防水是通过围岩注浆堵水、二次衬砌自防水、防水层防水、变形缝施工缝防水等措施实现的。

隧道排水设施是为排放、疏干或减缓隧道内地下水而采取的工程措施。隧道排水设施包括洞外排水设施和洞内排水设施。洞外排水主要是将隧道上方地表洼地、浅埋等处所水排走，将洞口水排走，以免水流浸泡冲刷洞口仰坡。隧道地表沟谷和坑洼的积水、渗水对隧道有影响时，宜采用疏导、勾补、铺砌和填平等措施，对易发生积水下渗的废弃的坑洞、钻孔等应填实封闭，防止地表水下渗。洞外排水设施包括洞口的天沟、吊沟、截水沟等。在富水隧道中，当正洞内排水设施排水能力不足时，可修建专门的泄水洞。洞内排水主要是将隧道内水流排走，洞内排水设施包括侧沟、中心水沟、环向盲管(沟)、纵向盲管(沟)、横向联系水沟(管)、泄水孔等。

4. 隧道附属构筑物

为了使隧道正常使用，保证列车安全运营，隧道工程除主体建筑物外，还要修筑一些附属构筑物。铁路隧道附属构筑物包括供维修人员避让列车而设的避车洞，电力、信号、通信设施及其专门洞室或综合洞室，为加强洞内外空气更换而设的运营通风设施，供火灾等紧急情况下使用的防灾疏散救援设施以及必要的消防、报警装置和照明设施等。

### 1.1.5 隧道施工方法

1. 隧道施工方法简介

隧道施工方法可以归纳为矿山法、明挖法、盖挖法、盾构法、TBM 法、沉管法、顶进法等。

1)矿山法

矿山法因最早应用于矿山开采而得名。由于这种施工方法大多数情况下需要采用钻眼爆破的方式进行开挖，故又称为钻爆法。采用钻爆法施工隧道时，先用钻眼爆破的方式开挖出隧道洞身，在进行必要的支护、清除开挖出来的石渣后，再修建隧道的防排水结构和永久性支护结构——衬砌。隧道的横断面要视具体条件，分几部分挖成或一次挖成。20 世纪 60 年代随着新奥法的问世，矿山法有了长足的发展。由于新奥法从理论到施工都与之前的矿山法有很大的不同，为了明确概念，将矿山法又分为传统矿山法和新奥法。

矿山法隧道除了用钻爆法破碎隧道岩土外，还可以采用铣挖机、单臂掘进机、液压破碎锤、大功率挖掘机等机械装备破碎或切削岩土，进行隧道洞身开挖，此种矿山法称为非爆破矿山法。非爆破矿山法适用于软岩或围岩稳定受爆破振动影响敏感的地质地段(如黄土隧道、风积沙隧道等)，或者在隧道附近有受爆破振动影响敏感的结构物时采用。这种开挖方法可以大大减少对隧道围岩的扰动，应是隧道开挖方法的发展趋势。

2)其他施工方法

明挖法是指先挖开地表面，再修建隧道衬砌结构，后回填土石、恢复地面的隧道施工方法，多用于地铁车站、山岭隧道洞口段、浅埋隧道和市政隧道施工。

盖挖法是“先盖后挖”，即先以临时路面或结构顶板维持地面畅通后再向下施工。先用连续墙、钻桩等形式做围护结构和中间桩，然后做钢筋混凝土盖板，在盖板、围护墙、中间桩的保护下进行土石方开挖和结构施工。盖挖法分为盖挖顺作法、盖挖逆作法、盖挖半逆作法等，多用于修建浅埋隧道、地下铁道和市政隧道。

盾构法是指采用盾构机开挖隧道的方法，主要应用于土质地层，尤其适用于软土、流沙、淤泥等特殊地层。

TBM 是全断面岩石隧道掘进机的简称，TBM 法是指采用大型隧道掘进机开挖隧道的方法，多用于岩石地层。一般将盾构法和 TBM 法统称为全断面掘进机法。

沉管法是先在船台上或干坞中制作隧道管段，管段两端用临时封墙密封后滑移下水或在坞内放水，使其浮在水中拖运到隧道设计位置；定位后向管段内加载，使其逐节下沉至预先挖好的水底沟槽内，而后将相邻管段连接起来；最后拆除封墙，使各节管段连通成为整体的隧道，在其顶部和外侧用块石覆盖。沉管法现已成为水底隧道的主要施工方法。

顶进法又称顶管法，此法不需要开挖覆土面层，能够穿越公路、铁路、河川、地面建筑物、地下构筑物以及各种地下管线，是一种非开挖的敷设地下管道的施工方法。施工时紧随工具管或掘进机后面，将预制管段顶入地层，是边顶进边开挖地层，同时将管段接长的管道埋设方法，主要用于城市地下人行通道和城市市政隧道等。

2. 新奥法施工原理

新奥法即奥地利隧道施工新方法（new austrian tunnelling method，简称为 NATM），是以控制爆破为开挖方法，以喷射混凝土和锚杆作为主要支护手段，通过监测控制围岩变形，动态修正设计参数和变动施工的一种隧道施工工法，其核心内容是充分发挥围岩的自承能力。新奥法由奥地利学者腊布希维茨在总结锚喷支护技术施工经验的基础上提出的，我国于 20 世纪 80 年代开始积极探索并推广新奥法隧道工程理念。有人把新奥法归纳为：其原则为充分保护并利用围岩的承载能力，其施工要点为控制爆破、喷锚支护和施工监测，其实施方法为设计、施工和监测三位一体的动态模式。

1）新奥法基本理念

新奥法的理念，其基本内容可归结为以下几点：

（1）隧道开挖应尽量利用围岩的自承能力，充分发挥围岩的自身支护作用。

（2）开挖作业宜采用对围岩扰动较小的控制爆破和较少的开挖步骤，避免过度破坏岩体的稳定；尽量使隧道断面周边轮廓圆顺，避免棱角突变处应力集中。

（3）根据围岩特征，采用不同的支护类型和参数，及时施作密贴于围岩的柔性支护（如钢架、喷射混凝土和锚杆等），以控制围岩的变形和松弛。

（4）在软弱破碎地段，使断面及早闭合，从而有效地发挥支护体系的作用，保证隧道的稳定性。

（5）允许围岩有一定的变形，以利于安全发挥围岩的全部强度，使之在隧道周围形成承载环。但这种变形应受到严格的控制，以免过度变形导致围岩承载能力的降低或丧失。

（6）二次衬砌原则上是在围岩和初期支护变形基本稳定的条件下修建，使围岩和支护结构形成一个整体，从而提高支护体系的安全度。

（7）施工中对围岩和支护结构进行监控量测、控制围岩变形，合理安排施工程序，修正不合理的设计和施工方法，实施信息化设计与施工。

2）新奥法施工程序

新奥法的施工过程主要包括：开挖、初期支护、防水层施工、二次衬砌施工四部分。新奥法施工程序如图 1.1.21 所示。

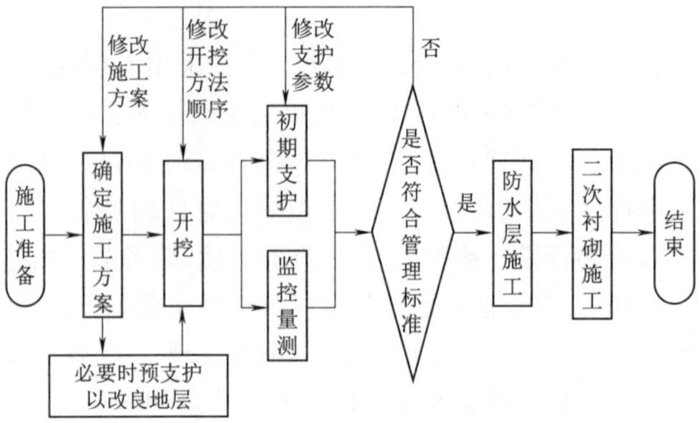


图 1.1.21　新奥法施工程序

(1)开挖

为了充分利用围岩的自承能力,尽量采用较大断面进行开挖,地质条件较差时可将断面分成几部分开挖。爆破时采用控制爆破技术,以减少对围岩的破坏。

开挖时,一次开挖的进尺应根据围岩条件和开挖方式确定。围岩条件好时,进尺可大些,条件差时,进尺可小些。同样条件下,采用较小断面开挖时进尺可大一些,采用全断面开挖时进尺就小一些。

(2)初期支护

初期支护包括下列各个工序:一次喷射混凝土,打锚杆,设置钢筋网,必要时架设钢架,二次(或多次)喷射混凝土等。初期支护所用的钢筋网、钢架等均应埋入喷混凝土层内。

(3)防水层施工

在初期支护完成后,临近二次衬砌前构筑防水层。防水层设置在初期支护和二次衬砌之间,其形式和材料根据设计而定。防水层中的水可通过集水管排出。

(4)二次衬砌施工

当围岩与初期支护变形收敛后,用模筑混凝土构筑二次衬砌。

3)新奥法施工基本原则

总结我国隧道采用新奥法施工的经验,得出了新奥法施工的基本原则,可概括为“少扰动、早支护、勤量测、紧封闭”。

“少扰动”是指在隧道开挖时,要尽量减少对围岩的扰动次数、扰动强度、扰动持续时间和扰动范围。即能采用机械开挖的就不用钻爆法开挖;采用钻爆法开挖时,要严格进行控制爆破;尽量采用大断面开挖;选择合理的掘进循环进尺,自稳性差的围岩掘进循环进尺宜短;支护应紧跟开挖面,以缩短围岩松弛及开挖面的裸露风化时间。

“早支护”是指对开挖暴露面应及时进行地质描述和及时施作喷锚支护。在喷锚支护作用下,一方面使围岩变形得到有效控制从而避免因变形过度而失稳,另一方面又要使围岩变形适度而充分发挥围岩的自承能力,必要时可采取超前预支护。

“勤量测”是指在隧道施工全过程中,应对隧道周边位移进行现场监控量测,及时反馈信息,用此修正设计参数,指导施工。即以规范的量测方法和量测信息,预测和评价围岩与支护的稳定状态、动态发展趋势,对隧道的施工方法、初期支护设计参数等进行合理的调整。

“紧封闭”是指对易风化的自稳性较差的软弱围岩地段,应及早施作封闭式初期支护(如喷射混凝土、喷锚混凝土等)。“紧封闭”有两层含义:一是将开挖面“糊上”,避免围岩因暴露时间过长而风化，降低强度及稳定性；二是采用圆环式初期支护，使支护和围岩能进入良好的共同工作状态。

### 1.1.6　隧道施工技术文件

1.隧道图纸的种类和作用

铁路隧道图纸按纸质分为蓝图、白图、蜡质图（出蓝图用）；按功能分为工点图、参考图、通用图、咨询图等；按内容分为平面图、纵断面图、横断面图、衬砌图、明洞图、洞门图、防排水及辅助工程措施图、隧道洞室图、辅助坑道图等。

铁路隧道施工图一般采用蓝图，设计单位、业主单位审核盖章后发放给施工单位后用于指导施工。一个隧道工程的施工图纸，一般包括工点图及其配套的参考图。隧道工程的工点图只包含本隧道工程项目的个性设计，包括工程地质说明、设计说明、工程数量表、洞身平面图、纵断面图、进出口洞门平面图、纵横断面图、洞门图、辅助坑道的平面图、纵横断面图、超前地质预报设计等。一些共性的、各个隧道工程项目均涉及的设计信息，需要在工点图的指引下查看参考图，参考图包括衬砌图、明洞图、洞门图、防排水及辅助工程措施图、隧道洞室图、辅助坑道图等。

通用图是铁路行业认可的、各条线路均适用的图纸。咨询图是设计院在出正式施工图前，用于供咨询单位提出咨询意见的图纸，咨询图一般不作为施工依据，通常采用白图。

2.铁路隧道设计、施工主要规范规程

我国现行铁路隧道设计、施工主要规范见表1.1.17。

**表1.1.17　我国现行铁路隧道设计、施工主要规范**

| 序号 | 规范名称 | 编号 | 发布单位 |
|---|---|---|---|
| 1 | 铁路隧道设计规范 | TB 10003—2016 | 国家铁路局 |
| 2 | 铁路隧道设计规范(极限状态法) | Q/CR 9129—2018 | 中国铁路总公司 |
| 3 | 铁路瓦斯隧道技术规范 | TB 10120—2019 | 国家铁路局 |
| 4 | 铁路黄土隧道技术规范 | Q/CR 9511—2014 | 中国铁路总公司 |
| 5 | 铁路挤压性围岩隧道技术规范 | Q/CR 9512—2019 | 中国铁路总公司 |
| 6 | 铁路隧道工程施工安全技术规程 | TB 10304—2020 | 国家铁路局 |
| 7 | 铁路工程爆破振动安全技术规程 | TB 10313—2019 | 国家铁路局 |
| 8 | 高速铁路隧道工程施工技术规程 | Q/CR 9604—2015 | 中国铁路总公司 |
| 9 | 客货共线铁路隧道工程施工技术规程 | Q/CR 9653—2017 | 中国铁路总公司 |
| 10 | 铁路隧道工程施工信息化技术规程(试行) | Q/CR 9215—2017 | 中国铁路总公司 |
| 11 | 铁路隧道超前地质预报技术规程 | Q/CR 9217—2015 | 中国铁路总公司 |
| 12 | 铁路隧道监控量测技术规程 | Q/CR 9218—2015 | 中国铁路总公司 |
| 13 | 铁路隧道工程风险管理技术规范 | Q/CR 9247—2016 | 中国铁路总公司 |
| 14 | 铁路隧道锚杆支护技术规范 | Q/CR 9248—2020 | 中国国家铁路集团有限公司 |
| 15 | 铁路隧道湿喷混凝土施工技术规程 | Q/CR 9249—2020 | 中国国家铁路集团有限公司 |
| 16 | 铁路隧道衬砌施工技术规程 | Q/CR 9250—2020 | 中国国家铁路集团有限公司 |
| 17 | 铁路隧道工程施工质量验收标准 | TB 10417—2018 | 国家铁路局 |
| 18 | 高速铁路隧道工程施工质量验收标准 | TB 10753—2018 | 国家铁路局 |

## 复习与思考题

(1)对以下名词进行解释：

隧道长度　　围岩　　围岩压力　　围岩分级　　明挖法

(2)围岩压力按作用力发生的形态，一般可分为________、________、________、________。

(3)我国现行的《铁路隧道设计规范》依据围岩主要工程地质条件的定性描述、围岩开挖后的稳定状态、围岩基本质量指标BQ及围岩弹性的速度 $v_p$ 值等指标，把围岩分为6级，依其稳定性由__________到__________为Ⅰ、Ⅱ、Ⅲ、Ⅳ、Ⅴ、Ⅵ。

(4)按隧道所处地理位置，可分为__________、__________、__________等。

(5)按隧道埋深，可分为__________隧道和__________隧道

(6)矿山法隧道最常用的衬砌类型为____________________。

(7)依据《铁路隧道设计规范》，设计行车速度350 km/h双线高速铁路隧道，轨面以上最小净空横断面面积是__________ $m^2$。

(8)简述复合式衬砌的组成和构造。

(9)仰拱结构的作用是什么？

(10)新奥法的基本理念包括哪些？新奥法施工基本原则是什么？

(11)隧道防排水如何贯彻环保理念？

# 任务1.2　隧道施工调查

### 任务工单

班级：__________姓名：__________学号：__________小组：__________日期：__________

| 工作任务 | 隧道施工调查 | 学习模式 | 项目+任务驱动 |
|---|---|---|---|
| 建议学时 | 1学时 | 学习地点 | 理实一体教室 |
| 任务描述 | 作为铁路隧道施工技术人员，通过施工图纸等技术文件初步了解了××隧道工程的概况后，还需要到施工现场，开展施工调查，为编制施工方案和施工组织设计掌握一手资料，具体任务包括：<br>(1)对××隧道进口(或出口)隧道工程开展隧道施工调查；<br>(2)编制隧道施工调查报告 | | |
| 任务目标 | **能力目标**<br>(1)能对隧道工程施工地点及其周边进行施工调查；<br>(2)能制定隧道工程施工调查大纲，能编制施工调查报告。<br>**知识目标**<br>(1)了解施工调查的意义；<br>(2)掌握施工调查的内容；<br>(3)掌握施工调查报告的内容。<br>**素质目标**<br>(1)系统思维，树立全局观念；<br>(2)分工协作、沟通协调的能力 | | |

续上表

| 工作任务 | 隧道施工调查 | 学习模式 | 项目+任务驱动 |
|---|---|---|---|
| 建议学时 | 1 学时 | 学习地点 | 理实一体教室 |
| 任务实施 | (1)学习相关知识,进行知识准备;<br>(2)开展隧道施工调查;<br>(3)编制隧道施工调查报告 | | |
| 考核评价<br>(100 分) | 考核项目 | | 得分 |
| | 知识掌握(30%) | | |
| | 开展隧道施工调查(30%) | | |
| | 编制隧道施工调查报告(30%) | | |
| | 职业素质养成(10%) | | |

## 知识准备

### 1.2.1　施工调查的意义

通过施工调查,可以了解和核对线路的全面情况、重点工程情况和沿线的施工条件等,确定符合实际情况的施工布置和施工方法,确定材料来源和运输方法,落实各项辅助工程的设置,规划临时工程,作为编制施工组织设计和概预算的重要依据。施工调查的质量直接关系到隧道工程施工的合理性,因此施工调查既是设计部门勘测设计中的一项重要工作,也是施工企业在基本工程开工前必须进行的一项工作。

施工调查前应查阅设计文件和相关资料,制定调查大纲。调查结束后根据调查情况编写书面的施工调查报告。

### 1.2.2　施工调查的内容

《高速铁路隧道工程施工技术规程》(Q/CR 9604—2015)和《客货共线铁路隧道工程施工技术规程》(Q/CR 9653—2017)(统称为《铁路隧道施工技术规程》)规定,施工调查应包括下列内容:

(1)地理环境、气象、水文水质情况。

(2)辅助坑道、洞口位置及相邻工程情况。

(3)施工运输道路、水源、供电、通信、施工场地、征地拆迁情况,弃渣场地及容纳能力等。

(4)原材料及半成品的品种、质量、价格及供应能力等,爆破器材的供应情况、供货渠道及管理方式等。

(5)交通运能、运价、装卸费率等。

(6)可供利用的劳动力资源状况,包括工费、就业情况等。

(7)生活供应、医疗、卫生、防疫、民俗及居民点的社会治安情况等。

(8)生态、环境保护的一般规定和特殊要求。

(9)对隧道施工有直接和间接影响的其他问题。

### 1.2.3 施工调查报告的内容

施工调查报告除应包括施工调查的主要内容外，还应包括下列内容：

(1)工程概况，包括工程环境、工程地质、水文地质、工程规模、数量、特点。

(2)临时设施方案，包括临时房屋、材料厂、施工便道及码头、电力及通信干线等的选择、规模和标准。

(3)砂、石等当地材料的供应方案。

(4)生产生活供水、供电方案，施工通信方案。

(5)施工建议方案。

(6)当地风俗习惯及注意事项。

(7)环保要求及注意事项，可能对环境造成的影响。

(8)施工调查中发现的设计有关问题和优化设计建议。

(9)尚待进一步调查落实的问题。

### 复习与思考题

(1)隧道施工调查的内容有哪些？

(2)隧道工程施工调查报告的内容有哪些？

## 任务 1.3　隧道施工技术准备

### 任务工单

班级：＿＿＿＿＿＿姓名：＿＿＿＿＿＿学号：＿＿＿＿＿＿小组：＿＿＿＿＿＿日期：＿＿＿＿＿＿

| 工作任务 | 隧道施工技术准备 | 学习模式 | 项目＋任务驱动 |
|---|---|---|---|
| 建议学时 | 1 学时 | 学习地点 | 理实一体教室 |
| 任务描述 | 施工技术准备是成熟隧道施工技术人员应具备的知识和能力，施工技术准备包括设计文件现场核对、施工方案选择、施工作业指导书编制和施工技术交底等工作，具体任务包括：<br>(1)学习案例工程的隧道施工方案和施工作业指导书；<br>(2)根据××隧道进口(或出口)标段的施工技术资料，参与核对设计文件，参考类似工程项目，参与编制隧道工程施工作业指导书 | | |
| 任务目标 | **能力目标**<br>能参与核对设计文件、编制施工方案和施工作业指导书。<br>**知识目标**<br>(1)了解技术准备的内容；<br>(2)掌握设计文件现场核对、施工方案选择和施工作业指导书编制的内容；<br>(3)了解分级技术交底制度，掌握各级技术交底内容。<br>**素质目标**<br>(1)认真细致的工作态度；<br>(2)标准化作业的习惯 | | |

续上表

<table>
<tr><td>工作任务</td><td colspan="2">隧道施工技术准备</td><td>学习模式</td><td>项目+任务驱动</td></tr>
<tr><td>建议学时</td><td colspan="2">1学时</td><td>学习地点</td><td>理实一体教室</td></tr>
<tr><td>任务实施</td><td colspan="4">(1)学习相关知识，进行知识准备；<br>(2)识读××隧道进口端(或出口端)施工图纸，了解工程概况。学习案例工程的隧道施工方案和施工作业指导书；<br>(3)分组核对设计文件、编制施工作业指导书</td></tr>
<tr><td rowspan="6">考核评价<br>(100分)</td><td colspan="3">考核项目</td><td>得分</td></tr>
<tr><td colspan="3">图纸识读以及了解工程概况(10%)</td><td></td></tr>
<tr><td colspan="3">知识掌握(30%)</td><td></td></tr>
<tr><td colspan="3">设计文件核对(25%)</td><td></td></tr>
<tr><td colspan="3">施工作业指导书编制(25%)</td><td></td></tr>
<tr><td colspan="3">职业素质养成(10%)</td><td></td></tr>
</table>

## 知识准备

### 1.3.1　技术准备的内容

技术准备是在施工调查之后，为了工程能够保质保量的按期完成，在施工之前进行的技术准备工作。施工技术准备的内容包括：

(1)设计文件现场核对。

(2)施工方案选择。

(3)施工作业指导书编制。

(4)施工技术交底。

### 1.3.2　设计文件现场核对

隧道工程施工前，应重点对设计文件中的拆迁工程、工程设计方案、工程措施、大型临时工程等进行现场核对，并做好核对记录。设计文件核对应包括下列内容：

(1)设计文件相互间的一致性、系统性，是否存在差、错、漏、碰。重点是各设计专业接口工程的相互衔接。

(2)隧道平面及纵断面参数计算是否正确。

(3)设计工程数量计算是否正确，超前地质预报设计内容是否完整。

(4)设计的洞口地形、地貌，地上、地下管线和周边建筑物等是否与现场一致。

(5)隧道穿越不良地质段的设计方案、工程措施的合理性、可实施性，应急预警系统是否完善。

(6)弃渣场的结构设计、位置及容量是否满足施工需要和环保要求。

(7)洞口位置,洞口边、仰坡的稳定程度,辅助坑道的类型和位置等。

(8)洞口排水系统是否完善。隧道排水与桥涵、路基排水设施及农田灌溉系统的配合、衔接是否合理,排水沟、天沟等的尺寸及排水设施的结构图是否完备、细致。

(9)大型临时设施和过渡工程的设置位置、规模和数量是否合理,能否满足工程施工需要。

在设计文件核对后,应将结果及存在问题以书面形式报送建设、设计、监理等相关单位。

### 1.3.3 施工方案选择

隧道施工方案应根据施工条件、地质条件、隧道长度、隧道横断面、埋深深度、工期要求、环境保护、资源配置等因素综合选定。

地质复杂及高风险隧道应结合周边环境及现场实际情况,分析工程及水文地质资料,进行风险评估,制定施工技术方案和专项应急救援预案。

### 1.3.4 施工作业指导书编制

铁路隧道施工应针对隧道的特殊过程和关键工序编制施工作业指导书,使施工人员掌握特殊过程和关键工序的作业程序、施工方法、质量标准,了解安全、节能环保等有关注意事项。

施工作业指导书应按照标准化管理要求,将成熟的工艺工法、科学合理的生产组织与建设标准、质量目标、安全要求与现场施工条件结合起来进行编制,做到图文并茂,简明易懂,可操作性强。

铁路隧道工程施工作业指导书编制范围应包括隧道开挖、初期支护、基底处理、防排水、二次衬砌、超前地质预报、监控量测等。特殊岩土及不良地质隧道还应编制针对性的作业指导书。

施工作业指导书应包括下列主要内容:①适用范围,②作业准备,③技术要求,④施工程序与工艺流程,⑤施工要求,⑥劳动组织,⑦材料要求,⑧设备机具配置,⑨质量控制及检验,⑩安全及环保要求。

铁路隧道工程施工应通过组织现场作业交底和人员培训,确保施工人员全面掌握作业指导书的内容和要求。

### 1.3.5 施工技术交底

隧道施工应开展技术交底工作,并应实行分级交底制度,施工技术交底应该覆盖所有参与工程施工的管理人员、技术人员、作业人员。在施工现场,技术交底分为对项目部各部室及技术人员的技术交底、对作业队的技术交底、对作业班组的技术交底 3 个层级。

(1)对项目部各部室及技术人员的技术交底主要包括下列内容:

①隧道地质、水文情况、围岩等级等工程概况,工程的重难点、施工调查情况。

②安全、质量、环保、工期目标及主要节点进度计划安排等。

③隧道总体施工组织方案、施工场地布局、大型临时设施及过渡工程方案。

④总体施工顺序、技术方案,长及特长隧道及其平行导坑、斜井、竖井的通风、运输方案;采用的新技术、新结构、新材料和新工艺。

⑤主要工程材料、设备、劳动力安排及资金计划。

⑥特殊岩土和不良地质地段的施工方法，安全技术措施。

⑦重大安全技术、环保措施。

⑧主要危险源、应急预案及抢险救援机构和设备。

(2)对作业队的技术交底主要包括下列内容：

①总体施工组织安排及施工方案，包括长、特长隧道及其平行导坑、斜井、竖井的设备配置及通风、运输方案。

②工程质量、安全、环保、进度目标及保证措施。

③施工方法、操作规程及施工技术要求。

④新技术、新工艺操作要求。

⑤分部、分项工程划分。

⑥施工作业指导书。

⑦设备加工图、拼装图及使用说明。

⑧试验参数及理论配合比。

⑨控制测量桩橛、监控量测等。

⑩重大危险源、应急救援措施及抢险救援结构和设备。

⑪成品保护方法及措施。

(3)对作业班组的技术交底主要包括下列内容：

①各工序施工中可能出现的安全风险、安全注意事项、急救包使用及紧急情况下的应急救援措施，紧急逃生措施。

②工序施工方法、施工工艺流程及施工先后顺序、工序间衔接处理等。

③施工工艺细则、操作要点。

④作业标准和质量验收标准等。

⑤工程结构物尺寸、里程、中心位置、高程等；有关施工详图和加工图，包括钻爆设计、开挖轮廓、支护结构、模板制作设计、钢筋配筋、结构尺寸大样图等。

⑥使用材料规格及材质要求、圬工等级、施工配合比等。

⑦设备加工图、拼装图及其操作要领，大型施工机械操作规程、安全使用、维修保养规则等。

⑧质量通病预防措施。

⑨施工安全及技术措施。

⑩劳动保护及环境保护有关注意事项。

施工技术交底应形成书面记录，并履行复核、签认手续，交底可采用会议、口头或书面形式。交底资料应留存备查。

## 复习与思考题

(1)隧道工程施工作业指导书编制范围是哪些？每个施工作业指导书包括哪些内容？

(2)隧道工程施工技术交底如何分级实施？各包括哪些内容？

# 任务 1.4 隧道施工资源配置

## 任务工单

班级:____________姓名:____________学号:____________小组:____________日期:____________

| 工作任务 | 隧道施工资源配置 | 学习模式 | 项目+任务驱动 |
|---|---|---|---|
| 建议学时 | 2 学时 | 学习地点 | 理实一体教室 |
| 任务描述 | 作为施工技术管理人员,需要了解隧道工程的施工材料准备、施工机械配置和施工临时设施的布置等施工准备内容,具体任务包括:<br>(1)了解隧道工程的施工材料准备、施工机械配置和施工临时设施的布置等施工准备要求;<br>(2)参考已有案例,编制××隧道施工组织设计中"施工临时设施"部分 | | |
| 任务目标 | **能力目标**<br>(1)能列举隧道工程的施工材料和施工机械;<br>(2)能编制施工临时设施配置方案,能指导隧道的临时设施施工。<br>**知识目标**<br>(1)了解隧道施工材料和施工机械的类型和施工准备要求;<br>(2)掌握施工场地布置要求,掌握隧道临时设施的施工要求。<br>**素质目标**<br>(1)"安全第一"的生产意识;<br>(2)勤于思考、严谨细致、认真负责的工作态度 | | |
| 任务实施 | (1)学习相关知识,进行知识准备;<br>(2)识读××隧道进口端(或出口端)洞口图纸,列举项目施工主要工程材料及其规格,列举施工项目将要用到的主要施工机械;<br>(3)参考已有案例,编制××隧道施工临时设施配置方案 | | |
| 考核评价(100 分) | 考核项目 | 得分 | |
| | 知识掌握(20%) | | |
| | 列举工程材料及其规格(20%) | | |
| | 列举主要施工机械(20%) | | |
| | 施工临时设施配置方案编制(30%) | | |
| | 职业素质养成(10%) | | |

## 知识准备

隧道施工资源的准备包括施工材料、施工机械设备、施工场地布置及临时设施施工。

### 1.4.1 隧道施工材料准备

隧道工程施工主要建筑材料包括混凝土、喷射混凝土、锚杆、钢筋、钢管、型钢、水泥砂浆、石材等。隧道用防排水材料包括土工布、防水板、排水盲管、止水带及止水条等。各类建筑材料的强度、规格见表 1.4.1。

**表 1.4.1　隧道主要建筑材料**

| 项　目 | | 常用材料及规格 |
|---|---|---|
| 二次衬砌 | 拱部、边墙和仰拱 | C30 防水混凝土、C35 防水钢筋混凝土 |
| 初期支护 | 喷射混凝土 | C25 或 C30 喷混凝土 |
| | 系统锚杆 | $\phi$22 mm 组合中空注浆锚杆、$\phi$22 mm 砂浆锚杆、$\phi$22 mm 树脂早强药包锚杆 |
| | 钢筋网 | HPB300 钢筋，$\phi$6 mm、$\phi$8 mm |
| | 格栅、钢架 | HPB300、HRB400，工字钢、HW 型钢 |
| | 锁脚锚管 | 热轧无缝钢管，$\phi$42 mm，$t$=5 mm |
| 超前支护 | 超前小导管 | 热轧无缝钢管，$\phi$42 mm，$t$=3.5 mm；$\phi$60 mm，$t$=5 mm |
| | 大管棚 | $\phi$108 mm 钢管，$t$=6 mm；$\phi$159 mm 钢管，$t$=6 mm |
| | 中管棚 | $\phi$89 mm 钢管，$t$=5 mm |
| 水沟电缆槽 | 水沟、电缆槽 | C30 混凝土、C35 钢筋混凝土 |
| | 水沟、电缆槽盖板 | C35 钢筋混凝土 |
| 仰拱填充 | | C20 混凝土 |
| 洞门 | 直切、斜切式洞门 | C35 钢筋混凝土 |
| | 端墙 | C35 钢筋混凝土 |
| | 挡墙、翼墙 | C30 混凝土 |
| | 截水天沟 | C25 钢筋混凝土，湿陷性黄土地段加设三七灰土垫层 |

隧道开工前，应根据施工进度计划要求提前预备工程所需的各种材料，包括水泥、粗细骨料、混凝土添加剂，各类钢筋、钢管、型钢，隧道用防排水材料等。为满足质量要求，各种材料进场时应按批次进行检测、试验工作。

## 1.4.2　隧道施工机械

隧道施工机械分为开挖机械、装运渣机械、支护机械和辅助施工机械等 4 类。施工机械配备一般按无轨和有轨两种运输模式分别进行或配套组合，组成不同的作业线。单作业面无轨运输主要施工机械可按表 1.4.2 配置，单作业面有轨运输主要施工机械可按表 1.4.3 配置。

**表 1.4.2　铁路隧道无轨运输施工主要机械设备配置(单作业面)**

| 序号 | 机械名称 | 规格 | 隧道长度≥3 km | | 隧道长度<3 km | | 备注 |
|---|---|---|---|---|---|---|---|
| | | | 单线 | 双线 | 单线 | 双线 | |
| 开挖施工设备 | | | | | | | |
| 1 | 液压凿岩台车 | 2～4 臂 | 1 | 1～2 | — | — | — |
| 2 | 多功能作业台架 | — | — | — | 1 | 1 | — |
| 3 | 液压钻机 | (配液压站) | — | — | 8～12 | 16～24 | 不需空压机 |
| 4 | 风钻 | — | — | — | 10～18 | 20～32 | — |
| 5 | 空压机 | 18～25 $m^3$/min | — | — | 3～5 | 5～8 | — |
| 6 | 挖掘机 | 0.2～1.2 $m^3$ | 1～2 | 1～2 | 1～2 | 1～2 | — |

续上表

| 序号 | 机械名称 | 规格 | 隧道长度≥3 km | | 隧道长度<3 km | | 备注 |
|---|---|---|---|---|---|---|---|
| | | | 单线 | 双线 | 单线 | 双线 | |
| 出渣、装运施工设备 | | | | | | | |
| 7 | 装载机 | 2～6 m³ | 1 | 2 | 1 | 2 | — |
| 8 | 自卸汽车 | 15～25 t | 5～10 | — | 3～10 | 5～12 | — |
| 9 | 自卸汽车 | 15～40 t | — | 5～12 | — | — | — |
| 通风设备 | | | | | | | |
| 10 | 轴流通风机 | 74～220 kW | ≥2 | ≥2 | 1～2 | 1～2 | — |
| 11 | 射流风机 | 28～74 kW | — | — | — | — | 根据需要 |
| 超前与初期支护、衬砌施工设备 | | | | | | | |
| 12 | 管棚、锚杆、注浆钻机 | — | — | — | — | — | 根据需要 |
| 13 | 注浆泵 | 单双液 | 1～2 | 2～3 | 1～2 | 2～3 | — |
| 14 | 锚孔注浆泵 | 砂浆泵 | 1～2 | 2～3 | 1～2 | 2～3 | — |
| 15 | 配料机 | 30～60 m³/h | 1 | 1 | 1 | 1 | 喷混凝土料 |
| 16 | 搅拌机 | 500～1 000 L | 1 | 1 | 1 | 1 | 喷混凝土料 |
| 17 | 混凝土喷射机组 | 10～30 m³/h | — | 1～2 | — | 1～2 | — |
| 18 | 喷射机 | 5～12 m³/h | 2～4 | — | 2～4 | — | — |
| 19 | 空压机 | 18～25 m³/min | 1～3 | 2～3 | 1～3 | 1～3 | — |
| 20 | 全自动拌和站 | 75～180 m³/h | 1 | 1 | 1 | 1 | — |
| 21 | 混凝土输送车 | 5～10 m³ | 3～5 | 5～9 | 3～5 | 5～9 | 搅拌式 |
| 22 | 混凝土输送泵 | ≥40 m³/h | 1～2 | 1～2 | 1～2 | 1～2 | — |
| 23 | 模板台车 | 9～12 m | 1～2 | 1～2 | 1～2 | 1～2 | — |
| 24 | 仰拱栈桥 | ≥9 m | 3～6 | 3～6 | 2～4 | 2～4 | — |
| 防排水施工设备 | | | | | | | |
| 25 | 防水板作业台架 | 移动式 | 1 | 1 | 1 | 1 | — |
| 26 | 焊接机 | 自动调温 | 1 | 1 | 1 | 1 | — |
| 27 | 抽水机 | — | — | — | — | — | 根据涌水量 |
| 其他 | | | | | | | |
| 28 | 发电机 | 250～500 kW | 1 | 1 | 1 | 1 | — |

注：1. 表内机械设备配置数量不包含备用数量。

2. 特殊地质施工机械根据需要经论证后配备。

**表 1.4.3　铁路隧道有轨运输施工主要机械设备配置(单作业面)**

| 序号 | 机械名称 | 规格 | 隧道长度≥3 km | 隧道长度<3 km | 备注 |
|---|---|---|---|---|---|
| 开挖设备 | | | | | |
| 1 | 液压凿岩台车 | 2～4 臂 | 1 | — | — |
| 2 | 多功能作业台架 | — | — | 1 | — |

续上表

| 序号 | 机械名称 | 规格 | 隧道长度≥3 km | 隧道长度<3 km | 备注 |
|---|---|---|---|---|---|
| 3 | 挖掘机 | 0.2～1.2 $m^3$ | 1～2 | 1～2 | — |
| 4 | 液压钻机 | （配液压站） | — | 8～12 | 不需空压机 |
| 5 | 风钻 | — | — | 10～18 | — |
| 6 | 空压机 | 18～25 $m^3$/min | — | 3～5 | — |
| 出渣、装运设备 | | | | | |
| 7 | 大型挖装机 | 150～250 $m^3$/h | 1 | — | — |
| 8 | 装载机 | 2～3 $m^3$ | 1 | 2 | — |
| 9 | 牵引机车 | ≥20 t | 3～8 | 3～8 | — |
| 10 | 充电机 | — | 3～8 | 3～8 | — |
| 11 | 梭矿 | 16～20 $m^3$ | 6～15 | 4～6 | — |
| 通风设备 | | | | | |
| 12 | 轴流通风机 | 74～220 kW | ≥2 | 1～2 | — |
| 13 | 射流风机 | 28～74 kW | — | — | 根据需要 |
| 超前与初期支护、衬砌 | | | | | |
| 14 | 管棚、锚杆、注浆钻机 | — | — | — | 根据需要 |
| 15 | 注浆泵 | 单双液 | 1～2 | 1～2 | — |
| 16 | 锚孔注浆泵 | 砂浆泵 | 1～2 | 1～2 | — |
| 17 | 配料机 | 20～60 $m^3$/h | 1 | 1 | 喷混凝土料 |
| 18 | 搅拌机 | 350～1 000 L | 1 | 1 | 喷混凝土料 |
| 19 | 喷射机 | 5～12 $m^3$/h | 2～4 | 2～4 | — |
| 20 | 空压机 | 18～25 $m^3$/min | 1～3 | 1～3 | — |
| 21 | 全自动拌和站 | 75～180 $m^3$/h | 1 | 1 | — |
| 22 | 混凝土输送车 | 5～10 $m^3$ | 3～5 | 3～5 | — |
| 23 | 轨行式混凝土输送车 | 5～7 $m^3$ | 5～7 | 3～5 | 搅拌式 |
| 24 | 混凝土输送泵 | ≥40 $m^3$/h | 1～2 | 1～2 | — |
| 25 | 模板台车 | 9～12 m | 1～2 | 1～2 | — |
| 26 | 仰拱栈桥 | ≥9 m | 3～6 | 2～4 | |
| 防排水施工设备 | | | | | |
| 27 | 防水板作业台架 | 移动式 | 1 | 1 | — |
| 28 | 焊接机 | 自动调温 | 1 | 1 | — |
| 29 | 抽水机 | — | — | — | 根据涌水量 |
| 其他设备 | | | | | |
| 30 | 发电机 | 250～500 kW | 1 | 1 | — |

注：1. 表中机械设备配置数量不包含备用数量。

2. 特殊地质施工机械需要经论证后配备。

### 1.4.3　施工场地布置及临时设施

1. 施工场地布置原则

隧道施工场地一般包括生产区、辅助生产区、办公生活区。主要包括各种生产、生活房屋，混凝土拌和站、预制场及砂石料场，风、水、电设施场地，轨道运输的洞外出渣线、编组线、牵出线、其他作业线、卸渣码头及转运场，汽车运输道路的引入和运输相关设施场地，大型机具设备的组装和检修场地，临时存渣场，场内临时排水系统等。施工场地布置应符合以下规定：

①生产区应按工序有效衔接、布局紧凑等原则，并结合隧道具体情况进行布置。

②辅助生产区宜临近隧道洞口布置，炸药库、油料库等有特殊要求的场所应满足相关规定。

③办公生活区应与生产区和辅助生产区分开设置，采取相应的分隔措施并保证安全距离。办公生活区宜设在人员相对集中和出入方便的地点。

2. 隧道施工临时设施

1）施工便道

施工便道是隧道施工期间修建的临时道路。隧道施工便道应满足施工运量和行车安全的要求，并与主要工作面之间相互贯通，施工便道的设置不得危及隧道洞口工程的安全。新建便道一般按双车道布置，条件十分困难时可按单车道布置，预留错车道。双车道路面宽 5.5 m，单车道路面宽 3.5 m，采用混凝土路面或泥结碎石路面，线路纵坡不宜超过 12%；错车道路面宽不小于 5.5 m，错车点间距 300～500 m，长度不小于 10 m；施工便道要定期进行维护，路面需定时洒水，减少粉尘，保持排水畅通和良好通视；陡坡、急弯处需设置安全墩和警示交通标志。

2）施工供电、施工通信

施工供电一般采用当地高压供电网，就近接入工点（隧道口）设置变电站、配电房，将符合施工需要的电力输送至各作业点或工作面，变电站宜设于洞口附近，与空压机房布置在一起。为确保安全，变电站需用围墙与四周隔离，高压电线架空布置，洞内高压输电线路用电缆贴壁布置；低压电线采用架空线或电缆直线布置，特殊地段电缆采取挖沟、套管暗线布置；不具备电网供应条件或施工期间停电时，采取自发电方式保证施工临时或应急用电，自发电一般采用移动式发电机。

现场指挥及工点联系可采用移动电话、无线电对讲机；办公区安装固定程控电话、宽带网络或卫星通信接入互联网。通信线路宜沿运输道路明线布置，不得影响交通。

3）水池及高压供水管路

隧道施工所需高压水可通过设置增压泵来实现，有条件则尽可能设高压水池，池底高程一般比隧道开挖拱顶高程高 30 m 以确保水压；高压水池的蓄水量根据生产和生活总用水量确定，单个蓄水量一般为 50～150 t；高压水池宜设在隧道侧面山上，不宜建在隧道正上方以免水池漏水影响隧道开挖。水池可采用铁板焊接拼装而成，也可采用混凝土或砖石结构。

4）施工供风

隧道施工供风，一般是在洞口设置电动空压机供应压缩空气，供风量及空压机数量应根据开挖掌子面同时作业的凿岩机台数、空压机至掌子面最远距离、供风管漏风系数等因素计算确定。根据计算压缩空气流量，选择 $\phi$(120～200)mm 的钢管送风到开挖掌子面。管道连接采用焊接法兰盘螺栓连接，管道要求平顺，接头密封防止漏风。在压缩空气总输出管道上，必须安装总闸阀以便控制和维修管道，主管道每隔大约400 m应分装闸阀；根据施工要求，在适当地段加设三通接头和闸阀各一个，以便备用；管道前端距开挖面距离保持在30 m左右，并用高压软管接分风器，通往各工作面的软管长度不大于50 m，与分风器连接的胶皮软管长度不大于15 m。进场初期洞口土石方施工一般采用内燃空压机过渡供风。

隧道施工期间，洞内“三管两线”(即高压风管、高压水管、通风管、动力线和照明线)应按标注化要求布设，安装应顺直、整齐。

5)火工品存放库

火工品是指隧道采用钻爆法施工过程中用到的雷管、导爆索、炸药等爆破器材的总称。火工品是由地方公安局实施强制性管理的特殊材料，因而隧道工程现场临时火工品存放库的建设应经过当地公安机关的审批和验收。

进驻施工现场后，备好隧道爆破施工方案，同火工品有关管理部门就项目施工平均每日所需火工产品量、拟建火工库方案及要求、火工品供应管理方式等方面进行洽商和交涉，尽快完成火工品存放库修建报批手续。严格按批准的修建方案修建隧道工程火工品存放库，并配备相应的管理人员和硬件设施，特别是防爆、防盗、防雷电和静电安全设施。

火工库修建好后，必须通过当地公安机关验收，验收合格并获得火工品的购买、运输等方面的手续后，才能储存火工品。

6)拌和站、预制场

拌和站建设是隧道施工的关键环节，应根据隧道长度、每个作业面之间的运距合理进行配置。长度小于5 km的隧道或两作业面之间的最大距离小于5 km时，可在隧道(或两作业面)中部位置设一个拌和站共用；长度大于5 km的隧道或两作业面之间的最小距离大于5 km时，宜在每个作业口分别设一个拌和站。

拌和站生产能力及运输能力满足二次衬砌混凝土日浇筑量的需要，混凝土运输设备应满足运输量及运输距离要求。拌和站规划时应考虑水泥、砂石料运输和堆放以及混凝土外运方便及环保要求，场地必须硬化，砂、石等原材料应采取遮蔽措施。

隧道预制场宜设在拌和站附近，便于混凝土运输及规范施工。

7)生产、生活房屋

生产、生活房屋的修建应本着有利于生产、方便生活及节约成本的原则修建，有条件可考虑租用现房。无论新建或租用都需认真规划，根据项目规模计算所需面积，画出详细的平面布置图。

驻地布置标准应统一，尽量集中、靠前，以利于管理。生活房屋可用彩钢板房，生产房屋可用砖木结构或棚架。临时设施布置在不受洪水、泥石流、落石、雪崩、滑坡等自然灾害威胁的地点，各种房屋按其使用功能遵守相应的安全、消防规定。

### 1.4.4 隧道施工资源配置原则

资源配置应与隧道施工方案相匹配，按照拟定的施工方案和进度安排，计算主要材料、设备、关键施工机械的数量及分阶段消耗量，确定分阶段的进料时间、储存及供应数量。

隧道开挖及运输等大型机械配置应按照经济、高效原则进行配套，并符合下列规定：

(1)机械设备的进场时间要满足项目节点工期安排要求。

(2)机械设备的选用顺序依次为自有、租用、购置设备。

(3)机械设备的组合应进行效率与费用的综合技术经济比较。

隧道物资材料的配置应满足生产需要、降低成本的要求。按照甲供、甲控、自购材料的规格、数量、供应时间节点要求,制定相应的招标采购计划。对于特殊的物资,应提供较准确的供应计划,如有变化提前通知生产厂家及时调整,确保按时供货。

人力资源配置应按隧道规模、进度安排、工序专业类别等要求,编制人力资源需求和使用计划,在满足施工组织的基础上,实现人力资源精干高效。

资金管理应按照工程规模、进度计划、合同价款及支付条件制定管理目标和计划,编制资金流动计划和财务用款计划,对资金的使用应严格监控。

## 复习与思考题

(1)隧道初期支护中,喷射混凝土常用强度等级是____________________;锁脚锚管的直径和壁厚一般是______ mm和______ mm。

(2)隧道工程施工主要建筑材料及其规格是什么?

(3)隧道施工主要临时设施包括哪些?

# 项目 2　隧道洞口段施工

## 项目描述

在洞口一定范围内，隧道开挖可能给洞顶地表和仰坡造成不良影响的暗挖地段一般称为隧道洞口段，如图 2.0.1 所示。由于每座隧道的地形、地质及线路位置不同，要很明确地规定洞口段的范围是比较困难的。隧道的洞口段一般包括洞门结构、洞口段的排水系统和 1～2 环洞身衬砌，有的还包括明洞及缓冲结构。

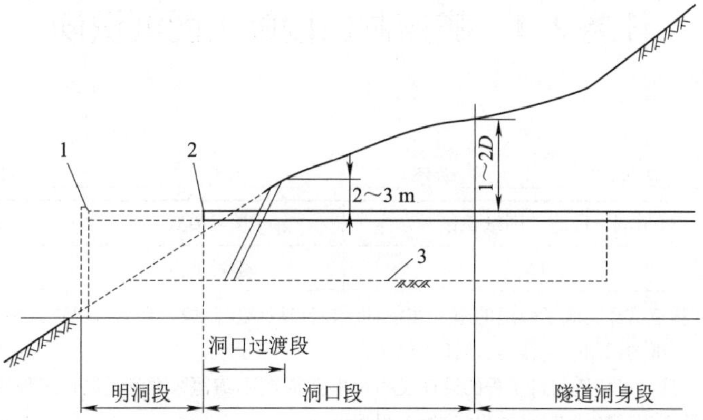


1—洞门位置；2—暗洞洞口位置；3—上下部开挖界线；$D$—隧道开挖最大跨度（m）。

图 2.0.1　洞口段的一般范围

隧道洞口段施工是整个隧道施工的重要开头阶段。隧道洞口段一般地质条件差，常位于松散堆积或风化破碎的岩层中，地表水汇集，施工难度较大。如不认真组织施工，极易破坏山体稳定，引起地表开裂、山体滑坡甚至引发坍塌事故，威胁施工安全，影响施工正常进展。施工时要结合洞外地质、场地和相邻工程情况，全面考虑，妥善安排及早施工，为隧道洞身施工创造良好条件。

隧道洞口段施工主要包括边仰坡开挖及防护施工，洞口排水系统、洞口检查设备施工，进洞施工，洞口加强段、洞门工程施工，明洞及缓冲结构施工。洞口工程中的明洞、洞门和缓冲结构，一般可在进洞后施作，甚至是隧道贯通之后施作，以减少洞口施工对洞身段施工的干扰。

## 学习目标

**能力目标**

(1)能够识读隧道洞口段平面图和纵横断面图，能识读隧道洞门、明洞结构图，计算相应工程数量；

(2)能够根据不同地质条件，开展洞口施工组织；

(3)能够处理洞口不良地质；

(4)能够编制隧道洞口段施工技术方案；

(5)能够完成隧道洞口段主要工序技术交底。

**知识目标**

(1)掌握隧道洞门、明洞的分类与构造;

(2)掌握洞口段地表处理、防排水系统和边仰坡施工工序和施工控制要点;

(3)掌握隧道进洞施工的施工方法和施工控制要点;

(4)掌握隧道洞门工程的施工方法和施工控制要点;

(5)掌握隧道明洞结构和缓冲结构的施工方法和施工控制要点。

**素质目标**

(1)减少环境破坏的环保意识,贯彻水土保持的环保理念;

(2)安全第一的施工安全意识;

(3)查阅规范、严格执行规范的职业素养。

# 任务 2.1　隧道洞口段施工图纸识读

## 任务工单

班级:__________姓名:__________学号:__________小组:__________日期:__________

| 工作任务 | 隧道洞口段施工图纸识读 | 学习模式 | 项目+任务驱动 |
|---|---|---|---|
| 建议学时 | 4 学时 | 学习地点 | 理实一体教室 |
| 任务描述 | ××隧道已经完成了隧道的施工准备,进入洞口段施工阶段。在洞口段正式施工前,应做好隧道洞口段施工图纸的识图等工作,具体任务包括:<br>(1)识读××隧道洞口工程的设计说明及相应参考图,编写××隧道洞口工程的工程概况;<br>(2)计算××隧道进口(或出口)的工程数量 | | |
| 任务目标 | **能力目标**<br>(1)能识读洞口段衬砌及支护结构施工图纸,能识读各类洞门、明洞结构图纸;能计算相应工程数量;<br>(2)能理解、实施施工图纸中规定的各项工程措施。<br>**知识目标**<br>(1)掌握洞门的分类和结构构造;<br>(2)掌握明洞与缓冲结构的分类和结构构造;<br>(3)掌握隧道洞口段防排水设施布置规定和构造。<br>**素质目标**<br>(1)减少环境破坏的环保意识,贯彻水土保持的环保理念;<br>(2)探索性学习、独立思考习惯、主动解决问题的能力 | | |
| 任务实施 | (1)学习相关知识,进行知识准备;<br>(2)识读××隧道进口端(或出口端)洞口图纸,讨论、汇报图纸中的工程措施;<br>(3)编制××隧道进口端(或出口端)的洞口工程概况,计算洞口工程数量 | | |
| 考核评价<br>(100 分) | 考核项目 | | 得分 |
| | 图纸识读、洞口工程概况编制及工程数量计算(40%) | | |
| | 知识掌握(25%) | | |
| | 图纸中各项工程措施的理解(25%) | | |
| | 职业素质养成(10%) | | |

## 知识准备

### 2.1.1　洞门的构造及洞门附属设备

隧道两端洞口处应设置洞门。隧道洞门主要有墙式洞门和斜切式洞门两种形式。

1. 洞门的作用

隧道洞门的作用有以下几方面：

①减少洞口土石方开挖量。洞口段范围内的路堑是依照地质条件以一定坡率而开挖。当隧道埋深较大时，开挖量就很大。设置隧道洞门可以起到挡土墙的作用，以减少土石方开挖量。

②稳定边坡、仰坡。隧道洞口上方顺着隧道线路方向的坡面称为仰坡；在洞口外与洞口相连的路堑坡面称为边坡。由于边坡上的岩体不断受到风化，坡面松石极易脱落滚下。边坡太高，难于自身稳定，仰坡上的石块也会沿着坡面向下滚落。有时会堵塞洞口，甚至砸坏线路轨道，对行车造成威胁。设置洞门可以减小引线路堑的边坡高度，缩短正面仰坡的坡面长度，使边坡及仰坡得以稳定。

③引离地表流水。地表流水往往汇集在洞口，如不予以排除，将会漫及线路，危及行车安全。修建洞门，可以把流水引入侧沟，保证洞口的正常干燥状态。

④装饰洞口。洞口是隧道唯一的外露部分，是隧道正面的外观，修建洞门可起装饰作用。在城市附近、风景区的隧道，尤其应当配合当地的环境，予以艺术处理。

2. 墙式洞门

1)墙式洞门的形式

墙式洞门是我国铁路隧道的传统洞门形式，主要有端墙式、翼墙式、柱式、台阶式等结构形式，其组成主要为端墙、翼墙、挡墙等挡土结构。传统墙式洞门的设计主要考虑洞口开挖的挡土功能，较少考虑对洞口环境的保护和美化，少数洞门需要进行美学处理时，主要采用片石镶面或者在既有端墙结构上进行局部造型处理，如图 2.1.1 所示。同时，墙式洞门施工过程中，需不同程度地对洞口边坡和仰坡进行永久刷坡处理，过多的刷坡会破坏原有地貌及植被，有时甚至危及洞口山体的稳定。

(a) 台阶式　　(b) 柱式　　(c) 双侧翼墙式

图 2.1.1　传统墙式洞门

墙式洞门目前仍是高速铁路隧道的洞门类型之一，主要适用于地形较为陡峭、偏压较大或横断面地形复杂的洞口，如图 2.1.2 所示。其与传统墙式洞门不同之处主要有两点：一是结构材料选择。传统洞门主要采用浆砌片石，少数采用低强度等级混凝土，而高速铁路隧道洞门主要采用 C30 及以上强度等级的混凝土，同时洞门墙与隧道衬砌之间设置保证结构整体性的连接钢筋，高烈度地震区甚至采用抗震性能好的钢筋混凝土。二是洞门墙的装修。传统洞门普遍采用片石（或混凝土砌块）进行表面美化装修，而高速铁路由于行车速度快、振动大，隧道洞门一般不进行墙面装修，以免其掉落影响行车安全。

（a）单侧翼墙式　　（b）端墙式

图 2.1.2　高速铁路隧道墙式洞门

2）墙式洞门的结构参数和材料

（1）结构参数与构造

墙式洞门的洞口仰坡坡脚至洞门墙背的水平距离应不小于 1.5 m，洞门与仰坡之间的排水沟底部至衬砌外缘的高度应不小于 1 m，洞门墙顶高出仰坡脚应不小于 0.5 m。

洞门与仰坡之间的排水沟设置于洞门墙体上。当设置于回填土上时，回填土应夯填密实（压实度不小于 90%）或用强度等级较低的混凝土、砌体填筑，并在沟底设置防渗层。

洞门墙每间隔 10～20 m 设置变形缝，宽度宜为 2 cm，缝内应填塞沥青麻絮、沥青木丝板等低弹性模量材料。

端墙式洞门宜设计为仰斜式或衡重式墙身，墙面坡率为 1∶0.05～1∶0.25，最小厚度应不小于 50 cm。墙身应嵌入两侧路堑边坡，其深度对于硬质岩层应不小于 0.3 m，对于软岩或土层应不小于 0.5 m。

墙式洞门需要设置维修阶梯，维修阶梯可结合截水沟（或急流槽）设置或单独设置。

（2）洞门基础

洞门基础必须置于稳固的地基上。当洞门地基承载力不足时，应根据具体情况采用换填、地基改良等措施进行加强，或采用扩大基础。洞门扩大基础的台阶坡线与竖直线之间的夹角（刚性角），砌体基础不应大于 35°，素混凝土基础不应大于 45°。

洞门基础底面埋入土质地基的深度不应小于 1 m，埋入石质地基的深度不应小于 0.5 m，并不高于洞门范围内隧道衬砌的墙脚底面。此外，基础底面埋深还应低于冻结深度线不少于 0.5 m。

（3）洞门材料

墙式洞门一般采用 C30 或 C35 混凝土浇筑，一方面可以提高结构的整体性，另一方面还可以避免在列车风和列车振动作用下掉块。

3. 斜切式洞门

随着人们环保意识的提高，不刷坡或少刷坡、凸出式的斜切式洞门有了长足的发展。斜切式洞门最大限度地减少了施工对洞口山体的扰动和破坏，对保持洞口山体稳定和保护环境具有重要意义。斜切式洞门简洁大方，美观实用，不仅体现环保和生态理念，而且有利于缓解高速铁路隧道空气动力学效应，已成为高速铁路隧道洞门的主导形式。

1)斜切式洞门的形式

根据切削方式的不同及一些功能上的要求，斜切式洞门的基本类型有直切、正切、倒切等，见表 2.1.1 和图 2.1.3。正切式洞门中，为提高洞门的防护功能(防止少量土石塌落至线路)和排水功能，并利于运营维护人员的安全，在洞口斜切面上附加一个帽檐，称为帽檐斜切式洞门，目前该种类型的洞门已成为高速铁路隧道最为常用的洞门。

**表 2.1.1 斜切式洞门基本形式汇总**

| 基本类型 | 正交 | | 斜交 |
|---|---|---|---|
| | 侧面 | 平面 | |
| 直切 | 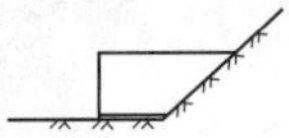 | 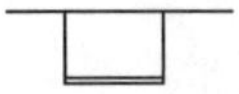 | 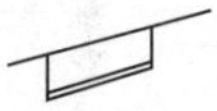 |
| 正切 | 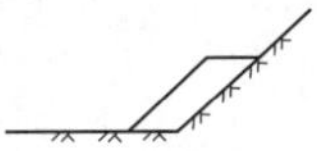 |  |  |
| 倒切 | 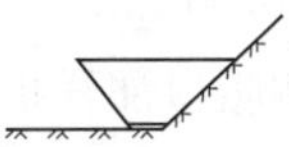 |  | 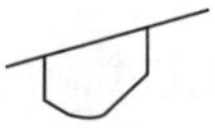 |

(a) 正切 (b) 直切 (c) 倒切

图 2.1.3 高速铁路隧道斜切式洞门

基本形式的基础上，斜切式洞门的切削形式，又可分为平面切削和曲面切削两种，见表 2.1.2 和图 2.1.4。

**表 2.1.2 斜切式洞门的切削形式汇总**

| 基本类型 | 平面切削 | 曲面切削 |
|---|---|---|
| 直切 | 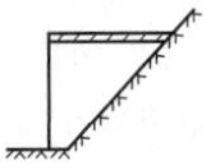 | — |
| 正切 | 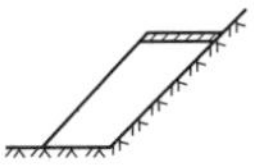 | 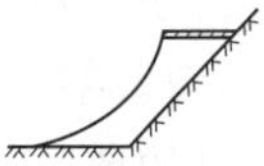 |

续上表

| 基本类型 | 平面切削 | 曲面切削 |
|---|---|---|
| 倒切 | 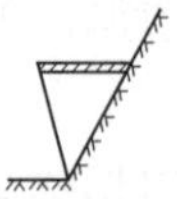 | 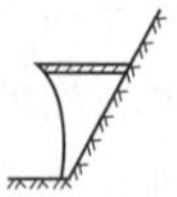 |

(a) 平面切削型　　(b) 曲面切削型

图 2.1.4　斜切式洞门不同切削形式

对倒切式洞门，其倒切突出山体的洞口段可以像喇叭口那样扩大，按扩大的形式又可分为直线型和曲线型两种，按扩大开始位置的不同分为渐变Ⅰ型和渐变Ⅱ型。渐变Ⅰ型洞口从与山体相交位置开始扩大，渐变Ⅱ型是洞身先延伸出山体一定长度，洞口再逐渐扩大，见表 2.1.3。

**表 2.1.3　倒切渐变斜切形式汇总**

| 类　型 | 渐变形式 | |
|---|---|---|
| | 渐变Ⅰ型 | 渐变Ⅱ型 |
| 直线型 | 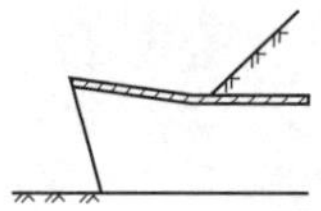 | 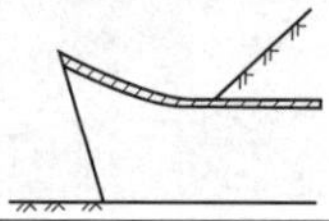 |
| 曲线型 | 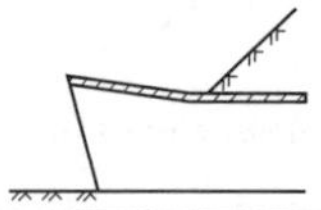 | 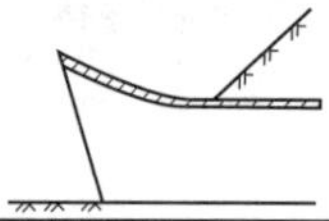 |

2)斜切式洞门的适用范围

直切式洞门适用于洞口山体坡度较陡(地面坡率一般为 1∶1.25～1∶1)，或距离城市较近或有景观要求的隧道。倒切式洞门适用于线路中线与地形等高线基本正交、洞口山体坡度较陡(地面坡率一般为 1∶1～1∶0.5)或峭壁岩体处、洞口仰坡存在落石的可能性及桥隧相连的隧道。正切式洞门适用于线路中线与地形等高线基本正交、洞口山体坡度较缓(地面坡率一般缓于 1∶1.25)、地表植被较好、无落石等不良地质情况或距离城市较近、有景观要求的隧道。

3)帽檐斜切式洞门的结构参数

(1)切削面坡率

隧道洞口的地质条件一般较差，仰坡坡率一般为 1∶1～1∶1.5 或更缓，洞门切削面的坡率应与之协调，可采用与之相同或略陡的坡率。从缓解洞口微气压波的效果看，较为平缓的切削面更为有利，但造价更高，因此常用的切削面坡率有 1∶1、1∶1.25、1∶1.5 几种，图 2.1.5 为切削面坡率为 1∶1 的帽檐斜切式洞门侧视轮廓及侧面。

(2)帽檐夹角与高度

帽檐夹角是指洞门衬砌与帽檐在隧道中心线处的竖直面内的夹角，该夹角可根据洞口地形而定：洞口地形较陡时采用 105°，较缓时采用 115°，如图 2.1.5 所示。

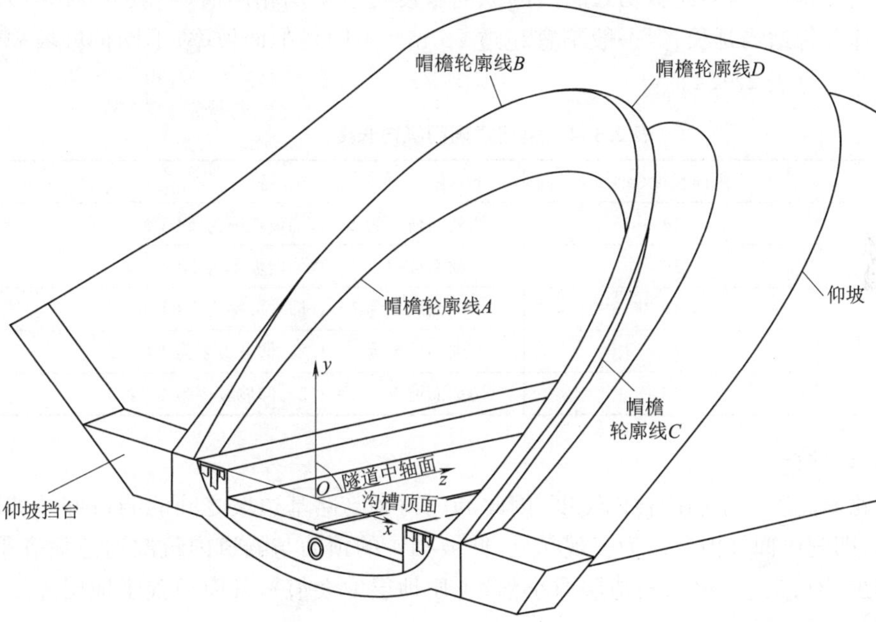


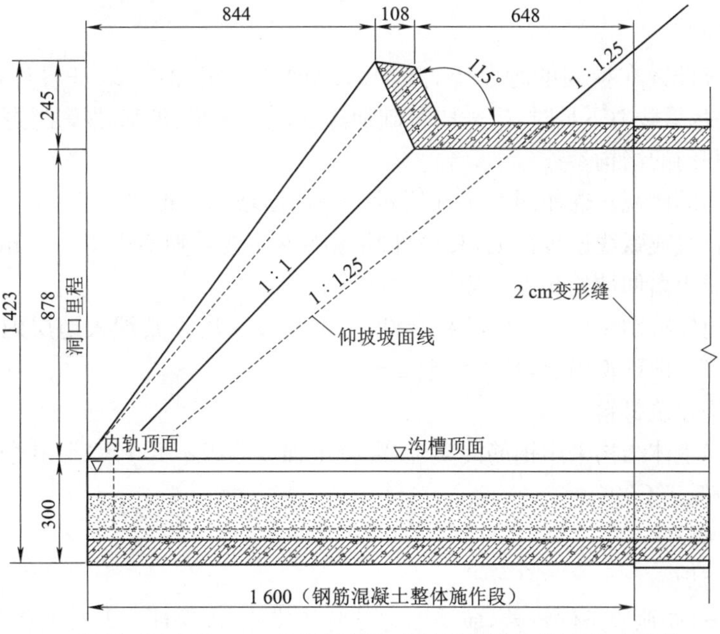


图 2.1.5　切削面坡率为 1∶1 的帽檐斜切式洞门侧视轮廓及侧面(单位：cm)

帽檐高度以满足挡土及排水要求控制，一般要求不小于 1.5 m，设计中多采用 1.8 m。

(3)斜切式洞门纵向长度

斜切式洞门可以与复合式衬砌的二次衬砌连接，也可以与明洞连接，连接处设置 2 cm 宽变形缝。当与二次衬砌连接时，洞门纵向长度以满足暗挖施工条件来确定，一般按洞门顶最大覆盖层厚度 2～3 m 控制，且仰坡坡脚至帽檐与衬砌交接距离不小于 1.5 m。当与明洞连接时，洞门纵向长度按伸入回填土 2～3 m 确定。因此，斜切式洞门的长度不是固定的，需根据切削面坡率、边仰坡坡率及末端覆土厚度等具体情况确定。对于双线隧道，由于不同速度目标值的隧道结构高度差别不大，因此斜切式洞门的纵向长度可以采用相同值(一般为 14～19 m)，同时可根据具体条件适当延长，但一般不宜超过 25 m。不同切削面坡率、不同仰坡坡率情况下的洞门纵向长度见表 2.1.4。

**表 2.1.4　斜切式洞门纵向长度**

| 序　号 | 纵向长度(m) | 备　　注 |
|---|---|---|
| 1 | 14 | 切削面坡率为 1∶1,仰坡坡率为 1∶1 |
| 2 | 16 | 切削面坡率为 1∶1,仰坡坡率为 1∶1.25 |
| 3 | 19 | 切削面坡率为 1∶1,仰坡坡率为 1∶1.5 |
| 4 | 17 | 切削面坡率为 1∶1.25,仰坡坡率为 1∶1.25 |
| 5 | 19 | 切削面坡率为 1∶1.25,仰坡坡率为 1∶1.5 |

(4)洞口仰坡挡台

由于洞外路基宽度大于洞门衬砌宽度，因此洞门衬砌与路基边坡之间的洞口仰坡坡脚应设置挡土结构，即洞口仰坡挡台。为美观起见，仰坡挡台的顶面与隧道内疏散通道面齐平，底部基础埋深不少于 0.5～1 m(岩石地层取小值，土质地层取大值)，且应埋置于地层冻结深度线以下不少于 0.5 m。

(5)洞门基础

隧道洞门应设置在稳固的地基上，并埋入地面下一定深度，地基容许承载力应不小于 180 kPa。当地基承载力不足时，应采取基础加深、换填、注浆、桩基础等加强措施。

4)倒切式洞门的结构参数

倒切式洞门的侧视轮廓如图 2.1.6 所示。倒切面坡率一般采用 1∶(0.3～0.5)，倒切段结构一般采用直线或弧线逐步扩大，其最外端应高出仰坡坡脚不少于 0.5 m。倒切扩大段与标准段的连接线距离仰坡的起点一般不应少于 1.5 m。

倒切式洞门应特别注意纵向整体稳定性(包括地震工况)，其埋入地层内的长度应根据纵向抗倾覆整体稳定性计算确定，且不小于 2 m。

5)洞门结构建筑材料

斜切式洞门主体结构采用钢筋混凝土，混凝土强度等级不低于 C35；其余部位采用素混凝土，强度等级不低于 C30。

4. 洞口附属设施

1)边仰坡防护

洞口边仰坡，如地质条件较差，应采取边坡防护措施，以保证边仰坡的稳定。同时，应尽量减少边仰坡开挖，保护生态环境和植被。边坡与仰坡连接处的刷方一般采用圆弧顺接开挖。

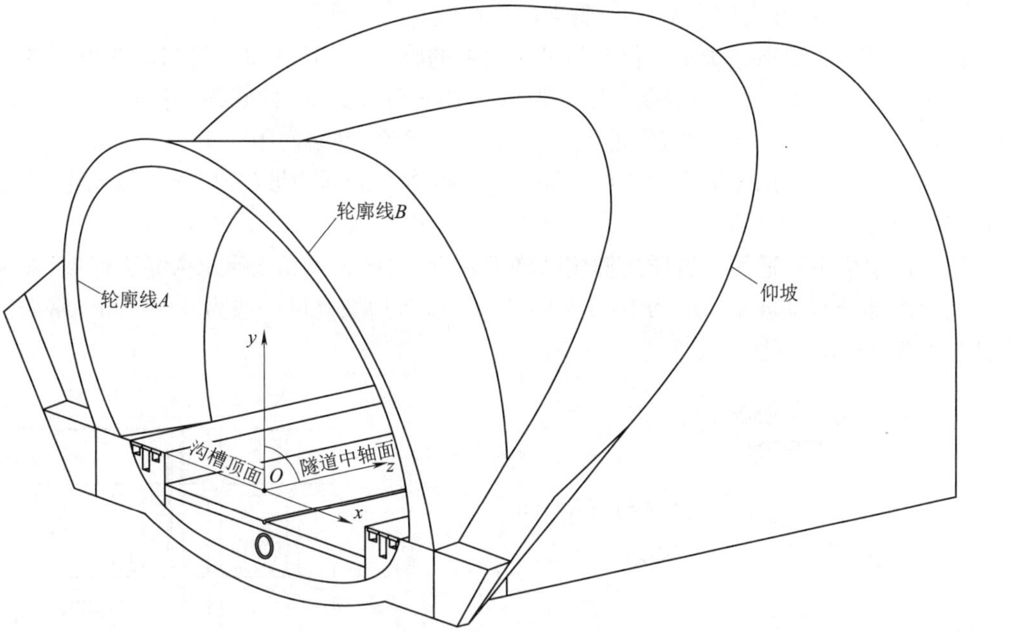


图 2.1.6　倒切式洞门侧视轮廓

(1)边仰坡控制高度

边仰坡的开挖高度不应过大,其高度与坡率一般按表 2.1.5 选择,并在土石分界处、透水与不透水层交界面处,设置宽 2.0～3.0 m 的平台。

**表 2.1.5　洞口边仰坡坡率形式**

| 地层岩性 | 边坡高度(m) | 边坡平台(m) | 边坡坡率 | 备　注 |
|---|---|---|---|---|
| 一般黏性土 | $H\leqslant6$ | — | 1∶1.25～1∶1.5 | 含软、硬质岩全风化层相对应土性;非膨胀性极软岩及花岗岩全风化层同一般黏性土 |
| | $6<H\leqslant12$ | 2.0～3.0 | 1∶1.5 | |
| | $12<H\leqslant18$ | 3.0 | 1∶1.75 | |
| 膨胀土 | $H\leqslant6$ | — | 1∶1.5～1∶1.75 | |
| | $6<H\leqslant15$ | 2.0～3.0 | 1∶1.75～1∶2 | |
| 软质岩 | $H\leqslant8$ | — | 1∶0.75～1∶1.25 | 强～弱风化砂岩、粉砂岩、片岩、千枚岩、板岩、页岩及强风化硬质岩等 |
| | $8<H<20$ | 2.0～3.0 | | |
| 硬质岩 | $H\leqslant12$ | — | 1∶0.5～1∶0.75 | 弱风化石英砂岩、花岗岩、混合花岗岩、变粒岩、石灰岩、白云岩、片麻岩等 |
| | $12<H\leqslant25$ | 2.0 | 1∶0.75～1∶1 | |

(2)边仰坡防护形式

对洞口边仰坡的永久防护,土质边仰坡可采用骨架护坡,石质边仰坡可采用锚杆框架梁或喷混植生防护;强风化硬质岩、土质或软岩及存在顺层时的边仰坡,根据地质条件采用锚索框架梁防护。在隧道施工阶段,有时还需要设置临时边仰坡防护。临时边仰坡防护可采用锚喷混凝土,并结合永久防护进行施工。

骨架护坡主要适用于洞口回填土地段及稳定的土质边仰坡(如坡率为 1∶1.25、1∶1.5、

1∶1.75)，永久边仰坡高度小于 6 m，骨架内应绿化。

锚喷混凝土主要适用于全风化～强风化地层的临时边仰坡(如洞门回填线以下的临时护坡)，支护参数一般为：C25 喷混凝土厚度为 10～15 cm；$\phi$22 mm 砂浆锚杆长度为 4～6 m，间距为 1.5 m×1.5 m，呈梅花形布置；采用 $\phi$8 mm 的钢筋网，网格间距为 10～15 cm。

喷混植生主要适用于坡率为 1∶0.75～1∶1 的永久岩质边坡(弱风化～强风化)或植被无法直接生长地段。

锚杆框架梁主要适用于岩质边仰坡结构面发育、岩体破碎和土质永久高边仰坡(如洞门回填线以上的部分)，其坡率一般为 1∶1～1∶1.25，永久边坡高度一般为 6～12 m。常用的防护锚杆长度为 8～12 m(图 2.1.7)。

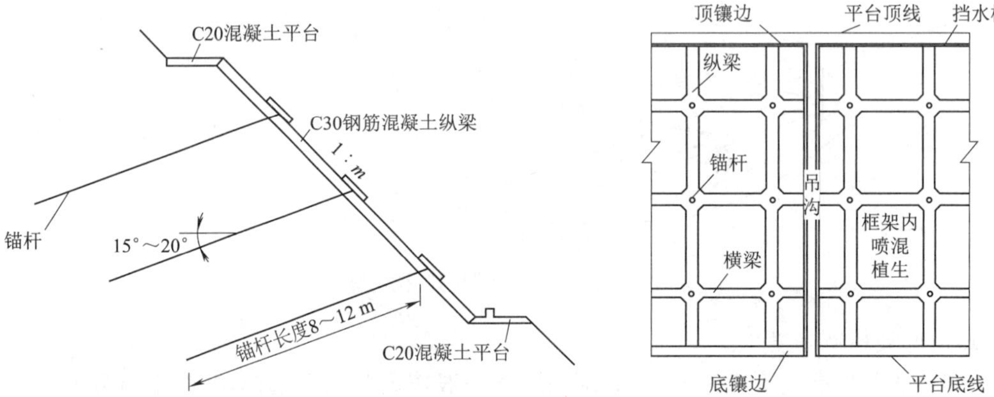


图 2.1.7　锚杆框架梁防护

锚索框架梁主要适用于设计边坡坡率陡于稳定坡率，永久边坡高度大于 12 m 的地段，边坡应分级设置平台，每级边坡高度为 8～10 m。

防护桩主要适用于开挖边坡高度大于 25 m，且地层为土质、软岩或存在顺层时的情况，并与锚索框架梁配合使用，以控制边坡开挖高度，保证安全。

2)洞口绿色防护

洞口一般按“草灌结合、内灌外乔”进行绿色防护，且植物防护与工程防护应有效结合，达到恢复自然景观、与周边环境和谐的效果，如图 2.1.8 所示。

图 2.1.8　边仰坡植草护坡效果

### 2.1.2　明洞与洞口缓冲结构的构造

明洞是在隧道洞口或路堑地段，用明挖法修建的防御塌方、落石、雪崩等影响行车的掩土构筑物。它是在露天地面上或是在敞口基坑内先修筑衬砌等结构物，再回填覆盖土石。当隧道进出口段洞顶覆盖薄，难以用暗挖法修建隧道或暗挖法修建不经济、存在较大安全风险时，或洞口受危岩落石、坍方、泥石流等威胁时，或修建路堑会危及铁路运营安全时，或铁路、公路、河渠必须在铁路上方通过且不宜修建立交桥或涵渠时，均需要修建明洞。近年来，也常常为减少洞口边仰坡开挖、保护洞口环境而在隧道洞口段设置明洞。

我国铁路隧道传统的明洞结构类型有拱形明洞和棚洞两大类。拱形明洞有对称路堑式、偏压路堑式、偏压半路堑式和单压半路堑式。棚洞根据外墙形式分为墙式、刚架式、柱式、悬臂式等。

1. 拱形明洞

拱式明洞由拱圈、边墙和仰拱（或铺底）组成，它的内轮廓与隧道相一致，但结构截面的厚度要比隧道大一些，可分路堑式拱形明洞、半路堑式拱形明洞。

(1)路堑式拱形明洞

路堑式拱形明洞适用于两侧都有高边坡的路堑中。在挖出路堑的地基面上，先修建隧道衬砌结构，再回填上面覆盖的土石。两侧墙外填以浆砌片石，使其密实。上面填以土石夯实，并覆盖防水黏土层，黏土层上设有排水的沟槽，以防止地面水的渗入。路堑式拱形明洞又可分为对称路堑式和偏压路堑式两种。

对称路堑式拱形明洞如图 2.1.9 所示。它适用于路堑边坡处于对称或接近对称，边坡岩层基本稳定，仅防止边坡有少量坍塌、落石，或隧道洞口破碎、覆盖层较薄而难以用暗挖法修建的隧道。偏压路堑式拱形明洞如图 2.1.10 所示，这种明洞适用于两侧边坡高差较大的不对称路堑。它承受不对称荷载，拱圈为等截面，边墙为直墙式，外侧边墙厚度视所处位置的地质和地形情况而定，可以和内侧边墙厚度相同，也可以大于内侧边墙厚度。

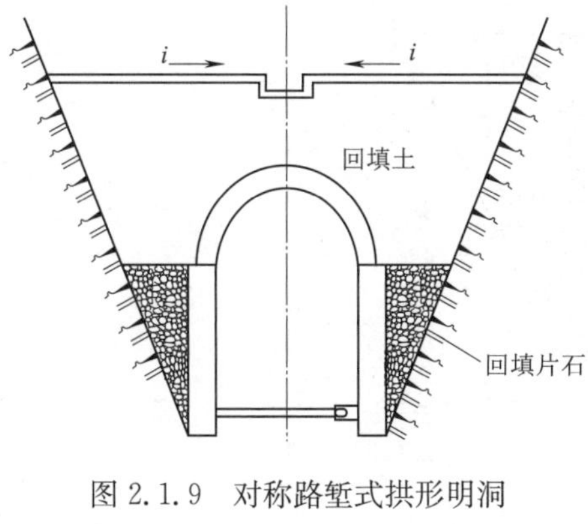


图 2.1.9　对称路堑式拱形明洞

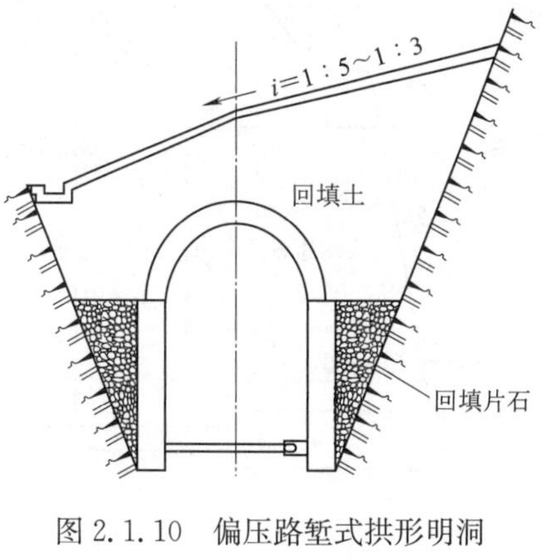


图 2.1.10　偏压路堑式拱形明洞

(2)半路堑式拱形明洞

在傍山隧道的洞口或傍山线路上，一侧边坡陡立且有坍方、落石的可能，对行车安全有威胁时，或隧道必须通过不良地质地段而急需提前进洞时，都宜修建半路堑式拱形明洞。半路堑式拱形明洞分为偏压半路堑式和单压半路堑式两种。

偏压半路堑式拱形明洞适用于地形倾斜，较低侧路堑外侧有较宽敞的地面供回填土石之用的地段，以增加明洞抵抗侧向压力的能力。此种明洞承受偏压荷载，拱圈为等截面，内侧边墙为等厚直墙式，外侧边墙为不等厚斜墙式，如图 2.1.11 所示。

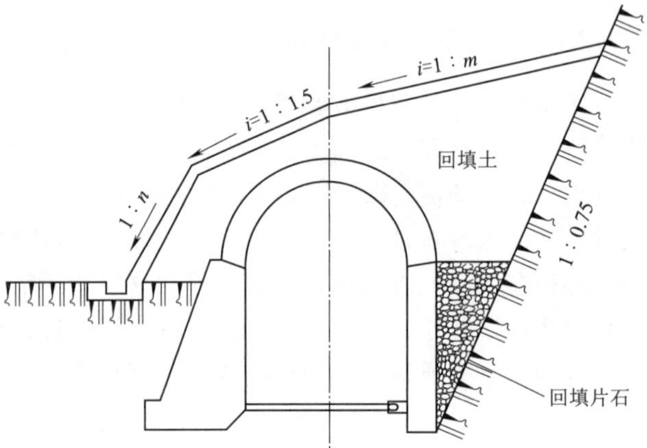


图 2.1.11　偏压半路堑式拱形明洞

单压半路堑式拱形明洞适用于地形倾斜，较低侧路堑外侧地形狭小，地面陡峻，无法回填土石以平衡内侧压力的地段。由于它受单侧压力，虽然它的结构内轮廓与隧道一致，左右对称，但其结构截面左右不同，外墙需要相对加大，且必须把基础放在稳固的基岩上。拱圈有时采用变截面，以抵抗单侧的压力。当外侧地形较低，不能保持回填土的天然稳定坡度，或是按天然稳定坡度则边坡将延伸很远时，可以在结构的外墙顶上接高一段挡墙，用以稳定洞顶回填土时，称之为耳墙式拱形明洞，如图 2.1.12 所示。

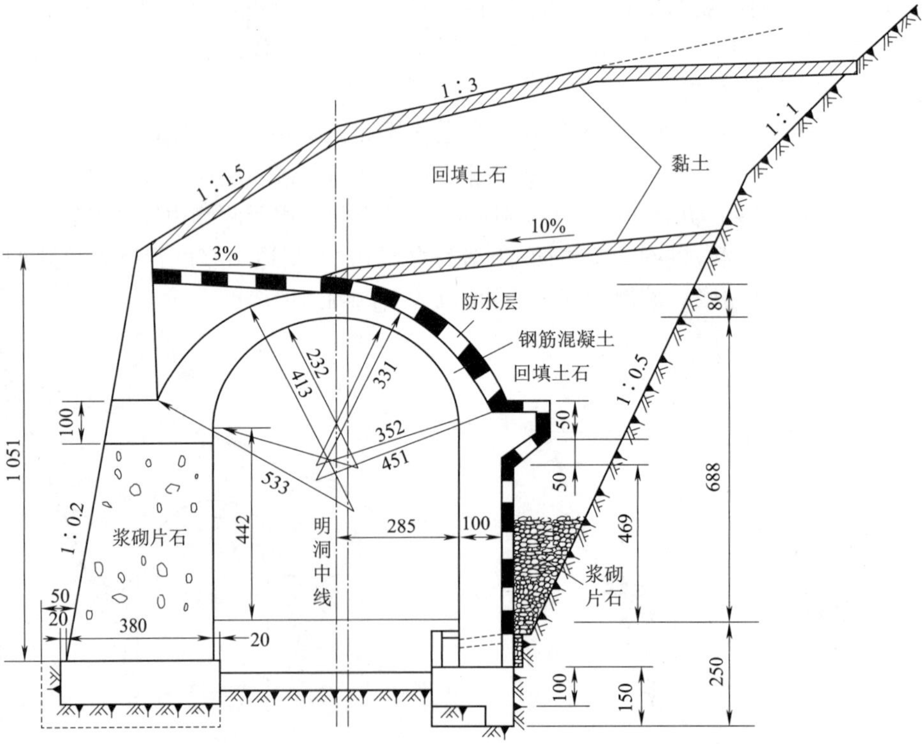


图 2.1.12　单压半路堑式拱形明洞(单位:cm)

(3)拱形明洞其他构造

拱形明洞是在露天施工的，不受地下坑道条件的限制，明洞拱圈和路堑式明洞边墙、半路堑式明洞内墙应采用钢筋混凝土。半路堑式明洞外边墙体积大，可以用混凝土或石料砌筑。

拱形明洞位于软弱地基上或两侧边墙基础软硬不均时，应采取设置仰拱、整体式基础、桩基或加深基础等措施。半路堑单压明洞外边墙的基础深度超过路基面以下 3 m 时，往往在路基面处加设横向拉杆或将墙身基础用锚杆锚固于基岩上，以减少墙身向外转动，改善拱圈结构受力条件。位于斜坡地段单压明洞的外墙基础，为确保基底稳定，其趾部埋入稳固的地层中，并与外侧稳固地层边缘保持适当水平距离，完整坚硬岩层中约 0.5 m；一般岩层中约 1.0 m；松软岩层中大于 1.5 m。

明洞的用途不同，洞顶回填土的厚度和坡度也不一样。为防御一般的落石、崩塌而设的明洞，回填土的厚度一般不小于 2.0 m。填土坡率为 1∶1.5～1∶5。填土的上面及拱顶上方都要做一层黏土隔水层，以防水渗入。山坡有严重的危石、崩塌威胁时，应予以清除或加固处理。

明洞是修建在地面上的建筑物，其砌体和混凝土不可避免地要遭受大气温度变化的影响而产生胀缩，特别是在气温变化较大的地区，常出现环形裂缝。因此，为了减少衬砌开裂变形，在气温变化较大的地区，根据具体情况设置伸缩缝；伸缩缝的间距，视明洞长度、覆土或暴露情况、温差大小及地质情况酌情确定，一般为 6～20 m。

如果基底地质较好，外墙可以做成连拱形，以节省圬工。如果明洞外侧覆盖土不厚，还可以掏成侧洞，使光线可以射进来，外界的新鲜空气也可以流进来，从而可改善明洞内的环境条件。

2. 棚洞

棚洞是棚式明洞的简称。当线路外侧地形狭窄或基岩埋藏较深的半路堑，山坡坍方、落石数量较少，设置拱形明洞确有困难时，可以采用棚洞。棚洞是由盖板、内边墙和外侧支承建筑物组成的框架结构，其顶部不是拱圈而是梁板结构。

棚洞的外侧支承结构有墙式、柱式及刚架式等类型，无外侧支承结构的棚洞称为悬臂式棚洞。所以，棚洞按外侧支承结构可分为墙式棚洞、刚架式棚洞、柱式棚洞和悬臂式棚洞。

墙式棚洞一般适用于外侧地基承载力较低，但地基稳定的半路堑；柱式或刚架式棚洞适用于外侧地形狭窄，基岩埋藏较深，采用柱式结构可将柱基下到较好的基岩上。

(1)墙式棚洞

墙式棚洞由内墙、外墙及钢筋混凝土盖板组成。其上回填土石，以保护盖板不受山体落石的冲击，如图 2.1.13 所示。

盖板通常有 T 形和 Π 形两种，一般多采用 T 形截面构件，便于预制吊装，缩短工期。

内边墙根据地形、地质情况，有重力式和锚杆式两种。重力式适用于内侧有足够净宽或岩层破碎不适宜修建锚杆式内边墙的地段。重力式内边墙承受山体的侧向压力，起挡土墙的作用，应置于基岩或稳定的地基上。当基岩层完整，坡面较陡，地下水不多，采用重力式内墙开挖量较大时，可采用钢筋混凝土锚杆式内墙。

外墙只承受由盖板传来的垂直压力，厚度较薄，要求的地基承载力较小。外墙也可做成梁式(即中间留有侧洞)以适应地形和节省圬工。

(2)刚架式棚洞

当地形狭窄，山坡陡峻，基岩埋置较深而上部地基稳定性较差时，为了使基础置于基岩上且减小基础工程，可采用刚架式外墙，此时明洞称为刚架式棚洞。

刚架式棚洞主要由外侧刚架，内侧重力式挡墙结构、横顶梁、底横撑及钢筋混凝土盖板组成，如图 2.1.14 所示。顶部做防水层及回填土石。

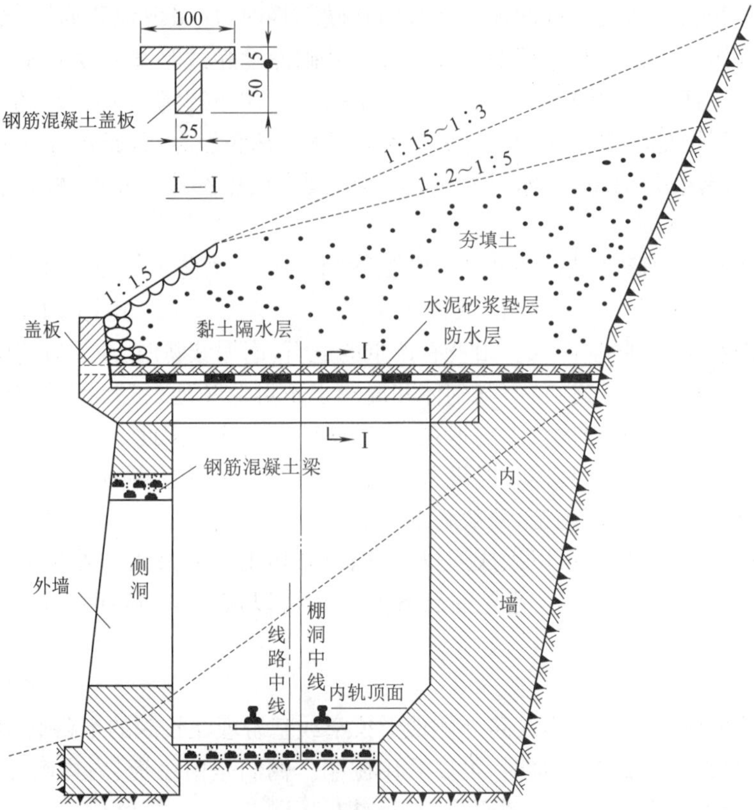


图 2.1.13 墙式棚洞(单位:cm)

图 2.1.14 刚架式棚洞

(3)柱式棚洞

柱式棚洞结构如图 2.1.15 所示。外墙为独立柱和纵梁,结构简单,预制吊装方便,整体性较差。

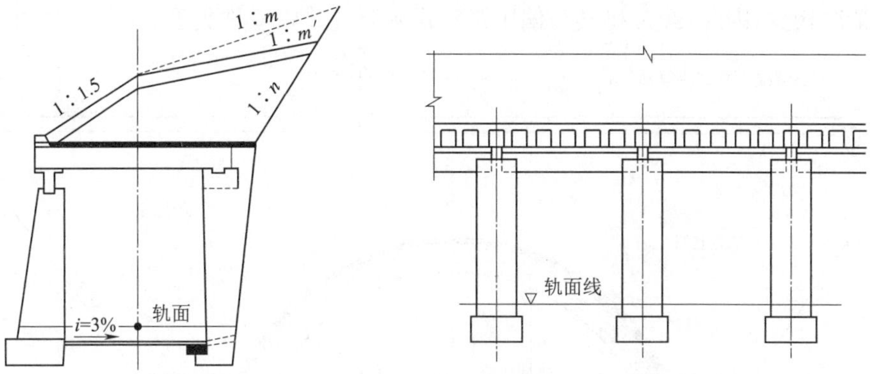


图 2.1.15　柱式棚洞

(4)悬臂式棚洞

对稳固而陡峻的山坡,外侧地形难以满足一般棚洞的地基要求,而且落石不太严重时,可以修建悬臂式棚洞,如图 2.1.16 所示。它的内墙为重力式,上端为悬臂式横梁,其上铺以盖板。在盖板的内端设平衡重来维持结构受外荷载作用下的稳定性,同时为了保证棚洞的稳定性,要求悬臂必须伸入稳定的基岩里。

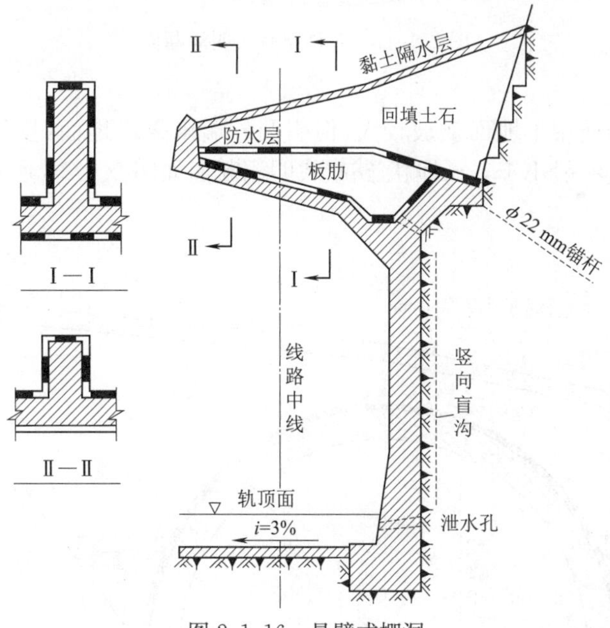


图 2.1.16　悬臂式棚洞

3.高速铁路隧道明洞

高速铁路隧道洞口和部分浅埋段常采用明挖法施工,设置明洞。高速铁路隧道明洞有对称路堑式、偏压路堑式、单压路堑式、全回填式 4 种形式。

(1)对称路堑式

根据洞顶回填土厚度的不同,对称路堑式明洞又分为浅埋式明洞和深埋式明洞。浅埋式明洞洞顶填土厚度小于 3 m,深埋式明洞洞口填土厚度为 3～10 m。深埋式明洞主要适用于漫坡地形暗挖施工困难,且明挖后如填土不足又对环境影响较大的地段,此外在上软下硬地层也经常需采用深埋式明洞。对称路堑式明洞断面如图 2.1.17 所示。由于完全符合对称路堑式明洞的情况较少，因此，经常将其与偏压路堑式明洞合并成一种类型。

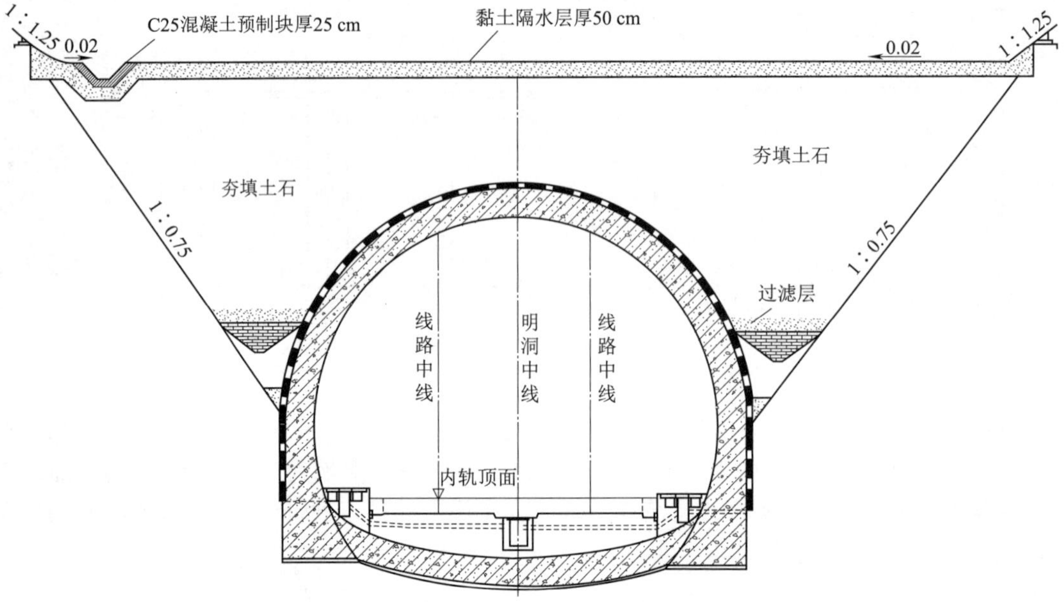


图 2.1.17　对称路堑式明洞断面

(2)偏压路堑式

偏压路堑式明洞适用于地面横坡较大，但明洞外墙未露出地面，且外墙侧地层稳定的情况。明洞顶填土厚度一般小于 5 m，偏压路堑式明洞断面如图 2.1.18 所示。

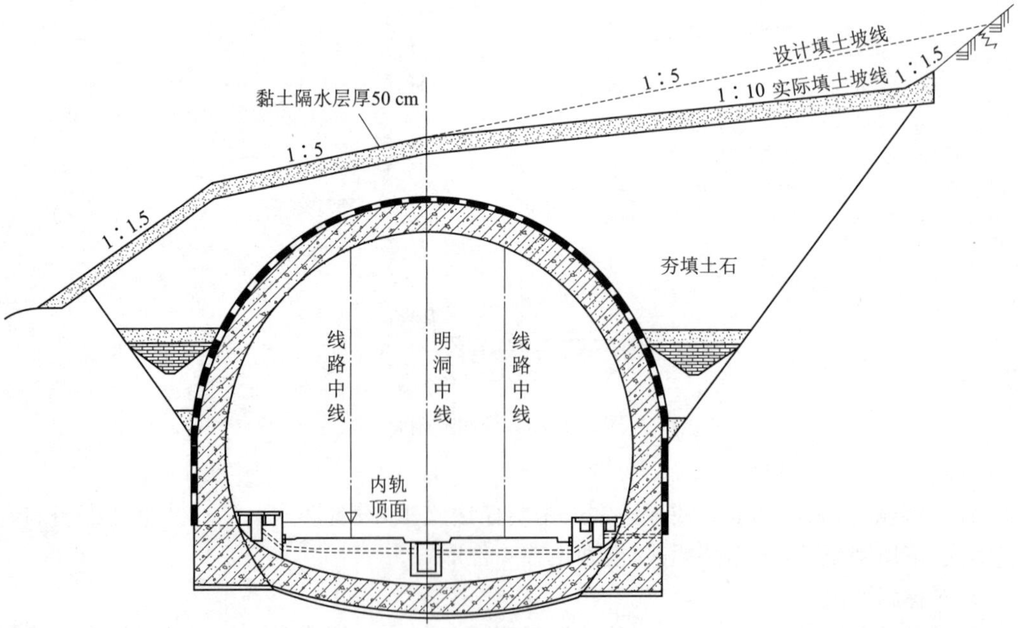


图 2.1.18　偏压路堑式明洞断面

(3)单压路堑式

单压路堑式明洞适用于地面横坡较陡、明洞外墙露出地面，或外墙虽未露出地面但外墙侧地层不稳定的情况。明洞顶填土厚度一般小于 3 m，其断面如图 2.1.19 所示。

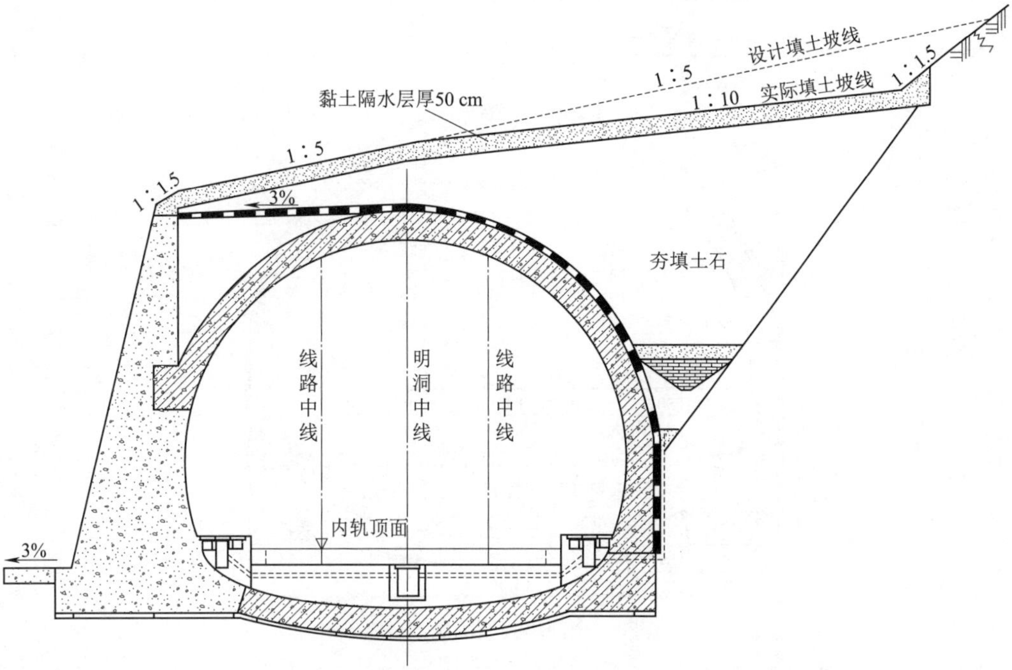


图 2.1.19　单压路堑式明洞断面

(4)全回填式

全回填式明洞适用范围：陡坎进洞，仰坡陡峻且有少量坍塌落石，需接长明洞防落石地段；需要隧道接长明洞以恢复地表环境、减少占地地段；洞口存在少量不稳定坡体，需要接长明洞确保安全地段；缓冲结构较长地段。明洞顶填土厚度一般小于 4 m，其断面如图 2.1.20 所示。此外，当仅为设置缓冲结构需要时，明洞也可以不回填。

(5)明洞防水

明洞在拱墙衬砌外侧设置防水层。如图 2.1.20 所示，由内向外依次为 3 cm 厚 M10 砂浆找平层、防水板、土工布以及 6 cm 砖砌保护层。防水层还有 3 cm 厚 M10 砂浆找平层＋4 mm 聚氨酯防水材料＋4 mm 厚自粘式卷材＋双层土工布＋6 cm 厚砖砌保护层或水泥砂浆找平层＋防水板＋土工布＋5 cm 厚砖水泥砂浆保护层等组合方式。

隧道口明洞与暗挖段二次衬砌结合面一般都设计成变形缝，变形缝宽度一般为 20 mm。此处结构钢筋断开，并设置中埋式钢边橡胶止水带，在缝内、外侧埋设遇水膨胀止水条或在缝内、外侧采用密封胶进行嵌缝。在明洞施工缝处，常采用中埋式橡胶止水带＋遇水膨胀止水条组合作为防水措施。

4. 洞口缓冲结构

对于高速铁路隧道，当高速列车进入隧道后，由于空气动力学效应在洞口产生的微气压波在有些条件下会产生极大的爆炸声，严重的可使建筑物的玻璃破碎，对环境造成污染，采用较大的隧道断面(单线 70 $m^2$，双线 100 $m^2$)，基本上可消除这种爆炸声。但是，当车速达到或超过 300 km/h 时，洞口噪声会比明线明显增大，对洞口附近居民或建筑物就产生更大的影响。在隧道入口增设适当的缓冲结构，能够有效消除隧道出口的微压波现象。

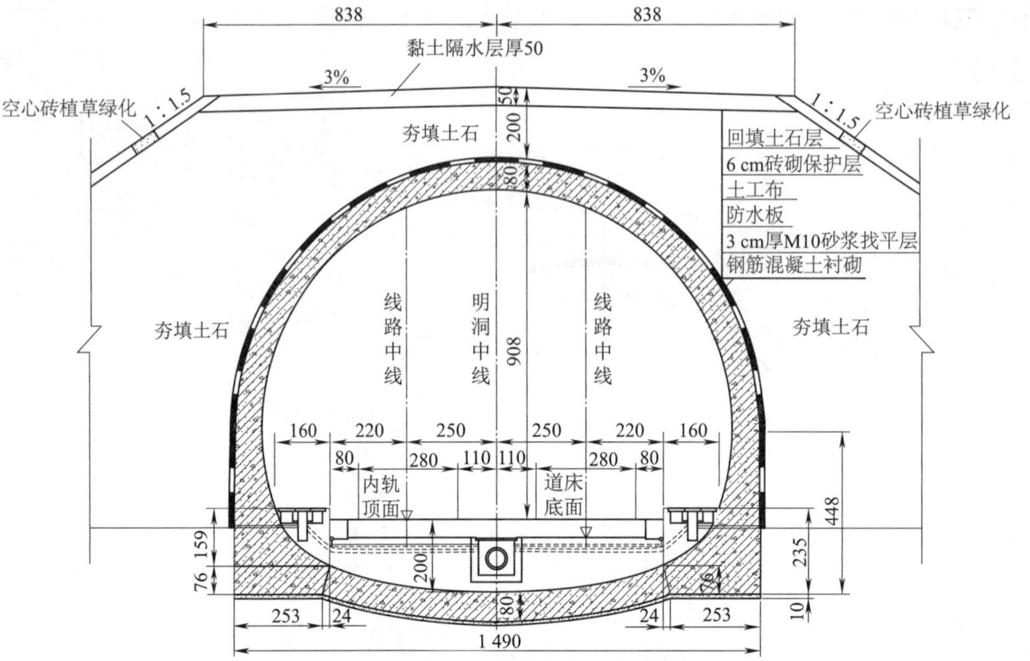


图 2.1.20　全回填式明洞断面(单位:cm)

我国高速铁路双线隧道常见的缓冲结构有扩大断面不开孔型、等截面开孔型、扩大断面开孔型、洞口平行导坑型等四种形式。

(1)扩大断面不开孔型缓冲结构

扩大断面不开孔型缓冲结构是在隧道洞口设置一段不开孔的扩大结构段作为缓冲结构。扩大断面分为拱形和矩形两种,扩大段的断面大小根据计算确定,其净空面积一般取为正洞隧道净空面积的 1.55 倍。拱形扩大断面不开孔型缓冲结构如图 2.1.21 所示。该型缓冲结构适用于洞口地形较陡但前方有低矮长路基的情况。拱形断面除了适用于洞口有长路基段外,还适用于洞口地质条件好(围岩为Ⅱ级、Ⅲ级或Ⅳ级硬岩)、可以进行大断面开挖的情况。

(2)等截面开孔型缓冲结构

等截面开孔型缓冲结构的内净空面积(内轮廓可以是拱形,也可以是矩形)与隧道正洞相同,但在其顶部或侧壁局部设置一个或多个外通的开孔来降低压缩波梯度。开孔大小及个数根据隧道正洞的长度经计算确定。开孔一般采用矩形孔,沿隧道洞顶轴线布置,当侧壁有条件时,也可设置在侧壁。该型缓冲结构适用于洞口有较长明洞段或暗洞顶部覆土小于 5 m、适合设置开孔的情况。图 2.1.22 为等截面开孔型缓冲结构的 2 个案例。

(3)扩大断面开孔型缓冲结构

扩大断面开孔型缓冲结构结合了扩大断面和开孔型的双重特点,在扩大断面的基础上设置开孔。该型缓冲结构适用于洞口地形较陡而路基段较短的情况,如图 2.1.23 所示。

(4)洞口平行导坑型缓冲结构

洞口平行导坑型缓冲结构也称回路型缓冲结构,是在隧道洞口一侧或双侧设置一段平行导坑,并通过横通道与正洞连接。该型缓冲结构适用于正洞洞口地形很陡、没有缓冲结构设置场地,或本身设置有平导可加以利用的情况。对于双洞单线隧道,可以在两孔隧道之间设置局部平导或在洞口段加密横通道,作为缓冲结构使用。为保证缓冲效果,双线隧道平导净空面积不宜小于 50 $m^2$,横通道净空面积不小于 35 $m^2$,双线隧道洞口平导型缓冲结构的内轮廓如图 2.1.24 所示。

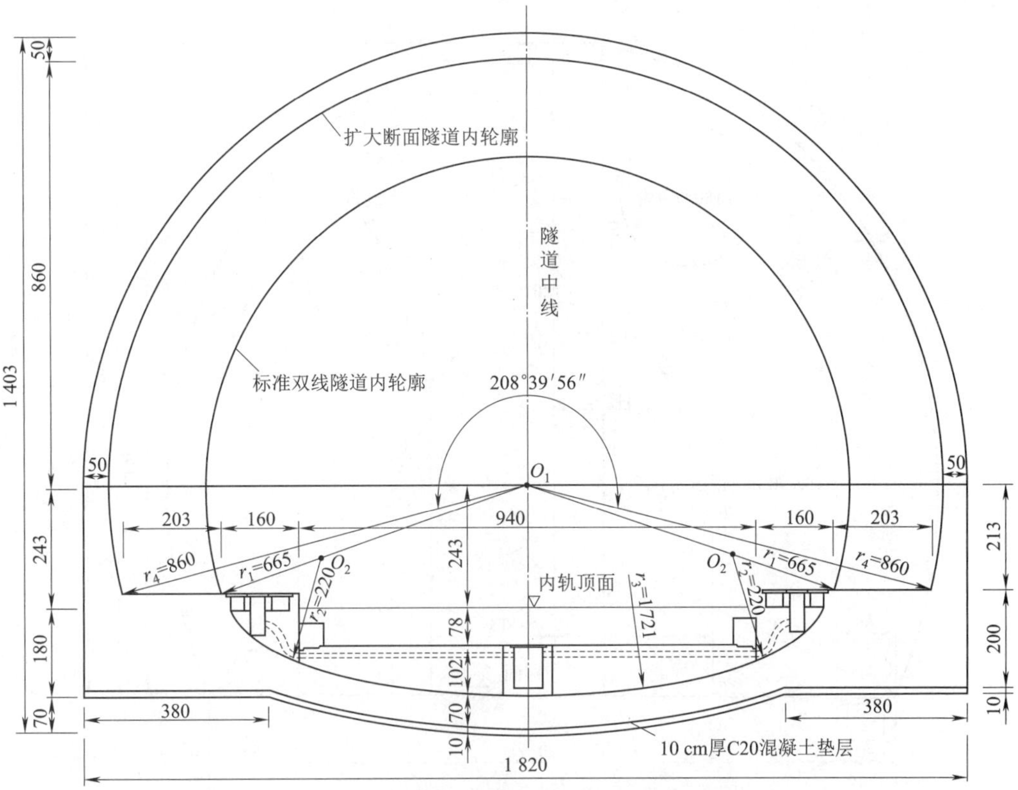


图 2.1.21　拱形扩大断面不开孔型缓冲结构(单位:cm)

图 2.1.22　等截面开孔型缓冲结构

图 2.1.23　扩大断面开孔型缓冲结构

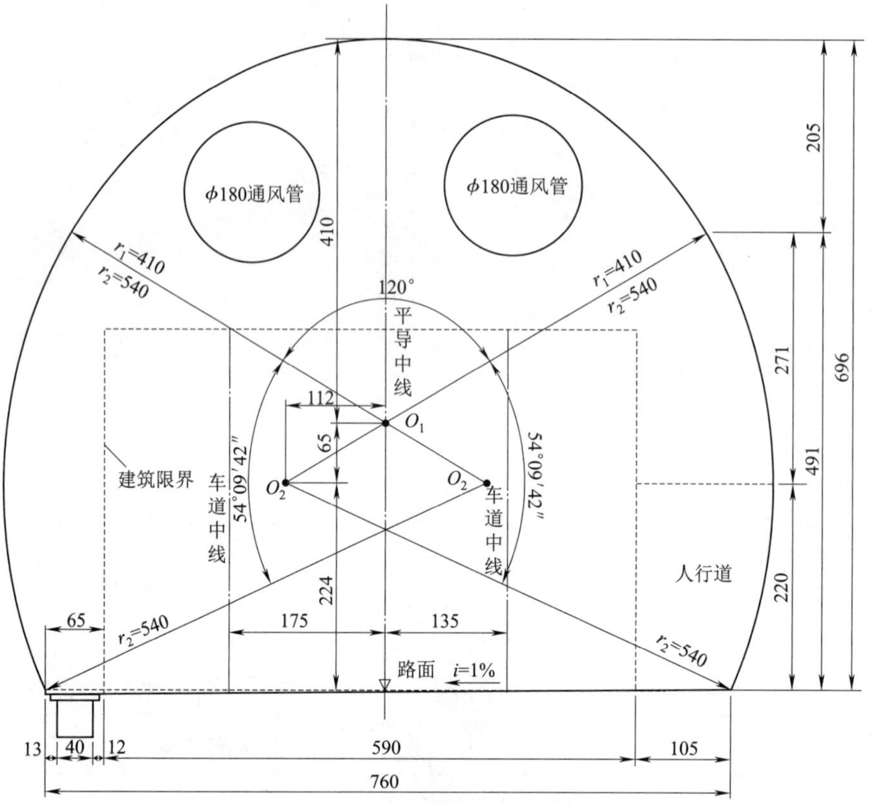

（a）平导内轮廓（面积为50.54 $m^2$）

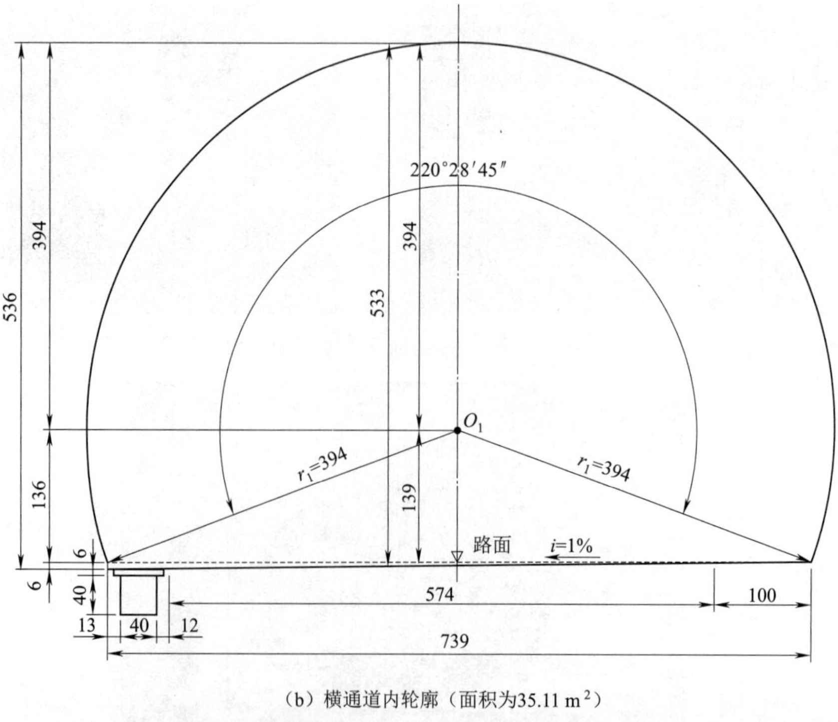

（b）横通道内轮廓（面积为35.11 $m^2$）

图 2.1.24　双线隧道洞口平行导坑型缓冲结构(单位:cm)

### 2.1.3　洞口段防排水设施

洞口防排水设施包括洞口顶截水沟、两侧截水沟、洞口边坡两侧吊沟，必要的防冲刷和防渗圬工以及地下防排水设施。它的作用主要是将仰坡及周围地表水引下来通过两侧水沟将水排除，保证洞口地面干燥，防止地表水进入洞内，以防止雨水冲刷影响边仰坡的施工安全和运营安全。

1. 洞口段防排水的一般规定

隧道和辅助坑道的洞口段应设置截水沟和排水沟。在多雨地区，宜采取措施防止洞口仰坡范围内地表水下渗和冲刷。洞外路堑的水不宜流入隧道，洞口天沟汇水宜接至路堑排水沟或排至远离线路沟谷处和涵洞处，并不应对相邻工程产生冲刷等不利影响。洞口自然冲沟、水渠横跨隧道洞口时，应设渡槽排水。

明洞顶部应设置截、排水系统。靠山侧边墙顶或边墙后，宜设置纵向和竖向盲沟，将水引至边墙进水孔排入洞内排水沟。明洞衬砌外缘应敷设外贴式防水层或防水涂料。明洞结构回填土表面均应铺设隔水层，隔水层应优先选用黏土层。

洞顶截水沟应设置在洞顶边仰坡外不小于 5 m，截水沟坡度应根据地形设置，且不应小于 3‰。

2. 洞口段防排水设施实例

1）墙式洞门结构防排水

（1）端墙排水

端墙顶设置排水沟，尺寸（宽×深）不小于 50 cm×50 cm；为提高端墙的美观性并方便混凝土整体浇筑，端墙面一般不设置泄水孔，因此在端墙背后设置排水管网。排水管横、竖间距均为 2 m，横向排水管采用 HDPE50 单壁打孔波纹管，竖向排水管采用 107/93 双壁打孔波纹管，并用 $\phi$100 mm 的 PVC 管按 1.5%坡度将排水管流水引排至侧沟。排水管采用凿槽铺设，横排水管与纵排水管采用接头连接，外包土工布（不小于 350 g/m$^2$）。图 2.1.25、图 2.1.26 所示为挡翼墙式洞门端墙排水系统。

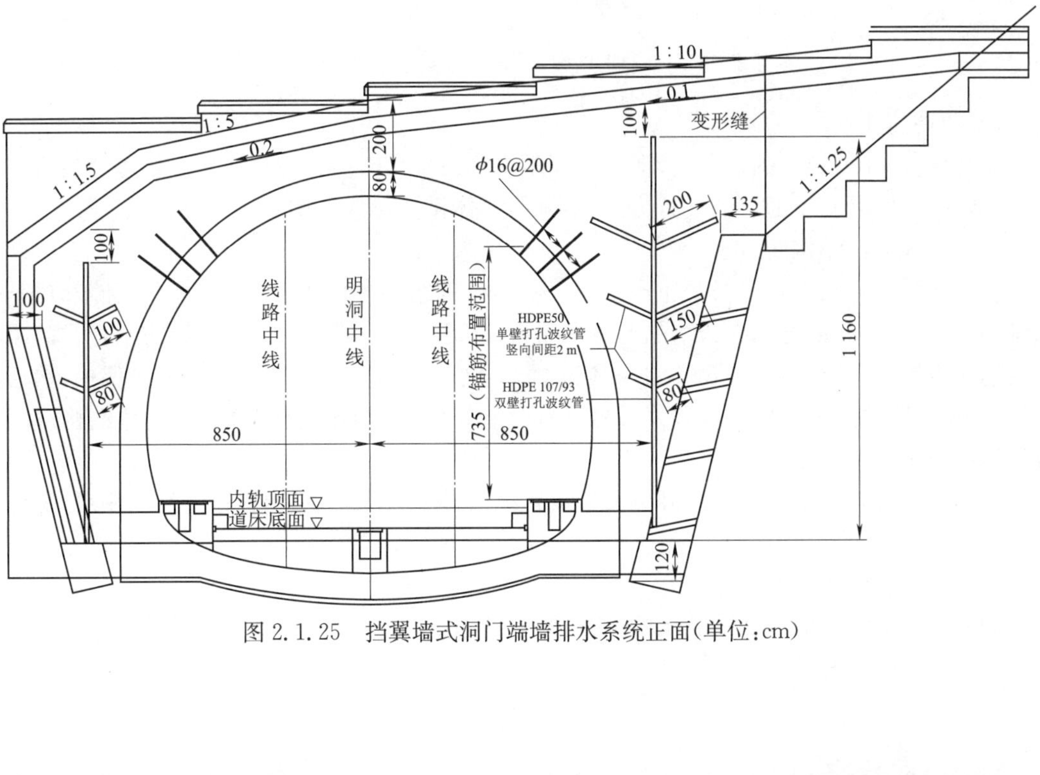


图 2.1.25　挡翼墙式洞门端墙排水系统正面（单位：cm）

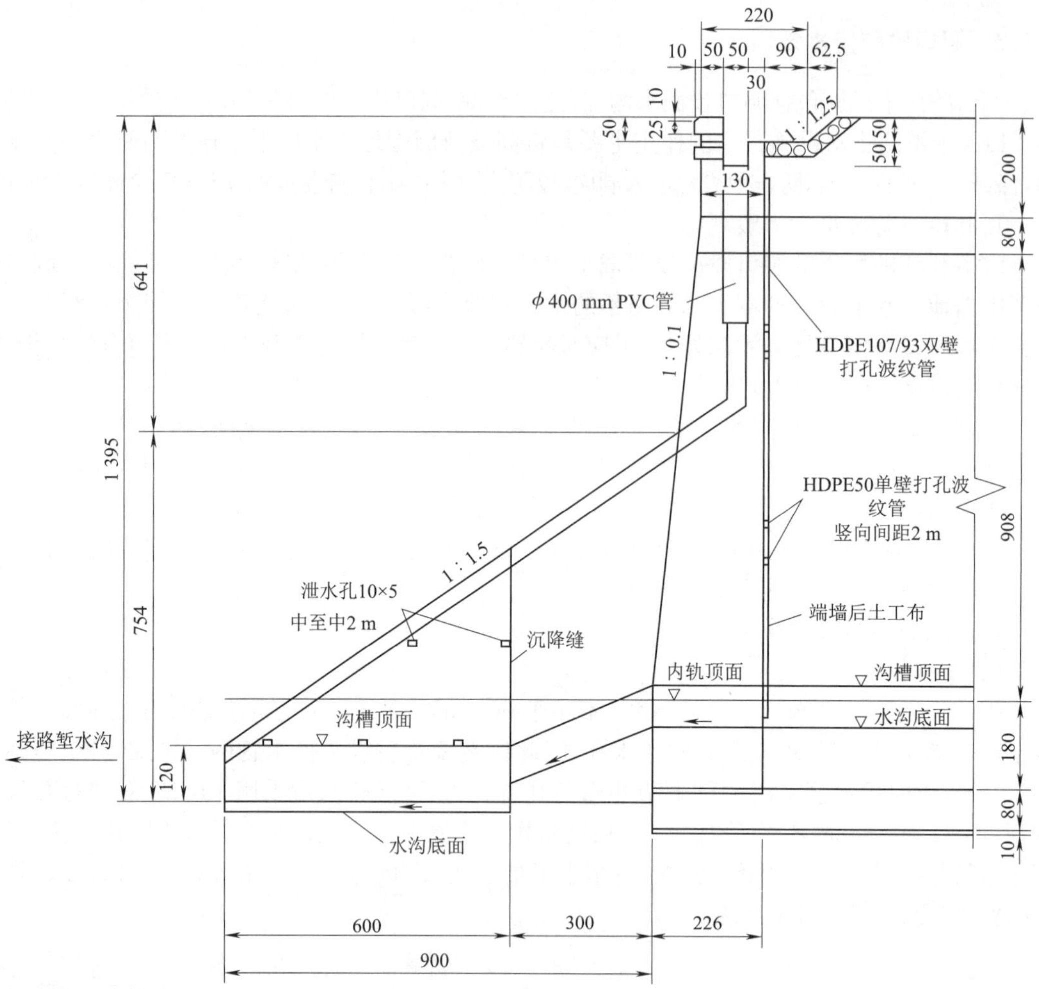


图 2.1.26　挡翼墙式洞门端墙排水系统剖面(单位:cm)

(2)边墙防排水

墙身设置 ϕ100 mm 的泄水孔,泄水孔间距为 2 m×2 m,呈梅花形布置。挡墙背后设置反滤层,墙后岩性不同,反滤层的设置方式也不同,具体设置形式如图 2.1.27 所示。

2)斜切式洞门结构防排水

斜切式洞门衬砌防水等级与正洞相同。洞门衬砌结构外的防水,一般是在拱墙部位外表面刷涂 1～2 mm 厚水泥基渗透结晶型防水涂料(也可采用喷膜防水),并铺设防水板。防水板铺设前应设置一层厚 10～20 mm 的 M10 水泥砂浆找平层,防水板外采用土工布保护,然后再施作 60 mm 厚的砖砌保护层或砂浆,保护后回填。为提高结构自防水能力,主体结构混凝土抗渗等级应不低于 P8。

结构两侧墙脚部位在防水板外侧通长设置纵向排水盲沟,以排出衬砌背后的积水,降低结构的水压力。

3)洞口截水天沟

洞口截水天沟一般有如图 2.1.28 所示的三种形式,以适应不同的地形条件。

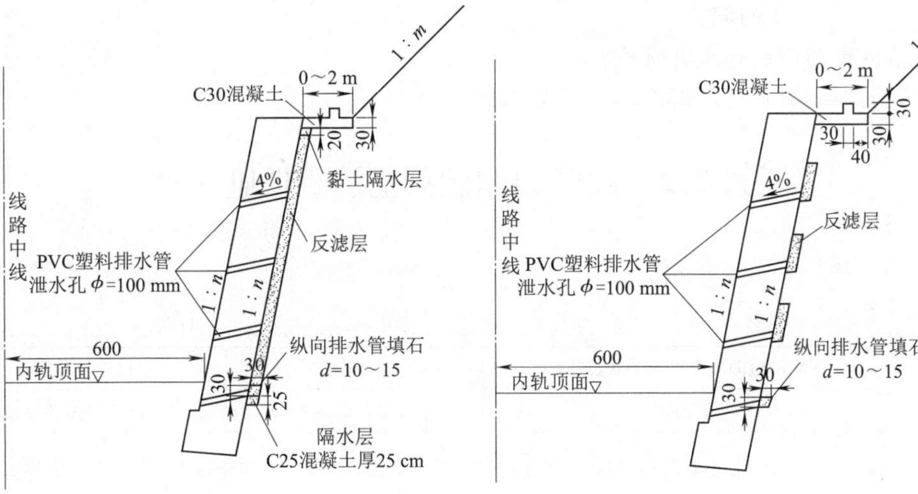


图 2.1.27　洞口边墙排水系统(单位：cm)

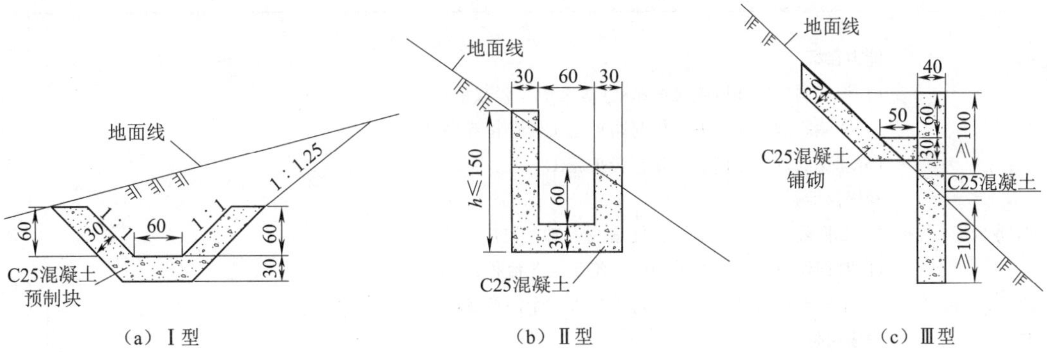


图 2.1.28　截水天沟断面(单位：cm)

Ⅰ型截水天沟采用 C25 混凝土预制块拼接，预制块之间的缝隙采用 M10 水泥砂浆勾缝，预制块内设置 $\phi$8 mm 的钢筋网，网格间距为 20 cm×20 cm。该类型天沟适用于地面自然坡度较缓地段，多用于自然坡率缓于 1∶1.25 地段。

Ⅱ型截水天沟采用 C25 混凝土现浇，混凝土内设置 $\phi$8 mm 的钢筋网，网格间距为20 cm×20 cm。该类型天沟适用于地面自然坡度较陡地段，多用于自然坡率为 1∶1～1∶1.25 地段。

Ⅲ型截水天沟采用 C25 混凝土现浇，混凝土内设置双层 $\phi$12 mm 的钢筋网，网格间距为 20 cm×20 cm。该类型天沟适用于地面自然坡度很陡地段，多用于自然坡率陡于 1∶1 地段。

## 复习与思考题

(1)拱形明洞有________式、________式、________式和________式。

(2)棚洞根据外墙形式分为________式、________式、________式、________式等。

(3)高速铁路隧道常用明洞的形式有________式明洞、________式明洞、________

式明洞和__________式明洞。

(4)铁路隧道洞门的形式有哪些?

(5)常见的洞口截水天沟断面形式有哪几种?

# 任务 2.2 洞口边仰坡开挖及防护施工

## 任务工单

班级:__________姓名:__________学号:__________小组:__________日期:__________

<table>
<tr><td>工作任务</td><td colspan="2">洞口边仰坡开挖及防护施工</td><td>学习模式</td><td>项目+任务驱动</td></tr>
<tr><td>建议学时</td><td colspan="2">2 学时</td><td>学习地点</td><td>理实一体教室</td></tr>
<tr><td>任务描述</td><td colspan="4">××隧道已经完成了隧道的施工准备,即将开始洞口边仰坡开挖及防护施工。项目部组织施工员对洞口边仰坡开挖及防护进行施工准备并组织实施,具体任务包括:<br>(1)识读××隧道进口(或出口)的洞口明挖段施工图纸;计算洞口边仰坡开挖及防护工程数量;<br>(2)编写洞口明挖段的开挖及防护施工作业指导书;<br>(3)编制××隧道进口端(或出口端)洞口明挖段开挖及防护工程施工技术交底文件</td></tr>
<tr><td>任务目标</td><td colspan="4">能力目标<br>(1)识读洞口边仰坡施工图纸,计算相应工程数量;<br>(2)能编制洞口边仰坡开挖与防护施工作业指导书;<br>(3)能交底洞口边仰坡开挖与防护施工工艺。<br>知识目标<br>(1)掌握隧道洞口段地表预处理施工内容和方法形式;<br>(2)掌握洞口边仰坡开挖与防护施工工艺流程、施工要求;<br>(3)了解洞口边仰坡开挖与防护施工安全注意事项。<br>素质目标<br>(1)“安全第一”的施工安全意识;<br>(2)技能报国的家国情怀和使命担当</td></tr>
<tr><td>任务实施</td><td colspan="4">(1)学习相关知识,进行知识准备;<br>(2)识读××隧道进口端(或出口端)洞口边仰坡图纸,计算工程数量;<br>(3)根据洞口施工图纸和《铁路隧道施工技术规程》,编写施工作业指导书、编制施工技术交底,完成洞口边仰坡开挖及防护施工虚拟仿真实训</td></tr>
<tr><td rowspan="7">考核评价<br>(100 分)</td><td colspan="3">考核项目</td><td>得分</td></tr>
<tr><td colspan="3">图纸识读及工程数量计算(10%)</td><td></td></tr>
<tr><td colspan="3">知识掌握(20%)</td><td></td></tr>
<tr><td colspan="3">施工作业指导书编写(15%)</td><td></td></tr>
<tr><td colspan="3">编制施工技术交底(15%)</td><td></td></tr>
<tr><td colspan="3">虚拟仿真实训(30%)</td><td></td></tr>
<tr><td colspan="3">职业素质养成(10%)</td><td></td></tr>
</table>

## 知识准备

### 2.2.1　施工原则及流程

隧道洞口边仰坡开挖尽可能避开雨季和融雪期。紧邻洞口的桥、涵、路基挡护等工程的施工，应结合隧道施工场地布置，及早完成。洞口边仰坡开挖前先完成坡顶的截排水系统。洞口施工应减少仰坡开挖高度，保护生态环境，减少植被破坏。洞口防护要及时，快速进洞，施工完成后复垦量尽量少。洞口工程施工应采取措施控制爆破振动。邻近建筑物时，应对建筑物下沉、倾斜、裂缝以及振动等情况作必要的监测。

隧道洞口边、仰坡开挖及防护施工工艺流程如图 2.2.1 所示。

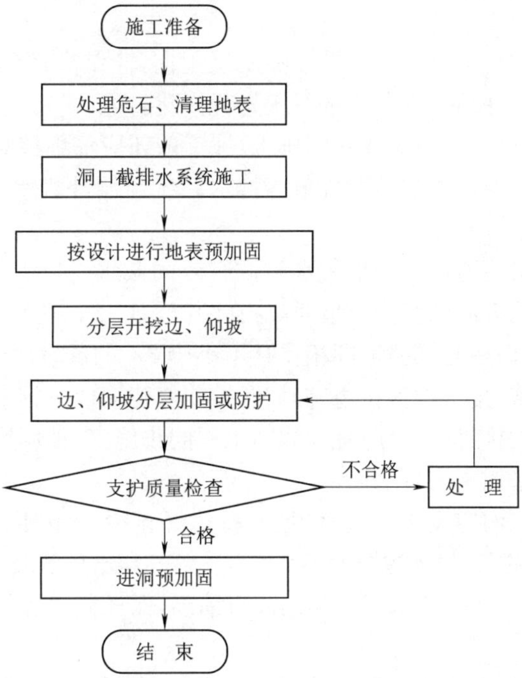


图 2.2.1　隧道洞口边、仰坡开挖及防护施工工艺流程

### 2.2.2　地表预处理施工

在隧道洞口边仰坡开挖与防护施工前，应做好地表清理、危石处理等工作，如果设计中有地表预加固，还需完成地表预加固施工。

1. 地表清理、危石处理

洞口段开挖前应首先清除洞口开挖范围内的树木、杂草和树根，检查边、仰坡以上的山坡稳定情况，清除边坡、仰坡以上可能滑塌的表土、危石，不留后患。

2. 地表预加固施工

当洞口位于软弱、松散地层或堆积层时，应按“先加固、预支护、后开挖”的原则施工，对永久性防护应按照设计在隧道施工的初期及早完成。根据地质条件和地下水情况，洞口地表可采用下列加固处理的措施：

①地层为堆积层、断层破碎带、砂砾(卵)土、砂土时宜采用地面注浆措施预加固。

②有地下水地段，应按设计要求进行注浆止水。

③地下水位较高的粉砂土、砂质粉土或淤泥质夹薄层砂性土的富水地层、且不适合于注浆堵水的隧道洞口段应首先进行井点降水。

④洞口浅埋、软弱破碎段应考虑采用管棚、小导管、锚杆等超前支护措施。

### 2.2.3 洞口截排水系统施工

边坡和仰坡外的截水沟、排水沟和洞口排水沟、天沟组成的洞口截排水系统至关重要，是保证洞口稳定的关键因素。因此，洞顶边、仰坡周围的截排水工程宜在雨季及边、仰坡开挖前，按设计要求准确完成。

1. 洞口地表引排水施工原则

(1)洞顶天沟、截水沟等不宜拘泥于设计图所绘走向，应结合地形条件选择对地面植被破坏最小、排水畅通的方案，并结合永久排水系统先行修建。

(2)水沟根据地形可设计成单侧或双侧排水，施工前还应仔细核对与隧道相接的路堑水沟排水方向，应保证隧道、明挖工段与辅助坑道等排水系统与洞外排水系统的有效连接，水流应通畅。

(3)在施工期间，应对隧道周围的地表水采取有效的截水、排水、挡水和防洪措施，防止地表水流入隧道内。当出洞方向路堑为上坡时，应在距离洞口 2 m 处设一道截水沟，拦截洞外路面积水，并宜将洞外侧沟做成与线路坡度相反且不小于 2‰的反坡侧沟。

(4)边、仰坡坡顶的截、排水沟宜在边、仰坡开挖前修建完成。排水沟、截水沟排水应顺畅，无淤积阻塞。隧道洞门的排、截水设施宜与洞门工程同步施工，挡墙翼墙式及单侧挡墙式洞门的洞顶排水一般情况宜采用单向排水。

(5)边、仰坡上的截水沟应设在距边、仰坡开挖边缘至少 5 m 距离的地方，黄土地区应在 10 m以上。为防止泥砂淤塞，截水沟坡度不得小于 3%。当土质纵坡大于 20%，石质纵坡大于 40%时，应分段采用不低于 M7.5 水泥砂浆砌片石铺砌，保证截水沟的稳定。

2. 施工方法

洞顶天沟及截、排水沟采用人工配合机械进行开挖，自低处向高处分段开挖。沟槽采用混凝土浇筑或浆砌片石砌筑，纵坡较陡时，沟身应采取设缓坡段和基座等稳定措施，沟口应采取设垂裙的防冲刷措施。对不利于施工及运营安全的地表径流、坑洞、漏斗、陷穴、裂缝等，应采取封闭、引排、截流等工程措施。

### 2.2.4 边仰坡开挖施工

1. 洞口土方开挖

根据施工图标示的里程、高程对洞口边坡进行放线，标出边坡开挖边线及土方开挖厚度。洞口边仰坡开挖，对开挖厚度较大的地方采用挖掘机开挖、人工修坡的方式进行。开挖自上而下进行，分层开挖，并每层检查边坡坡度。为便于边坡支护作业，每循环开挖的边仰坡面不宜太大，每层开挖高度不宜超过 3 m。挖掘机开挖后预留 20～30 cm 进行人工修坡，清除虚土，支护完成后再进行下一循环的开挖。对于较硬的边坡土层采用风镐进行凿除，减少对边仰坡原状土的扰动，确保边仰坡稳定。

开挖过程中，不得破坏边(仰)坡以外的植被，尽可能确保土体植被的完整。

2. 洞口石方开挖

洞口石方开挖按纵向分段、竖向分层、横向分区的开挖方法。开挖前根据岩石的类别、风化程度、岩层产状、岩体断裂构造、施工环境等因素确定合理的开挖方案。能采用机械设备进行开挖的石方尽量采用机械设备，若必须进行爆破宜采用预裂爆破，并作好爆破设计。

施工一般先用挖掘机自上而下剥离石方风化层，局部辅以小炮进行整平爆破形成台阶，之后采用潜孔钻机由上而下进行梯段控制爆破。台阶高度一般为 5～9 m，孔径 48～76 mm，炮眼倾斜角(3∶1)～(2∶1)。边坡预裂控制爆破根据周边环境合理选择孔网参数和起爆方式，严格控制爆破飞石、振动，确保爆破块度均匀。装渣采用挖掘机装、自卸汽车外运至弃渣场，或作为路基填料，优质渣料可加工为喷射混凝土骨料和临时工程砌筑石料。接近路堑底部时严格控制台阶高度，合理确定超深，以保证基岩的完整性。起爆前严格做好警戒。

### 2.2.5 进洞阶段的边仰坡防护施工

进洞阶段，洞口边仰坡一般采用锚杆、钢筋网以及喷射混凝土进行防护，土质或围岩破碎、全风化地层常用长锚杆、锚索配合格构框架梁进行防护，如图 2.2.2 所示。

图 2.2.2 进洞阶段的洞口边仰坡防护

1. 锚杆施工

洞口边仰坡防护锚杆一般采用钢筋砂浆锚杆，若遇杂填土层或节理裂隙十分发育的软弱围岩层，也可采用注浆锚管、中空注浆锚杆和自进式锚杆。

钢筋砂浆锚杆采用 $\phi$(18～22)mm 普通螺纹钢筋制作。钻孔前根据受喷面情况和设计要求布置孔位，采用手持风钻钻孔，按设计平面形状(梅花形、长方形等)及间距要求，垂直打入开挖完成后的边仰坡围岩中，钻孔与岩面垂直，孔径 42～50 mm。注浆前将钻孔吹干净，注浆时将注浆管插至孔底，随浆体的注入匀速拔出注浆管。注浆后立即插入杆体，位置居中；孔口可用木楔临时固定；钢筋尾端外露长度稍小于喷层厚度；及时安装垫板，垫板密贴岩面，安装好后不得敲击和碰撞。若洞口边仰坡设计为注浆锚管或中空注浆锚杆，其施工工艺与砂浆锚杆类同，只是不需利用外管灌浆，而是直接用管体或杆体灌浆；若洞口边仰坡成孔困难，可采用自进式锚杆，其施工工艺与中空注浆锚杆不同之处是锚杆体兼作钻杆，成孔后钻头不拔出。

2. 钢筋网施工

洞口边仰坡面上的钢筋网一般采用 $\phi(6\sim10)$mm HPB300 钢筋。当锚杆施作完后，在坡面上按设计网格间距现场绑扎成形。当坡面需要较强支护时，坡面锚杆布置呈长方形，横、竖向采用螺纹钢筋夹焊加固锚杆头，形成坡面大格粗钢筋网。

3. 喷射混凝土

洞口边仰坡面喷射混凝土应采用湿喷工艺。喷射混凝土前，应埋设标志或利用锚杆外露长度控制喷射混凝土的厚度。若岩面有较大凹洼时，先喷凹处找平。喷射作业应分段、分片按照由下而上的顺序进行。施工时先送风，后打开速凝剂，再开始进料，根据受喷面部位和岩面光滑潮湿情况，适当调节风压和速凝剂掺量以减少回弹量。喷嘴与受喷面保持垂直，同时与受喷面保持一定的距离，一般取 1.0～1.2 m。

分层喷射时，后一层混凝土喷射应在前一层混凝土终凝后进行。若终凝后间隔 1 h 以上再次喷射时，需对受喷面用风、水进行清洗、润湿。新喷射混凝土按规定进行适当喷水养护。当气温低于施工规定值时，应对砂、石材料进行加热或掺防冻剂。

4. 长锚杆(或锚索)结合格构框架梁

长锚杆(或锚索)结合格构框架梁支护主要应用于边坡放坡条件不好，坡面较陡，坡面岩层自稳性能差需加强支护的情况。该类支护用于仰坡时需注意锚杆(或锚索)长度，以防侵入隧道开挖断面。该类支护常与边坡景观美化设计结合，在框架梁中喷播植草。

(1)长锚杆框架梁施工。施工前先清理边坡，搭设钻机操作平台，同时进行长锚杆的加工制作。施工钻孔前严格按设计图布孔，采用风动干钻成孔。钻进中对孔位的地质变化、钻进状态、地下水及一些特殊情况作现场记录。若遇地层松散、破碎，可用跟套管钻进方法以保证钻孔的完好；如果坍孔，则立即停钻，进行灌浆固壁处理后重新钻孔。有时为增大长锚杆的抗拔力，钻孔时将锚固部分和孔底用小药量爆破成葫芦状；钻孔深度及直径应满足设计要求。

成孔后将孔内岩渣清除干净，并保持孔内干燥。将焊有耳环对(确保锚杆位于锚孔中心)的长锚杆插入孔内。注浆时在孔口 0.5 m 深范围内用水泥砂浆封闭，并预留排气孔及灌浆孔；注浆过程中保证排气孔通畅，注浆完毕后封闭排气孔及灌浆孔。最后，用 PVC 套管套在锚杆外露段，模筑框架梁，待框架梁强度达到设计要求后，安装钢垫板及紧箍螺帽，用混凝土封闭锚杆外露头。若需再加强边、仰坡支护，可在安装钢垫板及紧箍螺帽前，对长锚杆施加一定的预应力。

(2)锚索框架梁支护施工。洞口边仰坡锚索框架梁支护的适用条件是坡体一定深度范围具有岩石持力层。

施工前先清理边坡，搭设钻机操作平台，钻机及空压机就位，加工锚索束。钻、清孔方法与长锚杆施工相同。清孔后将注浆管、导向帽、定中件、扩张件、紧固件、热塑管及锚索等构件按设计组装好并送入锚孔。自由段钢绞线涂抹黄油后用热塑管包裹，在锚固段与自由段交界处加强绑扎牢固。锚索注浆材料采用水泥砂浆，浆体强度不小于设计要求，注浆完毕后封闭排气孔及灌浆孔。最后，用 PVC 套管套在锚杆外露段，模筑框架梁，待框架梁强度达到设计要求后，依次按中、上、下的顺序(两根锚索则先上后下)分两次张拉，每一次张拉值为总张拉值的一半；每根锚索张拉完第一次后，再按中、上、下的顺序进行第二次张拉。张拉完毕后，用混凝土封闭锚头。

## 复习与思考题

(1)简述隧道洞口地表清理、危石处理施工要点。
(2)简述隧道洞口地表引排水施工原则。
(3)简述隧道洞口土方开挖施工要点。
(4)简述隧道洞口石方开挖施工要点。
(5)简述隧道洞口边仰坡锚喷混凝土防护施工要点。

# 任务 2.3　进洞施工

## 任务工单

班级：________ 姓名：________ 学号：________ 小组：________ 日期：________

| 工作任务 | 进洞施工 | | 学习模式 | 项目+任务驱动 |
|---|---|---|---|---|
| 建议学时 | 2学时 | | 学习地点 | 理实一体教室 |
| 任务描述 | ××隧道已经完成了洞口边仰坡开挖及防护施工，进入进洞施工阶段。项目部组织施工员对进洞施工进行施工准备并组织实施，具体任务包括：<br>(1)再次对××隧道进口(或出口)的洞口施工图纸进行审核；根据施工图纸计算进洞超前支护工程数量；<br>(2)根据洞口施工图纸和《铁路隧道施工技术规程》，编写进洞施工方案；<br>(3)编制××隧道进口端(或出口端)进洞施工技术交底文件 | | | |
| 任务目标 | **能力目标**<br>(1)能识读进洞施工图纸，计算进洞超前支护工程数量；<br>(2)能编制进洞施工方案；能交底洞口进洞施工工艺。<br>**知识目标**<br>(1)掌握管棚结构形式；<br>(2)掌握超前管棚支护工艺流程、施工要求；<br>(3)了解隧道进洞施工安全注意事项。<br>**素质目标**<br>(1)“安全第一”的施工安全意识；<br>(2)查阅规范、严格执行规范的职业素养 | | | |
| 任务实施 | (1)学习相关知识，进行知识准备；<br>(2)识读××隧道进口端(或出口端)洞口图纸，计算进洞超前支护工程数量；<br>(3)完成进洞超前支护施工方案编写、编制进洞施工技术交底 | | | |
| 考核评价<br>(100分) | 考核项目 | | | 得分 |
| | 图纸识读及工程数量计算(10%) | | | |
| | 知识掌握(20%) | | | |
| | 施工方案编写(30%) | | | |
| | 编制施工技术交底(30%) | | | |
| | 职业素质养成(10%) | | | |

## 知识准备

隧道洞口段应根据地质条件、对地面建筑物的影响以及保障施工安全等因素选择进洞施工方法，进洞施工不宜采用全断面法开挖，采用台阶法时，严禁长台阶施工。进洞前应按设计施作超前支护。洞口段应加强初期支护，及时形成封闭结构，衬砌应尽早施作。洞口段的监控量测应适当增加量测频率。

常用进洞施工方法包括贴壁进洞法、套拱加短管棚进洞法、套拱加长管棚进洞法等几种形式。本任务详细介绍套拱加长管棚进洞法施工。

### 2.3.1 贴壁进洞法

当隧道进洞面山坡较为陡峭、地质条件相对较好，为Ⅰ～Ⅲ级石质围岩时，可采用贴壁进洞法。首先清除洞口上方地表的危石，对进洞坡面进行适当防护；然后按设计要求安装钢架辅以超前小导管或锚杆，进行超前支护；采用微台阶法开挖进洞，开挖进尺不宜大于 0.5 m。

### 2.3.2 套拱加长管棚进洞法

管棚超前支护是在隧道开挖前沿开挖轮廓线钻设与隧道轴线平行的钻孔，然后插入大直径钢管并向管内注浆，固结围岩形成棚架支护体系，在隧道拱顶形成一伞状保护环。管棚超前支护可以有效降低洞口滑坡和塌方危险，是复杂条件下进洞预支护的好方法。管棚超前支护适用于隧道洞口浅埋地段或软弱破碎围岩地段进洞施工；还适用于富水软弱破碎地质、砂砾地层、岩溶地质等不良地质地段的洞内开挖超前支护。图 2.3.1 所示为隧道进洞施工管棚。

图 2.3.1　隧道进洞施工管棚

1. 套拱加长管棚超前支护的构造

套拱加长管棚超前支护结构由管棚和套拱组成。

1)管棚构造

管棚钢管直径宜为 $\phi$(70～127)mm，多采用 $\phi$108 mm、壁厚 6 mm 的热轧无缝钢管。钢管中心间距宜为管径的 2～3 倍；管棚长度根据地质、机械设备及施工条件确定，一般为 10～

40 m。管棚外插角一般为 1°～3°。洞口段管棚纵向一般只设置一组，洞内管棚可以设置多组，纵向两组管棚的搭接长度应大于 3.0 m。

管棚钢管单节长度通常为 4～6 m，接头采用 15～20 cm 长螺纹连接（套管采用内螺纹，钢管端采用外螺纹），以保证连接强度和顺直；钢管接头位置应错开，管棚单、双序孔的连接丝扣宜错开半个节长。钢管壁加工注浆花孔，孔径一般为 10～16 mm，间距 10～15 cm，呈梅花形排列，前端为尖形，尾端 150 cm 范围内不钻孔作为止浆段。

2）套拱构造

为便于施钻和提高钻孔精度，洞口段管棚常在明挖和暗挖交界处设置混凝土套拱（又称为导向墙）。

套拱设置在隧道开挖轮廓线以外，纵向长度宜为 2～3 m，厚 0.4～1.0 m。为保证管棚施工精度，套拱内埋设 3～4 环工字钢架，纵向间距一般不大于 1 m；钢架外缘设置导向钢管。工字钢架与导向管焊成整体，浇筑在套拱混凝土内。导向管沿拱圈环向布设，孔径比管棚钢管大 20～30 mm。

2. 管棚超前支护进洞施工

套拱加长管棚超前支护进洞，一般先修筑套拱，利用套拱内预埋的导向管沿隧道开挖轮廓线周边钻管棚孔，再打设管棚和管内注浆，从而对洞口岩体进行加固，然后在管棚的保护下开挖进洞。

1）施作套拱

在洞口开挖时，在洞口明暗分界里程外、起拱线以下预留一段长约 5 m 土石方平台，作为进洞超前支护施工作业平台。然后在洞外洞口交界处架立钢架，间距按施工图要求，用连接筋焊接成一整体。在钢支撑上安设导向钢管，数量、环向间距和外插角与大管棚一致。导向钢管的安装要测量精确定位，使钢管位置与方向准确无误，将导向钢管与钢架焊为整体，然后浇筑套拱混凝土。混凝土套拱完成后，喷射混凝土封闭周围仰坡面，以防止浆液从周围仰坡渗漏。最后搭设钻孔平台架、安装钻机。

2）钻孔

钻孔前，先对导向管各孔口进行编号。采用水平地质钻机，从导向管内钻孔。开孔时，低压慢转，钻进过程中利用倾斜仪等测量设备有效控制钻孔质量，保证终孔偏斜率在 1/2 000 以内。

3）安装大管棚钢管

管棚钢管由机械顶进，钢管节段间用丝扣连接，顶进时，采用 6 m 和 3 m 节长的管节交替使用，以保证隧道纵向同一断面内的接头数不大于 50%，管壁上钻注浆孔。管棚顶到位后，钢管与导向管间隙用速凝水泥等材料堵塞严密，以防注浆时冒浆。

4）注浆

注浆时先灌注单号孔，再灌注双号孔。注浆前先将孔内泥砂清干净（可用高压水冲洗），再进行注浆。浆液采用水泥砂浆或水泥浆，注浆初压力 0.5～1.5 MPa，终压 2 MPa，持压 15 min 后停止注浆，注浆参数根据现场试验予以调整。施工过程中为了防止注浆过程中发生串浆，每钻完一个孔，安设该孔的钢管并注浆，然后再进行下一孔的施工。管棚封堵塞设有进浆孔和排气孔，当排气孔流出浆液后，关闭排气孔，继续灌浆，达到施工图标示注浆量或注浆压力时，方可停止注浆。若注浆量超限，未达到压力要求，应调整浆液浓度继续注浆，确保钻孔周围岩体与钢管周围孔隙充填饱满。

## 复习与思考题

(1)铁路隧道进洞施工方法有哪些?

(2)简述套拱加长管棚超前支护的构造。

(3)简述管棚超前支护注浆施工要点。

# 任务 2.4　洞门施工

## 任务工单

班级:__________姓名:__________学号:__________小组:__________日期:__________

<table>
<tr><td>工作任务</td><td>洞门施工</td><td>学习模式</td><td colspan="2">项目+任务驱动</td></tr>
<tr><td>建议学时</td><td>2 学时</td><td>学习地点</td><td colspan="2">理实一体教室</td></tr>
<tr><td>任务描述</td><td colspan="4">××隧道已经完成了洞身开挖,即将进入洞门施工阶段。项目部组织施工员对洞门施工进行施工准备并组织实施,具体任务包括:<br>(1)对××隧道进口(或出口)的洞门施工图纸进行审核;根据施工图纸计算工程数量;<br>(2)编写洞门的施工作业指导书;<br>(3)编制××隧道进口端(或出口端)洞门施工技术交底文件</td></tr>
<tr><td>任务目标</td><td colspan="4">能力目标<br>(1)能识读隧道洞门施工图纸,计算相应工程数量;<br>(2)能编制洞门工程施工作业指导书;能交底洞门工程施工工艺。<br>知识目标<br>(1)掌握洞门的施工工艺和施工质量控制;<br>(2)了解隧道洞门施工安全注意事项。<br>素质目标<br>(1)环境友好的工程伦理观;<br>(2)查阅规范、严格执行规范的职业素养</td></tr>
<tr><td>任务实施</td><td colspan="4">(1)学习相关知识,进行知识准备;<br>(2)识图××隧道进口(或出口)洞门施工图纸,计算洞门工程数量;<br>(3)根据洞门施工图纸和《铁路隧道施工技术规程》,完成洞门工程施工作业指导书编写、编制施工技术交底</td></tr>
<tr><td rowspan="6">考核评价<br>(100 分)</td><td colspan="3">考核项目</td><td>得分</td></tr>
<tr><td colspan="3">知识掌握(20%)</td><td></td></tr>
<tr><td colspan="3">图纸识读及工程数量计算(10%)</td><td></td></tr>
<tr><td colspan="3">施工作业指导书编写(30%)</td><td></td></tr>
<tr><td colspan="3">编制施工技术交底(30%)</td><td></td></tr>
<tr><td colspan="3">职业素质养成(10%)</td><td></td></tr>
</table>

## 知识准备

### 2.4.1　洞门施工工艺流程

端墙式洞门施工工艺流程如图 2.4.1 所示，斜切式洞门施工工艺流程如图 2.4.2 所示。

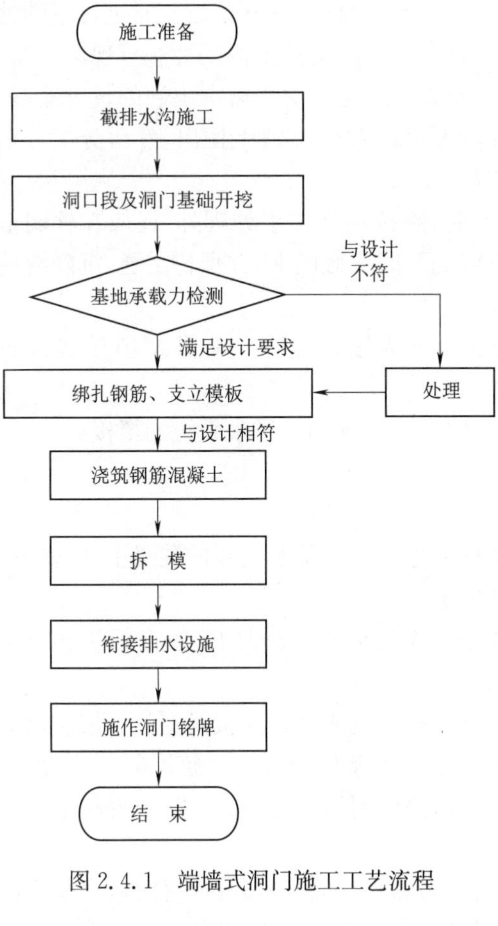


图 2.4.1　端墙式洞门施工工艺流程

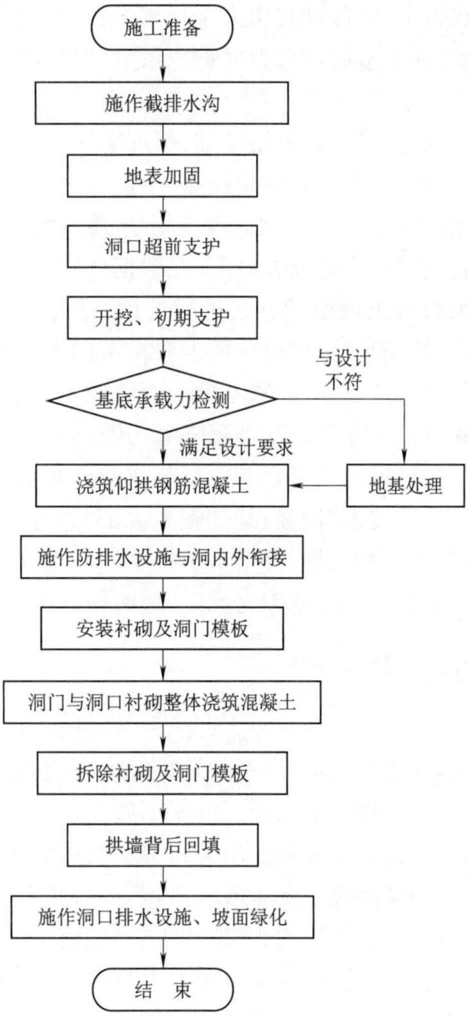


图 2.4.2　斜切式洞门施工工艺流程

### 2.4.2　洞门基础施工

洞门施工前，必须完成仰坡外的截、排水沟，对大气降雨形成的地表径流进行有效拦截，防止洞门基坑开挖后，在降雨期洞口周围大量雨水汇集，冲刷浸泡基坑，降低基底承载力。洞门施工前确保人员、物资机具等准备到位。

在准备工作就绪后，对挡墙、翼墙、端墙或明洞外侧大边墙的基坑进行准确测量放样，复核基坑轴线、高程，确保轮廓和位置符合设计要求。

当基坑边坡岩质较好、地层稳定时，采取垂直开挖，并对边坡进行临时喷锚防护；当基坑较深，垂直开挖不具备条件或难以保证边坡稳定时，根据现场地形情况和基坑边缘与已施作结构物的距离大小，适当采取放坡开挖，并加强对开挖边坡的有效加固，防止边坡失稳。基坑开挖过程中，除做好地表防排水工作外，坑内应设置水泵抽排地下水，水泵抽水能力选择渗水量的1.5～2.0倍，为防止排出的水回流、回渗，用胶管或水槽将水引至远处。

基坑采用挖掘机开挖，人工配合，遇坚石时采用浅眼松动爆破开挖。机械开挖至设计基底高程以上20 cm时，由人工采用风镐挖至设计高程，确保基底不超挖。当岩面倾斜时，将岩面凿平，使承重面与重力成垂直角度，以防滑移，并清除基底面松动碎石块和杂物，基底高程符合设计要求。

端墙及挡墙、翼墙基础、缓冲结构的基底承载力必须满足设计要求，承载力可采用静力触探试验或标准贯入试验检测，当设计对基础有特殊处理要求时，基坑开挖后及时进行基础处理加固。施工中，应仔细核对基础地质资料，遇黄土地层时，还应对黄土湿陷性进行现场试验，以准确确定湿陷范围和厚度，并根据试验结果及时调整处理措施。对于有湿陷性的黄土地基，一般采取灰土换填的方式进行处理，即先将基底相应厚度的湿陷性黄土挖出，然后分层夯填灰土，换填完毕后，按设计要求对换填层进行现场原位试验。

端墙及挡墙、翼墙基础位于软硬不均的地基上时，除按设计要求处理外，还应在软弱地基分界处设沉降缝。基础沉降缝与明洞沉降缝上下应处于同一截面上，并保持贯通，沉降缝缝宽和沉降缝填塞应符合有关规范或设计要求。

辅助坑道口洞门基础施工完成后，应及时对洞外地表按设计要求采用M10浆砌片石铺砌，防止雨水下渗，将汇水引排至洞口排水系统中。

正洞口洞门基础完成后，适时做好洞口排水与明洞或暗洞侧沟排水系统的衔接。

### 2.4.3　端墙式洞门施工

(1)端墙应在土石方开挖后及时完成，基础超挖部分应用与基础同级的混凝土和基础同步浇筑，端墙及挡墙、翼墙的开挖轮廓面应符合设计要求。

(2)端墙混凝土施工前根据施工范围，搭设脚手架至端墙顶，以便固定侧向模板和墙面装饰施工，搭设中应预留出隧道进出洞运输通道位置。

(3)端墙混凝土一般以拱顶、帽石底为界分三次立模浇筑成型。模板及支(拱)架应根据洞门结构形式、荷载大小、地基土类别、施工设备、施工工艺等条件设计。浇筑混凝土前，加强模板及支架的检查，浇筑中派专人指挥，杜绝漏浆、跑模，保证洞门外观质量。浇筑混凝土应两侧对称进行，不得对衬砌产生偏压。

(4)端墙与洞口衬砌连接方式应符合设计要求。为加强端墙与衬砌的整体性，一般明洞衬砌和端墙设置连接钢筋，连接钢筋(端墙锚筋)与衬砌中的纵筋要绑扎牢固。

(5)端墙的泄水孔应与洞外排水系统及时连通。

(6)隧道洞门端墙和挡墙、翼墙、挡土墙在墙体施工的同时，按设计图纸要求设置反滤层、泄水孔、施工缝，其设置应满足设计要求和防排水施工要求。

(7)隧道洞门的截、排水设施应与洞门工程同步施工，当端墙顶部水沟置于填土上时，填土必须夯填密实，必要时应加以铺砌，端墙背后回填土应在明洞两侧分层对称进行。

(8)隧道洞门检查梯、隧道铭牌、号标的结构样式和设置位置符合设计要求。

### 2.4.4 斜切式洞门施工

斜切式洞门衬砌结构内轮廓线与正洞内轮廓相同时，可利用洞身衬砌台车作为内模。为保证帽檐浇筑质量，洞门前檐常采用定型钢模，以便根据其特殊构造一次性完成混凝土施工。外模采用散拼小块钢模板或木模板做面板，横向用工字钢加工成弧形架杆做支撑骨架，对应内模骨架布置，外设纵向工字钢背杆，内侧用套筒通过内模浇筑孔对拉在内模骨架上，外侧用撑杆支撑在对应边坡上。为防止跑模，常在外模设置环向钢筋作为箍筋。

斜切段衬砌为扩大断面结构时，可利用洞身衬砌台车改装或制作可供循环利用符合扩大断面结构的衬砌台车组织施工。

洞口斜切段结构混凝土在拌和站集中拌制，运输车运输至浇筑点，通过泵送混凝土浇筑，采用插入式振捣棒振捣，外侧模板按混凝土浇筑分层厚度分层支立，在每层混凝土浇至该层外模口 10 cm 时安装下一层外模，如此循环直至拱顶。每层外模在安装前应加工制作成整体，使其能短时间安装就位，防止混凝土浇筑间断时间过长形成人为施工缝。

施工时应注意：

(1)斜切式洞门坡面较平缓时，应尽量与自然地形坡度相一致，为避免开挖边(仰)坡时局部坍塌破坏原地貌，宜采用非爆破方法开挖。

(2)洞门混凝土达到设计强度后，及时回填边、仰坡超挖部分，恢复自然地形坡面。

(3)浇筑混凝土洞门的模板及拆模要求：

①斜切式洞门的斜坡面内外模板和挡头板应专门设计和制作，配套使用。

②模板及支(拱)架应具有足够的强度、刚度和稳定性，能承受所浇筑混凝土的重力、侧压力及施工荷载。

③模板及支架安装必须稳固牢靠，模板及支架与脚手架之间不得相互连接。模板接缝必须严密不漏浆。

④模板与混凝土的接触面必须清理干净并涂刷脱模剂。

⑤混凝土浇筑前，模板内的积水和杂物应清理干净。

⑥拆除模板及支(拱)架的条件：当洞门结构跨度大于 8 m 时，混凝土强度必须达到其设计强度标准值的 100%；当洞门结构跨度小于等于 8 m 时，混凝土强度必须达到其设计强度标准值的 70%。

### 2.4.5 洞门防排水及回填

斜切式洞门结构明挖施工段的拱部和边墙外露部分，均应先涂刷水泥基防水涂料。填土部分的拱墙先施作厚 3 cm 的 M10 水泥砂浆保护层，再铺设防水板，在防水板外施作 3 cm 厚的 M10 水泥砂浆保护层后再回填。

端墙背后排水管网可采用外包土工布的打孔波纹管，排水管在路基面高度处采用 PVC 管排入侧沟。端墙后横向排水管要求以不小于 3%的坡度设置。挡墙身在路基面处及以上部分应设置泄水孔，并上下左右交错布置。为防止泄水孔堵塞，应在泄水孔进口处设置反滤层，并在最低排泄水孔下部设置黏土隔水层。反滤层材料除了用填石外，也可考虑使用无纺布。

为便于隧道中心水沟排水，隧道洞口需设置检查井。当采用墙式洞门时，检查井设在距洞口里程 3 m 处；当采用斜切洞门时，检查井设在隧线分界里程外路基范围内；当桥隧相连，洞口外无法设置检查井时,应根据具体设计图进行施工。

当洞口边(仰)坡设置骨架护坡防护时,斜切洞门应在平台上坡脚处设置水沟,将水引排至线路两侧或自然沟;端墙式洞门在挡墙上部或挡墙侧的平台上设置挡水板,并将水引至吊沟,翼墙侧引至墙顶沟槽。

洞门端墙及挡墙、翼墙后的空隙应根据实际情况,及时采用土石或改良土等回填密实,以确保边(仰)坡稳定。回填的土石不得含有石块、碎砖、灰渣及有机杂物,也不得有冻土。回填施工应均匀对称进行,并分层夯实,其两侧回填土面高差不得大于 50 cm,人工夯实每层厚度不得大于 25 cm,机械夯实每层厚度不得大于 30 cm。洞门端墙及挡墙、翼墙墙背超挖较少时,采用墙体同级材料回填,超挖较多时采用的回填材料应符合相关规定。隧道边坡超挖部分采用 M10 浆砌片石嵌补至坡面齐平,勿使墙后水流堵塞或造成积水现象。

### 复习与思考题

(1)简述端墙式洞门施工要点。

(2)简述斜切式洞门施工要点。

## 任务 2.5　明洞和缓冲结构施工

### 任务工单

班级:__________姓名:__________学号:__________小组:__________日期:__________

| 工作任务 | 明洞和缓冲结构施工 | 学习模式 | 项目+任务驱动 |
|---|---|---|---|
| 建议学时 | 2 学时 | 学习地点 | 理实一体教室 |
| 任务描述 | ××高速铁路隧道已经完成了洞口边仰坡开挖及防护施工,即将进入明洞和缓冲结构施工阶段。项目部组织施工员对明洞和缓冲结构施工进行施工准备并组织实施,具体任务包括:<br>(1)识读××隧道进口(或出口)的明洞和缓冲结构施工图纸;计算明洞和缓冲结构工程数量;<br>(2)编写明洞和缓冲结构的施工作业指导书;<br>(3)编制××隧道进口端(或出口端)明洞和缓冲结构施工技术交底文件 | | |
| 任务目标 | **能力目标**<br>(1)能识读明洞和缓冲结构图纸,计算相应工程数量;<br>(2)能编制明洞和缓冲结构工程施工作业指导书;能交底明洞和缓冲结构工程施工工艺。<br>**知识目标**<br>(1)掌握明洞和缓冲结构工艺流程、施工要求;<br>(2)了解隧道明洞和缓冲结构施工安全注意事项。<br>**素质目标**<br>(1)爱岗敬业精神;<br>(2)探索性学习、主动解决问题的能力 | | |
| 任务实施 | (1)学习相关知识,进行知识准备;<br>(2)识读××隧道进口端(或出口端)洞口图纸,计算工程数量;<br>(3)根据洞口施工图纸和《铁路隧道施工技术规程》,编写施工作业指导书、编制施工技术交底 | | |

续上表

<table>
<tr><td>工作任务</td><td colspan="2">明洞和缓冲结构施工</td><td>学习模式</td><td>项目＋任务驱动</td></tr>
<tr><td>建议学时</td><td colspan="2">2学时</td><td>学习地点</td><td>理实一体教室</td></tr>
<tr><td rowspan="6">考核评价<br>（100分）</td><td colspan="3">考核项目</td><td>得分</td></tr>
<tr><td colspan="3">图纸识图及工程数量计算（10%）</td><td></td></tr>
<tr><td colspan="3">知识掌握（20%）</td><td></td></tr>
<tr><td colspan="3">施工作业指导书编写（30%）</td><td></td></tr>
<tr><td colspan="3">编制施工技术交底（30%）</td><td></td></tr>
<tr><td colspan="3">职业素质养成（10%）</td><td></td></tr>
</table>

## 知识准备

### 2.5.1　明洞施工

明洞宜及早施作，在仰坡暂时能稳定的情况下，宜先施工洞内段，再施工洞外相接明洞段；在仰坡易坍塌的情况下，宜先施工接口外明洞段，再施工洞内段，以保证仰坡稳定。

1.明洞工程施工工艺流程

明洞宜采用明挖法施工，其工艺流程如图2.5.1所示。

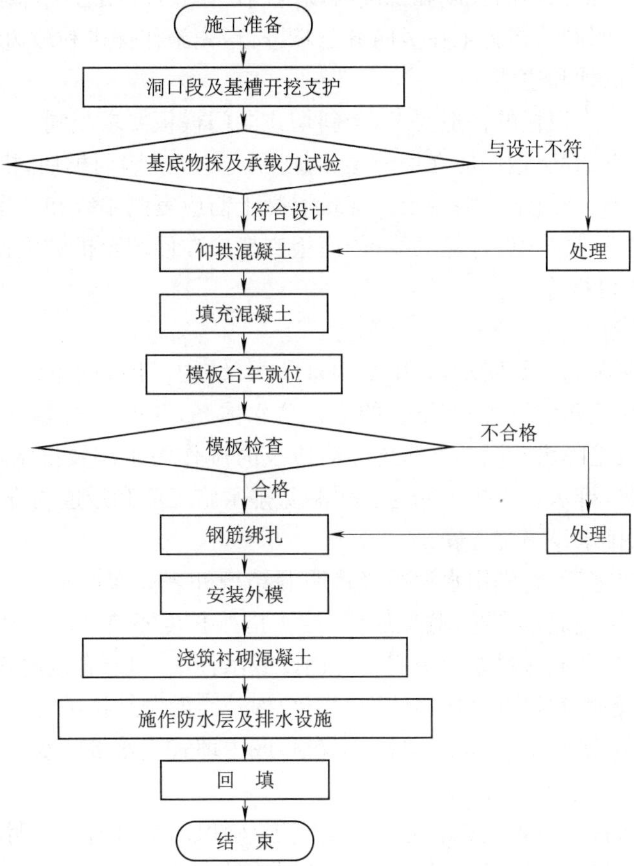


图2.5.1　明洞明挖施工工艺流程

2.明洞段基础施工

(1)对于石质路堑明洞,当明洞边墙基础开挖至设计高程,若基底为整体性较好的弱风化基岩,可不进行明洞边墙基础加固。若基底为整体性较差、风化较严重的基岩,可对明洞边墙基础进行适当注浆加固,以提高地基承载力。

(2)对于土质路堑明洞,当明洞边墙基础开挖到设计高程,若土质为塑性指标较低的原状砂黏土或黏土,通过检测地基承载力达标,明洞边墙基础可不进行加固。若土质为塑性指标较高的黏性土,可采用适当的劈裂或抽条注浆对明洞边墙基础加固;若土质为杂填土,可对明洞边墙基础进行换填,以提高基底承载力,或采用超深开挖基槽,在明洞边墙下设条形基础或筏形基础;若土质为含水率极高的淤泥质软土,可采用换填等方法提高明洞边墙基础基底承载力。

(3)如果采用常规地基处理方法处理明洞边墙基础,达不到设计地基承载力要求时,可在明洞边墙基础下纵向布设钢筋混凝土排桩或柱,桩、柱上设置承台,承台上再施工明洞边墙。该方法也是半路堑陡坡明洞处理外边墙基础的常用方法。

3.明洞结构工程施工

(1)明洞结构一般在明洞下部土石方开挖完成,洞口隧道暗挖已安全进洞,且不影响暗挖掘进持续推进的前提下尽早施工。明洞和暗挖洞口地质条件特别差的时,明洞结构必须在土石方开挖后立即施工。

(2)明洞结构必须根据明洞长度和二次衬砌内模台车长度,结合沉降缝、施工缝留设位置,分一段或多段施工。明洞结构施工在竖向分三步进行,先施作仰拱和矮边墙,随后施作仰拱填充层,最后模筑整体拱顶和边墙。

(3)明洞结构混凝土模板的构造要求,与斜切式洞门模板要求相同。

(4)明洞结构若有钢筋,钢筋应在场外集中加工。支好拱墙内模后,搭设辅助支架现场绑扎成型,然后再支外模,浇筑结构混凝土。浇筑混凝土前应复测中线和高程以及模板的外轮廓尺寸,明洞衬砌结构不得侵入设计轮廓线;内模板支架应在回填至拱脚位置且混凝土达到设计强度 70%以上时,方可拆除。

4.明洞防、排水施工

高速铁路隧道明洞为一级防水,采用结构自防水(结构使用防水混凝土)和外层附加防水层(如卷材防水层、喷涂防水层等)相结合的综合防水体系,并严格施工缝、沉降缝等特殊部位的防水和结构外回填土隔水。明洞外模拆除后应及时施作防水层及排水盲管,并与隧道的防水层和排水盲管顺接,排水管应排水畅通。明洞防排水施工应和隧道的排水侧沟、中心水沟的出水口及洞顶的截、排水设施统筹安排。

明洞附加防水层施工前,先用水泥砂浆将明洞结构外表面涂抹平顺。卷材防水层宜从下向上环向铺设,上下层接缝宜错开,避免通缝,接头搭接长度不宜小于 10 cm。卷材铺设方法因卷材类型而异,复合合成材料卷材采用无钉铺设或吊挂法,单层合成材料卷材也可采用热熔沥青粘贴法,新型自粘性卷材可直接粘铺到明洞结构外。明洞结构施工缝(包括纵向施工缝和环向施工缝)采用缓膨胀腻子止水条(单根或双根)或中埋式止水带防水。穿墙管(包括对拉螺杆管)采用止水环(一道或两道)防水。

明洞外侧的排水盲管设置完成后方可填土施工,确保出水口通畅。明洞拱、墙背回填黏土隔水层必须选择好合格的回填黏土料,并严格分层填筑、夯实。黏土隔水层应与边、仰坡搭接平顺，封闭紧密，防止地表水下渗。

5. 明洞顶回填施工

明洞回填是在明洞外附加防水层和纵向排水盲管完成后开始纵向分段、竖向分层回填。明洞回填应加强对防水层及排水系统保护，不得损坏防水层及排水系统。

明洞侧墙回填应对称进行，石质地层中岩壁与墙背空隙较小时用与墙身同级混凝土回填；空隙较大时用片石混凝土回填密实。回填至与拱顶齐平后，再分层满铺填筑至设计高度。

拱顶回填应采用小型机械分层进行，分层厚度不大于 0.3 m，两侧回填土面的高差不得大于 0.5 m。夯填超过拱顶 1.0 m 以上后方可采用大型机械回填。表土层需作隔水层时，隔水层应与边、仰坡搭接平顺，防止地表水下渗。

### 2.5.2　缓冲结构施工

缓冲结构施工工艺流程与明洞工程相同，如图 2.5.1 所示。缓冲结构基坑宜与洞门基础同时开挖，并作好临时支护和排水，应保持基坑及边坡的稳定并且不扰动墙趾处持力层，基底不得受到雨水浸泡。基坑超挖部分应用同级混凝土一次浇筑。缓冲结构钢筋混凝土宜整体浇筑，12 h 内应开始进行保湿养护（气温低于＋5 ℃时不得洒水养护），结构尺寸和预留孔应符合设计要求。

## 复习与思考题

（1）如何确定明洞结构的施工时机？

（2）简述明洞洞顶回填施工要点。

# 项目 3　隧道洞身施工

## 项目描述

隧道施工就是要在地层中按照设计要求的尺寸挖出岩体，进行必要的支护，尽可能保持坑道围岩的稳定，形成稳定的洞室。开挖与支护，是隧道施工的两大作业。因此，学习隧道施工方法主要是学习隧道的开挖与支护的施工程序及方法。隧道施工方法的选择，主要取决于隧道的地质条件、隧道长度与工期要求，同时应结合机具设备情况、材料供应情况以及施工技术水平等因素综合考虑。

本项目以实际隧道工程施工项目为依托，按照隧道洞身施工典型任务，依次完成隧道开挖方法、隧道施工超前地质预报、超前支护与围岩加固施工、钻爆法开挖施工、初期支护施工、装渣运输、隧道洞内防排水施工、二次衬砌施工、隧道施工监控量测、施工通风防尘与风水电供应以及隧道附属设施施工等任务。

## 学习目标

**能力目标**

(1)能配合专业队伍开展隧道施工超前地质预报工作；

(2)能完成隧道通过不良地质地段的围岩预支护(预加固)方案的选择；能编制各种围岩预支护(预加固)措施的施工作业指导书，并进行技术交底；

(3)能编制钻爆法开挖施工方案；能交底钻爆法开挖隧道施工工艺；

(4)能编制初期支护施工方案，能编制各种初期支护的施工作业指导书；能交底隧道初期支护施工工艺；

(5)能编制装渣运输方案；

(6)能编制隧道防排水施工作业指导书，能交底隧道防排水施工工艺；

(7)能编制仰拱及填充施工作业指导书和二次衬砌施工作业指导书；能交底仰拱及填充和二次衬砌施工工艺；

(8)能承担隧道施工监控量测任务，填写监控量测记录表、处理分析监控量测数据；能编制隧道施工监控量测实施细则和方案；

(9)能根据隧道的实际情况，选择合理的通风及防尘方式；能够对隧道通风及防尘作业进行管理；能编制隧道施工通风防尘方案，编制隧道施工风水电供应方案；

(10)能编制隧道附属设施施工方案，能交底隧道附属设施施工工艺。

**知识目标**

(1)掌握各种隧道开挖方法的工艺流程、施工要求和施工作业要点；

(2)掌握超前地质预报的内容；了解超前地质预报的原理、方法和选用原则；

(3)掌握围岩预支护(预加固)措施的构造及适用条件；掌握各种围岩预支护(预加固)的施

工工艺和施工控制要点；

(4)掌握钻爆法开挖施工工艺、施工控制要点及其安全注意事项；掌握隧道超欠挖的控制；

(5)掌握隧道初期支护的种类和结构形式；掌握初期支护施工的工艺流程、施工要求；

(6)掌握隧道施工装渣运输的作业要点；掌握隧道弃渣的原则；

(7)掌握隧道洞内防排水系统的组成和结构；掌握隧道洞内防排水施工的工艺流程、施工要求；

(8)掌握铁路隧道二次衬砌的结构形式；掌握隧道仰拱衬砌、拱墙衬砌施工的工艺流程、施工要求；

(9)了解隧道施工监控量测项目；掌握必测项目的技术要求；掌握必测项目的量测方法；

(10)掌握隧道施工通风的目的和方式，掌握通风系统布置与安装要求，了解风机风管选型方法；

(11)掌握隧道施工供风设备选择及其安装要求；

(12)掌握隧道施工用水水质要求、供水方式和管道布置要求；

(13)掌握铁路隧道附属设施的类型和构造；掌握隧道附属设施的工艺流程、施工要求。

**素质目标**

(1)敏锐的观察能力；

(2)严谨、认真的工作态度；

(3)建设交通强国的责任感和使命感；树立环境友好的价值观和正确的工程伦理观；

(4)“安全第一”的施工安全意识；培养勇于创新、敢于创新的精神；

(5)职业自豪感和责任感。

# 任务 3.1　隧道开挖方法

## 任务工单

班级：＿＿＿＿＿＿姓名：＿＿＿＿＿＿学号：＿＿＿＿＿＿小组：＿＿＿＿＿＿日期：＿＿＿＿＿＿

| 工作任务 | 隧道开挖方法 | 学习模式 | 项目＋任务驱动 |
|---|---|---|---|
| 建议学时 | 4学时 | 学习地点 | 理实一体教室 |
| 任务描述 | ××隧道已经完成了洞口边仰坡开挖及防护施工和进洞施工，现进入隧道洞身开挖与支护阶段。项目部组织施工员对隧道洞身开挖进行施工准备并组织实施，具体任务包括：<br>(1)识读××隧道纵断面设计图及参考图，确定不同围岩情况下隧道洞身的开挖方法；<br>(2)编写不同开挖方法的施工作业指导书；<br>(3)编制××隧道进口端(或出口端)不同开挖方法的洞身施工技术交底文件 | | |
| 任务目标 | **能力目标**<br>(1)能根据围岩条件选择隧道开挖方法；<br>(2)能编制隧道开挖施工作业指导书；<br>(3)能交底隧道开挖施工工艺。<br>**知识目标**<br>(1)掌握各种隧道开挖方法的工艺流程、施工要求和施工作业要点；<br>(2)了解各种隧道开挖方法的优缺点和适用的围岩类型；<br>(3)了解隧道施工作业线，了解隧道开挖预留变形量。<br>**素质目标**<br>(1)主动分析问题的习惯；<br>(2)建设交通强国的责任感和使命感 | | |

续上表

<table>
<tr><td>工作任务</td><td>隧道开挖方法</td><td>学习模式</td><td colspan="2">项目+任务驱动</td></tr>
<tr><td>建议学时</td><td>4学时</td><td>学习地点</td><td colspan="2">理实一体教室</td></tr>
<tr><td>任务实施</td><td colspan="4">(1)学习相关知识,进行知识准备。学习××隧道施工作业指导书、施工技术交底等案例;<br>(2)识读××隧道纵断面设计图及参考图,确定不同围岩情况下隧道的开挖方法;<br>(3)根据隧道施工图纸和《铁路隧道施工技术规程》,每组完成1种开挖方法的施工作业指导书编写、编制施工技术交底;开展各开挖方法虚拟仿真实训,完成开挖方法的实施</td></tr>
<tr><td rowspan="7">考核评价<br>(100分)</td><td colspan="3">考核项目</td><td>得分</td></tr>
<tr><td colspan="3">知识掌握(20%)</td><td></td></tr>
<tr><td colspan="3">确定隧道的开挖方法(10%)</td><td></td></tr>
<tr><td colspan="3">施工作业指导书编写(25%)</td><td></td></tr>
<tr><td colspan="3">编制施工技术交底(25%)</td><td></td></tr>
<tr><td colspan="3">虚拟仿真实训(10%)</td><td></td></tr>
<tr><td colspan="3">职业素质养成(10%)</td><td></td></tr>
</table>

## 知识准备

隧道开挖方法是指隧道开挖成形的方法。按开挖隧道的横断面分部情形,开挖方法可分为全断面法、台阶法、中隔壁法(CD法)、交叉中隔壁法(CRD)、双侧壁导坑法等。隧道施工方法的选择,主要取决于隧道的地质条件、隧道长度与工期要求,同时应结合机具设备情况、材料供应情况以及施工技术水平等因素综合考虑。

### 3.1.1 全断面法

全断面法就是按照隧道设计轮廓一次爆破开挖成形,然后初期支护,再修筑衬砌的隧道施工方法。

1. 适用条件与特点

全断面法施工一般适用于Ⅰ、Ⅱ、Ⅲ级围岩,Ⅳ、Ⅴ级围岩在采取有效的超前预加固措施稳定开挖工作面后,也可采用全断面法开挖。

全断面法施工一次爆破开挖成形,可以减少开挖对围岩的扰动次数,有利于保护围岩稳定性。全断面开挖法隧道施工时,洞内掌子面附近有较大的作业空间,有利于采用大型配套机械化作业,提高施工速度,降低工程造价。防水处理施工简单;工序少,便于施工组织和管理。全断面法施工对地质条件要求高,围岩必须有足够的自稳能力。由于开挖面较大,每个开挖循环的工作量相对较大。采用钻爆法开挖时,每次深孔爆破振动较大,需要进行精心的钻爆设计,严格控制爆破作业。

2. 施工工序与施工工艺流程

1)施工工序

全断面法施工工序如图3.1.1所示。

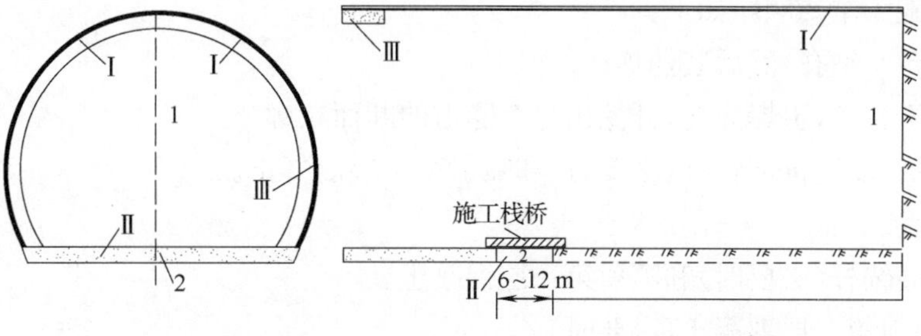


1—开挖；Ⅰ—初期支护；2—检底；Ⅱ—铺底混凝土；Ⅲ—拱墙混凝土。

图 3.1.1　全断面法施工工序示意

2)施工工艺流程

全断面法施工工艺流程如图 3.1.2 所示。

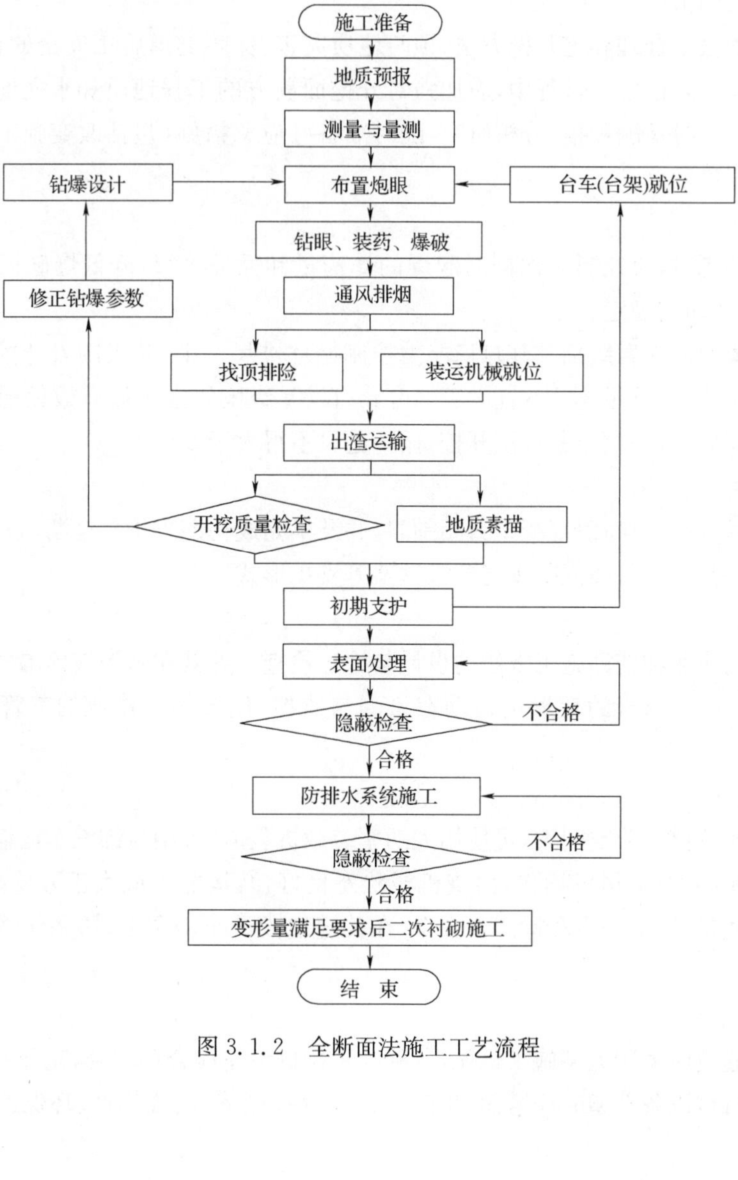


图 3.1.2　全断面法施工工艺流程

全断面法施工主要顺序如下：

①用凿岩台车钻孔，然后装药连线。

②退出凿岩台车，引爆炸药，开挖出整个隧道的断面轮廓。

③排除危石，安装拱部锚杆(必要时)和喷射第一层混凝土。

④装渣、运渣。

⑤安装边墙锚杆(必要时)和喷射第一层混凝土。

⑥拱、墙喷射第二层混凝土(必要时)。

⑦按上述工序开始下一轮循环作业。

⑧根据变形量测结果，在围岩和初期支护基本稳定后，或按施工组织要求的日期，浇筑隧道底部混凝土及施作二次模筑混凝土衬砌。

3. 施工作业要点

1)超前地质预报

超前地质预报是合理确定开挖方法、预防地质灾害、保障隧道施工安全的重要手段，要纳入工序管理。隧道开挖施工过程中，应加强对开挖面前方的工程地质和水文地质的调查。对不良地质情况要及时预测预报、分析研究，随时准备好应急措施(包括改变施工方法)，以确保施工安全和工程进度。

2)钻爆施工

全断面法开挖时，应控制一次同时起爆的炸药量和循环进尺，降低爆破振动对围岩的影响，确保开挖工作面的稳定。

隧道开挖应根据围岩级别及其自稳能力控制循环进尺。Ⅰ、Ⅱ级围岩开挖循环进尺不宜大于 3.5 m，Ⅲ级围岩循环进尺不宜大于 3.0 m；Ⅳ、Ⅴ级围岩在采取有效的超前预加固措施稳定开挖工作面后，若采用全断面法开挖，循环进尺不得大于 2 m。

3)初期支护

隧道开挖后，应及时喷射混凝土封闭围岩，并及早完成初期支护。全断面开挖法选择支护类型时，应优先考虑锚杆、喷混凝土、挂网、钢架等支护形式。

4)辅助作业

加强各辅助作业和辅助施工方法的设计与施工检查。尤其在软弱破碎围岩中使用全断面开挖时，应对支护后围岩的变形进行动态量测与监控，使各辅助作业的三管两线保持良好状态。

5)装渣运输

全断面开挖隧道作业空间大，可使用大功率装载机装渣，大型自卸汽车运输。出渣过程要保证工作面的照明，便于司机操作，出渣机械状态良好，装运能力应大于开挖能力并有备用。运输道路平整通畅，安全警示和标志要齐全，在关键地段设车辆调度，协调保障洞内外运输安全与畅通。

6)机械化施工

长及特长隧道应采用大型施工机械，各种施工机械设备应合理配套，充分发挥机械设备的综合效率。在机械设备选型时应遵循：生产性、可靠性、经济性、维修性、环保性、耐用性、灵活性及配套性八个原则。

### 3.1.2　台阶法

台阶法是先开挖隧道上部断面(上台阶),上台阶超前一定距离后开始开挖下部断面(下台阶),上下台阶同时并进的施工方法。

台阶法可根据地层条件、断面大小和机械配备情况合理选用。台阶法可分上、下两部或上、中、下三部开挖,及由其演变的三台阶预留核心土法等。

根据台阶长度,可分为长台阶、短台阶、超短台阶(微台阶)法等。

(1)长台阶:上台阶超前 50 m 以上或大于 5 倍洞跨。

(2)短台阶:上台阶长度小于 5 倍但大于 1～1.5 倍洞跨。

(3)超短台阶:上台阶超前仅 3～5 m,断面闭合较快。

1. 适用条件与特点

台阶法施工一般适用于Ⅲ级围岩,Ⅳ、Ⅴ级围岩应在必要的超前支护措施稳定开挖面后采用台阶法开挖,单线隧道及围岩地质条件较好的双线隧道可采用二台阶法;隧道断面较高、单层台阶断面尺寸较大时可采用三台阶法;当地质条件较差时,为增加掌子面自稳能力,可采用三台阶预留核心土法开挖。

台阶法灵活多变,适用性强,随着台阶长度的调整,它几乎可以用于所有的地层,地层变好或变坏时,可以及时变换成其他方法,是应用最广的施工方法。台阶法开挖具有足够的作业空间和较快的施工速度。台阶法有利于开挖面的稳定性,尤其是上部开挖支护后,下部作业则较为安全。上、下部作业有干扰,应注意下部作业对上部稳定性的影响。另外,台阶开挖会增加围岩扰动次数。

2. 施工工序与施工工艺流程

1)施工工序

二台阶法施工工序如图 3.1.3 所示,三台阶法施工工序如图 3.1.4 所示,三台阶预留核心土法施工工序如图 3.1.5 所示。

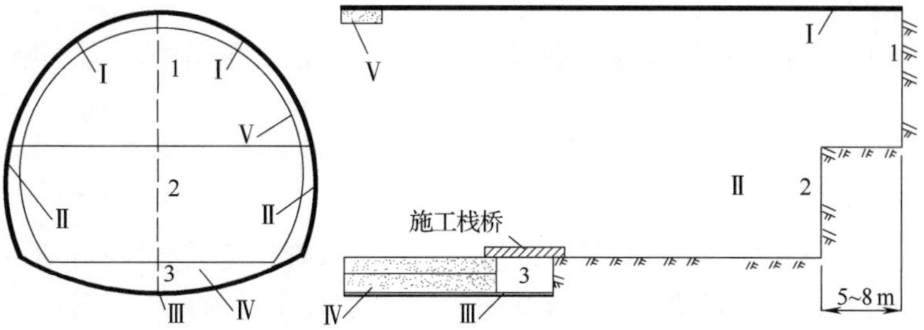


1—上台阶开挖;Ⅰ—上台阶初期支护;2—下台阶开挖;
Ⅱ—下台阶初期支护;3—仰拱开挖;Ⅲ—仰拱喷混凝土封闭;
Ⅳ—仰拱填充混凝土施工;Ⅴ—拱墙混凝土施工。

图 3.1.3　二台阶法施工工序示意

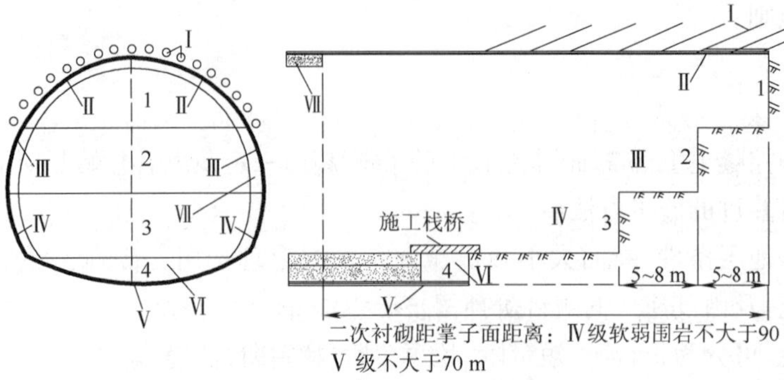


Ⅰ—超前小导管；1—上台阶开挖；Ⅱ—上台阶初期支护；2—中台阶开挖；Ⅲ—中台阶初期支护；
3—下台阶开挖；Ⅳ—下台阶初期支护；4—仰拱开挖；Ⅴ—仰拱初期支护；
Ⅵ—仰拱填充混凝土；Ⅶ—拱墙混凝土。

图 3.1.4　三台阶法施工工序示意

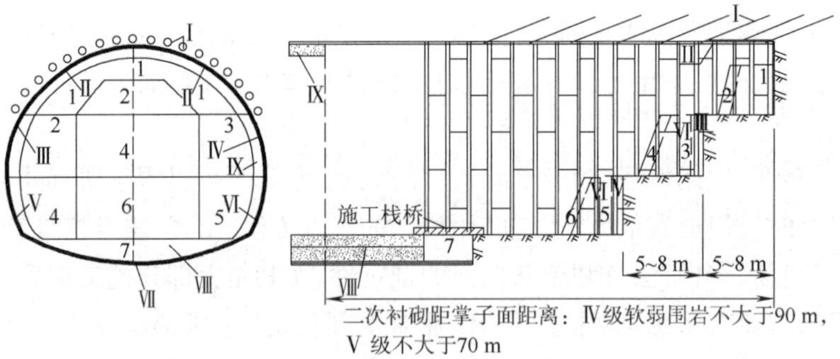


Ⅰ—超前小导管；1—上台阶开挖；Ⅱ—上台阶初期支护；2—上台阶核心土开挖、中台阶左侧开挖；Ⅲ—中台阶左侧初期支护；
3—中台阶右侧开挖；Ⅳ—中台阶右侧初期支护；4—中台阶核心土开挖、下台阶左侧开挖；Ⅴ—下台阶左侧初期支护；
5—下台阶右侧开挖；Ⅵ—下台阶右侧初期支护；6—下台阶核心土开挖；7—仰拱开挖；Ⅶ—仰拱初期支护；
Ⅷ—仰拱填充混凝土；Ⅸ—拱墙混凝土。

图 3.1.5　三台阶预留核心土法施工工序示意

2)施工工艺流程

二台阶、三台阶法施工工艺流程如图 3.1.6 所示，三台阶预留核心土法施工工艺流程如图 3.1.7所示。

3.施工作业要点

1)台阶长度控制

采用台阶法开挖隧道时，应根据围岩条件合理确定台阶长度和高度。台阶长度不宜过长，宜控制在一倍洞径以内。各部形状应在有利于保持围岩稳定的前提下尽量便于机械作业。

台阶长度必须根据隧道断面跨度、围岩地质条件、初期支护形成闭合断面的时间要求、上台阶施工所需空间大小等因素来确定。地质条件较好时往往采用长台阶法开挖，通过普通凿岩机上下台阶同时钻孔和起爆，达到隧道同时开挖掘进的目的，效率比全断面开挖略低，但设备投入相对较低。地质条件较差时，为利于支护及时封闭成环，台阶长度应缩短，宜为 5 m 左右，如采用三台阶法，第一个台阶高度宜控制在 2.5 m 以下。三台阶法所采取的辅助施工措施使得上下台阶相互干扰较大，施工效率降低，需要解决好上下台阶施工干扰问题。

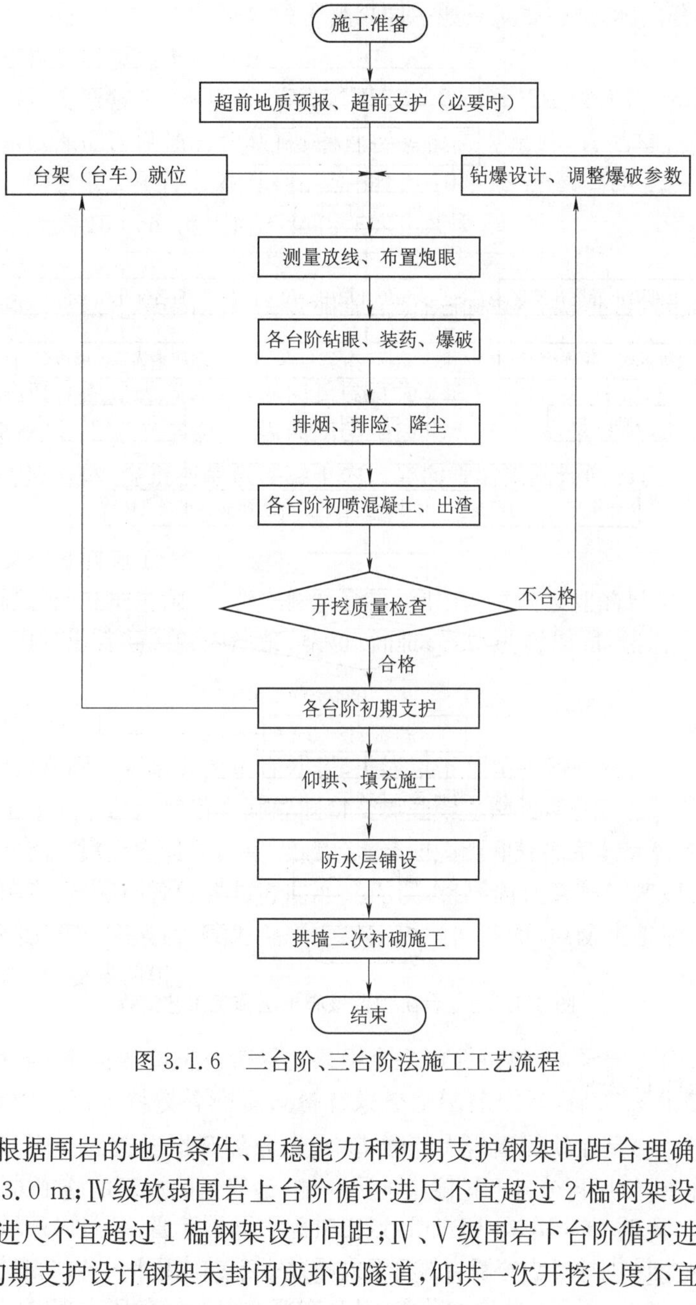


图 3.1.6 二台阶、三台阶法施工工艺流程

2)开挖进尺

循环进尺应根据围岩的地质条件、自稳能力和初期支护钢架间距合理确定。Ⅲ级围岩循环进尺不宜超过 3.0 m；Ⅳ级软弱围岩上台阶循环进尺不宜超过 2 榀钢架设计间距；Ⅴ、Ⅵ级围岩上台阶循环进尺不宜超过 1 榀钢架设计间距；Ⅳ、Ⅴ级围岩下台阶循环进尺不宜超过 2 榀钢架设计间距；初期支护设计钢架未封闭成环的隧道，仰拱一次开挖长度不宜大于 3 m。

3)作业组织

台阶形成后，各台阶开挖、支护宜平行作业。围岩整体性较差时，施工中应采取措施减少下部开挖时对上部围岩和支护的扰动，下台阶开挖左右两侧宜交错进行，下部断面应在上部断面喷混凝土达到一定强度后开挖。

4)初期支护

初期支护设有钢架时，下部开挖后应及时安装钢架，严禁拱脚长时间悬空。上部断面使用钢架时，可采用扩大拱脚和施作锁脚锚杆(管)等措施，防止拱部下沉变形。上下断面初期支护钢架连接应平顺，螺栓连接应牢固。仰拱应及时施作，使支护及早闭合成环。

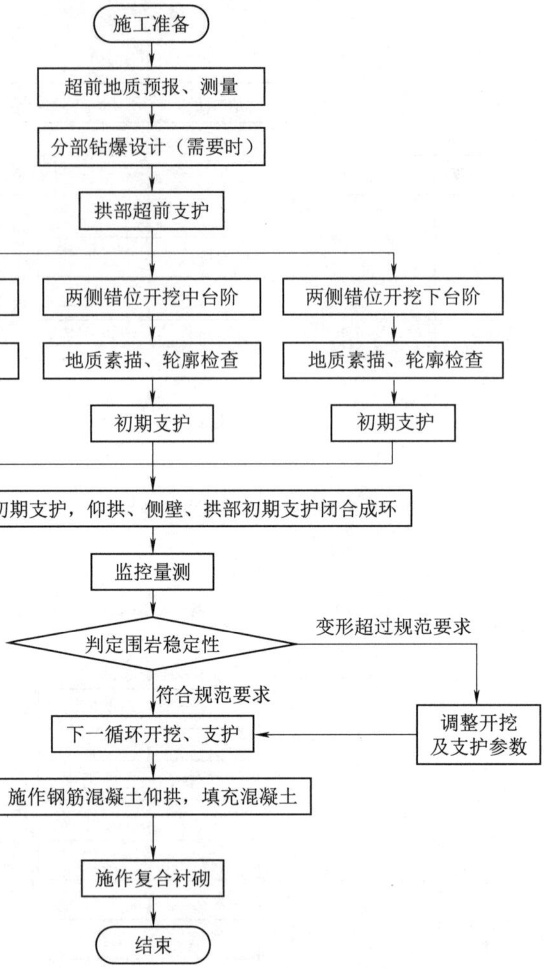


图 3.1.7　三台阶预留核心土法施工工艺流程

### 3.1.3　中隔壁法(CD 法)

中隔壁法(CD 法)是在软弱围岩大跨隧道中,先分部开挖隧道的一侧,并施作中隔壁,必要时,施作临时仰拱,然后再分部开挖隧道的另一侧,最终封闭成环的施工方法。

1.适用条件与特点

中隔壁法一般适用于Ⅳ、Ⅴ级围岩浅埋双线隧道,软弱围岩或三线隧道采用中隔壁法时宜增设临时仰拱。

中隔壁法施工中坚持弱爆破、短进尺、强支护、早封闭、勤量测的原则。每部开挖和支护后及时形成闭合单元,有利于围岩稳定、减小净空变位及地表沉降。中隔壁法施工工序繁多,施工组织复杂,施工进度较缓慢,需配置小型施工机械,尽可能提高施工效率。

2.施工工序与施工工艺流程

1)施工工序

中隔壁法施工工序如图 3.1.8 所示。

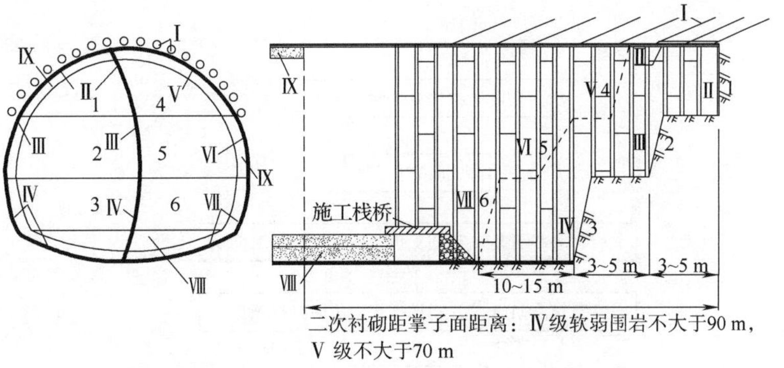


Ⅰ—超前小导管；1—左侧上部开挖；Ⅱ—左侧上部初期支护；2—左侧中部开挖；Ⅲ—左侧中部初期支护；3—左侧下部开挖；Ⅳ—左侧下部初期支护；4—右侧上部开挖；Ⅴ—右侧上部初期支护；5—右侧中部开挖；Ⅵ—右侧中部初期支护；6—右侧下部开挖；Ⅶ—右侧下部初期支护；Ⅷ—仰拱填充混凝土；Ⅸ—拱墙混凝土。

图3.1.8　中隔壁法施工工序示意

设临时仰拱时，中隔壁法施工工序如图3.1.9所示。

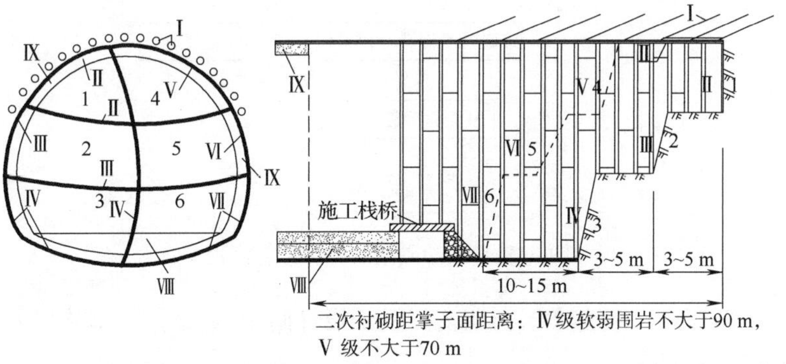


Ⅰ—超前小导管；1—左侧上部开挖；Ⅱ—左侧上部初期支护成环；2—左侧中部开挖；Ⅲ—左侧中部初期支护成环；3—左侧下部开挖；Ⅳ—左侧下部初期支护成环；4—右侧上部开挖；Ⅴ—右侧上部初期支护成环；5—右侧中部开挖；Ⅵ—右侧中部初期支护成环；6—右侧下部开挖；Ⅶ—右侧下部初期支护成环；7—拆除中隔墙及临时仰拱；Ⅷ—仰拱及填充混凝土；Ⅸ—拱墙二次衬砌。

图3.1.9　中隔壁法设临时仰拱施工工序示意

2)施工工艺流程

中隔壁法施工工艺流程如图3.1.10所示。

3.施工作业要点

1)台阶高度

中隔壁法左右部的台阶高度应根据地质情况、隧道断面大小和施工设备确定，每侧按两部或三部分台阶开挖，各分部宜采用机械开挖。

2)各部施工间隔

中隔壁法应先施工隧道的一侧，施作中隔壁后再施工隧道另一侧。先开挖侧初期支护结构基本稳定，且喷射混凝土达到设计强度70%以上时，方可开挖隧道的另一侧，开挖时，同层左、右两侧沿纵向应错开10～15 m。单侧开挖应采用短台阶，台阶长度3～5 m，上台阶高度

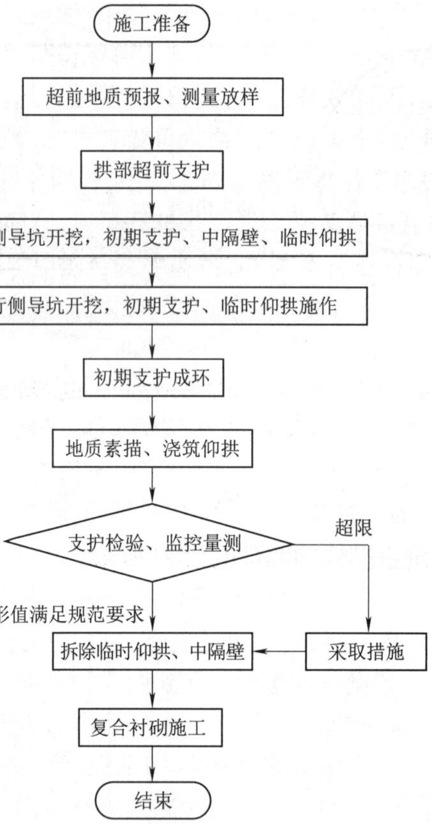


图 3.1.10　中隔壁法施工工艺流程

宜为 2.5 m,开挖循环进尺不宜大于初期支护钢架设计间距,每开挖一部均应及时施作喷锚支护、安设钢架、施作中隔壁。

3)及时封闭

周边开挖轮廓应圆顺,避免应力集中。先行侧的中隔壁应设置成向外鼓的弧形,并应向后行侧偏斜 1/2 个钢架间距。

围岩较差时,每个台阶底部可设临时仰拱,临时仰拱宜设为弧形,中隔壁依次分部联结而成,各部施工应步步成环。临时仰拱设置的时间将直接影响各部结构的沉降和两侧土体水平位移的大小,应尽早设置临时仰拱,和拱部、墙部初期支护闭合成环,各分部间钢架应连接牢固。两侧开挖形成全断面后,及时完成全断面初期支护闭合。

临时仰拱采用型钢或格栅钢架加喷混凝土形式,需要提供水平支撑力时,临时仰拱应设置成水平直线型。特殊情况下临时仰拱作为隧道内运输通道支撑时,要设置为下拱形,并设置纵向连接。

钢架基础原则上应支撑于原状土上,如造成超挖应回填密实,撑脚处垫钢板或木板,确保钢架不产生垂直位移,按设计要求施作锁脚锚管(杆),避免沉降量过大。在喷射混凝土完成 1 d后,对滞后工作面 3 m 左右的拱部支护与围岩之间的空隙应进行注浆回填。

4)临时支护拆除

中隔壁法施工中,中隔壁和临时仰拱均为临时支护结构,在二次衬砌施工前需要拆除。临时支护过早拆除对施工结构变形控制极为不利,对中隔壁结构稳定也有影响。在浇筑二次衬砌前,应逐段拆除临时支护,拆除时应加强量测,一次拆除长度应根据量测结果确定,不应大于6 m。拆除后立即进行仰拱施作,两工序交错进行。仰拱施作长度达到衬砌台车长度后,及时进行拱墙二次衬砌。

特殊情况下可将中隔壁浇筑在仰拱中,待铺设防水板时再割断。

### 3.1.4 交叉中隔壁法

交叉中隔壁法(CRD法)是将隧道分侧分层进行开挖,先在隧道一侧分部开挖上、中部,再开挖隧道另一侧的上、中部,然后开挖一侧的下部,最后开挖另一侧的下部,左右交替开挖。每开挖一部均及时施作喷锚支护,安设钢架,施作中隔壁,分部封闭成环。最后拆除临时支护,施作仰拱、铺底及填充和拱墙衬砌。

1.适用条件与特点

在山岭隧道中,交叉中隔壁法适用于Ⅴ、Ⅵ级围岩及围岩较差的浅埋地段;在城市地下铁道施工中,交叉中隔墙法适用于大跨度、软弱围岩隧道且对地表沉降有严格要求时的隧道施工。

交叉中隔壁法各部开挖及支护自上而下,步步成环,封闭及时,能有效地阻止支护结构收敛变形和地层下沉,在控制地面沉降和土体水平位移等方面优于其他工法。交叉中隔壁法在拆除中隔壁时风险较大,工序繁杂,施工速度较慢,故在山岭隧道中很少采用,但在特殊情形下也可以采用,如膨胀土地层中隧道的施工。

2.施工工序与施工工艺流程

1)施工工序

交叉中隔壁法施工工序如图3.1.11所示

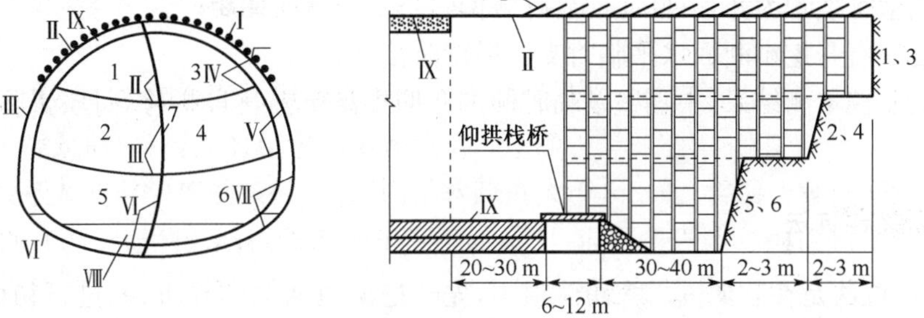


Ⅰ—超前支护;1—左侧上部开挖;Ⅱ—左侧上部初期支护成环;2—左侧中部开挖;Ⅲ—左侧中部初期支护成环;3—右侧上部开挖;Ⅳ—右侧上部初期支护成环;4—右侧中部开挖;Ⅴ—右侧中部初期支护成环;5—左侧下部开挖;Ⅵ—左侧下部初期支护成环;6—右侧下部开挖;Ⅶ—右侧下部初期支护成环;7—拆除中隔墙及临时仰拱;Ⅷ—仰拱及填充混凝土;Ⅸ—拱墙二次衬砌。

图3.1.11 交叉中隔壁法施工工序示意

2)施工工艺流程

施工工艺流程如图3.1.12所示。

3.施工作业要点

(1)根据地质条件,隧道断面的分部应以初期支护受力均匀,便于发挥人力、机械效率为原则,一般水平方向分两部、上下分2～3层开挖。

(2)先行施工部位的临时支撑(中隔壁、临时仰拱),均应有向外(下)鼓的弧度。

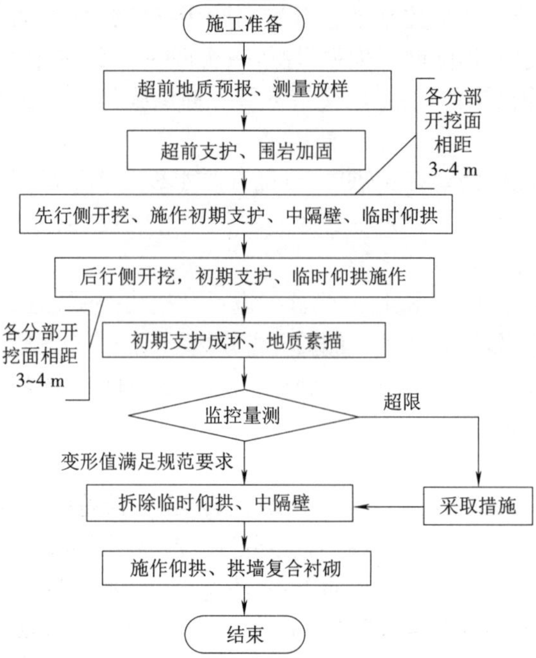


图 3.1.12 交叉中隔壁法施工工艺流程

(3)同一层左、右侧两部纵向间距不宜大于 15 m,上下层开挖工作面相距一般保持在 3～4 m,且待喷射混凝土强度达到设计强度的 70%后再开挖相邻部位。

(4)各部的开挖及支护应自上而下,开挖后及时施作初期支护、中隔壁、临时仰拱,步步成环,尽量缩短成环时间。

(5)中隔壁宜设置为弧形,并应向后行侧偏斜 1/2 个钢架间距。

(6)隧道左右开挖小断面水平临时支护保持对接一致。

(7)根据监控量测结果,中隔壁及临时仰拱在仰拱浇筑前逐段拆除,每段拆除长度一般不宜超过 15 m。

### 3.1.5 双侧壁导坑法

双侧壁导坑法是在软弱围岩大跨隧道中,先开挖隧道两侧的导坑,并进行初期支护,再分部开挖剩余部分的施工方法。

1. 适用条件与特点

在山岭隧道中,双侧壁导坑法适用于浅埋双线或三线隧道Ⅴ、Ⅵ级围岩。在城市隧道中,双侧壁导坑法主要是适用于断面跨度较大,地表沉陷要求严格,围岩条件较差的浅埋隧道。

根据现场实测表明,双侧壁导坑法引起的地表沉陷仅为短台阶法的 1/2。此法施工安全,但施工速度慢,工序较复杂,导坑的支护拆除困难。为了稳定开挖工作面,经常和超前预注浆等辅助施工措施配合使用。因为有两个导坑而成本较高,一般采用人工、机械混合开挖,人工、机械混合出渣。

2. 施工工序与施工工艺流程

1)施工工序

双侧壁导坑法施工工序如图 3.1.13 所示。

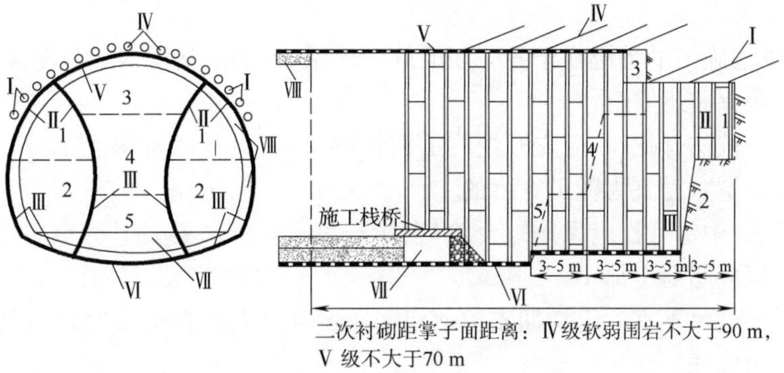


Ⅰ—两侧超前小导管；1—两侧上部开挖；Ⅱ—两侧上部初期支护；2—两侧下部开挖；Ⅲ—两侧下部初期支护；Ⅳ—拱部超前小导管；3—中壁上部开挖；Ⅴ—中壁上部初期支护；4—中壁中部开挖；5—中壁下部开挖；Ⅵ—中壁下部初期支护；Ⅶ—仰拱混凝土施工；Ⅷ—拱墙混凝土。

图 3.1.13　双侧壁导坑法施工工序示意

2)施工工艺流程

双侧壁导坑法施工工艺流程如图 3.1.14 所示。

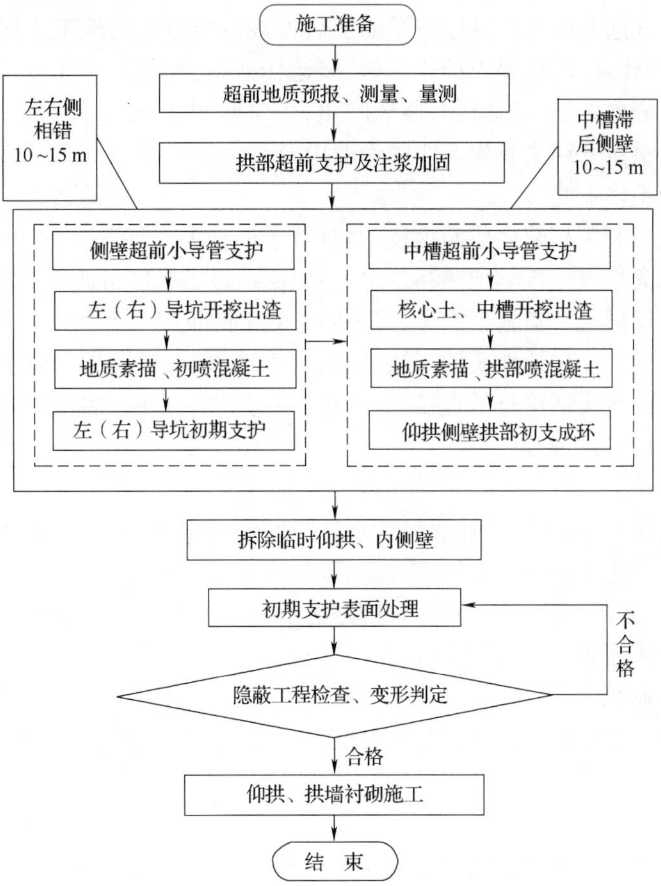


图 3.1.14　双侧壁导坑法施工工艺流程

3. 施工作业要点

双侧壁导坑法施工的关键在于各工序的施工质量，特别是支承钢架的连接一定要紧密，要加强监控量测，确保施工安全。

(1)双侧壁导坑法开挖时，应先开挖隧道两侧导坑，再开挖中部剩余部分。侧壁导坑形状应近似椭圆形，导坑宽度宜为隧道宽度的 1/3。

(2)侧壁导坑、中部开挖应采用短台阶，台阶长度 3～5 m，必要时留核心土。左右侧壁导坑可同步施工，但应超前中部 10～15 m。

(3)开挖循环进尺不宜大于初期支护钢架间距。导坑开挖后应及时进行初期支护及临时支护，并尽早封闭成环。

(4)拱部与两侧壁间的钢架应定位准确、连接牢固，确保架设钢架连接后在同一个垂直面内，避免钢架发生扭曲。

(5)当全断面初期支护封闭成环后，量测显示支护体系稳定，变形很小时，方可拆除临时支护，一次拆除长度不得大于 15 m，并加强监控量测。临时支护拆除完成后，应及时施作仰拱及拱墙衬砌。

### 3.1.6　隧道施工作业线

隧道施工作业线通常按照从开挖掌子面至后方成洞全过程的施工工序划分，包括超前地质预报作业线、开挖作业线、喷锚支护作业线、装运作业线、仰拱施工作业线、防水层施工作业线和拱墙衬砌等主要作业线，其他还有通风除尘、供电照明、注浆加固、给排水、水沟电缆槽等辅助作业线。下面重点介绍主要作业线的作业内容。

1)超前地质预报作业线

超前地质预报是利用超前地质预报技术，对掌子面前方可能存在的不良地质体(带)的性质、位置、规模及成灾性进行科学预测和预报，并根据预报结果提出地质灾害预防和处理措施。超前地质预报是确保隧道工程施工安全、提高施工效率的重要保障。

超前地质预报的方法包括地质调查法、超前钻探法、超前导坑法、物探法和综合超前地质预报法等。其中超前地质钻探是最直接、最直观、最有效的方法。实施中，常采用长距离和短距离钻探预报结合的方法进行。

2)开挖作业线

在隧道钻爆法施工中，开挖作业线包含钻孔、装药、爆破、清理危石、通风除尘等作业。钻孔作业是隧道钻爆法施工的关键工序，它是直接影响进度指标的关键。

根据地质条件、断面开挖尺寸的不同，铁路隧道施工在确保工作面稳定的前提下，宜尽量采用全断面法和台阶法施工。

3)喷锚支护作业线

喷锚支护作业线主要包括初喷混凝土、打设安装锚杆、安装拱架、安装网片、复喷混凝土等作业。

4)装运作业线

装运作业线主要包含隧道装渣、运渣、清渣和材料运输作业。隧道装运作业工序也是影响隧道施工进度的一个重要工序，是隧道掘进作业循环的一个重要环节。重点解决隧道装运作业设备配套数量和能力的匹配问题，建立装运作业线设备配套模式。

5)仰拱施工作业线

仰拱施工作业线主要包括仰拱开挖、仰拱初期支护、喷射混凝土施工、仰拱结构混凝土浇筑、仰拱填充混凝土的施工。

6)防水层施工作业线

防水层施工作业包括排水盲管布设安装、土工布的铺设、防水板的铺设和焊接等。

7)拱墙衬砌作业线

拱墙衬砌作业就是通过衬砌台车就位后与支护作业面形成混凝土浇筑空间,通过输送泵将混凝土输送到浇筑空间的过程。拱墙衬砌作业包含衬砌钢筋安装、衬砌台车就位、混凝土的生产、运输、泵送入模、捣固、拆模、养护等过程。

### 3.1.7　隧道开挖预留变形量

根据新奥法原理,隧道开挖后为充分发挥围岩自承能力,容许初期支护和围岩有一定的变形。为满足隧道净空要求、保证二次衬砌厚度,隧道开挖时针对围岩预计变形量而将设计的隧道开挖断面适当扩大的预留量,称为预留变形量。

隧道周边预留变形量是随围岩条件、开挖宽度、埋置深度、施工方法和支护(一般指初期支护)刚度等影响而不同。一般Ⅰ～Ⅱ级围岩变形量小,并且多有超挖,所以不预留变形量;而Ⅲ～Ⅴ级围岩则有不同程度的变形量,特别是软弱围岩(含浅埋隧道)的情况复杂,要确定标准预留变形量是困难的,一般通过实地监控量测,得出结果加以研究分析才能设定。因此规定采用工程类比法确定;当无类比资料时,按表 3.1.1 先设定预留变形量,再在施工过程中通过量测予以修正。

**表 3.1.1　预留变形量(mm)**

| 围岩级别 | 小跨 | 中跨 | 大跨 |
| --- | --- | --- | --- |
| Ⅱ | — | 0～30 | 30～50 |
| Ⅲ | 10～30 | 30～50 | 50～80 |
| Ⅳ | 30～50 | 50～80 | 80～120 |
| Ⅴ | 50～80 | 80～120 | 120～170 |

注:1. 浅埋、软岩、跨度较大隧道取大值;深埋、硬岩、跨度较小隧道取小值。

2. 有明显流变、原岩应力较大和膨胀岩(土),应根据量测数据反馈分析确定预留变形量。

3. 特大跨度隧道,应根据量测数据反馈分析确定预留变形量。

## 复习与思考题

(1)什么是预留变形量?

(2)相对于其他隧道开挖方法,全断面法的适用条件和特点是什么?

(3)临时仰拱的作用是什么? 对其有何构造要求?

(4)临时仰拱的施作时机和拆除时机是如何规定的?

(5)简述双侧壁导坑法的施工作业要点。

(6)隧道施工中,有哪些施工作业线?

# 任务 3.2　隧道施工超前地质预报

## 任务工单

班级：__________姓名：__________学号：__________小组：__________日期：__________

<table>
<tr><td>工作任务</td><td>隧道施工超前地质预报</td><td>学习模式</td><td colspan="2">项目＋任务驱动</td></tr>
<tr><td>建议学时</td><td>2 学时</td><td>学习地点</td><td colspan="2">理实一体教室</td></tr>
<tr><td>任务描述</td><td colspan="4">铁路隧道施工阶段应实施超前地质预报并纳入工序进行管理。隧道施工前，施工单位应根据预报对象的特点和超前地质预报方案设计，编制超前地质预报实施细则并纳入施工组织设计，具体任务包括：<br>(1)阅读××隧道工程的地质说明和超前地质预报设计；<br>(2)根据洞口施工图纸编写××隧道工程地质概况；<br>(3)编制××隧道超前地质预报专项方案</td></tr>
<tr><td>任务目标</td><td colspan="4">能力目标<br>(1)能配合专业队伍开展隧道施工超前地质预报工作；<br>(2)能够对围岩进行分级。<br>知识目标<br>(1)掌握超前地质预报的内容；<br>(2)了解超前地质预报的原理、方法和选用原则。<br>素质目标<br>(1)敏锐的观察能力；<br>(2)严谨、认真的工作态度</td></tr>
<tr><td>任务实施</td><td colspan="4">(1)学习相关知识，进行知识准备；<br>(2)识读××隧道工程地质说明和设计说明，编写××隧道工程地质概况；<br>(3)识读××隧道设计说明和超前地质设计图纸，根据《铁路隧道超前地质预报技术规程》(Q/CR 9217—2015)和超前地质预报设计，编制简单的隧道超前地质预报方案</td></tr>
<tr><td rowspan="6">考核评价<br>(100 分)</td><td colspan="3">考核项目</td><td>得分</td></tr>
<tr><td colspan="3">图纸识读(10%)</td><td></td></tr>
<tr><td colspan="3">知识掌握(30%)</td><td></td></tr>
<tr><td colspan="3">编写隧道工程地质概况(25%)</td><td></td></tr>
<tr><td colspan="3">编制超前地质预报方案(25%)</td><td></td></tr>
<tr><td colspan="3">职业素质养成(10%)</td><td></td></tr>
</table>

## 知识准备

隧道施工超前地质预报是指，在隧道施工期内，根据隧道洞内外地质调查、掌子面素描及隧道开挖揭示的洞身围岩条件，采用超前钻探法、超前导坑法及物探法对隧道掌子面前方地质情况进行探测，对可能存在的不良地质体(带)的性质、位置、规模及成灾性进行科学预测和预报，并根据预报结果提出地质灾害预防和处理措施。

施工超前地质预报是一项系统性工作，需纳入施工工序。在铁路隧道施工过程中，应重视和加强地质超前预报，对安全施工、优化工效、缩短施工周期、避免工程事故具有重大意义。

### 3.2.1　超前地质预报的内容

超前地质预报应包括下列主要内容：

(1)地层岩性预测预报，特别是对软弱夹层、破碎地层、煤层及特殊岩土的预测预报。

(2)地质构造预测预报，特别是对断层、节理密集带、褶皱轴等影响岩体完整性的构造发育情况的预测预报。

(3)不良地质预测预报，特别是对岩溶、人为坑洞、瓦斯等发育情况的预测预报。

(4)地下水预测预报，特别是对岩溶管道水及富水断层、富水褶皱轴、富水地层中的裂隙水等发育情况的预测预报。

### 3.2.2　超前地质预报的方法

铁路隧道超前地质预报方法主要包括地质调查法、超前钻探法、超前导坑法、物探法和隧道综合超前地质预报法等。工程中常用的地质预报方法简介如下。

1. 地质调查法

地质调查法是根据隧道已有勘察资料、地表补充地质调查资料和隧道内地质素描，通过地层层序对比、地层分界线及构造线地下和地表相关性分析、断层要素与隧道几何参数的相关性分析、临近隧道内不良地质体的可能前兆分析等，利用常规地质理论、地质作图和趋势分析等，推测开挖工作面前方可能揭示的地质情况的一种超前地质预报方法。地质调查法适用于各种地质条件下隧道的超前地质预报。地质调查法的工作内容包括隧道地表补充地质调查和隧道内地质素描等。

隧道地表补充地质调查是在研究区域地质资料及已有勘察资料的基础上，对隧道所处区域的地质条件进行的进一步调查与核实，特别是对构造、地层分界线、重大不良地质进行核对、确认，对新发现的不良地质现象进行补充。包括对已有地质勘察成果的熟悉、核查和确认；对地层、岩性在隧道地表的出露及接触关系，特别是对标志层的熟悉和确认；调查核实断层、褶皱、节理密集带等地质构造在隧道地表的出露位置、规模、性质及其产状变化情况；调查核实地表岩溶发育位置、规模及分布规律；调查核实煤层、石膏、膨胀岩、含石油天然气、含放射性物质等特殊地层在地表的出露位置、宽度及其产状变化情况；调查核实人为坑洞位置、走向、高程等，分析其与隧道的空间关系；根据隧道地表补充地质调查结果，结合设计文件、资料和图纸，核实和修正超前地质预报重点区段。隧道地表补充地质调查应在实施洞内超前地质预报前进行，并在洞内超前地质预报实施过程中根据需要随时补充，现场应做好记录，并于当天及时整理。

隧道内地质素描，包括开挖工作面地质素描和洞身地质素描，是将隧道所揭露的地层岩性、地质构造、结构面产状、地下水出露点位置及出水状态、出水量、煤层、溶洞等准确记录下来并绘制成图表。地质素描应记录地层岩性、地质构造、地下水出露、特殊地质(岩溶、膨胀岩、人为坑洞、有害气体及放射性危害源)、地应力等工程地质信息，以及水文地质、围岩稳定性特征及支护情况，对隧道内重要的和具代表性的地质现象进行摄影或录像，并进行隧道施工围岩分级。

2. 超前钻探法

超前钻探法是指在隧道开挖面上，利用水平钻机对前方围岩进行钻进，采取岩芯(或者不采取岩芯)，根据钻进的时间和进尺、岩芯(或岩屑)、钻孔回水情况等来预测掌子面前方的围岩的位置和性质的一种超前地质预报方法。

超前地质钻探法适用于各种地质条件下的隧道超前地质预报，富水软弱断层破碎带、富水岩溶发育区、煤层瓦斯发育区、重大物探异常区等地质条件复杂地段必须采用，用于探测前方突泥、突水、断层等地质灾害。

超前钻探法能比较直观地探明钻孔深度范围内的地层岩性、岩体完整程度、岩溶及地下水发育情况等，必要时可测试孔内水压，取样进行室内试验，是应用最多、可靠性最大、最直接的方法，也是获得信息量最多、最丰富的方法。但超前水平钻孔的方向控制和钻探工艺有一定的技术难度，速度慢和费用高，对施工干扰较大。

3. 超前导坑法

超前导坑法在隧道内或隧道一侧超前开挖一平行的小断面导坑，对导坑出露的地质进行编录、素描、作图，综合分析其地层岩性、地质构造、水文地质情况，根据地质理论预测相应段隧道的工程地质和水文地质条件，以及可能发生地质灾害的位置、性质、规模，并提出防治措施意见。超前平行导坑法最为直观，精确度很高。通过直观的地质情况，施工单位可提前了解主隧道开挖断面的地质情况，以便采取相应的工程防护措施，其缺点是成本高，对施工影响大。在超前导坑中辅助以室内物理力学测试、现场点荷载测试、地应力测试、物探地震反射等方法，可以完善超前地质预报的内容。

4. 物探法

物探法是以目标地质体与周围介质的物性(如电性、磁性、密度、波速、温度、放射性等)差异为基础，通过仪器观测自然或人工物理场的变化，确定地下地质体的空间展布范围，达到描述地质环境的一种物理探测技术。物探法包括弹性波反射法(隧道地震波法、水平声波剖面法、负视速度法和极小偏移距高频反射连续剖面法等)、电磁波反射法(地质雷达法、瞬变电磁法)、电法(电阻率法、高分辨率直流电法、激发极化法等)以及其他方法(红外探水法、核磁共振法、温度探测法)等。

采用物探技术进行超前地质预报的优点是快速、超前探测距离大、对施工干扰相对小、可以多种技术组合应用。物探方法的应用受环境及经验的影响，准确解译物探资料具有一定的技术难度。物探技术存在一定局限性，在超前地质预报中应进一步结合地质理论，提高物探成果解译水平。

(1)隧道地震波法(TSP)

隧道地震波法(TSP)是利用地震波的反射原理，通过小药量爆破产生的地震波信号进行长距离探测的一种超前地质预报方法。地震波信号沿隧道方向以球面波的形式传播，当遇到波阻抗界面时被反射并被高精度接收器接收，能预报隧道施工前方的地质变化，其准确预报范围为掌子面前方 100～150 m。TSP 实现超前地质预报的最关键技术是解译技术，高水平的 TSP 解译必须与地面地质调查、隧道内的地质前兆定量预测法紧密结合。

(2)水平声波剖面法(HSP)

水平声波剖面法(HSP)是向岩体中发射一定频率的声波，当声波传播路径中存在两种不同介质界面时，声波将发生折射、反射，频谱特征发生变化，通过探测反射波信号，求得其传播特征后，便可了解前方的岩体特征。

探测时，利用钻孔台车在打完开挖面炮眼后，在开挖面后方一定距离(2 m 左右)的隧道两侧底部分别打若干个测试孔(6～12个),孔深1～3 m,下倾20°～40°,孔间距视探测距离大小按1～3 m布置。将发射源及接收换能器分别置于测试孔内,测试孔充水作为耦合剂,发射孔孔底采用雷管或电火花作振源,发射及接收孔孔口均采用棉纱等堵塞,防止空气中的声波干扰。此外还有其他变通布置方式,视具体探测的难易程度而有所变化。

探测工作与开挖工作面装炸药同时进行,因而不占用开挖工作面的工作时间。上述布置方式由于脱离了开挖工作面,对施工干扰小,而且将发射源及接收换能器置于浅孔中。

(3)地质雷达法

地质雷达法是利用高频电磁波以宽频带短脉冲的形式,从掌子面通过发射天线向前发射,当遇到异常地质体或介质分界面时发生反射并返回,被接收天线接收并由主机记录下来,最终形成雷达剖面图。电磁波通过天线发射,遇到不同阻抗界面时,将产生反射波和投射波。接收机利用分时采样原理和数据组合方式,把天线接收的信号转化为数字信号,主机系统再将数字信号转化为模拟信号或彩色线迹信号,并以时间剖面的形式显示。地质雷达法探测距离一般小于30 m,在潮湿含水层中小于10 m。该方法主要是配合地震波反射法,通过测定与岩溶含水性有关介电常数的变化来探测充水地质体,如含水的断层、岩性界面和溶洞等。试验表明,采用地质雷达对隧底、边墙、隧顶外围岩的不良地质探测效果最好,在超前平行导坑中应用可对正洞起到超前地质预报的作用。

(4)瞬变电磁法

瞬变电磁法是探查预报地下水的最佳方法之一,可探查范围为掌子面前方60～80 m。主要原理为:通过掌子面前的一个大线圈产生电磁波,低电阻体(如含水层)受此电磁波感应产生感应涡流,感应涡流产生感应电磁场,掌子面上的接收探头可接收到此电磁场,更远处的低电阻体又会受此电磁场感应产生感应电磁场,在瞬变电磁法视电阻率剖面图上含水层呈现低电阻反映。

(5)红外探水法

在隧道中,围岩每时每刻都在向外部发射红外波段的电磁波,并形成红外辐射场,红外辐射场有密度、能量、方向等信息,岩层在向外部发射红外辐射的同时,必然会把内部的地质信息传递出来。干燥无水的地层和含水地层发射强度不同的红外辐射,红外线探测仪通过接收岩体的红外辐射强度,根据围岩红外辐射场强的变化值来确定掌子面前方或四周是否有隐伏的含水体。该方法测量快速,施工干扰小,有较高的定性判别准确率,但无法预报水量和含水体前方具体位置等定量指标。

5.隧道综合超前地质预报法

单一预报方法对地质预报的准确度并不十分可靠,同时不同方法对不同的地质缺陷预报效果也不尽相同,还没有哪种预报方法能对各种地质缺陷做出准确预报。多种超前预报技术相互结合、相互验证、相互补充、相互约束,降低多解性、提高预报准确性。

综合超前地质预报应遵循地质调查与勘探相结合、物探与钻探相结合、长距离与短距离相结合、地面与地下相结合、超前导坑与主洞探测相结合的原则。以岩溶地区隧道综合超前地质预报为例,在岩性较好的地段,一般用TSP预报100～150 m,在岩性较差的地段一般预报100 m,当接近不良地质体时,采用地质雷达或瞬变电磁进行短期更精确的预报,同时施工超前探孔进行进一步确认,也可在先行隧道中从侧向钻探了解不良地质构造的情况。

### 3.2.3 超前地质预报方法的选用

隧道超前地质预报应根据不同的地质复杂程度分级，针对不同类型的地质问题，选择不同的方法和手段进行。

根据不同的预报长度选择不同的预报方法：预报长度100 m以上时为长距离预报，可采用地质调查法、地震波反射法及100 m以上的超前钻探等；预报长度30～100 m时为中长距离预报，可采用地质调查法、弹性波反射法及30～100 m的超前钻探等；预报长度30 m以内时为短距离预报，可采用地质调查法、弹性波反射法、电磁波反射法（地质雷达探测）及小于30 m的超前钻探等。

**复习与思考题**

(1)隧道施工超前地质预报的内容包括什么？

(2)隧道施工超前地质预报的方法有哪些？

(3)简要说明隧道内地质素描的工作内容。

## 任务3.3 超前支护与围岩加固施工

### 任务工单

班级：__________姓名：__________学号：__________小组：__________日期：__________

| 工作任务 | 超前支护与围岩加固施工 | 学习模式 | 项目+任务驱动 |
|---|---|---|---|
| 建议学时 | 4学时 | 学习地点 | 理实一体教室 |
| 任务描述 | 当围岩地质条件较差时，需要先对围岩进行提前支护和预加固再进行开挖。××隧道在多个地段设计了超前支护措施，需要技术人员完成以下任务：<br>(1)识读××隧道纵断面图及设计说明，确定不同里程段隧道的超前支护与围岩加固的工程措施；<br>(2)编制超前支护与围岩加固施工作业指导书；<br>(3)编制××隧道进口端（或出口端）超前支护与围岩加固施工技术交底文件 | | |
| 任务目标 | **能力目标**<br>(1)能完成隧道通过不良地质地段的围岩预支护（预加固）方案的选择；<br>(2)能确定隧道各种围岩预支护（预加固）的施工方法。<br>**知识目标**<br>(1)掌握围岩预支护（预加固）措施的构造及适用条件；<br>(2)掌握各种围岩预支护（预加固）措施的施工工艺和施工控制要点。<br>**素质目标**<br>(1)安全意识和质量意识；<br>(2)环境友好的价值观和正确的工程伦理观 | | |
| 任务实施 | (1)学习相关知识，进行知识准备；学习××隧道超前支护与围岩加固施工作业指导书、施工技术交底等案例；<br>(2)识读××隧道纵断面图及设计说明，确定不同里程段隧道的超前支护与围岩加固的辅助工程措施；<br>(3)根据施工图纸和《铁路隧道施工技术规程》，分组编写各种超前支护与围岩加固工程措施的施工作业指导书、编制施工技术交底；开展超前支护施工虚拟仿真实训，完成超前支护的实施 | | |

续上表

| 工作任务 | 超前支护与围岩加固施工 | 学习模式 | 项目＋任务驱动 |
|---|---|---|---|
| 建议学时 | 4 学时 | 学习地点 | 理实一体教室 |
| 考核评价<br>(100 分) | 考核项目 | | 得分 |
| | 知识掌握(20%) | | |
| | 确定不同里程段隧道的超前支护与围岩加固的辅助工程措施(10%) | | |
| | 编制超前支护与围岩加固施工作业指导书(25%) | | |
| | 编制超前支护与围岩加固施工技术交底(25%) | | |
| | 超前支护施工虚拟仿真实训(10%) | | |
| | 职业素质养成(10%) | | |

## 知识准备

在任务 3.1 的介绍中我们知道，当采用三台阶预留核心土法、中隔壁法和双侧壁导坑法在软弱破碎围岩中进行隧道开挖施工时，即使采用短进尺开挖，开挖面和开完后的坑道也不稳定。当地下水丰富时，情况就更为严重。因此不良地质隧道应按照设计或经批准的方案，进行超前支护以提高围岩强度、自稳和止水能力。超前支护就是在隧道开挖前对开挖面前方围岩进行的提前支护和预加固措施。

隧道施工中常用的超前支护与围岩加固的措施有超前锚杆、超前小导管、超前管棚、预注浆、帷幕注浆、水平旋喷注浆等。这些超前支护与围岩加固措施的选用，应视围岩条件、涌水状况、施工方法、环境要求等因素综合而定，有时单独使用一种措施，有时几种一起使用。在隧道工程设计阶段对超前支护与围岩加固措施会有初步考虑，并在施工图纸中表示出来。在施工阶段往往还要根据开挖的具体情况予以修正，或是加强或是减弱。

### 3.3.1　超前锚杆施工

1. 简介

超前锚杆是沿隧道开挖面外轮廓线，以一定的外插角钻孔，插入钢筋杆体并用水泥砂浆使杆体与围岩固结成整体，形成对前方围岩的预支护。超前锚杆施作后，杆体及周边固结的部分围岩支承上覆岩土体，防止围岩坍塌，减少洞室变形。由于是先加固后开挖，所以这种锚杆称为超前锚杆，如图 3.3.1 所示。

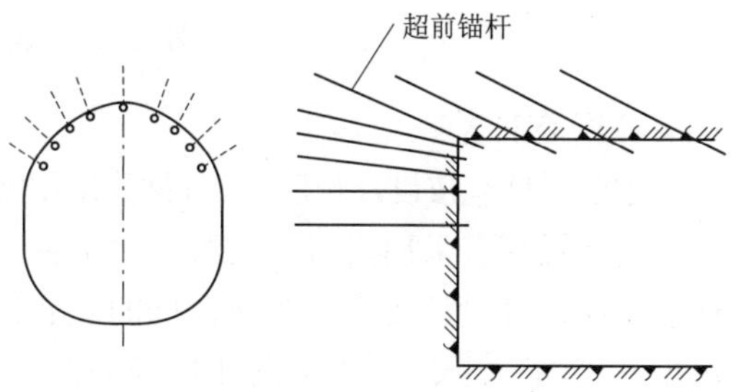


图 3.3.1　超前锚杆

超前锚杆支护的柔性较大，整体刚度较小。采用风枪、凿岩机或专用的锚杆台车钻孔，锚固剂或砂浆锚固，其工艺简单、工效高。主要适用于围岩应力较小，地下水较少、岩体软弱较破碎，开挖面有可能坍塌的隧道中，应和钢架配合使用。

2. 构造组成

超前锚杆的长度、环向间距、外插角等参数，应视围岩地质条件、施工断面大小、开挖循环进尺和施工条件而定。一般超前长度为循环进尺的 3～5 倍，宜采用 3～5 m，环向间距采用 0.3～1.0 m；外插角宜用 10°～30°；搭接长度宜为超前长度的 40%～60%，即大致形成双层或双排锚杆。超前锚杆宜用早强砂浆全粘结式锚杆，锚杆杆体材料可用不小于 $\phi$22 mm 的螺纹钢筋。

3. 施工流程和施工工艺

1)施工流程

超前锚杆施工工艺流程如图 3.3.2 所示。

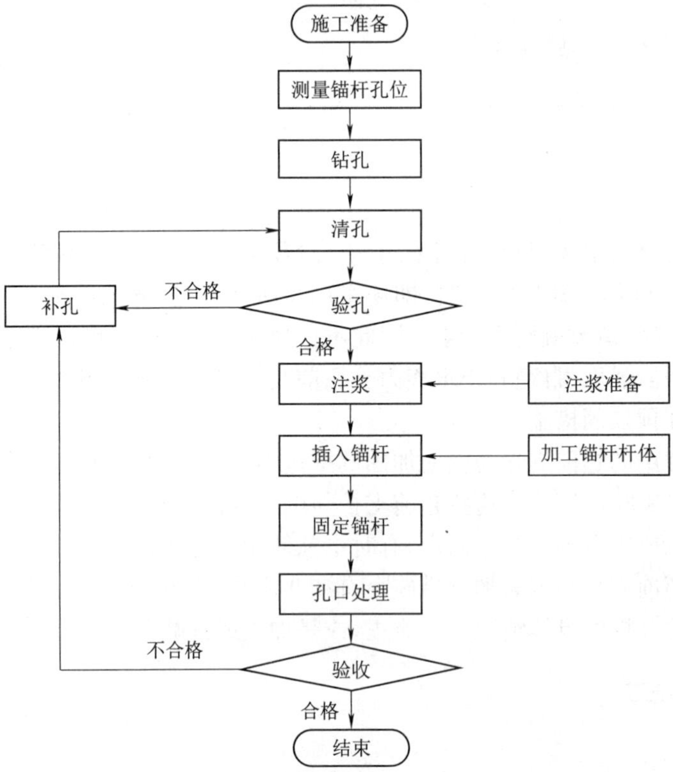


图 3.3.2 超前锚杆施工工艺流程

2)施工工艺

超前锚杆应按设计长度加工，材质采用螺纹钢筋时，应将钢筋头部加工成扁铲形或尖锥形。

超前锚杆宜采用凿岩机或凿岩台车钻孔，钻孔时应控制用水量，以防塌孔。钻孔的位置和外插角应符合设计要求。超前锚杆的安装误差，一般要求孔位偏差不超过 10 cm，外插角不超过 1°～2°，锚入长度不小于设计长度的 96%。早强水泥砂浆从孔底注入，锚杆尾端端头应与钢架焊接牢固。

开挖过程中应密切观察锚杆变形及喷射混凝土层的开裂、起鼓等情况，以掌握围岩动态，及时调整开挖及支护参数；遇地下水时，可钻孔引排。开挖后应及时喷射混凝土，并尽快封闭环形初期支护。开挖时应注意保留前方有一定长度的锚固区，以使超前锚杆的前端有一个稳定的支点。若掌子面出现滑坍，应及时喷射混凝土封闭开挖面，并尽快打入下一排超前锚杆，然后才能继续开挖。

### 3.3.2　超前小导管施工

1. 简介

超前小导管是在开挖前，沿坑道周边，向前方围岩钻孔并安装带孔小导管，或直接打入带孔小导管，并通过小导管向围岩压注起胶结作用的浆液，待浆液硬化后，坑道周围岩体形成了有一定厚度的加固圈。在此加固圈的保护下即可安全地进行开挖等作业，如图3.3.3所示。

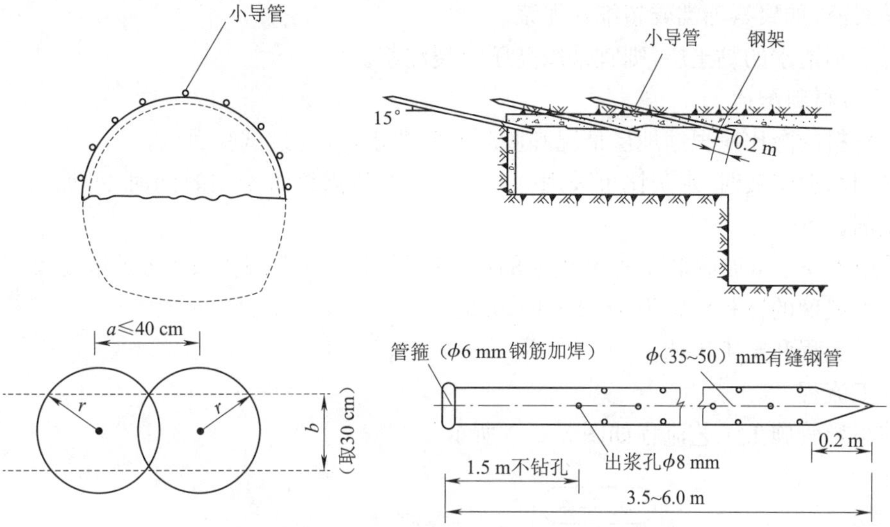


*a*—小导管间距；*b*—预加固等效厚度；*r*—浆液扩散半径。

图3.3.3　超前小导管注浆预加固围岩

浆液被压注到岩体裂隙中并硬化后，不仅将岩块或颗粒胶结为整体起到了加固作用，而且填塞了裂隙，阻隔了地下水向坑道渗流的通道，起到了堵水作用。因此，超前小导管不仅适用于一般软弱破碎围岩，也适用于含水的软弱破碎围岩。

2. 构造组成

1)小导管的材料

超前小导管一般选用$\phi$(38～50)mm热轧无缝钢管加工制成，多采用$\phi$42 mm的无缝钢管。长度应大于2倍循环进尺，宜为3.5～5.0 m。小导管前部设溢浆孔，孔径一般为6～8 mm，孔间距为10～20 cm，呈梅花形布置。小导管前端做成圆锥状，在后端焊接钢筋箍。尾部不钻注浆孔的范围长度不小于30 cm，作为预留止浆段。

2)小导管的布置

小导管应沿隧道拱部均匀布设；环向间距根据围岩地质条件通过试验确定，视地质条件按30～50 cm选用。外插角大多为10°～15°。小导管插入钻孔后外露长度应不小于30 cm，以便连接注浆管。前后两组小导管纵向搭接长度不小于1 m。小导管的尾部应从格栅钢架或型钢钢架的腹部穿过并与钢架焊接牢固，构成联合支护系统。

极破碎围岩或处理坍方时可采用双排管；地下水丰富的松软层，可采用双排以上的多排管；大断面或注浆效果差时，可采用双排管。

3)注浆材料

(1)注浆材料种类及适用条件

①在断层破碎带及砂卵石地层(裂隙宽度或颗粒粒径大于1 m，渗透系数$k \geqslant 5\times10^{-4}$ m/s)等

强渗透性地层中，应采用料源广且价格便宜的注浆材料。一般对于无水的松散地层，宜优先选用单液水泥浆；对于有水的强渗透地层，则宜选用水泥—水玻璃双浆液，以控制注浆范围。

②当断层带裂隙宽度(或粒径)小于 1 mm，或渗透系数 $k \geqslant 10^{-5}$ m/s 时，注浆材料宜优先选用水玻璃类和木胺类浆液。

③细、粉砂层、细小裂隙岩层及断层地段等弱渗透地层中，宜选用渗透性好、低毒及遇水膨胀的化学浆液，如聚氨酯类或超细水泥浆。

④对于不透水的黏土层，则宜采用高压劈裂注浆。

(2)注浆材料配比

注浆材料的配比应根据地层情况和胶凝时间要求，并经过试验而定。

①采用水泥浆液时，水灰比可采用 0.5：1～1：1，需缩短凝结时间时，可加入氯盐、三乙醇胺速凝剂。

②采用水泥—水玻璃浆液时，水泥浆的水灰比可用 0.5：1～1：1；水玻璃浓度为 25～40°Be。水泥浆与水玻璃的体积比宜为 1：1～1：0.3。

3. 施工流程和施工工艺

1)施工流程

超前小导管施工工艺流程如图 3.3.4 所示。

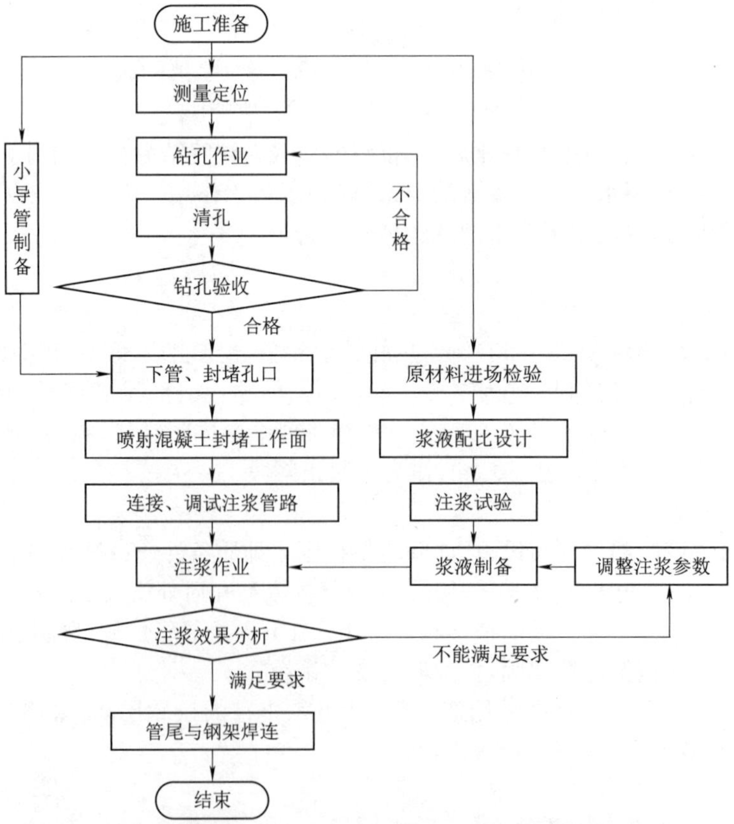


图 3.3.4　超前小导管施工工艺流程

2)施工工艺

(1)测量布孔

小导管管孔一般布置在开挖轮廓线以外5～10 cm。用全站仪进行小导管位置的测量放样工作,精确测定孔的平面位置(误差±15 mm)、倾角、外插角,对每个孔进行编号,并用红油漆在作业掌子面上作好小导管位置的标记。

(2)钻孔

钻孔时一般采用风钻(台车)开孔,以设计的外插角向外钻孔。为保证超前小导管的有效搭接长度,施工过程中严格控制隧道开挖的进尺,以使下一循环的施工顺利进行。

钻孔直径应大于设计导管直径3～5 mm,孔深大于设计长度10 cm。对于砂类土,也可采用直径比小导管稍大的钢管制作吹风管,将吹风管缓缓插入土中,用高压风射孔,成孔后将小导管插入。

(3)布管

钻孔完毕后,用高压风将钻孔吹洗干净。检查钻孔孔深、孔径和倾斜度是否符合设计要求。钻孔检查合格后,用带冲击的风钻将小导管顶入孔中,或直接用锤击插入钢管,再用塑胶泥封堵导管孔口周围及工作面上的裂缝,以利于后续注浆工作。

布管顺序:从拱顶分别向左右方向进行,采取隔孔间隔布置;小导管口应安装孔口阀门,小导管的外露长度一般为30～50 cm。小导管钻孔安装完毕后,对开挖面及5 m范围内的坑道喷射5～10 cm厚的混凝土进行封闭。

(4)注浆

采用浆液搅拌桶制浆,配制好的浆液应在规定时间内注完,随配随用。选用合适的注浆泵注浆,为加速注浆,可安装分浆器同时多管注浆。为防止浆液从其他孔眼溢出,注浆前对所有孔眼安装止浆塞,注浆顺序为由下至上、浆液先稀后浓。由于岩体孔隙不均匀,考虑开挖的方便,同时要达到固结破碎松散岩体的目的,保证开挖轮廓线外环状岩体的稳定,形成有一定强度及密实度的壳体,特别是确保两侧拱脚的注浆密实度和承载力,宜采取注浆终压(0.8～1.2 MPa)和注浆量来双控注浆质量,拱脚的注浆终压高于拱腰至拱顶。通过现场试验确定拱脚终压值。注浆时相邻孔眼需间隔开,不能连续注浆,以确保固结效果、同时达到控制注浆量的目的。

注浆结束后,应做一定数量的钻孔检查或用声波探测仪检查注浆效果,如未达到要求应进行补注浆。注浆后应视浆液种类,等待4(水泥—水玻璃浆)～8 h(水泥浆)方可开挖,开挖长度不宜太长,以保留一定长度的止浆墙(即超前注浆的最短超前量)。

### 3.3.3 洞内超前管棚施工

1.简介

与进洞管棚支护相同,洞内管棚超前支护是指利用钢架沿开挖轮廓线以较小的外插角、向开挖面前方打入钢管构成的棚架来形成对开挖面前方围岩的预支护(图3.3.5)。采用长度小于10 m的钢管的称为短管棚;采用长度为10～45 m且较粗的钢管的称为长管棚。隧道洞身施工过程中,在穿越部分不良地质的区段时,需要施工管棚以顺利穿越。

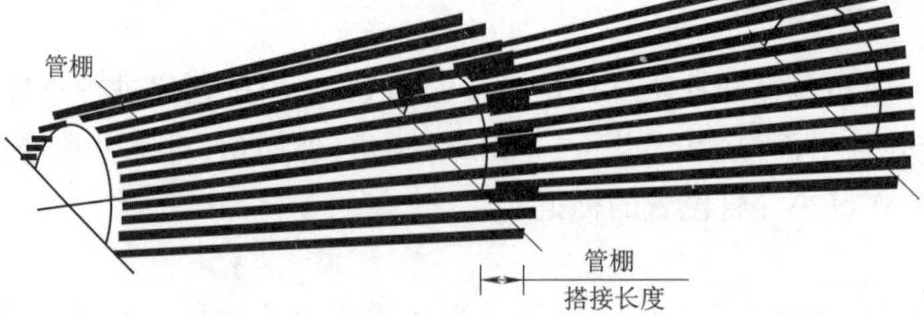


图 3.3.5　超前管棚设置示意

管棚超前支护具有以下特点：

(1)是独立的地质围岩加强方法，可以作为永久支护结构的一部分。

(2)管棚超前支护与初期支护配合可以发挥更强大支护效应，常与其他支护方法联合使用。

(3)由于管棚支护是超前施作，管棚在前方开挖工作面和后方初期支护的支持下形成的梁效应可以防止围岩松弛、减少地表沉降和拱顶下沉，提高开挖工作面的稳定性。

(4)管棚支护注浆后，使管棚和围岩形成整体，有效提高周围岩体的抗剪强度并扩散围岩压力，提高围岩的自承能力。

2. 构造组成

洞内超前管棚支护的构造与洞口段管棚相似，不同之处是，洞口段管棚常设置混凝土套拱，而洞内管棚为了方便管棚施工，常设置管棚工作室。

1)管棚构造

管棚支护的主要设计参数包括：钢管直径、长度、间距、仰角、水平搭接长度、钢架间距、注浆参数等，管棚钢管构造可见任务 2.3。

洞内管棚根据地质情况，可使用中管棚或大管棚。管棚钢管的直径选择应根据计算结果和技术经济因素分析，对于支护条件要求较高的松软地层，应选取 $\phi$127 mm 的钢管，土体凝聚力较高的黏性土，可选取 $\phi$89 mm 的钢管，一般土层在多数情况下选取 $\phi$108 mm 的钢管。

小管棚外插角常取 5°～15°，中管棚常取 2°～8°，长管棚多取 1°～3°。外插角度过小，将可能导致管棚远端下垂至隧道开挖范围内，影响后期施工；相反，外插角度过大，管棚离开挖范围距离过大，管棚下方的三角土体坍塌给洞身开挖支护带来很大困难，还应根据管棚钻机工作室空间大小、钻杆长度等情况综合考虑确定。超前管棚施工时应按设计支护参数施作，设计未明确时，外插角宜为 1°～5°，管棚搭接长度不小于 3 m。

管棚支护采用钢架作环向支撑。钢架支撑一般用工字钢，或工字钢与格栅钢架间隔使用，间距一般不大于 1 m，特殊情况下需加密。当需要增大钢管的强度和刚度时，可在管内设置钢筋笼而后用水泥砂浆填充。

2)管棚工作室

管棚工作室是在原有隧道开挖轮廓外开挖的管棚作业空间，工作室的开挖尺寸应根据钻机和钢管推进机的规格确定。一般是在打设管棚的隧道拱墙范围内，超出隧道外轮廓线0.5～1.0 m，纵向长度 6～10 m。管棚工作室纵向间距与管棚钢管长度、管棚搭接长度有关。图 3.3.6所示为某高铁隧道洞内大管棚工作室纵断面布置，其管棚钢管长 40 m，搭接长 5 m，工作室纵向长 6 m，纵向间距（中心到中心）35 m，轮廓外开挖 0.8 m。

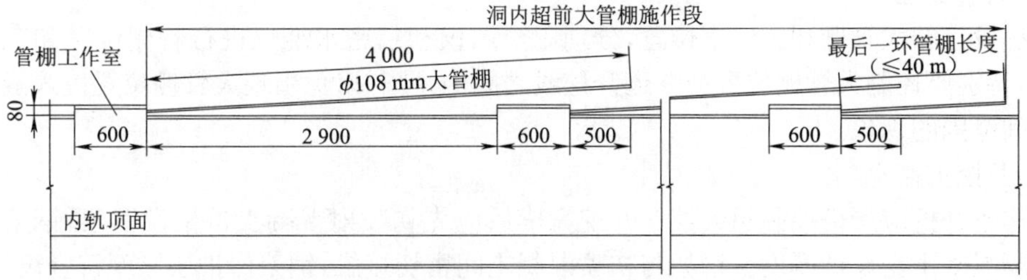


图 3.3.6　某高铁隧道洞内大管棚工作室纵断面布置(单位:cm)

管棚工作室开挖后应设置初期支护（称为外层初期支护），与内层初期支护设计参数相同。两层初期支护间浇筑钢筋混凝土导向墙，并埋设导向管，其作用与前述套拱（导向墙）相同。

3. 施工流程和施工工艺

1）施工流程

洞内管棚施工工艺流程如图 3.3.7 所示。

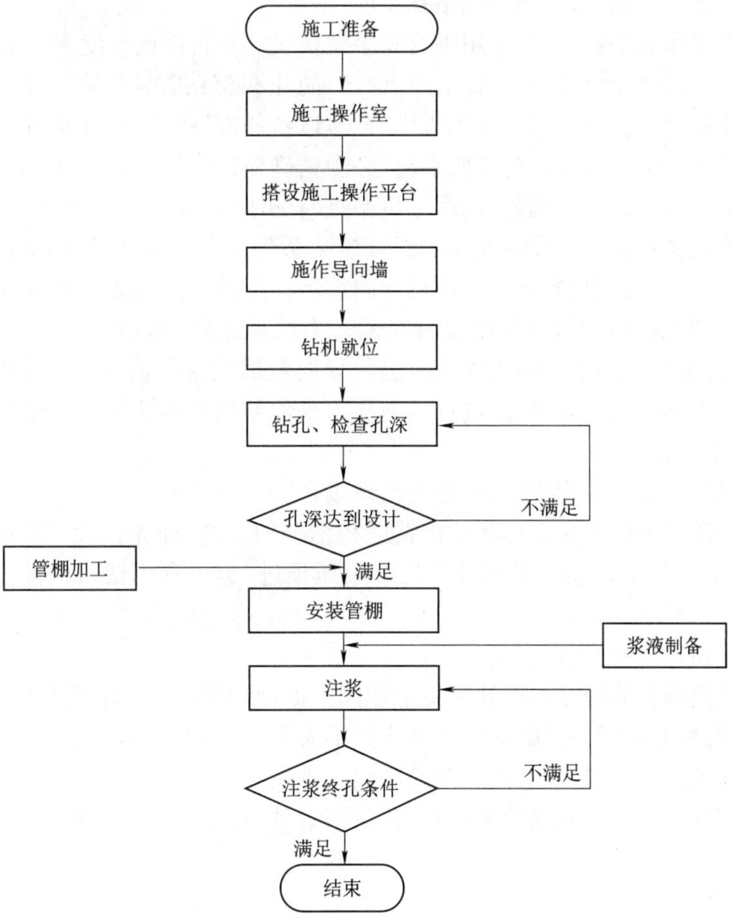


图 3.3.7　洞内管棚施工工艺流程

2)施工工艺

(1)测量定位

根据设计的大管棚和工作室位置,分别用全站仪和精密水准仪进行管棚位置和工作室位置放样,特别要控制大管棚位置与隧道开挖线之间的距离,以免出现大管棚位置侵入隧道初期支护空间范围的现象。

(2)开挖工作室

工作室开挖应严格控制超欠挖。开挖完毕后应先初喷射混凝土再架设钢架,钢架架设完毕后复喷混凝土至设计厚度。钢架与初喷混凝土间密切接触,钢架保护层厚度符合设计要求。

(3)浇筑导向墙

导向墙在隧道外廓线以外施作,内埋设 3～4 根工字型钢支撑,钢支撑与管棚导向管焊成整体。导向管沿拱圈环向布设,孔径比管棚钢管大 20～30 mm。导向管间距、位置及方向应准确。用全站仪以坐标法在工字钢架上定出其平面位置;用激光导向仪设定导向管的倾角;用前后差距法设定导向管的外插角。导向管应牢固焊接在工字钢上,防止浇筑混凝土时产生位移。

(4)钻孔

①钻机就位。采用自行钻机,在钻机就位后,需对其进行必要的加固,锁定位置防止在钻进过程中钻机位置发生偏移,影响管棚钻孔精度。

钻机如需施工作业平台,一般采用钢管脚手架搭设。平台搭设长度为钻机钻孔长度(单根管棚长度)加 50 cm。平台支撑连接要牢固、稳定,防止在施钻时钻机产生不均匀下沉、摆动、位移等影响钻孔质量。平台上可准备短方木若干,以备调准钻机高度时使用。

钻机要求与已设定好的孔口管方向平行,必须精确核定钻机位置,采用经纬仪、挂线、激光导向仪导向相结合的方法反复调整,确保钻机钻进时的倾角、仰角符合要求。

②导向系统选择及控制。导向成功与否直接关系到导向孔成孔精度,导向系统可根据现场实际灵活选择,一般采用激光导向仪进行导向控制。随着导向孔的钻进,必须时刻观察探头角度变化情况,角度偏差大于 3°时,应及时纠偏。当纠偏无效、偏差大于 0.6°时,应停止钻进及时报告,研究对策后再施工。现场须及时进行导向数据记录和钻具前端长度及每次加管长度详细记录。根据不同的导向系统,进行导向孔水平偏差调整和导向孔高程偏差调整。

(5)安装管棚钢管

①钻孔完成后及时安设管棚钢管,避免出现塌孔。

②管棚钢管顶进采用大孔引导和钻机钻进相结合的工艺,即先钻大于管棚钢管直径的引导孔,然后可用 10 t 以上的卷扬机配合滑轮组反压顶进,也可利用钻机的冲击力和推力低速顶进钢管。

③钢管逐节顶入,采用套管连接。

④为保证管棚钢管的焊接相连处不集中在同一断面,相邻两孔的管棚钢管接头应前后错开,确保受力情况良好。同一横断面内的接头数不大于 50%,相邻钢管接头至少错开 1 m。对长大管棚为加强其刚度,可在钢管内加钢筋笼然后再注浆。

⑤及时将钢管与钻孔壁间缝隙填塞密实,在钢管外露端焊上法兰盘、止浆阀,并检查焊接强度和密实度。

(6)管棚注浆

①管棚施工完成后开始注浆,注浆前对所有孔眼安装止浆塞,同时对管口与孔口外侧进行密封处理。

②水泥砂浆浆液采用拌和机制浆，采用液压注浆机将浆液注入管棚钢管内，注浆前先检查管路和机械状况，确认正常后做压浆试验，确定合理的注浆参数。

③注浆分两步完成，当第一次注浆的浆液充分收缩后，进行第二次注浆，以使孔隙填充密实。注浆采取注浆终压和注浆量双控措施，拱脚的注浆终压高于拱腰至拱顶。初压 0.5～1.0 MPa 为宜，终压宜控制在 2 MPa，持压 3～5 min 后停止注浆，注浆量一般为钻孔圆柱体的 1.5 倍。若注浆量超限，未达到压力要求，应调整浆液浓度继续注浆，直至符合注浆质量标准，确保钻孔周围岩体与钢管周围孔隙均为浆液充填，方可终止注浆。注浆过程中压力如突然升高，可能发生堵管，应停机检查。

④注浆结束后及时清除管内浆液，并用等级不低于 M30 的水泥砂浆充填，增强管棚的刚度和强度。

⑤注浆过程应派专人负责填写注浆记录表，记录注浆时间、浆液消耗量及注浆压力等数据，观察压力表值，监控连通装置，避免因压力猛增而发生异常情况。

⑥为防止注浆浆液到处扩散，可根据隧道的实际情况，设置浆砌片石、混凝土或挂网喷射混凝土等形式的止浆墙。

## 复习与思考题

(1)试论述支护结构、初期支护、超前支护、临时支护和二次衬砌的概念。

(2)简述超前小导管的构造及支护原理。

(3)识读××隧道施工图纸，列出本隧道涉及的超前初期支护措施及结构类型。

# 任务 3.4　钻爆法开挖施工

## 任务工单

班级:＿＿＿＿＿＿姓名:＿＿＿＿＿＿学号:＿＿＿＿＿＿小组:＿＿＿＿＿＿日期:＿＿＿＿＿＿

| | | | |
|---|---|---|---|
| 工作任务 | 钻爆法开挖施工 | 学习模式 | 项目＋任务驱动 |
| 建议学时 | 6 学时 | 学习地点 | 理实一体教室 |
| 任务描述 | ××隧道已经完成进洞施工，进入暗洞施工阶段。根据施工组织，暗洞开挖采用钻爆法开挖。项目部组织施工员编制钻爆法施工方案并组织实施，具体任务包括：<br>(1)编写钻爆法施工方案；<br>(2)编制××隧道进口端(或出口端)洞身施工技术交底文件 | | |
| 任务目标 | **能力目标**<br>(1)识读不同围岩下隧道施工图纸，计算相应隧道开挖工程数量；<br>(2)能编制钻爆法开挖施工方案；能交底钻爆法开挖隧道施工工艺。<br>**知识目标**<br>(1)了解洞室爆破基本理论；<br>(2)掌握隧道施工常用爆破器材的种类和性能；<br>(3)了解隧道开挖常用钻眼机具；<br>(4)掌握炮眼的种类和作用；<br>(5)掌握钻爆开挖施工工艺、施工控制要点及其安全注意事项；<br>(6)掌握隧道超欠挖的控制。<br>**素质目标**<br>(1)"安全第一"的施工安全意识；<br>(2)一丝不苟、精益求精的工匠精神；<br>(3)勇于创新、敢于创新的精神 | | |

续上表

| 工作任务 | 钻爆法开挖施工 | 学习模式 | 项目+任务驱动 |
|---|---|---|---|
| 建议学时 | 6 学时 | 学习地点 | 理实一体教室 |
| 任务实施 | (1)学习相关知识，进行知识准备；<br>(2)识读××隧道进口端(或出口端)洞身施工图纸，计算不同围岩等级的开挖工程数量；<br>(3)根据××隧道施工图纸和《铁路隧道施工技术规程》，编制钻爆法开挖施工方案；编制钻爆法开挖施工技术交底 | | |
| 考核评价(100 分) | 考核项目 | | 得分 |
| | 图纸识读及工程数量计算(10%) | | |
| | 知识掌握(30%) | | |
| | 钻爆法开挖施工方案编写(25%) | | |
| | 钻爆法开挖施工技术交底编制(25%) | | |
| | 职业素质养成(10%) | | |

## 知识准备

钻爆法是在岩土中钻凿孔眼，装入炸药进行爆破开挖的隧道施工方法，具有适用于各种地质条件的优点。当前，矿山法施工的山岭隧道，大多数采用钻爆法开挖。

### 3.4.1　洞室爆破基本理论

1. 爆破破岩作用机理

炸药爆炸具有高温、高压和高速度的特征。炸药的爆炸过程是爆轰波的传播过程，也是爆炸生成气体和初始做功的过程。当炸药在岩(土)体中爆炸时，爆炸波轰击岩面，以冲击波形式向岩体内部传播，形成动态应力场。冲击波作用时间短，能量密度很高，使炮眼周围岩石产生粉碎性破坏。爆炸气体静压和膨胀做功，有使岩石质点作远离药包中心运动的倾向，岩石受切向拉力，其强度达到岩石抗拉强度时，则岩石破坏，产生径向裂隙。在爆炸结束的瞬间，随着温度下降，气体逸散，介质又为释放压缩能而回弹，从而又可能产生环向裂隙。在爆破力作用下，在偏离径向 45°的方向上还可能产生剪切裂隙。在这些裂隙的交错切割和剩余爆破力的作用下岩石即被破碎和移位。

2. 无限介质中的爆破作用

将药包埋置在无限介质中进行爆破，在远离药包中心不同的位置上，其爆破作用是不相同的，可以划分为四个区域，如图 3.4.1 所示。

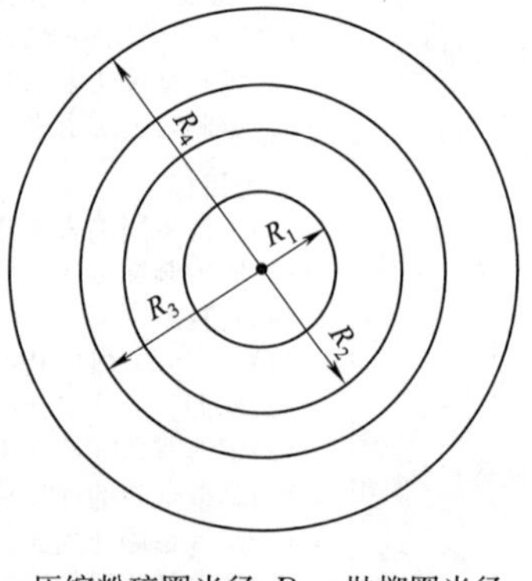


$R_1$—压缩粉碎圈半径；$R_2$—抛掷圈半径；$R_3$—破裂圈半径；$R_4$—振动圈半径。

图 3.4.1　药包在无限介质中的爆破作用

①压缩粉碎区。它是指半径 $R_1$ 范围内的区域。该区域内的介质距离药包最近，受到的压力最大，故破坏程度最大。当介质为土壤或软岩时，其压缩形成一个环形体孔腔；介质为硬岩时，则产生粉碎性破坏，故称之为

压缩粉碎区。

②抛掷区。$R_1$与$R_2$之间的范围叫作抛掷区。这个区域内的介质受到的爆破力虽然比压缩粉碎区小，但介质的结构仍然会被破坏。炸药爆炸能量除对介质产生破坏作用外，尚有多余能量使被破坏成的碎块获得运动速度。当介质处于有临空面的空间时，则在临空面方向上被抛掷出去，产生抛掷运动。

③破裂区。该区又叫作松动区，是指$R_2$与$R_3$之间的区域。爆炸能量在此区域内只能使介质破裂松动，已没有能力使碎块产生抛掷运动。

④振动区。$R_3$与$R_4$之间的范围叫作爆破振动区。在此范围内，爆破能量只能使介质发生弹性变形，不能产生破坏作用。

在爆破工程中，压缩粉碎、抛掷、破裂各圈的综合有实际应用的意义，其总名称叫破裂圈，破裂圈的半径($R_3$)叫作爆破作用半径。药包的爆破作用半径的大小与药包的重量和炸药的威力成正比。当药包在介质深处爆炸，它的爆破作用半径不能达到临空面时，这时的爆破作用叫作爆破的内部作用。

3. 相关概念

1)爆破漏斗

当单个药包在岩体中的埋置深度不大时，可以观察到自由面上出现了岩体开裂、鼓起或抛掷现象，这种情况下的爆破作用叫作爆破的外部作用，其特点是在自由面上形成了一个倒圆锥形爆坑，称为爆破漏斗，如图 3.4.2 所示。

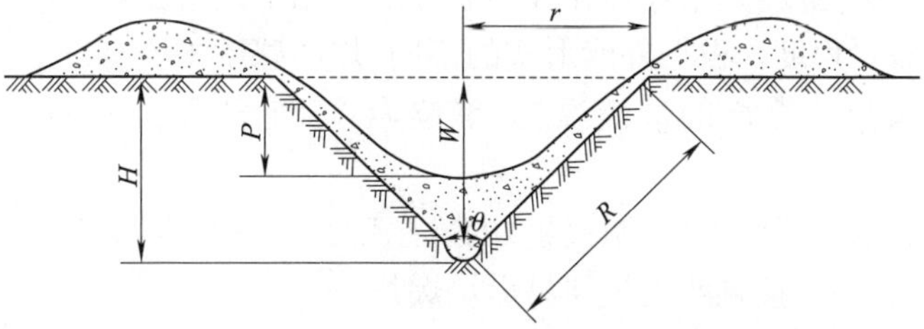


图 3.4.2　爆破漏斗

爆破漏斗由以下几何要素组成：药包中心到自由面的最短距离叫作最小抵抗线($W$)；倒锥形爆破漏斗的底圆半径叫作爆破漏斗半径($r$)；药包中心到爆破漏斗边沿的距离叫作破裂半径($R$)。爆破漏斗顶点至自由面的最短距离称为爆破漏斗深度($H$)；爆破漏斗中渣堆表面最低点到自由面的最短距离称为爆破漏斗可见深度($P$)；爆破漏斗的顶角称为爆破漏斗张开角($\theta$)。

2)临空面

临空面又叫作自由面，是指被爆破的介质与空气接触的面。在无限深度介质中爆破时，抛掷和松动是无法实现的；在有临空面存在的情况下，足够的炸药爆破能量就会在靠近临空面一侧实现爆破抛掷。

3)爆破作用指数

爆破漏斗半径 $r$ 与最小抵抗线 $W$ 的比值 $n$($n=r/W$)称为爆破作用指数。这是一个描述爆破漏斗大小、岩石破碎程度、抛掷效果等的重要指数。通常把 $n=1$ 的爆破称为标准抛掷爆破，其漏斗称为标准抛掷爆破漏斗；$n>1$ 的爆破称为加强抛掷爆破或扬弃爆破；$0.75<n<1$ 的爆破称为加强松动或减弱抛掷爆破；$n\approx0.75$ 的爆破称为松动爆破。平坦地形的松动爆破

结果只能看到岩土破碎和隆起，并没有爆破漏斗。$n<0.75$ 的爆破称为压缩爆破，此时只在药包附近破碎一小部分岩石形成空洞，而不能使临空面的岩石发生破坏。在隧道工程中常采用松动爆破或减弱抛掷爆破。

4. 柱状药包爆破

当炮眼装药长度远大于横断面的直径时，形成圆柱状延长药包，简称为柱状药包。它是隧道工程爆破中应用最为广泛的药包。球形药包爆炸应力波的传播方向，是以药包中心为圆心成球面状向四周传播。当炮眼方向垂直于临空面，即最小抵抗线与炮眼装药轴线重合时，柱状药包爆炸作用力的方向是平行于临空面而指向岩体内部，使炮眼周围岩体压缩、变形和破碎，只有靠近孔口的少量炸药爆炸力将孔口附近部分渣石抛出。

### 3.4.2　爆破器材

爆破器材主要包括炸药、起爆器材等。

1. 炸药的性能

炸药爆炸是一种高速化学反应的过程。在这个过程中，炸药物质成分发生改变，生成大量的气体物质，并释放大量的热能，表现在对周围介质的冲击、压缩、破坏和抛掷作用。炸药的性能取决于其所含化学成分。掌握炸药等爆破材料的性能，对正确使用、储存、运输，确保安全和提高爆破效果，具有重要意义。炸药的主要性能如下：

1)敏感度

炸药的敏感度简称感度，是指炸药在外界起爆能作用下发生爆炸反应的难易程度，也就是炸药爆炸对外能的需要程度。根据外能形式的不同，炸药感度主要有以下几种：

①热敏感度。指炸药爆炸的最低温度，单位为℃。它表示炸药对热的敏感度，亦称爆发点。

②火焰感度。表示炸药对火焰(明火星)的敏感度。有些炸药虽然对温度比较迟钝，但对火焰却很敏感，如黑火药一接触明火星便易燃烧爆炸。

③机械感度。指炸药对机械能(摩擦、撞击)作用的敏感程度。一般来说，对于撞击比较敏感的炸药，对摩擦也比较敏感。一般以试验次数的爆炸百分率来表示。

④爆轰感度。指炸药对爆炸能的敏感程度。通常在起爆能作用下，炸药的爆炸是由冲击波、爆炸产物流或高速启动的介质颗粒的作用而激发的。不同的炸药所需的起爆能也不同，爆轰感度一般用极限起爆药量表示。

2)爆速

爆轰波在炸药药柱中的传播速度称为爆轰速度，简称爆速，单位为 m/s 或 km/s。不同成分的炸药有不同的爆速，其他条件一定时，密度越大的炸药其爆速也越高。如果超过最佳密度，也会导致爆速下降，例如硝铵类炸药装药密度大于 $1.15\ g/cm^3$ 时，爆速反而会下降。相同成分的炸药，其爆速还受装填密实程度、药量、含水率和包装材料等因素的影响。炸药爆速可用导爆索法或测时仪法进行检测。

3)爆力

炸药爆炸时对周围介质做功的能力称为爆力。炸药的爆力越大，其破坏能力越强，破坏的范围及体积也越大。一般来说，爆炸产生的气体物质越多，爆炸速度越快或爆温越高，则其爆力越大。炸药的爆力通常用铅柱扩孔法测定，即以铅柱爆破前后所扩大的体积(mL)表示该炸药在受试密度下的爆力。铅柱扩孔容积为280 $cm^3$时测得的爆力称为标准爆力。

4)猛度

炸药爆炸后对与之接触的固体介质局部破碎的能力称为猛度。猛度的大小主要取决于爆速,爆速愈高,猛度愈大,岩石的破坏程度越大。猛度通常用铅柱压缩法测定,即以铅柱压缩前后的高度差(mm)表示该炸药在受试密度下的猛度。

5)爆炸稳定性

爆炸稳定性是指炸药经起爆后,能否连续、完全爆炸的能力。它主要受炸药的化学性质、爆轰感度以及装药密度、药包大小(或药卷直径)、起爆能量等因素的影响。

(1)临界直径。工程爆破采用柱状装药时,常用药卷的临界直径来表示炸药的爆炸稳定性。临界直径是指柱状装药时,被动药卷能发生殉爆的最小直径。临界直径越小,其爆炸稳定性越好。如铵梯炸药的爆炸稳定性较好,其临界直径为15 mm。浆状炸药的爆炸稳定性较差,其临界直径为100 mm,但加入敏化剂后其临界直径降为32 mm,也能稳定爆炸。

工程爆破中,为保证装药卷能稳定爆炸而不发生断爆,在选择药卷直径时应注意以下两点:一是药卷直径不小于炸药的临界直径。装药直径越大,其爆炸越稳定。当药卷直径超过其值(极限直径)后,爆炸稳定性将不随药卷直径而变化。二是若因需要减少炸药用量而缩小装药(药卷)直径时,应选用爆轰感度较高的炸药或加入敏化剂以降低其临界直径。

(2)最佳密度。对于单质猛炸药,其装药密度越大,爆速越大,爆炸越稳定。对于工程用混合炸药,在一定密度范围内,也有以上关系。炸药爆炸稳定,且爆速最大时的装药密度称为最佳密度,如硝铵类炸药的最佳密度为0.9～1.19 $g/cm^3$,乳化炸药一般为1.05～1.30 $g/cm^3$。随后爆速又随着炸药密度的增加而下降,直至某一密度时,爆炸不稳定,甚至拒爆,这时炸药的密度称为临界密度。

(3)管道效应。工程爆破中,常采用钻孔柱状药卷装药,若药卷直径较钻孔直径小,则在药卷与孔壁之间有一个径向空气间隙。药卷起爆后,爆轰波使间隙中的空气产生强烈的空气冲击波,这股空气冲击波速度比爆轰波速度更高,它在爆轰波未到达之前,即将未爆炸的炸药压缩,当炸药被压缩到临界密度以上时,就会导致爆速下降,甚至熄爆,这种现象称为管道效应。为减少管道效应,可减小间隙,或采用高感度、高爆速的炸药。

6)殉爆距离

一个药包爆炸(主动药包)后,能引起与它不相接触的邻近药包(被动药包)爆炸,这种现象称为殉爆。发生殉爆的原因是主动药包爆炸产生冲击波和高速气流,使临近药包在其作用下而爆炸。是否发生殉爆,主要取决于主动药包的药量和爆力、被动药包的爆轰敏感度、主动药包与被动药包之间的距离和介质性质。当主动、被动药包采用同性质炸药的等直径药卷时,则用被动药包可能发生殉爆的最大距离来表示被动药包的殉爆能力,称为殉爆距离,当然它也反映了主动药包的致爆能力。殉爆距离的单位常用cm表示。工程爆破中,常采用柱状间隔(不连续)装药来减少炸药用量和调整装药集中度,此时应注意使药卷间距不大于殉爆距离。实际殉爆距离应通过现场试验确定。

7)安定性

炸药的安定性是指其物理化学性质的安定性,主要表现为吸湿、结块、挥发、渗油、老化、冻结和化学分解。如硝铵炸药吸湿性很强,也容易结块,遇此需人工解潮和碾碎后再使用。胶质炸药易老化和冻结,老化的胶质炸药敏感度和爆速将降低,威力减小;冻结的胶质炸药敏感度高，使用危险，必须解冻后才允许使用。硝铵炸药安定性差，易分解，在运输和存放中，应通风避光，不宜堆放过高。

8)炸药的氧平衡

绝大多数炸药由碳、氢、氧、氮四种元素组成，可以用通式 $C_aH_bO_cN_d$ 表示。大多数炸药的爆炸反应为氧化反应，氧化反应所需的氧元素由炸药本身提供。

在炸药爆炸的化学反应中，炸药中所含的氧恰好能够将可燃元素完全氧化，称为零氧平衡。如有多余的氧，则称为正氧平衡。如氧含量不足，则称为负氧平衡。零氧平衡的炸药在爆炸效果(爆炸生成热量最高)和安全方面(不产生有毒气体)都是较好的。隧道施工选用的炸药，必须接近零氧平衡，或具有微量的正氧平衡，尤其是洞内爆破，应预防工人炮烟中毒。

2.隧道施工常用炸药

1)工业炸药

工业炸药又称为民用炸药，它是以氧化剂和可燃剂为主体，按照氧平衡原理构成的爆炸性混合物。工业炸药在铁路、公路建设及煤矿、冶金、石油、地质、水电、建筑等方面得到了广泛的应用。

(1)工程爆破对炸药的基本要求

①爆炸性能良好，具有足够的爆炸威力。

②具有适中的敏感度，既能保证顺利方便地起爆，又能保证制造、运输、加工和使用时的安全。

③接近于零氧平衡，爆炸后有毒气体生成量少。

④物理化学性能较稳定，保证在一定的储存期内不变质失效。

⑤原料来源丰富，制造加工简单，成本低。

(2)工业炸药分类

常用的工业炸药是由两种或两种以上化合成分混合制成的混合炸药，混合炸药按主要化学成分可分为硝铵类炸药、硝化甘油类炸药、芳香族硝基化合物类炸药和特种炸药。硝铵类炸药是以硝酸铵为主要成分，加上适量的可燃剂、敏化剂及其附加剂的混合炸药，是目前国内外工程爆破中用量最大、品种最多的一类混合炸药。硝铵类炸药又分为铵梯炸药、铵油炸药和含水硝铵类炸药。我国已于 2008 年起停止生产使用铵梯炸药。含水硝铵类炸药包括乳化炸药、浆状炸药和水胶炸药等。当前隧道施工中最常用的工业炸药是乳化炸药。

工业炸药按使用范围可分为岩石炸药、煤矿许用炸药和露天炸药。岩石炸药对爆炸后所产生的有毒气体有严格的限制，适用于无瓦斯和无矿尘爆炸危险的爆破工程；煤矿许用炸药对爆炸能量、爆温、爆炸火焰长度、爆炸产物中有害气体及灼热固体颗粒等都有严格的限制，适用于有瓦斯或有矿尘爆炸危险的爆破工程；露天炸药不考虑对瓦斯、矿尘引爆的危险，对爆炸后产生的有毒气体也没有严格的限制，适用于露天爆破工程。

2)乳化炸药

乳化炸药是通过乳化剂的作用，使氧化剂水溶液被乳化成微细液滴后，均匀分散在油相连续介质中而形成的一种油包水型的乳胶状炸药，其外观随制作工艺不同而呈白色、淡黄色、浅褐色或银灰色。乳化炸药具有爆炸性能好、抗水性能强、安全性能好、环境污染小、原料来源广和生产成本低、爆破效率比浆状及水胶炸药更高等优点。

乳化炸药有多个品种、规格。表 3.4.1 列出了乳化炸药主要性能指标。

**表 3.4.1　乳化炸药主要性能指标**

| 项目 | 指标 | | | | | | |
|---|---|---|---|---|---|---|---|
| | 岩石乳化炸药 | | 煤矿许用乳化炸药 | | | 露天乳化炸药 | |
| | 1 号 | 2 号 | 一级 | 二级 | 三级 | 有雷管感度 | 无雷管感度 |
| 药卷密度($g/cm^3$) | 0.95～1.30 | | 0.95～1.25 | | | 1.10～1.30 | — |
| 炸药密度($g/cm^3$) | 1.00～1.30 | | 1.00～1.30 | | | 1.15～1.35 | 1.00～1.35 |
| 爆速(m/s) | $\geqslant 4.5\times10^3$ | $\geqslant 3.2\times10^3$ | $\geqslant 3.0\times10^3$ | $\geqslant 2.8\times10^3$ | | $\geqslant 3.0\times10^3$ | $\geqslant 3.5\times10^3$ |
| 猛度(mm) | ≥16 | ≥12 | ≥10 | ≥8 | | ≥10 | — |
| 殉爆距离(cm) | ≥4 | ≥3 | ≥2 | | | ≥2 | — |
| 作功能力(mL) | ≥320 | ≥260 | ≥220 | ≥210 | | ≥240 | — |
| 撞击感度 | 爆炸概率≤8% | | | | | | |
| 摩擦感度 | 爆炸概率≤8% | | | | | | |
| 热感度 | 不燃烧不爆炸 | | | | | | |
| 炸药爆炸后有毒气体含量(L/kg) | ≤80 | | | | | — | |
| 可燃气安全度 | — | | 合格 | | | — | |
| 煤尘—可燃气安全度 | — | | 合格 | | | — | |
| 抗爆燃性 | — | | 合格 | | | — | |
| 保证期(d) | 180 | | 120 | | | 120 | 15 |

注：1. 表内数字均为保质期内有效，保质期自炸药制造完成之日起计算。

2. 混装车生产的无雷管感度露天乳化炸药的爆速应不小于 $4.2\times10^3$ m/s。

3. 用户有特殊要求的产品，其爆炸性能可由供需双方协商确定。

3)水胶炸药

水胶炸药是以硝酸甲胺为主要敏化剂，加入氧化剂、密度调节剂等材料，经溶解、混合后，悬浮于有胶凝剂的水乳液中，再经化学交联而制成的一种凝胶状的含水硝铵类炸药。水胶炸药是在浆状炸药的基础上，结构更均一，提高了炸药的化学稳定性、抗水性、传爆性能，适用于有水且坚硬岩石中的深孔爆破。水胶炸药也有岩石型、煤矿许用型和露天型三个类型多个品种、规格。

4)硝化甘油炸药

硝化甘油炸药又称为胶质炸药，是一种高密度炸药，它的主要成分是硝化甘油(或硝化甘油与二硝化乙二醇的混合物)。硝化甘油炸药抗水性强、密度高、爆炸威力大，因此适用于有水或坚硬岩石的爆破。但它对撞击摩擦的敏感度高，安全性差，价格昂贵，保存期不能过长，容易老化而导致性能降低，甚至失去爆炸性能。一般只在水下爆破使用。

隧道爆破使用的炸药由工厂或现场加工成药卷，药卷直径有 22 mm、25 mm、32 mm、35 mm、40 mm 等，长度为 165～500 mm，可按钻爆设计的装药结构和用药量来选择使用。隧道常用炸药及其特性参见表 3.4.2。

**表 3.4.2 隧道常用炸药及其特性**

| 炸药种类 | 适用范围 | 主要特性 |
|---|---|---|
| 乳化炸药 | 无瓦斯和无矿尘爆炸的坚硬岩石、有水孔 | 抗水性极好，爆炸威力大，爆破产生的有毒气体少；<br>密度 1.05～1.35 g/mL；猛度 12～20 mm；殉爆距离 5～12 cm；爆速 3 100～5 800 m/s |
| 水胶炸药 | 无瓦斯和无矿尘爆炸的坚硬岩石、有水孔 | 抗水性能强，爆炸威力大，但感度较浆状炸药高；<br>密度 1.1～1.5 g/mL；猛度 12～20 mm；爆力 330～350 mL；殉爆距离 6～25 cm；爆速3 500～4 600 m/s |
| 浆状炸药 | 无瓦斯和无矿尘爆炸的坚硬岩石、有水孔 | 抗水性能强，密度大，爆炸威力大，但感度较低；<br>密度 1.1～1.5 g/mL；猛度 15.2～20.1 mm；爆力 326～356 mL；殉爆距离 10～20 cm；爆速3 200～5 600 m/s |
| 铵油炸药 | 无瓦斯和无矿尘爆炸的坚硬岩石、有水孔 | 抗水性能好，不易结块，爆轰稳定，但保存期短；<br>密度 0.8～1.0 g/mL；猛度 12～18 mm；爆力 250～300 mL；殉爆距离 5 cm；爆速 3 300～3 800 m/s |
| 煤矿许用炸药 | 有瓦斯和矿尘爆炸危险的隧道 | 爆炸产生的爆热、爆温、爆压相对较低；有较好的起爆感度和传爆能力；排放的有毒气体量符合国家标准；炸药成分中不含金属粉末；<br>容许含水率不大于 0.3%；密度 0.85～1.1 g/mL；猛度 8～12 mm；爆力 230～290 mL；浸水前殉爆距离 3～6 cm；浸水后殉爆距离 2～4 cm；爆速 3 262～3 675 m/s |

注：各种炸药均为系列产品，因型号不同其性能指标有所差异。

3.起爆器材及起爆方法

为了使炸药发生爆炸就必须提供一定的起爆能。起爆方法根据所用器材不同可分为电力起爆法、非电起爆法和混合起爆法。非电起爆法包括导火索起爆法、导爆索起爆法、导爆管起爆法。引爆炸药的器材称为起爆器材，常用的起爆器材有导火索、雷管（火雷管和电雷管）、导爆索、导爆管、继爆管等。我国已于 2008 年起停止生产、使用导火索和火雷管。

1)电力起爆法

电力起爆法就是利用电雷管通电后起爆产生的爆炸引爆炸药的起爆方法。构成电力起爆网络的器材包括电雷管、导线、起爆电源。

按通电后爆炸延期时间不同，电雷管分瞬发电雷管和延期电雷管两种，如图 3.4.3、图 3.4.4 所示。瞬发电雷管是指通电后立即爆炸的电雷管；延期电雷管是指装有延期元件或延期药的电雷管。延期的长短用段数表示，段数越大，表示延期越长，即爆炸的越迟。按延期的单位，延期雷管又分为秒系列、半秒系列、1/4 秒系列和毫秒系列。

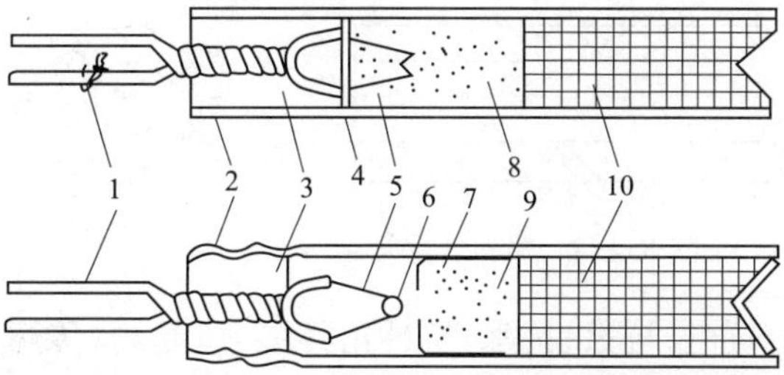

1—脚线;2—管壳;3—密封塞;4—纸垫;5—桥丝;6—引火头;7—加强帽;8—DDNP;9—正起爆药;10—副起爆药。

图 3.4.3 瞬发电雷管

雷管按管内装药量的多少,可分为8号和6号两种,号数越大,主装药量越大,起爆能力越强。常用的乳化炸药药卷使用8号雷管引爆。

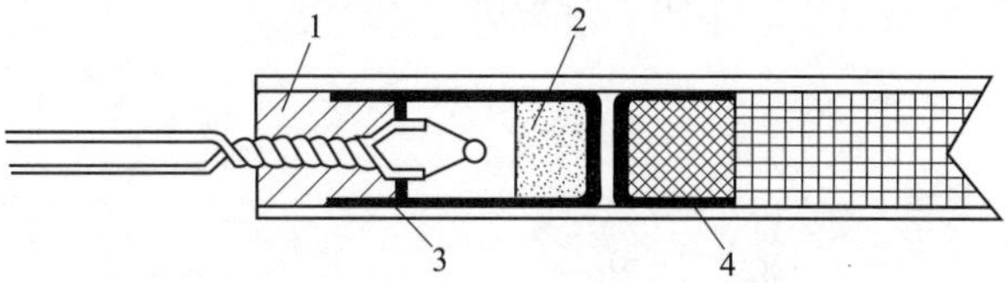

1—塑料塞;2—延期药;3—延期内管;4—加强帽。

图 3.4.4 延期电雷管

在有杂散电流条件下,需采用抗杂散电流电雷管。电雷管可用交、直流照明或动力电源,也可用各种类型的专用电起爆器引爆。目前,电雷管起爆系统在隧道工程施工中已较少采用。

2)导爆管起爆法

导爆管起爆是一种非电起爆系统,导爆管起爆法具有抗杂电、操作简单、使用安全可靠、成本较低等优点,目前应用非常广泛。

(1)导爆管起爆系统的组成

塑料导爆管非电起爆系统包括击发元件、传爆元件、起爆元件、连接元件等,如图 3.4.5 所示。

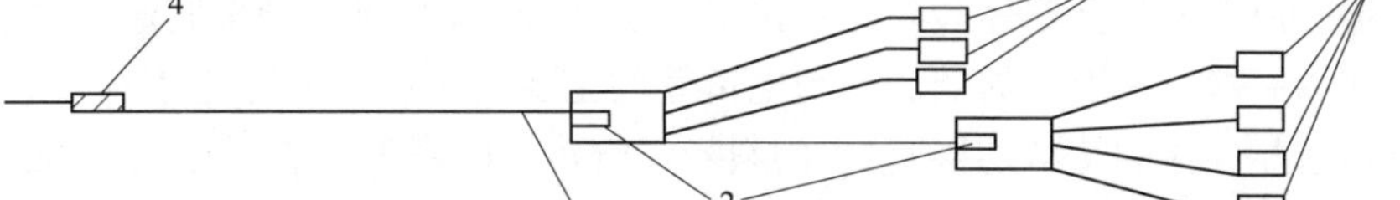

1—传爆元件(塑料导爆管);2—连接元件(内有传爆雷管);3—起爆元件(多用非电毫秒延期雷管);4—击发元件(多用起爆导管、击发枪和火帽及击发笔)。

图 3.4.5 导爆管非电起爆系统

(2)塑料导爆管

塑料导爆管是用来传递微弱爆轰波给非电雷管,使之爆炸的传爆材料。塑料导爆管的结构如图 3.4.6 所示。塑料导爆管是内壁涂有混合炸药粉末的空心塑料软管。管壁材料为聚乙烯,外径(2.95±0.15)mm,内径(1.4±0.10)mm。内壁所涂的混合炸药主要成分是奥托金或黑索金,每米(16±2)mg。管壁上的高能炸药在冲击波作用下,可以沿着管道方向连续稳定爆轰,而将爆轰传播到非电雷管使雷管起爆。弱爆轰在管内的传播速度为 1 600~2 000 m/s,但因其微弱,不至于炸坏塑料管。

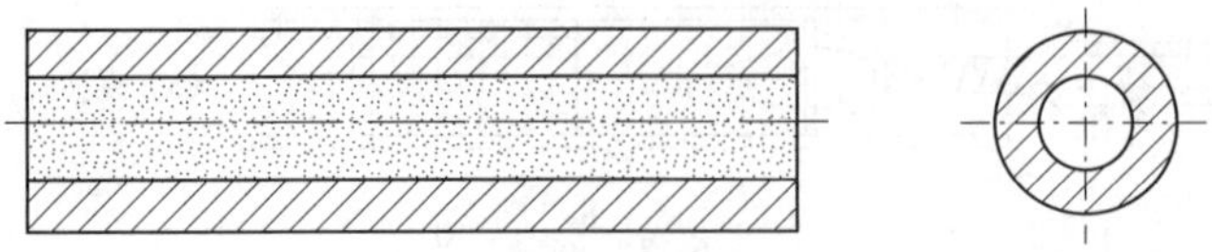

图 3.4.6　塑料导爆管结构

塑料导爆管具有以下优点：抗电、抗火、抗水、抗冲击性能好；起爆、传爆性能稳定；运输和使用过程中抗破坏能力强；安装简单，使用方便，价格便宜等，且可作为非危险品运输，因而在隧道工程中被广泛使用。它不能直接起爆炸药，须与非电毫秒延期雷管配合使用。

导爆管需用专用的击发元件起爆，比如 8 号火雷管、导爆索、击发枪、击发笔等，其连接和分支可集束捆扎雷管继爆，也可以用连通器连接继爆，具体过程中应根据实际情况和器材条件灵活运用。图 3.4.7 和图 3.4.8 是导爆管起爆网路示意。

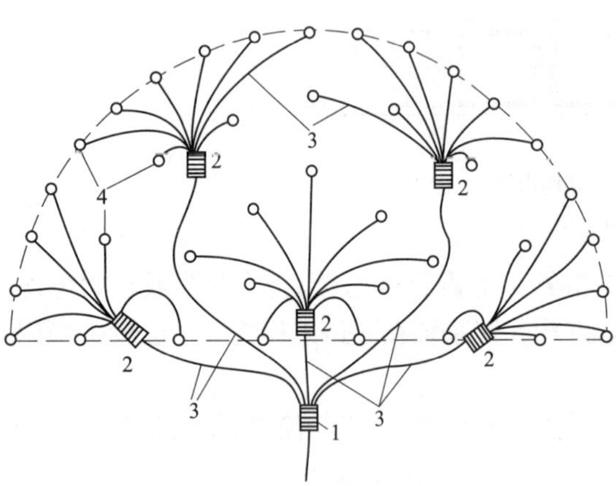


1—总集束；2—分支集束；3—导爆管；4—炮眼。

图 3.4.7　导爆管集束捆扎雷管继爆

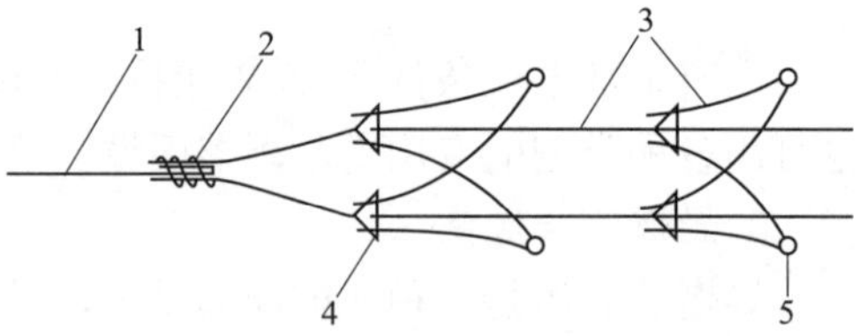


1—导爆索；2—8 号雷管及胶布；3—导爆管；4—连接块；5—炮眼。

图 3.4.8　导爆管连通器连接继爆

(3)导爆管雷管

塑料导爆管所传递的微弱爆轰不能直接引爆工业炸药，在非电导爆管起爆系统中需使用导爆管雷管作为起爆元件引爆炸药。它与电雷管的主要区别在于不用电点火装置，而是用一个与塑料导爆管相连接的塑料连接套，由塑料导爆管传递的爆轰波进行点火，由延期药实现延期，而且可以做到毫秒延期，所以又叫非电毫秒雷管，其结构构造与毫秒延期电雷管相似，如图 3.4.9所示，用途、效果、延期系列和段别与电雷管基本相同。

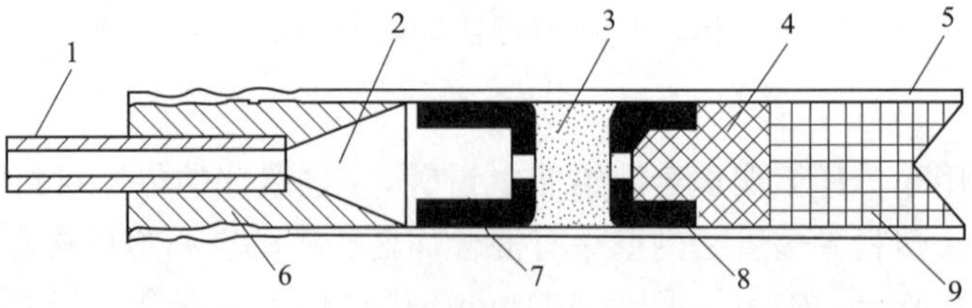


1—塑料导爆管；2—消爆空腔；3—延期药；4—正起爆药；5—金属管壳；6—塑料连接套；7—空信帽；8—加强帽；9—副起爆药。

图 3.4.9　延期导爆管雷管构造示意

3)导爆索起爆法

导爆索起爆法是利用雷管的爆炸,首先引爆导爆索,然后由导爆索网路的爆轰引爆药包的方法。

导爆索是以单质猛炸药黑索金或泰安作为索芯的传爆材料。它经雷管起爆后,可以直接引爆炸药。根据适用条件的不同,导爆索主要分为普通导爆索和安全导爆索两种。普通导爆索是目前生产和使用较多的一种,它具有一定的防水性能和耐热性能,但在爆轰传播过程中火焰强烈,所以只能在露天爆破和没有瓦斯的地下爆破作业。安全导爆索是在普通导爆索的药芯或外壳内加了适量消焰剂,使爆轰过程中产生的火焰变小,不会引爆瓦斯或矿尘,专供有瓦斯或矿尘爆炸危险的地下爆破作业使用。

导爆索能直接引爆炸药,在隧道工程中,当采用小直径药卷间隔装药时,常用导爆索将各被动药卷与主动药卷连接,以使被动药卷均能连续爆炸,从而减少数量或简化装药结构,减少装药量,实现有控制的弱爆破。在装药计算中,应将导爆索的爆力计入炸药用量中。

继爆管是一种专门与导爆索配合使用的,具有毫秒延期作用的起爆器材,如图 3.4.10 所示。

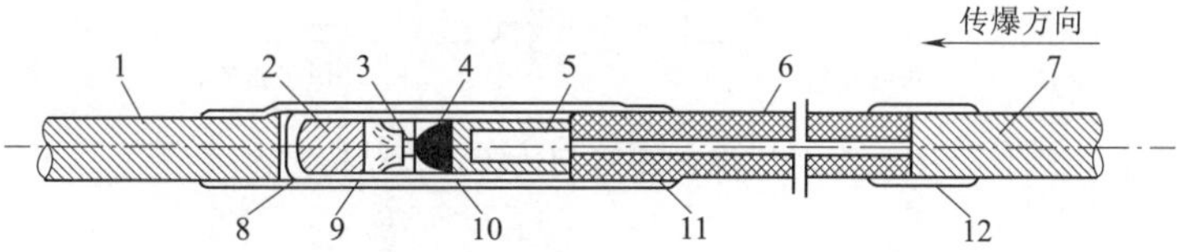


1—导爆索;2—制起爆药;3—加强帽;4—缓冲剂;5—内套管;6—消爆管;
7—导爆索;8—雷管壳;9—正起爆药;10—纸垫;11—外套管;12—连接管。

图 3.4.10　导爆索与继爆管

导爆索与继爆管具有抵抗杂散电流和静电引起爆炸危害的能力,装药时可不停电,增加了纯作业时间,所以导爆索—继爆管起爆系统在矿山和其他工程爆破中得到了广泛应用。缺点是成本比毫秒电雷管系统高,在有瓦斯的环境中危险性高,网络中的导爆索不能相互交叉。

有关资料表明,以上三种起爆方法的费用比为导爆管起爆法∶电力起爆法∶导爆索起爆法=1.0∶1.2∶3.0。

4)数码电子雷管起爆系统

为了消除传统起爆器材的一些缺陷,适应特殊爆破环境的需要,近年来国内外研制成功了很多新型起爆器材,下面仅对数码电子雷管起爆系统做简单介绍。

(1)数码电子雷管

数码电子雷管是指采用电子控制模块对起爆过程进行控制的雷管产品。数码电子雷管的主要特点是延期时间可根据实际需要任意设定并精确实现发火延时。

数码电子雷管延期装置采用了具有电子延时功能的专用集成电路芯片,数码电子雷管的延期时间可精确到 1 ms,且可在爆破现场由爆破员按其设计设定,对整个爆破系统实现编程和检验。电子雷管与传统雷管结构对比如图 3.4.11 所示。

由图 3.4.11 可知电子雷管与传统雷管的不同之处在于延期结构和点火头的位置,传统雷管采用化学物质进行延期,电子雷管采用具有电子延时功能的专用集成电路芯片进行延期;传统雷管点火头位于延期体之前，点火头作用于延期体实现雷管的延期功能，由延期体引爆雷管的主装药部分，而电子雷管延期体位于点火头之前，由延期体作用到点火头上，再由点火头作用到雷管主装药上。电子雷管分类见表 3.4.3。

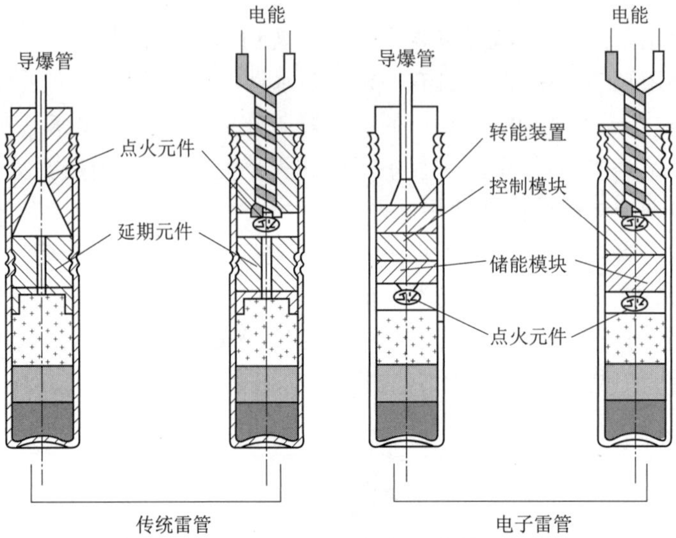


图 3.4.11　电子雷管与传统雷管结构对比

**表 3.4.3　电子雷管分类**

| | | | |
|---|---|---|---|
| 按输入能量区分 | 导爆管电子雷管 | 按使用场合区分 | 隧道专用电子雷管 |
| | 数码电子雷管 | | |
| 按延期编程方式区分 | 固定延期(工厂编程)电子雷管 | | 煤矿许用电子雷管 |
| | 现场可编程电子雷管 | | 露天使用电子雷管 |
| | 在线可编程电子雷管 | | |

(2)电子雷管起爆网络

数码电子雷管具有专用的起爆控制系统，数码电子雷管起爆系统的典型结构如图 3.4.12 所示。起爆由主、从两种起爆设备进行控制，主起爆设备(铱钵起爆器)对起爆的全部流程进行控制，是系统中唯一可以起爆网路的设备；从起爆设备(铱钵表)主要用于对扩展雷管的起爆网路以及在爆破网路布设时，对接入起爆网路的雷管进行注册，铱钵表本身不具备起爆雷管的能力，必须借助铱钵起爆器才能完成对雷管的起爆，按照铱钵起爆器的指令对所辖雷管起爆过程进行控制。

数码电子雷管的优点：通过集成电路块取代了传统的延期药，实现了精确延期，有利于控制爆破效应；提高了雷管生产、运输、使用的技术安全性；可实现雷管的信息化管理。电子雷管将全面使用。

4. 装药结构

炸药在被爆介质内的安置方式称为装药结构，不同装药结构有着不同的爆破效果。即炮眼内药卷与炮眼、药卷与药卷之间的关系不同时，有不同类型的装药结构。

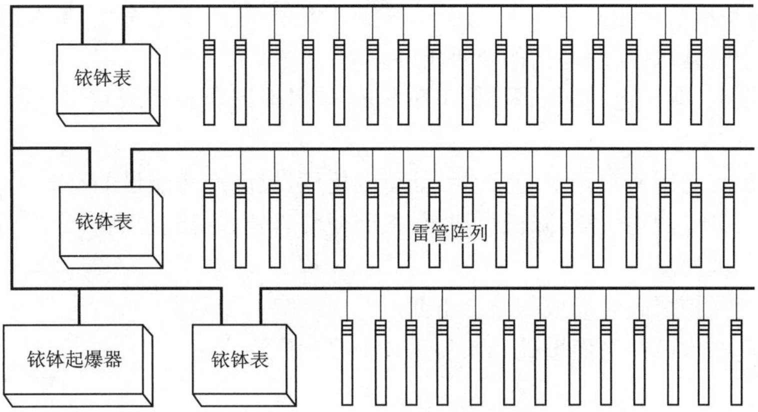


图 3.4.12　数码电子雷管起爆系统的典型结构

1)耦合装药与不耦合装药

按药卷与炮眼在径向的关系,装药结构分为耦合装药与不耦合装药。耦合装药时,药卷与炮眼在径向无间隙[图 3.4.13(a)],如散装药。不耦合装药时,药卷与炮眼在径向有间隙,间隙内可以是空气或其他缓冲材料[图 3.4.13(b)],如水、砂等。耦合装药或散装药时,装药直径即炮眼直径;不耦合装药时,装药直径一般指药卷直径。炮眼直径与装药直径之比称为不耦合系数。散装药时,不耦合系数为 1。

2)连续装药与间隔装药

按药卷在炮眼轴向的关系,装药结构分为连续装药和间隔装药。连续装药时,药卷之间在炮眼轴向紧密接触[图 3.4.13(c)]。间隔装药时,药卷(或药卷组)之间在炮眼轴向存在一定长度的空隙,空隙内可以是空气、炮泥、木垫或其他材料[图 3.4.13(d)]。

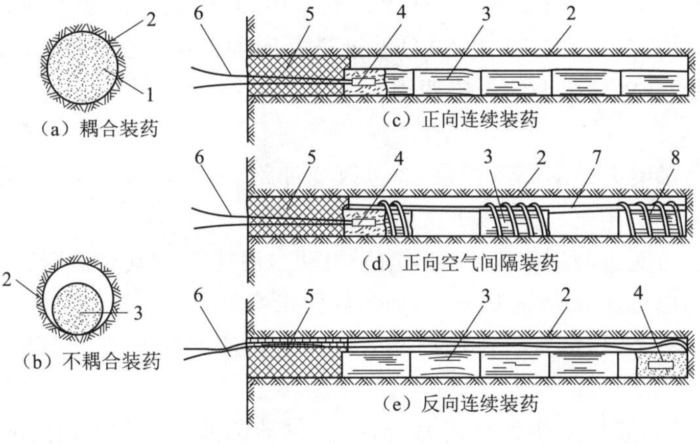


1—炸药;2—炮眼壁;3—药卷;4—雷管;5—炮泥;6—脚线;7—竹条和导爆索;8—绑绳。

图 3.4.13　装药结构

3)正向装药与反向装药

按起爆药卷在炮眼中的位置和其中雷管聚能穴的方向,装药结构可以分为正向装药和反向装药。正向装药是将起爆药卷放在孔口第 2 个药卷的位置上,雷管聚能穴朝向孔底,并用炮泥堵塞孔口。反向装药是将起爆药卷放在孔底第 2 个药卷的位置上,雷管聚能穴朝向孔口。

实践证明,反向装药结构能提高炮眼利用率,减少瞎炮率,减小石渣块度,增大抛掷能力和降低炸药消耗量。炮眼越深,反向装药的效果越好。

工程实践证明,在一定的岩石和炸药条件下,采用不耦合装药或空气间隔装药具有下列优点:

①可以增加炸药用于破碎或抛掷岩石能量的比例,提高炸药能量的有效利用率。

②改善岩石破碎的均匀度,降低大块率,从而使装岩效率得到提高。

③降低炸药消耗量。

④能有效地保护爆破时形成的新自由面。

不耦合装药结构已在光面爆破和预裂爆破中得到广泛应用。

### 3.4.3 钻眼机具

隧道工程中常使用的凿岩机有风动凿岩机和液压凿岩机。工作原理都是利用镶嵌在钻头体前端的凿刃反复冲击并转动破碎岩石而成孔,有的可通过调节冲击功大小和转动速度以适应不同硬度的石质,达到最佳成孔效果。

1)风动凿岩机

风动凿岩机俗称风钻,以压缩空气为动力。它具有结构简单,制造容易,操作方便,使用安全,不怕超负荷和反复启动,在多水多尘的恶劣环境中仍能正常使用等优点,但压缩空气的供应设备比较复杂,能量利用率低,工人劳动强度大,动力投资费用高,噪声大。

根据支持和向前推进方式的不同,风钻又可分为手持式、气腿式、伸缩式、导轨式四种。手持式凿岩机的质量为 10～25 kg,可用在中硬或坚硬岩石中。气腿式凿岩机的质量为 23～50 kg,气腿的推力除了支持凿岩机的质量外,还可对凿岩机产生向前的推力,它在工作面上的就位和转移都很容易,主要用在坚硬岩石上钻水平或倾斜的炮眼。伸缩式凿岩机的质量一般在40 kg左右,它附有气腿,与主机在同一纵向轴线上连成一体,立于地面钻朝上的炮眼。导轨式凿岩机一般重 36～110 kg,架设在导轨上,由自动推进器向前推进,适于安装在凿岩台车上,能钻凿各个方向的炮眼,在中硬以上岩石中使用。

2)液压凿岩机

液压凿岩机是以电力带动高压油泵,通过改变油路,使活塞往复运动,实现冲击作用。液压凿岩机与风动凿岩机相比,具有以下主要特点:

(1)动力消耗少,能量利用率高。液压凿岩机动力消耗仅为风动凿岩机的 1/3～1/2;液压凿岩机的能量利用率可达 30%～40%,风动的仅为 15%。

(2)凿岩速度快。液压凿岩机比风动凿岩机的凿岩速度快 50%～150%。在花岗岩中纯钻进速度可达 170～200 cm/min。

(3)液压凿岩机的液压系统设计配套合理,能自动调节冲击频率、扭矩、转速和推力等参数,适应不同性质的岩石,以提高凿岩功效,且润滑条件好,各主要零件使用寿命较长。

(4)工人工作环境好。液压钻的噪声比风钻降低 10～15 dB;液压钻也没有像风钻那样的排气,工作面没有雾气和粉尘,空气较清晰。

(5)液压凿岩机构造复杂,造价较高,质量大,附属装置较多,多安装在台车上使用。

3)液压凿岩台车

将多台凿岩机安装在一个专门的移动设备上,实现多机同时作业,集中控制,称为凿岩台车。凿岩台车的钻机为液压钻，比风动钻机提高了电能利用率；钻进速度快，钻眼深；施工人员少，劳动强度低；对操作技术要求高，施工环境好；工程成本高，维修要求高；软岩中不能充分发挥其优势。目前液压凿岩台车已广泛应用于隧道工程中。

凿岩台车按其走行方式可分为轨道走行、轮胎走行、履带走行三种；按其结构形式可分为实腹式、门架式两种。图3.4.14是工程中应用较多的轮胎走行全液压凿岩台车。

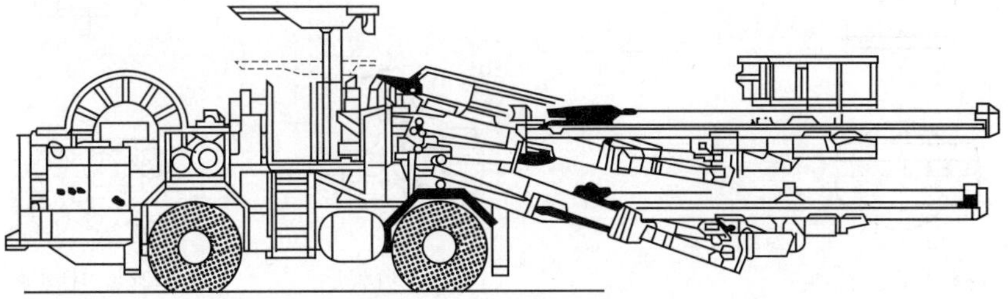

图3.4.14 轮胎走行全液压凿岩台车

实腹式凿岩台车通常为轮胎走行，可以安装1～4台凿岩机及一支工作平台臂，其立定工作范围为宽10～15 m，高7～12 m，可适用于不同断面的隧道中。但实腹式凿岩台车占用坑道空间较大，需与装渣运输车辆交会避让，占用循环时间，尤其是在隧道断面不大时，机械避让占用的非工作时间就更长，故实腹式凿岩台车多应用于断面较大的隧道中。

门架式凿岩台车的腹部可以通行装渣运输车辆，减少机械避让时间。门架式凿岩台车通常为轨道走行，安装2～3台凿岩机。门架式凿岩台车多用于中等断面（20～80 $m^2$）的隧道开挖，开挖断面过小或过大则都不采用。

轮胎走行和轨道走行凿岩台车均可打3.9～5.15 m炮眼，孔径48 mm，大中空眼直径102 mm。凿岩台车也在不断发展，多臂有5～6个臂，炮眼直径为48 mm、63 mm、76 mm、102 mm、152 mm不等，可在不同位置打不同作用的炮眼。

按控制的自动化程度来分，凿岩台车可以分为人工控制、电脑控制、电脑导向三种。人工控制是由人工控制操纵杆来实现钻机的定位、定向和钻进。钻眼位置由工程师标出，钻眼方向则由操作手按经验目测确定。电脑控制凿岩台车的所有动作都在电脑的控制下进行，必要时可由操作手进行干预。电脑导向凿岩台车不仅具有电脑控制功能，而且可以在隧道定位（导向）激光束的帮助下进行自动定位和定向，因此能进一步缩短钻眼作业时间，提高钻眼精度，减少超欠挖量。

4）钻头和钻杆

钻头直接连接在钻杆前端（整体式）或套装在钻杆前端（组合式），钻杆尾则套装在凿岩机的机头上，钻头前端则镶入硬质高强耐磨合金钢凿刃。钻头和钻杆均有射水孔，压力水即通过此孔清洗岩粉。

凿刃起着直接破碎岩石的作用。凿刃的种类按其形状可分为片状连续刃和柱齿刃（不连续）两类：片状连续刃又有一字形、十字形等几种布置形式；柱齿刃有球齿、锥形齿、模形齿等形状之分。钻头结构形式如图3.4.15所示。

常用钻头的直径有38 mm、40 mm、42 mm、45 mm、48 mm等，用于钻中空孔眼的钻头直径可达102 mm，甚至更大。超过50 mm的钻眼施工时，需要配备相应型号和钻眼能力的钻机施工。

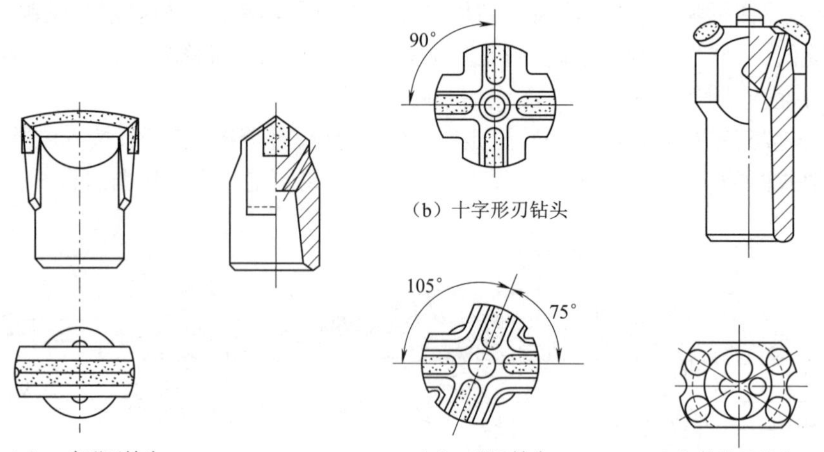


（a）一字形刃钻头　（b）十字形刃钻头　（c）X形刃钻头　（d）柱齿刃钻头

图 3.4.15　钻头结构形式

### 3.4.4　炮眼的种类和作用

隧道开挖爆破的炮眼数目和布置与隧道断面、围岩级别、爆破开挖方法等有关。隧道爆破工作面上的炮眼，按其位置和作用的不同分为：掏槽眼、辅助眼和周边眼。周边眼又可分为顶眼、帮眼和底眼。隧道各类炮眼布置如图 3.4.16 所示。

掏槽眼一般布置在工作面的中下部，如图 3.4.16 中的 1～6 号炮眼，其作用是在一个自由面（即工作面）的情况下，首先爆出一个槽腔，为后续炮眼的爆破增加新的自由面，以减小岩石的夹制作用，提高爆破效果。因此，掏槽眼是最先起爆的炮眼。掏槽眼比其他炮眼深 100～200 mm，装药量增加 15%～20%，采用连续装药结构。

周边眼是指沿隧道开挖面周边布置的最外一圈炮眼，如图 3.4.16 中的 21～44 号炮眼。其中 21～29 号为顶眼，30～33 号和 41～44 号为帮眼，34～40 号为底眼。周边眼的作用是控制隧道断面的成形轮廓。周边眼装药量最小，且多采用不耦合装药或间隔装药。

辅助眼是指介于掏槽眼和周边眼之间的所有炮眼，如图 3.4.16 中的 7～20 号炮眼。它可以是一圈或几圈炮眼，一般根据隧道断面大小来确定。辅助眼的作用是扩大掏槽眼爆出的槽腔，为周边眼的爆破创造有利条件。辅助眼装药量介于掏槽眼和周边眼装药量之间，多采用连续装药结构。

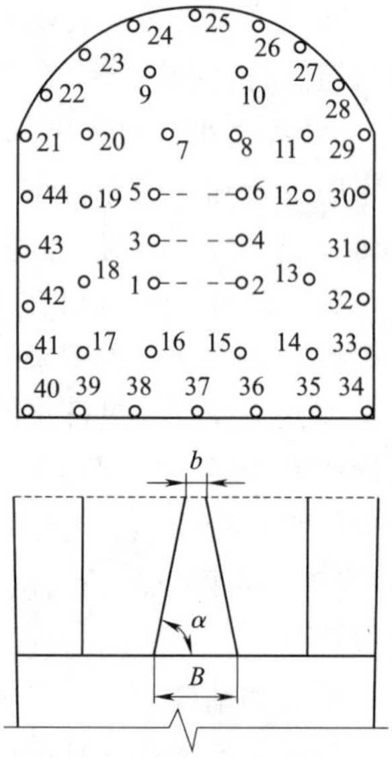


$\alpha$—掏槽眼与工作面的交角；
$B$—掏槽眼孔口间距；
$b$—掏槽眼孔底间距。

图 3.4.16　隧道各类炮眼布置

由各类炮眼的作用可以看出，隧道爆破效果的好坏主要取决于掏槽眼和周边眼的爆破。掏槽眼爆破直接影响着炮眼利用率或循环进尺，周边眼的爆破效果直接影响着隧道断面的成形质量及围岩的稳定和完整程度。

## 3.4.5　掏槽的形式和参数

根据掏槽眼与工作面的相对关系以及掏槽眼在被爆岩体中的排列形式，可将掏槽眼分为三种：斜眼掏槽、直眼掏槽和混合掏槽。

1. 斜眼掏槽

斜眼掏槽是指掏槽眼方向与工作面按一定角度斜交的炮眼排列形式，通常分为单向掏槽、楔形掏槽和锥形掏槽几种形式。隧道爆破中常采用的是垂直楔形掏槽和锥形掏槽。

1)单向掏槽

单向掏槽由数个朝同一方向倾斜的炮眼组成。当隧道断面内有软弱夹层、层理、节理和裂隙时，多采用单向掏槽。根据软弱夹层所处隧道断面内的位置和炮眼布置形式，单向掏槽分为顶部单向掏槽、底部单向掏槽、侧向单向掏槽和扇形单向掏槽，如图 3.4.17 所示。

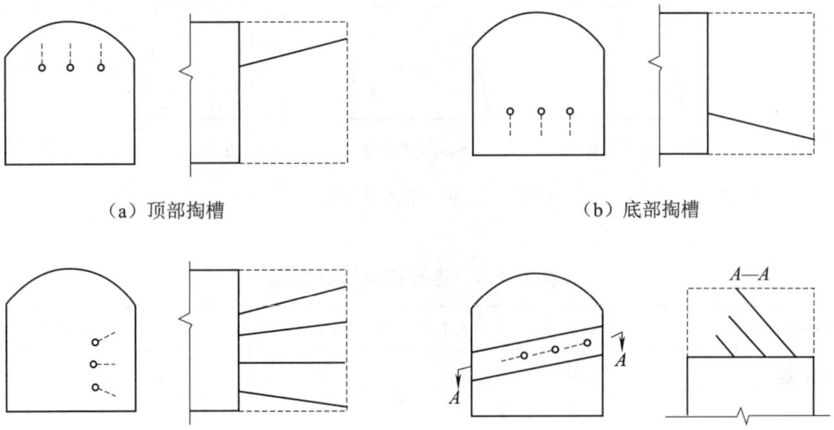


(a) 顶部掏槽　(b) 底部掏槽　(c) 侧向掏槽　(d) 扇形掏槽

图 3.4.17　单向掏槽炮眼布置示意

2)楔形掏槽

楔形掏槽由数对(一般为 2～4 对)对称相向倾斜的炮眼组成。爆破后形成楔形槽。楔形掏槽爆力比较集中，爆破效果较好，掏出的槽口体积较大，可以适应各种不同坚固程度的岩层。

楔形掏槽根据岩层层理不同，可分成水平楔形掏槽和垂直楔形掏槽两类。水平楔形掏槽是指成对的掏槽炮眼位于垂直于水平面的平面内。水平楔形掏槽用得较少，只有当工作面的岩层为水平层理时才采用。垂直楔形掏槽是指成对的掏槽眼位于平行于水平面的平面内。垂直楔形掏槽常用于断面大于 4 $m^2$，中硬以上的均质岩石。

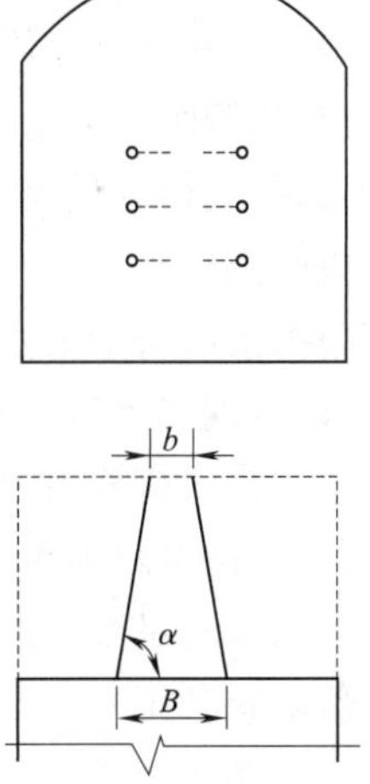


图 3.4.18　垂直楔形掏槽炮眼布置示意

掏槽眼与工作面的交角 $\alpha$、每对掏槽眼的间距 $B$ 和每对掏槽眼孔底的距离 $b$ 是影响此种掏槽效果的重要因素(图 3.4.18)，这些参数随围岩级别的不同而不同。表 3.4.4 列出部分经验数据供参考。

**表 3.4.4　垂直楔形掏槽爆破参数**

| 围岩级别 | α | 斜度比 | B(cm) | b(cm) | 炮孔数量(个) |
|---|---|---|---|---|---|
| Ⅳ级及以上 | 70°～80° | 1∶0.27～1∶0.18 | 70～80 | 30 | 4 |
| Ⅲ | 75°～80° | 1∶0.27～1∶0.18 | 60～70 | 30 | 4～6 |
| Ⅱ | 70°～75° | 1∶0.37～1∶0.27 | 50～60 | 25 | 6 |
| Ⅰ | 55°～70° | 1∶0.47～1∶0.37 | 30～50 | 20 | 6 |

3)锥形掏槽

锥形掏槽由数个共同向中心倾斜的炮眼组成。爆破后的坑槽呈角锥形。炮眼布置形式有三角锥形、四角锥形(四门斗)、五角锥形等,如图 3.4.19 所示,锥形掏槽爆破参数见表 3.4.5。

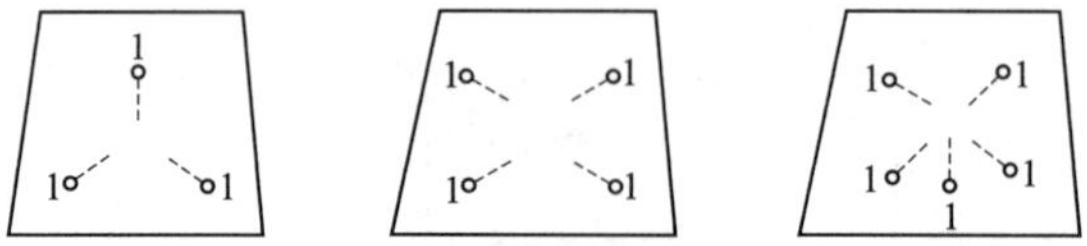


(a) 三角锥形　(b) 四角锥形　(c) 五角锥形

图 3.4.19　锥形掏槽示意

**表 3.4.5　锥形掏槽爆破参数**

| 围岩级别 | α | B(cm) | 炮孔数量(个) |
|---|---|---|---|
| Ⅳ级及以上 | 70° | 100 | 3 |
| Ⅲ | 68° | 90 | 4 |
| Ⅱ | 65° | 80 | 5 |
| Ⅰ | 60° | 70 | 6 |

注:$B$ 为掏槽眼孔口间距,$\alpha$ 为炮眼与掌子面交角。

斜眼掏槽具有操作简单、运用灵活,能按岩层的实际情况选择掏槽方式和掏槽角度,易把岩石抛出,掏槽眼的数量少且炸药消耗量低等优点。缺点是炮眼深度易受到开挖断面尺寸的限制,不易提高循环进尺,不便于多台凿岩机同时作业。

2. 直眼掏槽

直眼掏槽由若干个垂直于开挖面的炮眼所组成,掏槽深度不受围岩软硬和开挖断面大小限制,可以实现多台钻机同时作业、深眼爆破和钻眼机械化,从而为提高掘进速度提供了有利条件。由于直眼掏槽凿岩作业较方便,循环进尺的改变不需变化掏槽形式,仅需改变炮眼深度,且石渣的抛掷距离也可缩短,被现场广泛采用。但直眼掏槽的炮眼数目和单位用药量较多,对孔距、装药量等有严格要求,往往由于设计或施工不当,使槽内的岩石不易抛出或重新固结而降低炮眼利用率。

1)直眼掏槽形式

直眼掏槽形式很多,过去常用的有龟裂掏槽、五眼梅花掏槽和螺旋形掏槽。近年来,由于重型凿岩机械的使用,尤其是大直径(>100 mm)炮眼的液压钻机投入施工以后,直眼掏槽的

布置形式有了新发展,目前常用的形式有:

(1)柱状掏槽(图 3.4.20)。它是充分利用大直径空眼作为临空眼和岩石破碎后的膨胀空间,使爆破后能形成柱状槽口的掏槽爆破。作为临空眼的空眼数目,视炮眼深度而定。一般当炮眼深度小于 3.0 m 时,采用 1 个;当炮眼深度为 3.0～3.5 m 时,采用双临空眼;当炮眼深度为 3.5～5.15 m 时,采用 3 个。试验表明:第一个起爆装药眼离开临空眼的距离应不大于 1.5 倍的临空眼直径。

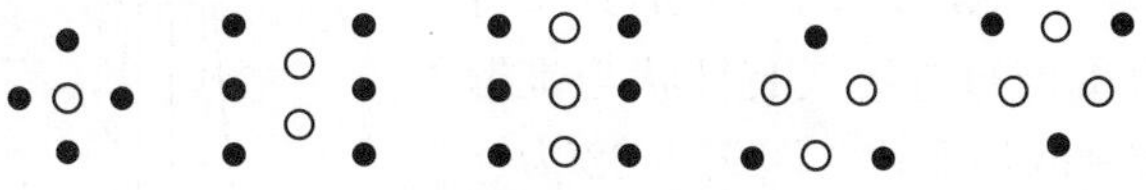

● —装药孔; ○ —临空孔。

图 3.4.20　柱形掏槽

(2)螺旋形掏槽。螺旋形掏槽由柱状掏槽发展而来,其特点是中心眼为空眼,邻近空眼的各装药眼至空眼之间的距离逐渐加大,其连线呈螺旋形状,如图 3.4.21 所示。装药眼与空眼之间的距离分别为 $a=(1.0\sim1.5)D$,$b=(1.2\sim2.5)D$,$c=(3.0\sim4.0)D$,$d=(4.0\sim5.0)D$。$D$ 为空眼直径,一般不小于 100 mm,也可用 $\phi$(60～70) mm 的钻头钻成 8 字形双空眼。爆破按 1、2、3、4 由近及远顺序起爆,以充分利用自由面,扩大掏槽效果。

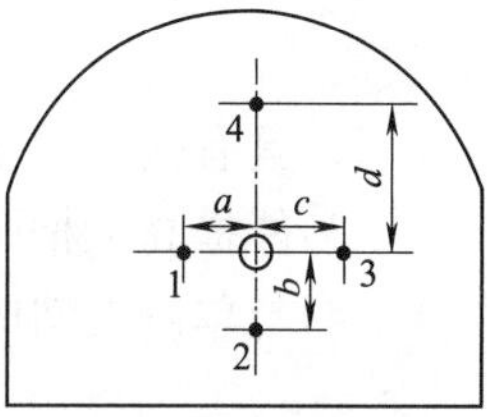


图 3.4.21　螺旋形掏槽炮眼布置示意

2)直眼掏槽的特点

直眼掏槽适用于硬岩或中硬岩层。掏槽深度不受开挖断面大小的限制,适宜采用中深眼爆破。凿岩作业较方便,各台凿岩机间相互干扰小,便于多台凿岩机同时作业,提高钻眼效率和掘进深度。容易控制孔底深度,使孔底落在同一平面上,炮眼利用率高。爆破时石渣的抛掷距离较短,不易打坏支护及机具设备等。掏槽炮眼数目较多,耗药量较大。对孔距、装药等有严格要求,如设计或施工不当,易造成槽腔内岩石抛不出来或部分抛不出来的现象。

3)影响直眼掏槽效果的因素

(1)孔距。空眼与装药眼之间的距离对掏槽效果影响较大,孔距过大就会造成掏槽失败或效果降低,孔距过小不仅会使钻眼困难,还容易发生槽内岩石被挤实的现象。空眼与装药眼之间的距离一般随岩性不同而变动。当用等直径炮眼时,变动范围为炮眼直径的 2～4 倍;当采用大直径空眼时,空眼与装药眼之间的距离不宜超过空眼直径的 2 倍。

(2)空眼数目。空眼不仅起着辅助自由面的作用,而且还起着为槽内岩石破碎提供膨胀补偿空间的作用。所以,增加空眼数目能获得良好的掏槽爆破效果。一般是炮眼越深,空眼数越多。

(3)装药。与其他掏槽方式相比,直眼掏槽的装药量最大,装药长度占全眼长的 70%～90%。如果装药长度不够,易发生"挂门帘"和"留门槛"现象。

(4)辅助抛掷。当炮眼深度大于 2.0 m 时,容易产生槽腔内岩石部分抛掷不出来的现象,因此,可采取辅助抛掷措施。方法一般是将空眼加深 100～200 mm,并在孔底放 1～2 卷炸药,待掏槽眼全部起爆后接着起爆。

(5)钻眼质量。钻眼质量直接影响着掏槽效果。炮眼偏斜过大,会造成两眼钻穿或孔底距离过大，从而降低槽内岩石抛出率或使炮眼间的岩石不能有效崩落。因此，必须严格按设计施工，提高钻眼精度。

3. 混合掏槽

混合掏槽是指两种或两种以上掏槽方式的组合掏槽。

1）混合掏槽的布置形式

根据组成混合掏槽的各掏槽方式的不同，其布置形式较多。常用的混合掏槽布置形式有柱状与锥形混合掏槽和复式楔形掏槽两种形式。图 3.4.22 为这两种混合掏槽方式的示意。

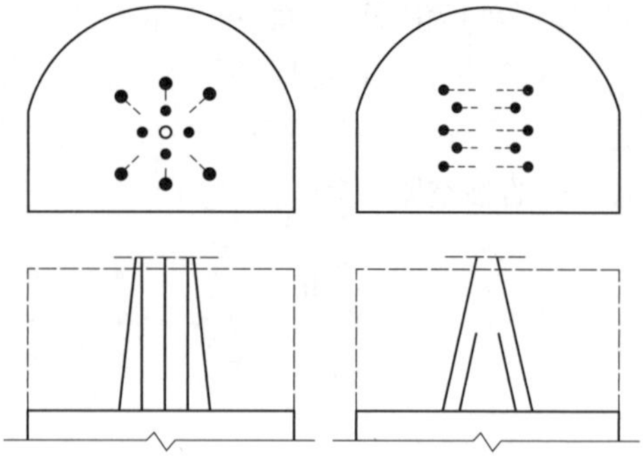

（a）柱状与锥形混合掏槽　（b）复式楔形掏槽

图 3.4.22　混合掏槽

2）混合掏槽的特点

（1）一般在岩石特别坚硬或隧道开挖断面较大时使用。

（2）具有掏槽深度大、掏槽效果好的优点。

（3）能提高掏槽眼炮眼利用率。

（4）与单一的斜眼掏槽和直眼掏槽相比，混合掏槽的布置和施工都较为复杂。

### 3.4.6　钻爆设计

1. 钻爆设计的内容和要求

为了控制超欠挖和达到预期的循环进尺，并尽可能节省工料消耗，隧道开挖应根据地质条件、开挖断面、开挖方法、掘进循环进尺、钻眼机具、爆破器材及环境要求等进行钻爆设计。

1）钻爆设计的内容

钻爆设计的内容应包括炮眼（掏槽眼、辅助眼、周边眼）的直径、数目、深度、布置和斜率，爆破器材、装药量和装药结构，起爆方法和爆破顺序，钻眼机具和钻眼要求、主要技术指标及必要的说明等。

2）钻爆设计的要求

隧道钻爆设计应做到“有图、有表、有计算、有说明”，并应绘制大比例尺交底图，向作业人员交底，以付诸实施。钻爆设计文件力求通俗易懂，以便作业人员掌握。钻爆设计的成果包括：

（1）设计说明。包括工程地质条件、钻孔、装药、堵塞要求、安全技术措施及经济指标等。

（2）炮眼布置图。包括掏槽眼、辅助眼、周边眼。掏槽眼较复杂时，应绘制大样图，图中要标明起爆先后顺序和雷管的安排布置，一般有正面图和剖面图即可。

（3）钻孔、装药表。标明钻孔名称、钻孔直径、钻孔深度、角度、装药量、延时雷管段数（段别）、开挖断面、开挖进尺、炮眼利用率、炸药总量、单耗、雷管单耗等。

每次爆破后都与钻爆设计进行对照比较，及时根据爆破效果不断调整修正爆破参数，提高爆破效果，改善技术经济指标。如爆破后石渣过小，说明辅助眼布置偏密或用药量偏大；如石渣过大不便装运渣，说明炮眼布置偏疏或药量偏小，均需调整爆破参数。

2. 爆破参数设计

爆破参数设计包括炮眼直径、炮眼数目、炮眼深度、装药量、炮眼布置、起爆顺序和起爆间隔等内容。

1)炮眼直径

炮眼直径的大小直接影响钻眼速度、工作面的炮眼数目、单位耗药量、爆落岩石的块度和隧道轮廓的平整性。加大炮眼直径以提高装药量可使炸药能量相对集中,爆炸效果得以改善,但炮眼直径增大将导致钻眼速度明显下降,并影响岩石破碎质量、洞壁平整程度和围岩的稳定性。因此,必须根据岩性、凿岩设备和工具、炸药性能等进行综合分析,合理选用炮眼直径。隧道所选用的炮眼直径一般在 32～50 mm,药卷与眼壁之间的间隙一般为炮眼直径的 10%～15%。

2)炮眼数目

炮眼数目主要与开挖断面、炮眼直径、岩石性质和炸药性能有关。炮眼数目过少将造成爆破石块中大块增多,隧道壁面不平整,甚至会出现炸不开的情况;相反,炮眼数目过多将使钻眼工作量增大。因此,炮眼数目确定的基本原则是在保证爆破效果的前提下,尽可能地减少炮眼数目。通常可根据各炮眼平均分配炸药量的原则来计算,其公式为

$$N=\frac{qS}{\alpha\gamma} \tag{3.4.1}$$

式中　$N$——炮眼数目,不包括未装药的空眼数;

$q$——单位体积岩石耗药量,一般取 $q=1.1\sim2.9\ \mathrm{kg/m^3}$;

$S$——隧道掘进断面积($m^2$);

$\alpha$——装药系数,即装药长度与炮眼全长的比值,可参考表 3.4.6 选取;

$\gamma$——每米药卷的炸药质量(kg/m)。

**表 3.4.6　装药系数**

| 炮眼名称 | 围岩级别 | | | |
|---|---|---|---|---|
| | Ⅳ、Ⅴ | Ⅲ | Ⅱ | Ⅰ |
| 掏槽眼 | 0.50 | 0.55 | 0.60 | 0.65～0.80 |
| 辅助眼 | 0.4 | 0.45 | 0.5 | 0.55～0.70 |
| 周边眼 | 0.4 | 0.45 | 0.55 | 0.60～0.75 |

3)炮眼深度

炮眼深度是指孔底至工作面的垂直距离。合理的炮眼深度有助于提高掘进速度和炮眼利用率,可采用以下方法确定炮眼深度。

炮眼利用率是指每次爆破炮眼长度被利用部分占炮眼长度的百分率,其值可用式(3.4.2)计算:

$$\eta=\frac{L-l_0}{L}\times100\% \tag{3.4.2}$$

式中　$L$——炮眼长度(m);

$l_0$——炮眼未爆炸部分的长度(m);

$\eta$——炮眼利用率。

①按每一掘进循环的计划进尺数来确定

$$L=\frac{l}{\eta} \tag{3.4.3}$$

式中　$L$——炮眼深度(m)；

$l$——每一掘进循环的计划进尺数(m)；

$\eta$——炮眼利用率，一般要求不低于0.85。

②按每一掘进循环所占时间来确定

$$L=\frac{mvt}{N} \tag{3.4.4}$$

式中　$L$——炮眼深度(m)；

$m$——钻机数量；

$v$——钻眼速度(m/h)；

$t$——每掘进循环中钻眼所占时间(h)；

$N$——炮眼数目。

《铁路隧道施工技术规程》规定，周边炮眼与辅助炮眼的孔底应在同一垂直面上，掏槽炮眼应加深10～20 cm。另外，炮眼深度还应与装渣运输能力相适应，每24 h能完成整数个循环，使掘进每延长米隧道消耗的时间最少，炮眼利用率最高。目前较多采用的炮眼深度在1.8～2.5 m。在隧道钻爆设计与施工中，习惯上根据炮眼深度对炮眼做以下分类：炮眼深度在1.5 m以下的称为浅眼，炮眼深度在2.5～3.5 m的称为中深眼，炮眼深度大于3.5 m的称为深眼。需要说明的是，这是一种习惯的分类方法，与露天台阶爆破中深眼与浅眼的划分对象是完全不同的。

4)装药量

装药量是影响爆破效果的重要因素。药量不足，则炮眼利用率低或产生大块，甚至会出现炸不开的现象；药量过大，则会破坏围岩稳定，产生飞石，崩坏支架和机械设备等，且抛渣分散，降低装渣机装岩效率。合理的药量应根据所使用的炸药性能和质量、地质条件、开挖断面尺寸、自由面数目、炮眼直径和深度及爆破的质量要求等综合确定。目前采用的方法是，先用装药量体积公式计算出一个循环的总装药量，然后再按各种不同类型的炮眼进行分配，经爆破实践检验和修正，直到取得良好的爆破效果为止。装药量可按式(3.4.5)计算：

$$Q=qV \tag{3.4.5}$$

式中　$Q$——掘进每循环所需总炸药量(kg)；

$q$——单位体积岩石耗药量，一般取$q=1.1\sim2.9\ \mathrm{kg/m^3}$，见表3.4.7；

$V$——一个循环进尺所爆落的岩石总体积($\mathrm{m^3}$)其值为

$$V=SL\eta \tag{3.4.6}$$

式中　$L$——炮眼平均深度(m)；

$S$——隧道掘进断面积($\mathrm{m^2}$)；

$\eta$——炮眼利用率，一般为0.8～0.95。

**表3.4.7　隧道爆破单位体积岩石耗药量**($\mathrm{kg/m^3}$)

| 项目 | | 炸药类型 | 岩石级别 | | | |
|---|---|---|---|---|---|---|
| | | | 特坚石Ⅰ | 坚石Ⅱ～Ⅲ | 次坚石Ⅲ～Ⅳ | 软石Ⅴ |
| 导坑 | 4～6 $\mathrm{m^2}$ | 硝铵炸药 | 2.9 | 2.3 | 1.8 | 1.5 |
| | | 62%胶质炸药 | 2.1 | 1.7 | 1.8 | 1.1 |

续上表

| 项目 | | 炸药类型 | 岩石级别 | | | |
|---|---|---|---|---|---|---|
| | | | 特坚石Ⅰ | 坚石Ⅱ～Ⅲ | 次坚石Ⅲ～Ⅳ | 软石Ⅴ |
| 导坑 | 7～9 m² | 硝铵炸药 | 2.5 | 2.0 | 1.6 | 1.3 |
| | | 62%胶质炸药 | 2.0 | 1.6 | 1.25 | 1.1 |
| | 10～12 m² | 硝铵炸药 | 2.25 | 1.8 | 1.5 | 1.2 |
| | | 62%胶质炸药 | 1.7 | 1.35 | 1.1 | 0.9 |
| 扩大炮眼 | | 硝铵炸药 | 1.10 | 0.85 | 0.7 | 0.6 |
| 周边炮眼 | | | 0.90 | 0.75 | 0.65 | 0.55 |
| 底部炮眼 | | | 1.4 | 1.2 | 1.1 | 1.0 |
| 半断面(多台阶) | 拱部 | 硝铵炸药 | 1.0～1.1 | | | |
| | 底部 | | 0.5～0.6 | | | |
| 全断面 | | 硝铵炸药 | 1.4～1.6 | | | |

5)炮眼布置

隧道内布置炮眼时，必须保证获得良好的爆破效果，并考虑钻眼的效率。除在开挖面上出现土石互层、围岩级别不同、节理异常等特殊情况外，炮眼一般按下述原则布置：

①先布置掏槽眼，其次是周边眼，最后是辅助眼。掏槽眼一般应布置在开挖面中央偏下部位。为爆出平整的开挖面，除掏槽眼和底部炮眼外，所有炮眼孔底应落在同一平面上。通常掏槽眼与底部炮眼深度相同，比其他炮眼深10～20 cm。

②周边眼应严格按照设计位置布置。断面拐角处应布置炮眼。为满足机械钻眼需要和减少超欠挖，周边眼设计位置应考虑3%～5%的外插斜率，并应使前后两排炮眼的衔接台阶高度(即锯齿形的齿高)最小，此高度一般要求为10 cm，最大不应超过15 cm。

③辅助眼的布置主要是解决炮眼间距和最小抵抗线的问题，这可以由施工经验决定。一般最小抵抗线 $W$ 约为炮眼间距的60%～80%，并在整个断面上均匀排列。

④当炮眼的深度超过2.5 m时，靠近周边眼的内圈辅助眼应与周边眼有相同的倾角。

⑤当岩层层理明显时，炮眼方向应尽量垂直于层理面。如节理发育，炮眼应尽量避开节理，以防卡钻和影响爆破效果。

隧道开挖面的炮眼，在遵守上述原则的基础上，可以有以下几种布置方式：

①直线形布眼。将炮眼按垂直方向或水平方向围绕掏槽开口呈直线形逐层排列，如图3.4.23(a)所示。这种布眼方式形式简单且易掌握，同排炮眼的最小抵抗线一致，间距一致，前排眼为后排眼创造临空面，爆破效果较好。

②多边形布眼。这种布眼是围绕着掏槽部位由里向外将炮眼逐层布置成正方形、长方形、多边形等，如图3.4.23(b)所示。

③弧形布眼。顺着拱部轮廓线逐圈布置炮眼，如图3.4.23(c)所示。此外，还可将开挖面上部布置成弧形，下部布置成直线形，以构成混合型布置。

④圆形布眼。当开挖面为圆形时，炮眼围绕断面中心逐层布置成圆形。这种布眼方式，多用在圆形隧道、泄水洞以及圆形竖井的开挖中。

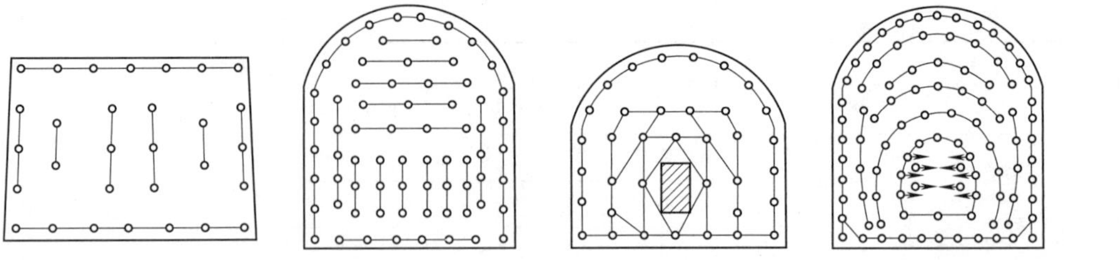

（a）直线形布眼　（b）多边形布眼　（c）弧形布眼

图 3.4.23　隧道炮眼布置

6)起爆顺序和起爆间隔

①除预裂爆破的周边眼是最先起爆外，在一个开挖断面上，起爆顺序是由内向外逐层起爆。这个起爆顺序可以利用延期雷管的不同延期时间（段别）来实现。

②试验和研究表明，各层（圈）炮眼之间的起爆时差越小，则爆破效果越好。常采用的时差为 40～200 ms，称为毫秒微差爆破。

③内圈炮眼先起爆，外圈炮眼后起爆，这个顺序不能颠倒，否则爆破效果大受影响，甚至完全失败。为了保证内外圈先后起爆顺序，实际使用中，常跳段选用毫秒雷管。但应注意，在深眼爆破时，要将掏槽炮眼与辅助炮眼之间的时差稍加大，以保证掏槽炮眼在此时差内将石渣抛出槽腔，防止槽腔淤塞，为后爆辅助炮眼提供有效的临空面。

④同圈炮眼必须同时起爆，尤其是掏槽眼和周边眼，以保证同圈炮眼的共同作用效果。

⑤延期时间可以由眼内控制或眼外控制。眼内控制是将延期雷管装入眼内的药卷中来实现毫秒微差爆破。这是常用的方法，但装药要求严格，一旦差错就影响爆破效果。眼外控制是将延期雷管装在眼外，在眼内药卷中装入瞬发雷管实现毫秒微差爆破。这样便于装药后进行系统检查（段数）。但先爆雷管可能会炸断其他管线，造成盲炮，影响爆破效果。

由于毫秒雷管段数较多和延期时间精度提高，现多采用眼内控制微差爆破，而较少采用眼外控制。此外，若一次爆破炮眼数量较多，雷管段数不够用时，可采用眼内、眼外混合及串联、并联混合网络。

### 3.4.7　光面爆破和预裂爆破

在隧道爆破施工中，首要的要求是开挖轮廓的尺寸准确，对围岩扰动小。所以，周边眼的爆破效果反映了整个隧道爆破的成洞质量。实践表明，采用普通爆破方法不仅对围岩扰动大，而且难以爆出理想的开挖轮廓，故目前采用控制爆破技术进行爆破。隧道控制爆破主要是指隧道的光面爆破和预裂爆破。

1)隧道光面爆破标准及特点

光面爆破是为使爆破形成平整的开挖面，减小超挖，由开挖面中部向外侧依次顺序起爆的爆破方法。隧道光面爆破后的围岩断面轮廓整齐、可以最大限度地减轻爆破对围岩的扰动和破坏，尽可能地保持原岩的完整性和稳定性。隧道光面爆破的效果用光面爆破的标准来评价。

光面爆破的标准：开挖轮廓成形规则，岩面平整；硬岩围岩壁上保存有 80%以上的半面炮眼痕迹，中硬岩围岩壁上保存有 60%以上的半面炮眼痕迹，无明显的爆破裂缝；超欠挖尺寸符合规定要求，围岩面上无危石。

隧道光面爆破具有以下几方面的特点：

①对围岩的扰动小，可提高围岩的自身承载能力。

②能有效减少应力集中现象，减少落石和塌方的发生，提高施工安全度。

③减少了超挖和回填量，若与喷锚支护相结合，能节省大量混凝土，降低工程造价，加快施工速度。

④可降低爆破振动有害效应。

2)隧道光面爆破的参数

光面爆破成功与否主要取决于周边眼的爆破参数确定。这些参数主要包括：周边眼间距、光面爆破层厚度、周边眼密集系数及装药集中度。影响选择光面爆破参数的因素有地质条件、岩石性能、炸药品种、一次爆破的断面大小、断面形状、凿岩设备等，其中影响最大的是地质条件。光面爆破参数，通常采取简单的计算并结合工程类比加以确定，在初步确定后，一般都要在现场爆破实践中加以修正改善。

(1)周边眼间距

周边眼间距 $E$ 与岩体的抗拉、抗压强度以及炮眼直径有关。当炮眼直径为 32～40 mm 时，一般取 $E$=320～720 mm。通常情况下，软质或完整的岩石 $E$ 宜取大值，隧道跨度小、坚硬和节理裂隙发育的岩石 $E$ 宜取小值，装药量也需相应减少。还可以在两个炮眼间增加导向空眼，导向空眼到装药孔间的距离一般控制在 400 mm 以内。此外，还应注意炸药的品种对 $E$ 值也有影响。光爆参数示意如图 3.4.24 所示。

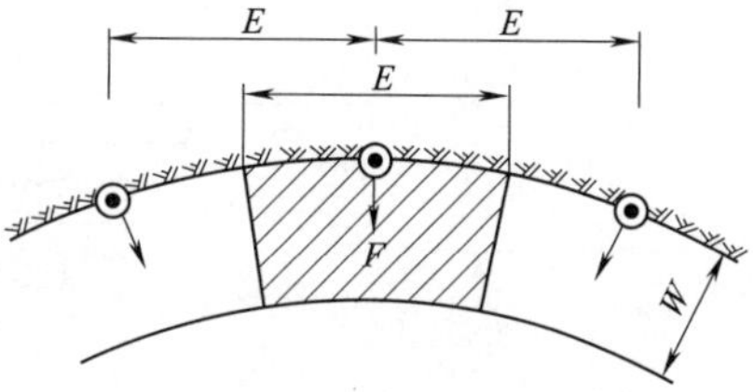


$E$—周边眼间距；
$W$—光爆层厚度(周边眼最小抵抗线)；
$F$—炸药爆炸静压力。

图 3.4.24　光爆参数示意

(2)光爆层厚度及炮眼密集系数

所谓光爆层就是周边眼与最外层辅助眼之间的一圈岩石层，其厚度就是周边眼最小抵抗线 $W$(图 3.4.24)。周边眼间距 $E$ 与光爆层厚度 $W$ 有着密切关系，通常以周边眼的密集系数 $K$($K=E/W$)表示，其大小对光面爆破效果有较大影响。必须使应力波在两相邻炮眼间的传播距离小于应力波至临空面的传播距离，即 $E<W$。实践表明，$K$=0.8 较为适宜，光爆层厚度 $W$ 一般取 500～800 mm。

(3)装药不耦合系数

合理的不耦合系数应使爆炸后作用在孔壁上的压力低于岩壁的动抗压强度，而高于其动抗拉强度。实践证明，不耦合系数介于 2～5 时，光面爆破效果最好。

(4)周边眼装药量

周边眼装药量通常用线装药密度表示，所谓线装药密度就是单位长度炮眼中的装药量，其单位为 kg/m 或 g/m。合理的装药量应该是爆破后既能保证沿周边炮眼连心线产生破裂，又不会对围岩产生破坏。在实际工程中，通常根据孔距、光爆层厚度、岩石性质和炸药种类等综合考虑来选取。对于软岩或采用光爆层单独起爆时，一般为 0.15～0.25 kg/m；对于硬岩或全断面一次起爆时，一般为 0.30～0.35 kg/m。

3)隧道光面爆破技术措施

除了合理的光面爆破参数外，为获得良好的光面爆破效果，还可采取以下技术措施：

①采用小直径药卷或专用的低爆速、低密度、低威力炸药。

②采用不耦合装药结构。光面爆破的不耦合系数最好大于 2，但药卷直径不应小于该炸药的临界直径，以保证稳定传爆。当采用间隔装药时，相邻炮眼所用的药卷位置应错开，以充分利用炸药效能。

③严格掌握与周边眼相邻的内圈炮眼布置应满足周边眼最小抵抗线要求，为周边眼爆破创造临空面。周边眼应做到同时起爆。

④严格控制装药集中度，必要时可采用间隔装药结构。

⑤确保钻眼精度。周边轮廓线和炮眼的放样宜采用隧道激光断面仪或其他类似的仪器，周边轮廓线的放样允许误差为±2 cm。

4)周边眼的装药结构和光爆参数

光面爆破周边眼常用装药结构如图 3.4.25(a)～图 3.4.25(d)所示，宜选用小直径连续装药或间隔装药结构；岩石较软时，可采用导爆索装药结构；炮眼深度不大于 2 m 时，可采用空气柱状装药结构。

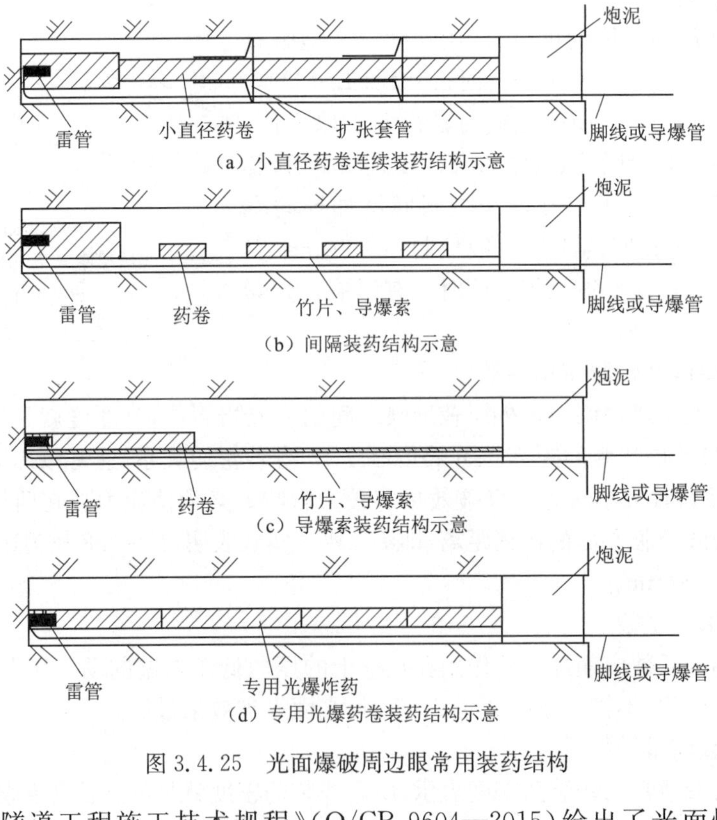


图 3.4.25　光面爆破周边眼常用装药结构

《高速铁路隧道工程施工技术规程》(Q/CR 9604—2015)给出了光面爆破参考数值，见表 3.4.8。

**表 3.4.8　光面爆破参数**

| 岩石类别 | 周边眼间距 $E$(cm) | 周边眼最小抵抗线 $W$(cm) | 相对距离 $E/W$ | 装药集中度 $m$(kg/m) |
|---|---|---|---|---|
| 极硬岩 | 50～60 | 55～75 | 0.8～0.85 | 0.25～0.40 |
| 硬岩 | 40～55 | 50～60 | 0.8～0.85 | 0.15～0.25 |

续上表

| 岩石类别 | 周边眼间距 $E$(cm) | 周边眼最小抵抗线 $W$(cm) | 相对距离 $E/W$ | 装药集中度 $m$(kg/m) |
|---|---|---|---|---|
| 软质岩 | 30～45 | 45～60 | 0.75～0.8 | 0.04～0.15 |

注：1. 表中所列参数适用于炮眼深度 1.0～3.5 m，炮眼直径 40～50 mm，药卷直径 20～35 mm。

2. 断面较小或围岩软弱、破碎或对开挖成形要求较高时，周边眼间距 $E$ 应取较小值。

3. 周边眼最小抵抗线 $W$ 值应大于周边眼间距 $E$ 值。软岩取较小的 $E$ 值时，$W$ 值应适当增大。$E/W$：软岩取小值，硬岩及小断面取大值。

4. 装药集中度 $m$ 以装药长度的平均线装药密度计，施工中应根据炸药类型和爆破试验确定。

5）预裂爆破

预裂爆破是在硬岩隧道开挖中，先行爆破周边眼，沿开挖轮廓形成裂缝，然后再爆中央部分的爆破方法。所以，预裂爆破的各炮眼起爆顺序是：周边眼—掏槽眼—辅助眼—底板眼。

预裂爆破先起爆周边眼，沿开挖轮廓线预裂爆出一条相互贯通的裂缝，使开挖岩体与原岩体分割开；由于预裂面对后起爆的掏槽眼、辅助眼的爆轰波能起缓冲作用，从而减轻对围岩的破坏，利于保护围岩完整，使爆破轮廓整齐规则。合格的预裂面应当满足以下要求：不平整度不超过 15 cm，半孔率 80%～90%，预裂面岩面完整且无明显爆破裂隙。

由于成洞过程和破岩条件不同，在减轻对围岩的扰动程度上，预裂爆破较光面爆破的效果更好一些。所以，预裂爆破很适用稳定性较差而又要求控制开挖轮廓的软弱围岩，但预裂爆破的周边眼孔距和最小抵抗线都要比光面爆破小，相应地要增加炮眼数量，钻眼工作量也相应增大。

### 3.4.8　钻爆施工

钻爆施工是把钻爆设计付诸实施的重要环节，包括钻孔、装药、堵塞、起爆和爆破后处理等。钻爆开挖工艺流程如图 3.4.26 所示。

1. 钻孔

目前，在隧道开挖爆破过程中，广泛采用的钻孔设备为气动凿岩机和液压凿岩台车。采用气动凿岩机钻眼，钻孔作业高度超过 2.0 m 时，应配备与开挖断面相适应的作业台架。

钻眼作业应符合下列要求：

①爆破炮眼数量、位置、深度及斜率应符合钻爆设计要求。掏槽眼孔口间距和孔底间距的允许误差为±5 cm；辅助眼孔口间距允许误差为±10 cm；周边眼孔口位置允许误差为±5 cm，孔底不得超出开挖断面轮廓线 15 cm。

②开挖面凹凸较大时，应按实际情况调整炮眼深度及装药量，使周边眼和辅助眼孔底在同一垂直面上。

③钻眼完毕，应按炮眼布置图进行检查并做好记录，对不符合要求的炮眼应重钻，经检查合格后方可装药。

提高光面爆破效果可采用下列技术措施：

①周边轮廓线和炮眼的放样宜采用隧道激光断面仪或其他类似的仪器，周边轮廓线的放样允许误差为±2 cm。

②周边眼开眼位置应视围岩软硬调整：硬岩在轮廓线上；软岩可向内偏移 5～10 cm。

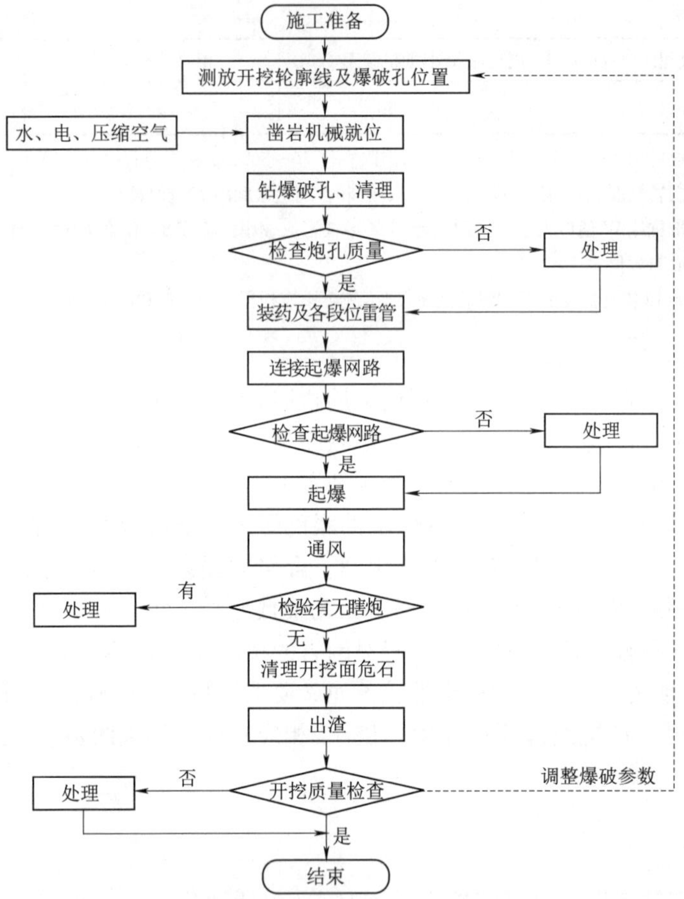


图 3.4.26　钻爆开挖工艺流程

③减小周边眼外插角度，孔深小于 3 m 时外插角的允许斜率宜为孔深的±5%；孔深大于 3 m 时外插角斜率宜为孔深的±3%；外插角的方向应与该点轮廓线的法线方向一致。

2. 装药

在炸药装入炮眼前，应检查顶板情况，撤出设备与机具，并切断除照明以外一切设备的电源。照明灯及导线也应撤离工作面一定距离；对准备装药的全部炮眼进行清孔，将清除炮眼内的岩粉、积水。使用压缩空气吹眼器时应避免炮眼内飞出的岩粉、岩块等杂物伤人。炮眼清理完成后，应检查炮眼深度、角度、方向和炮眼内部情况，处理不符合要求的炮眼。炮眼缩孔、坍塌或有裂缝时不得装药。

装药时应注意以下事项：

①应严格按照设计的炸药量和装药结构进行装填。

②应使用木质或竹制炮棍装填炸药和填塞炮眼。

③不应投掷起爆药包和炸药，起爆药包装入后应采取有效措施，防止后续药卷直接冲击起爆药包。

④装药发生卡塞时，若在雷管和起爆药包放入之前，可用非金属长杆处理。装入起爆药包后，不应用任何工具冲击、挤压。

⑤在装药过程中，不应拔出或硬拉起爆药包中的导爆管、导爆索和电雷管脚线。

3. 填塞和起爆

填塞是保证爆破成功的重要环节之一，必须保证足够的填塞长度和填塞质量，禁止无填塞爆破。隧道内所用的炮眼堵塞材料一般为沙子和黏土混合物，其比例大致为沙子40%～50%，黏土50%～60%，炮泥应干湿适度。填塞长度视炮眼直径而定，也和最小抵抗线有关，通常不能小于最小抵抗线。光面爆破周边眼堵塞长度不宜小于30 cm；其他炮眼深度小于1 m堵塞长度不宜小于炮眼深度的1/2，深度1.0～2.5 m堵塞长度不宜小于0.5 m，深度超过2.5 m堵塞长度不宜小于1 m。填塞应采用分层捣实法进行。

起爆网络是隧道爆破成败的关键，它直接影响爆破效果和爆破质量，起爆网络必须保证每个药卷按设计的起爆顺序和起爆时间起爆。起爆宜采用非电毫秒雷管、导爆管或导爆索系统。连线起爆作业应符合下列要求：

(1)每次起爆前，爆破员应仔细检查起爆网路。

(2)在同一开挖断面上，光面爆破起爆顺序应由内向外逐层起爆。

(3)延迟时间宜采用孔内控制。

(4)起爆人员必须最后离开爆破地点，并在有掩护的安全地点起爆。

(5)爆破前必须清点人数，确认无误后，方可下达起爆命令。起爆人员接到起爆命令后，必须发出爆破警号，并等待5 s后方可起爆。

实施爆破时，所有人员应撤至不受有害气体、振动及飞石伤害的安全地点。安全地点至爆破工作面的距离，应根据爆破方法与装药量计算确定，在独头坑道内不得小于200 m。

4. 盲炮的预防和处理

放炮时，炮眼内预期发生爆炸的炸药因故未发生爆炸的现象称为盲炮，俗称瞎炮。炸药、雷管或其他火工品不能被引爆的现象称为拒爆。

处理瞎炮(残炮)必须在爆破员直接指导下进行，并应在当班处理完毕；当班未能处理完毕，必须向接班爆破员现场交接。

浅眼爆破盲炮处理如下：

①经检查确认炮眼的起爆线路完好时，可重新起爆。

②打平行孔装药爆破。平行孔距盲炮孔口不得小于0.3 m。为确定平行孔的方向，允许从盲炮口取出长度小于20 cm的填塞物。

③用木制、竹制或其他不发生火星的材料制成的工具，轻轻地将炮眼内大部分填塞物掏出，用聚能药包诱爆。

④在安全距离外用远距离操纵的风水管吹出盲炮填塞物及炸药，但必须采取措施，回收雷管。

⑤盲炮应在当班处理。当班不能处理或未处理完毕，应将盲炮情况(盲炮数量、炮眼方向、装药数量和起爆药包位置、处理方法和处理意见)在现场交接清楚，由下一班继续处理。

深孔爆破盲炮处理如下：

①爆破网路未受破坏且最小抵抗线无变化者，可重新连线起爆；最小抵抗线有变化者，应验算安全距离，并加大警戒范围后连线起爆。

②在距盲炮口不小于10倍炮眼直径处另打平行孔装药起爆。爆破参数由爆破工作负责人确定。

③所用炸药为非抗水硝铵类炸药且孔壁完好者，可取出部分填塞物，向孔内灌水使之失效，然后进一步处理。

5.爆破后找顶作业及爆破效果检查

1)找顶作业

找顶是指隧道爆破开挖后，对围岩面上容易脱落的危石进行清除的作业。找顶作业应在洞内爆破后采取通风排烟、洒水降尘等措施，确认作业环境符合要求后进行。瓦斯或其他有毒有害气体隧道，应在浓度检测达标后进行找顶作业。找顶作业应确认找顶作业区无其他人员，并在专职安全员现场指导下进行。

找顶作业应先用挖掘机等机械设备找顶，由挖掘机挖除周边危石，经安全员检查确认后方可台车就位，进行人工找顶作业。找顶作业内容包括检查有无盲炮、有无残余炸药及雷管，采用敲帮问顶的方法清除开挖工作面松动的岩块，检查隧道围岩的稳定情况，对已开挖支护地段的支护结构变形或开裂进行处理。

2)爆破效果检查

爆破开挖中应注意观察围岩的变化情况及爆破效果，并根据爆破效果及时调整钻爆设计参数。爆破效果应符合下列要求：

(1)硬岩无剥落，中硬岩基本无剥落，软弱围岩无大的剥落或坍塌；开挖轮廓符合设计要求，开挖面平整。

(2)隧道两次爆破形成的接茬错台，采用凿岩机钻眼时，不应大于 15 cm；采用凿岩台车钻眼不应大于 25 cm。

(3)爆破进尺达到钻爆设计要求，渣块块度满足装运要求。

(4)隧道爆破周边炮眼痕迹保存率，硬岩不应小于 80%，中硬岩不应小于 60%，并应在开挖轮廓面上均匀分布。

### 3.4.9 隧道超欠挖控制

隧道开挖断面尺寸应符合设计要求，开挖断面应以包括预留变形量在内的设计轮廓线为基准，考虑贯通测量误差和施工误差等因素适当放大。以隧道设计开挖轮廓线为基准线，实际开挖获得的断面在基准线以外的部分称为超挖，在基准线以内的部分则称为欠挖，如图 3.4.27 所示。

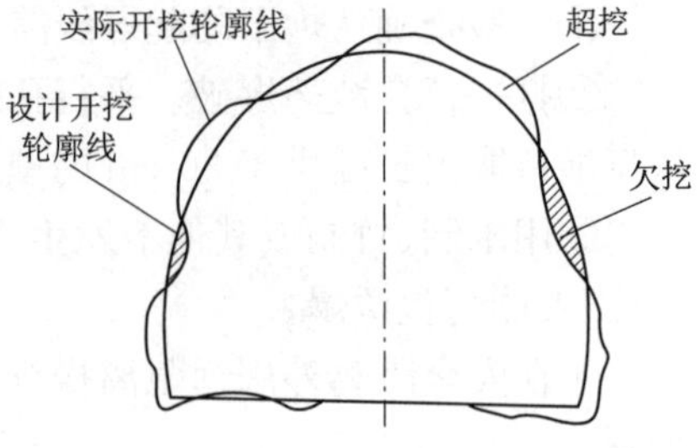

图 3.4.27 隧道超欠挖示意

超挖会增加装、运渣工作量，超挖部分应采用喷射混凝土或衬砌混凝土回填，隧道超挖还会给后续作业，如喷射混凝土、铺挂防水板等造成一定困难；欠挖则要二次清除，从而造成人工、材料和工期的超额消耗，致使工程成本增加。目前，由爆破造成的超欠挖是个严重而普遍的问题。它对隧道施工速度和成本有着不容忽视的影响。在超欠挖严重的情况下，对坑道的稳定性也会产生一定的影响。

1)超欠挖的控制要求

《客货共线铁路隧道工程施工技术规程》(Q/CR 9653—2017)规定：隧道开挖应重视控制超欠挖，拱脚和墙脚以上 1 m 内不应欠挖，其他部位允许欠挖为每 1 $m^2$ 内欠挖面积不大于 0.1 $m^2$，且欠挖值不应大于 5 cm。

《高速铁路隧道工程施工技术规程》(Q/CR 9604—2015)规定：隧道开挖的允许超挖值应符合表3.4.9的要求。隧道应严格控制欠挖。岩石个别突出部分(每1 $m^2$不大于0.1 $m^2$)欠挖不应大于5 cm。

**表3.4.9　隧道允许超挖值(cm)**

| 开挖部位 | | 围岩级别 | | |
|---|---|---|---|---|
| | | Ⅰ | Ⅱ～Ⅳ | Ⅴ、Ⅵ |
| 拱部 | 平均线形超挖 | 10 | 15 | 10 |
| | 最大超挖 | 20 | 25 | 15 |
| 边墙 | 平均线形超挖 | 10 | 10 | 10 |
| 仰拱、隧底 | 平均线形超挖 | 10 | | |
| | 最大超挖 | 25 | | |

注：1.本表适用炮眼深度不大于3.0 m。炮眼深度大于3.0 m时，可根据实际情况另作规定。
2.平均线性超挖值＝超挖横断面积/爆破设计开挖断面周长(不含隧底)。
3.最大超挖值是指最大超挖处至设计开挖轮廓切线的垂直距离。

隧道超欠挖可按表3.4.10所列方法测量。

**表3.4.10　隧道超欠挖的测定方法**

| 测定方法及采用的仪器 | 方法简述 |
|---|---|
| 利用激光束测定 | 用激光指向仪或激光经纬仪射在开挖工作面上的光束测定特定部位的超欠挖的线性值 |
| 全站仪测定 | 在要测的点位粘贴反光片，用全站仪测定各点的三维坐标，通过计算绘制开挖断面，与设计断面进行比较确定 |
| 激光隧道限界测量仪测定 | 由免棱镜测距全站仪和手提电脑组成，对开挖工作面(或任一断面)测量，直接打印出设计断面与实际断面，并标出设定点的超欠挖值 |

2)超欠挖的原因

①地质条件：岩性(主要包括岩石物理、力学特性等)、岩石结构(主要包括岩石成因演变过程特性，如节理裂隙等)。如果隧道方向垂直于岩层走向，则破裂是整体的，超挖一般较少；但当平行岩层走向时，则超挖较多。如遇软弱围岩或完整性差的地质情况，更易产生超挖。

②钻孔设备：大型钻机钻臂外插角构造及设备自动化程度。凿岩台车外插角大和钻孔深必然超挖量大，凿岩设备自动化程度低也会影响凿岩定位及钻进深度，从而产生向外或向上的超挖偏差。

③炸药品种及装药结构：炸药与岩石声抗阻不相匹配(即炸药猛度过大对炮眼壁产生过量破坏)，装药结构(或线装药密度)不合理也常常会造成对炮眼壁底局部或整体超爆破坏。

④爆破设计不当：周边眼布置及周边眼间距设计不当。

⑤施工操作：不放轮廓线，不准确放轮廓线，错误布置轮廓线和钻孔位置；施钻人员技术不精，钻孔定位或钻进角度偏差控制不好，少打炮眼以及试图争取缩短钻孔时间，擅自减少钻孔深度，采用过多装药量；手持风钻施钻时工作平台高度不够从而使钻孔向上偏斜过大等。

3)防止或减少超欠挖的措施

针对上述产生超欠挖的原因，实际中可采取以下技术和管理措施：

①优化每循环进尺，尽可能将钻孔深度设计在4 m以内。

②选择与岩石声阻抗相匹配的炸药品种。

③利用空孔导向，或在有条件时采用异型钻头钻凿有翼形缺口的炮眼。

④利用装药不耦合系数或相应的间隔装药方式。

⑤提高施工人员素质，加强岗位责任制。

## 复习与思考题

(1)对以下名词进行解释：

临空面　耦合装药　不耦合装药　光面爆破　预裂爆破

(2)混合炸药按主要化学成分可分为__________炸药、__________炸药、__________炸药和__________炸药。

(3)硝铵类炸药分为__________炸药、__________炸药和__________炸药。

(4)工业炸药按使用范围可分为__________炸药、__________炸药和__________炸药。

(5)炮眼按其位置和作用的不同分为__________、__________和__________。

(6)简述爆破漏斗的几何要素组成。

(7)简述掏槽眼的作用。

(8)光面爆破的标准有哪些？

(9)盲炮如何预防和处理？

(10)隧道超欠挖有哪些危害？

# 任务 3.5　初期支护施工

## 任务工单

班级：__________姓名：__________学号：__________小组：__________日期：__________

| 工作任务 | 初期支护施工 | 学习模式 | 项目＋任务驱动 |
|---|---|---|---|
| 建议学时 | 4学时 | 学习地点 | 理实一体教室 |
| 任务描述 | 初期支护是为了保证围岩在施工期间能够保持初步稳定，在隧道开挖后立即施作的由喷射混凝土与锚杆、钢架、钢筋网等构成的支护结构。每个隧道洞内施工循环中，完成开挖后需要施工初期支护，具体任务包括：<br>(1)识读××隧道进口(或出口)的初期支护施工图纸，掌握某里程段隧道初期支护的结构类型和初期支护的工程数量；<br>(2)编写某里程段初期支护的施工方案，编制初期支护的施工作业指导书；<br>(3)编制××隧道进口端(或出口端)某里程段初期支护施工技术交底文件 | | |
| 任务目标 | **能力目标**<br>(1)能识读隧道初期支护施工图纸，计算相应工程数量；能描述初期支护结构的组成与构造；<br>(2)能编制初期支护施工方案，能编制各种初期支护的施工作业指导书；<br>(3)能交底隧道初期支护施工工艺。<br>**知识目标**<br>(1)掌握初期支护的种类和结构形式；<br>(2)掌握隧道初期支护施工的工艺流程、施工要求；<br>(3)了解隧道初期支护施工安全注意事项。<br>**素质目标**<br>(1)数字素养；<br>(2)劳动精神，培养艰苦奋斗、爱岗敬业的精神 | | |

续上表

<table>
<tr><td>工作任务</td><td>初期支护施工</td><td>学习模式</td><td>项目＋任务驱动</td></tr>
<tr><td>建议学时</td><td>4 学时</td><td>学习地点</td><td>理实一体教室</td></tr>
<tr><td>任务实施</td><td colspan="3">(1)学习相关知识，进行知识准备；<br>(2)识读××隧道进口(或出口)的初期支护施工图纸，掌握某里程段隧道初期支护的结构类型，并计算初期支护的工程数量；<br>(3)根据洞口施工图纸和《铁路隧道施工技术规程》，编写某里程段初期支护的施工方案，分组编制各种初期支护的施工作业指导书；<br>(4)分组编制××隧道进口端(或出口端)某里程段初期支护施工技术交底文件；<br>(5)完成初期支护施工虚拟仿真实训</td></tr>
<tr><td rowspan="7">考核评价<br>(100 分)</td><td colspan="2">考核项目</td><td>得分</td></tr>
<tr><td colspan="2">图纸识读及工程数量计算(10%)</td><td></td></tr>
<tr><td colspan="2">知识掌握(20%)</td><td></td></tr>
<tr><td colspan="2">施工作业指导书编写(25%)</td><td></td></tr>
<tr><td colspan="2">编制施工技术交底(25%)</td><td></td></tr>
<tr><td colspan="2">虚拟仿真实训(10%)</td><td></td></tr>
<tr><td colspan="2">职业素质养成(10%)</td><td></td></tr>
</table>

## 知识准备

采用矿山法(新奥法)施工的隧道衬砌结构被分为初期支护和二次衬砌。初期支护是指在隧道开挖后围岩自稳能力不足的条件下，为保证隧道在施工期间的稳定和安全所采取的工程措施。初期支护主要采用锚杆、喷射混凝土及钢支撑来支护围岩，施作后即成为永久性承载结构的一部分，与围岩共同构成永久的隧道结构承载体系。在隧道围岩完全不能自稳的条件下，表现为随挖随坍甚至不挖即坍，则须先支护后开挖，称为超前支护。二次衬砌是为了保证隧道在服务年限中的稳定、耐久，作为安全储备的工程措施。二次衬砌通常采用素混凝土或钢筋混凝土材料。

### 3.5.1　初期支护概述

1. 支护结构

隧道是围岩与支护结构的综合体。隧道开挖破坏了地层的初始应力平衡，产生围岩应力释放和洞室变形，过量变形将导致围岩松动甚至坍塌。在开挖后的洞室周边，施作钢、混凝土等支撑物，向洞室周边提供抗力、控制围岩变形，这种开挖后隧道内的支撑体系，称为隧道支护。采用矿山法(新奥法)施工的隧道多采用复合式衬砌，其支护结构分为初期支护和二次衬砌。为控制围岩应力适量释放和变形，增加结构安全度和方便施工，隧道开挖后立即施作的由喷射混凝土与锚杆、钢架、钢筋网等构成的支护结构，称为初期支护。初期支护一般是为了保证围岩在施工期间能够保持初步稳定。为了不使开挖后的围岩暴露过久而引起松动和坍塌，还应及时修筑二次衬砌以提供安全储备或承受后期围岩压力，并保证隧道在服务年限中的稳定性和耐久性。

在多数隧道施工方法中，初期支护施作后不需要拆除而成为永久性承载结构的一部分。

而在隧道分部开挖施工方法中，某些支护结构在施工过程中需要先修筑后又予以拆除，不作为永久承载构件，这些支护结构称为临时支护。临时支护的构造和施工方法与初期支护相同。

如任务 3.3 所述，在隧道开挖之前对开挖面前方围岩施作的支护和预加固称为超前支护。

2.初期支护的组成与特点

1)初期支护的组成与结构

初期支护一般由锚杆、喷射混凝土、钢架、钢筋网等及其它们的组合组成，简称喷锚支护，它是现代隧道工程中最常用的支护形式和方法。

当隧道围岩地质条件好、稳定性好(如Ⅰ级围岩)时，可不设置初期支护；隧道围岩为Ⅱ级围岩时，可仅在拱墙处喷射混凝土，局部设置锚杆；隧道围岩为Ⅲ级围岩时，在拱墙处喷射混凝土并设置锚杆、挂设钢筋网片；隧道围岩为Ⅳ～Ⅴ级围岩时，喷射混凝土扩展至仰拱部位，同时还应设置钢架支护结构。围岩稳定性越差，喷射混凝土越厚，锚杆越长、间距越小，钢筋网片网格越小，钢架纵向间距越小，见表 1.1.16。

2)初期支护特点

喷锚支护较传统的构件支撑，在施工工艺和作用机理上有以下特点：

①灵活性。喷锚支护是由喷射混凝土、锚杆、钢筋网、钢架等支护部件进行适当组合的支护形式，它们既可以单独使用，也可以组合使用。组合形式和支护参数可以根据围岩的稳定状态、施工方法和进度、隧道形状和尺寸等加以选择和调整。它们既可以用于局部加固，也易于实施整体加固；既可一次完成，也可以分次完成，充分体现了“先柔后刚，按需提供”的原则。

②及时性。喷锚支护能在施作后迅速发挥其对围岩的支护作用。这不仅表现在时间上，即喷射混凝土和锚杆都具有早强性能，需要它时，它就能起作用，而且表现在空间上，即喷射混凝土和锚杆可以最大限度地紧跟开挖面施工，甚至可以利用锚杆进行超前支护。虽然构件支撑的最大优点是即时承载，而喷锚支护同样具有即时支护甚至超前支护作用，且能容纳必要的支撑构件(如格栅钢架)参与工作。

③密贴性。喷射混凝土能与坑道周边的围岩全面、紧密地粘结，因而可以抵抗岩块之间沿节理的剪切和张裂。

从整体结构来看，喷射混凝土填补了洞壁的凹穴，使洞壁变得圆顺，从而减少了应力集中。喷射混凝土尚能使锚杆和钢筋网的点约束作用得以分配和改善，使其发挥协同作用，从而增强了支护对围岩的有效约束，体现出“围岩—支护”一体化的力学分析和结构设计思想。

④深入性。锚杆能深入围岩体内部一定深度，对围岩起约束作用。这种作用尤其是以适当密度的径向锚杆群(称为系统锚杆)的效果最为明显。系统锚杆在围岩中形成一定厚度的锚固区，锚固区内的岩体强度和整体性得以提高和加强，应力分布状态也得以改善，其承载能力和稳定能力显著增强。此时隧道的稳定性实际上就是指锚固区的承载能力和稳定能力。

另外，沿隧道轴线方向有一定外插角的超前锚杆或钢管，同样具有深入岩层内部对围岩起预支护的作用，而且与初期支护一起协同作用。这对于处理一般的工作面不稳定的问题颇有效果。

⑤柔性。喷锚支护属于柔性支护，它可以较便利地调节围岩变形，允许围岩做有限的变形，即允许围岩在围岩塑性区有适度的发展，以发挥围岩的自承能力。

前已述及，根据大量工程实践和理论分析表明，对绝大多数的一般松散岩体，在隧道开挖后，适度的变形有利于发挥围岩的自承能力，而过度的变形则会导致坍塌。因此就要求支护既能允许围岩有限变形，又能限制围岩过度变形且自身不被破坏。

喷锚支护就很好地满足了这一要求。一方面是因为喷射混凝土工艺上的特点，使得它能与岩体密贴粘结，且能喷得很薄，故呈现柔性（尽管喷混凝土是一种脆性材料），而且这种柔性还可以通过分层分次喷射和加钢纤维或钢筋网来进一步发挥。另一方面，锚杆也有一定的伸长量，它可以允许岩体有较大的变形，甚至同被加固岩体一起作小量整体位移后，仍能继续工作不失效。

⑥封闭性。喷射混凝土能全面及时地封闭围岩，这种封闭不仅阻止了洞内潮气和水对围岩的侵蚀作用，减少了膨胀性岩体的潮解软化和膨胀，而且能够及时有效地阻止围岩变形，使围岩较早地进入变形收敛状态。

3. 初期支护的施工流程

初期支护应在开挖后及时施作，以控制围岩变形，防止坍塌。初期支护施工流程如图3.5.1所示。可以看出，隧道采用较弱支护时，初期支护仅包括初喷混凝土和局部锚杆；隧道采用较强支护时，初期支护包括初喷混凝土、钢筋网、复喷混凝土和锚杆；隧道采用强支护时，初期支护包括初喷混凝土、钢架结构、钢筋网、复喷混凝土和锚杆。

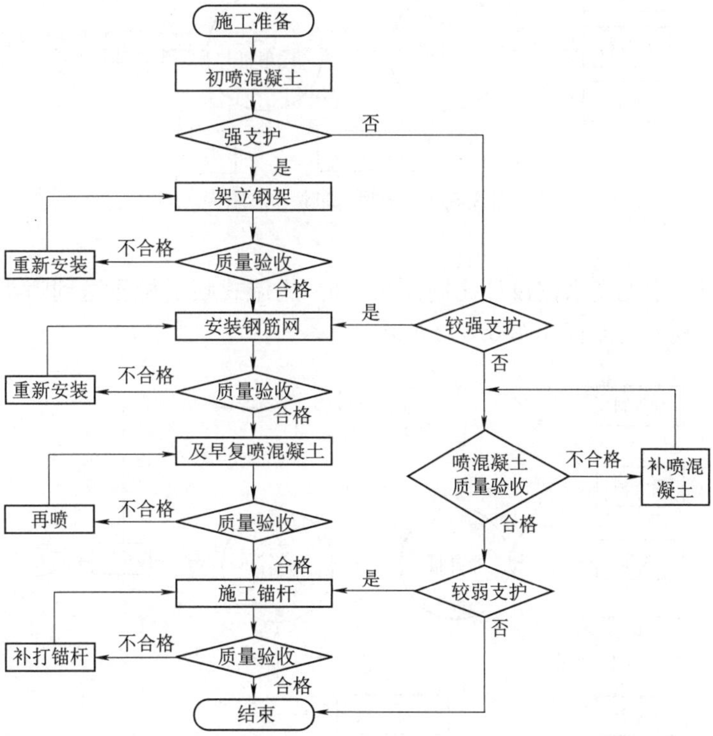


图3.5.1　初期支护施工流程

## 3.5.2　喷射混凝土施工

喷射混凝土是使用混凝土喷射机，按一定的混合程序，以压缩空气为动力将掺有速凝剂的细石混凝土喷射到岩壁表面上，并迅速固结成一层支护结构，从而对围岩起到支护作用。喷射混凝土可以单独作为隧道的初期支护或二次衬砌，也可以与各种形式的锚杆、钢架、钢筋网等构成组合式支护结构。它的灵活性也很大,可以根据需要分次追加厚度。

1. 喷射工艺

喷射混凝土的工艺流程有干喷、潮喷、湿喷和混合喷四种,主要区别是各工艺的投料程序不同,尤其是加水和速凝剂的时机不同。

1)干喷和潮喷

干喷是将骨料、水泥和速凝剂按一定的比例干拌均匀,然后装入喷射机,用压缩空气使干集料在软管内呈悬浮状态送到喷枪,再在喷嘴处与高压水混合,以较高速度喷射到岩面上。

干喷的缺点是产生的粉尘量大,回弹量大。干喷加水是由喷嘴处的阀门控制的,水灰比的控制程度与喷射手操作的熟练程度有关,但使用的机械较简单,机械清洗和故障处理容易。

潮喷是将骨料预加少量水,使之呈潮湿状,再加水泥拌和,从而降低上料、拌和与喷射时的粉尘,但大量的水仍是在喷头处加入和喷出的,其喷射工艺流程和使用机械同干喷工艺,如图 3.5.2所示。

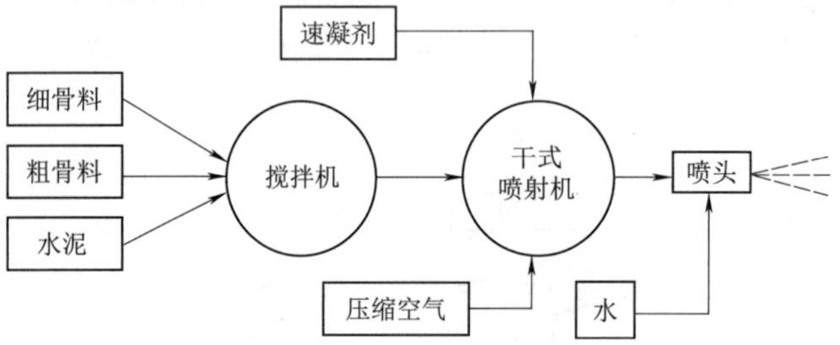


图 3.5.2　干喷、潮喷工艺流程

2)湿喷

湿喷是将骨料、水泥和水按设计比例拌和均匀,用湿式喷射机压送到喷头处,再在喷头添加速凝剂后喷出,其工艺流程如图 3.5.3 所示。

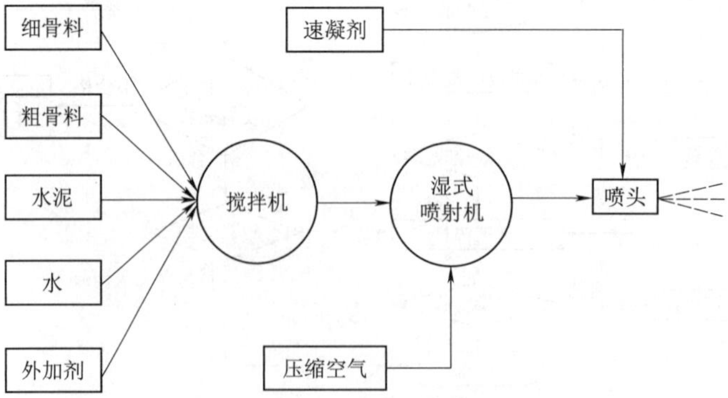


图 3.5.3　湿喷工艺流程

湿喷混凝土质量容易控制,喷射过程中的粉尘和回弹很少,是施工现场较多使用的喷射工艺。湿喷对喷射机械要求较高,机械清洗和故障处理较麻烦,不适合喷射混凝土层较厚的软岩和渗水隧道。

3)混合喷

混合喷又称水泥裹砂造壳(SEC)喷射法,是将一部分砂先加水拌湿,再投入全部水泥强制搅拌造壳;然后加第二次水和减水剂拌和成SEC砂浆;将另一部分砂、石和速凝剂强制搅拌均匀,然后分别用砂浆泵和干式喷射机压送到混合管混合后喷出。混合喷工艺流程如图3.5.4所示。

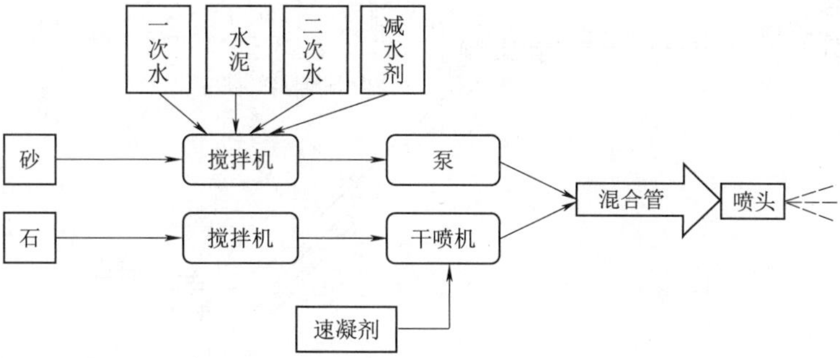


图3.5.4 混合喷工艺流程

混合喷射是分次投料搅拌工艺与喷射工艺的结合,关键是水泥裹砂(或砂、石)造壳技术。

混合喷射工艺使用的主要机械设备与干喷工艺基本相同,但混凝土的质量较干喷混凝土质量好,且粉尘和回弹率有大幅度降低,但使用机械数量较多,工艺较复杂,机械清洗和故障处理很麻烦。因此混合喷射工艺一般只用在喷射混凝土量大和大断面隧道工程中。

另外,由于喷射工艺的不同,喷射混凝土强度不同:干喷和潮喷混凝土强度较低,一般只能达到C20,而混合喷射和湿喷则可达到C30~C35。

2.喷射混凝土机械设备

1)喷射机

喷射机是喷射混凝土的主要设备。常用的干式喷射机有双罐式喷射机、转体式喷射机和转盘式喷射机,如图3.5.5所示。湿式喷射机有挤压泵式喷射机、转体活塞泵式喷射机和螺杆泵式喷射机。这些泵式喷射机均要求混凝土具有较大的流动性(水灰比大于0.5,含砂率大于70%),其机械构造较为复杂,机械使用费较高,机械清洗和故障处理较麻烦,目前现场使用较少。

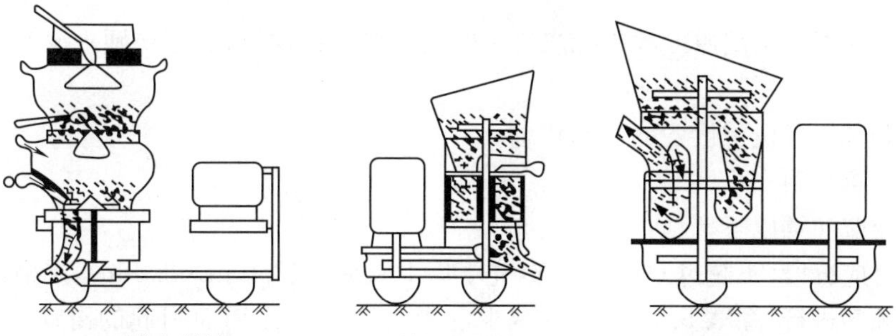

(a)双罐式喷射机 (b)转体式喷射机 (c)转盘式喷射机

图3.5.5 干式喷射机

2)喷射机械手

由于喷射混凝土的施工环境、施喷点位置变化大,人工操作难度大,效率低,除少量的和局部喷射外,均需机械手喷射。图3.5.6为喷射机械手示意。采用机械手喷射混凝土时,喷头的移动和喷射方向、距离的控制,可采用人力直接控制或机械手控制。

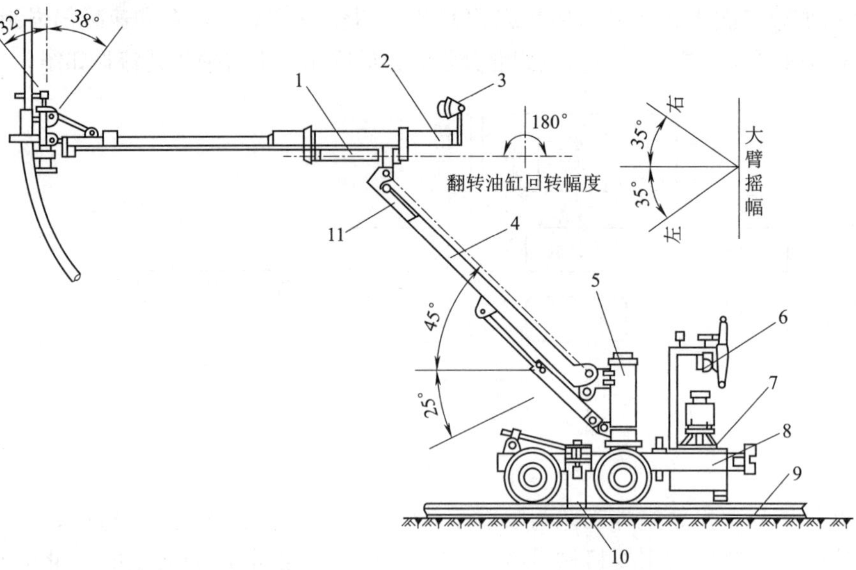


1—翻转油缸；2—伸缩油缸；3—探照灯；4—大臂；5—转筒；6—风水系统；
7—液压系统；8—车架；9—钢轨；10—卡轨器；11—拉杆。

图 3.5.6　喷射机械手

此外，喷射混凝土的拌制宜用强制式搅拌机。喷射时风压控制在 0.1～0.15 MPa 之间，且水压应稍高于风压。湿式喷射时，风压及水压均较干喷时高。输料管在使用过程中应注意转向，以减少管道磨损。

3.施工要点

1)喷前检查及准备

①喷前应对开挖断面尺寸进行检查，清除松动危面，欠挖超标严重的应予处理。

②根据石质情况，用高压风或水清洗受喷面。

③受喷岩面有集中渗水时，应作好排水引流处理，无集中水时，应根据岩面潮湿程度，适当调整水灰比。

④埋设喷射混凝土层厚度检查标志。一般在石缝处钉铁钉，或用快硬水泥安设钢筋头，并记录其外露长度。

⑤检查调试好各机械设备的工作状态。

2)施喷注意事项

喷射作业应注意以下事项：

①喷射时应分段(不超过 6 m)、分部(先下后上)、分块(2.0 m×2.0 m)，严格按先墙后拱、先下后上的顺序进行[图 3.5.7(a)]，以减少混凝土因重力作用而引起的滑动或脱落现象发生。喷射时可以采用 S 形往返移动前进，也可以采用螺旋形移动前进[图 3.5.7(b)]。

②喷射时喷嘴要垂直于受喷面，喷嘴与受喷面的距离宜为 0.6～1.8 m。

③初喷混凝土应在开挖后及时进行，厚度不少于 4 cm；喷射时应先填平岩面较大凹洼处。复喷混凝土应在钢筋网及钢架安装后及时进行，未设钢筋网及钢架时应及时复喷至设计厚度。

④喷射时一次喷射厚度不得太薄或太厚，它主要与混凝土的粘结力和受喷部位及回弹情况等有关，一般规定按表 3.5.1 执行。

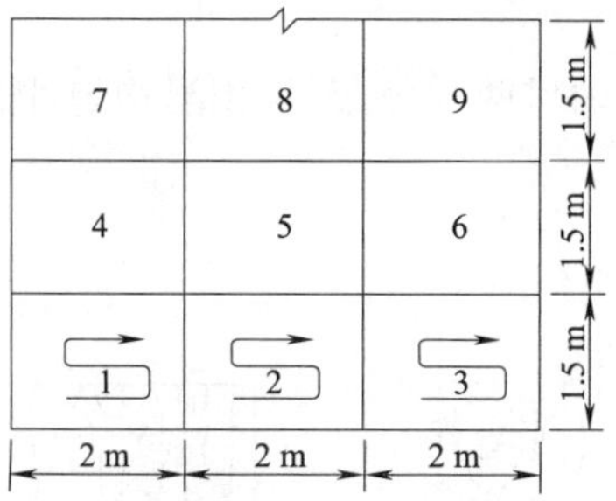


（a）边墙喷射分区及喷射顺序

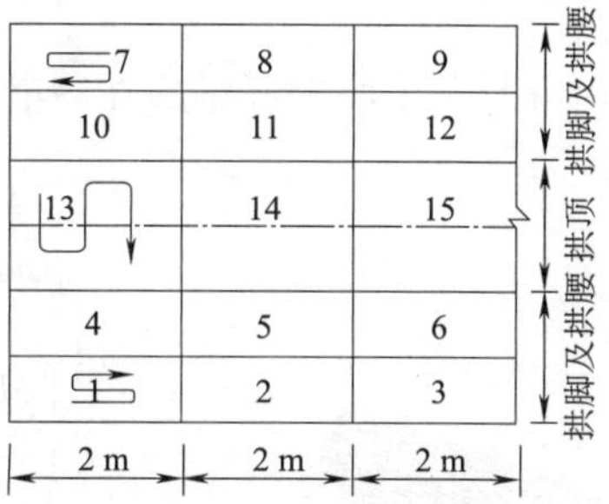


（b）拱圈喷射分区及喷射顺序

图 3.5.7 喷射分区及喷射顺序

**表 3.5.1 一次喷射厚度**(cm)

| 部位 | 掺速凝剂 | 不掺速凝剂 |
|---|---|---|
| 边墙 | 7～10 | 5～7 |
| 拱部 | 5～7 | 3～5 |

若设计喷射混凝土较厚时，应分层喷射，一般分 2～3 层喷射；后一层喷射应在前一层混凝土终凝后进行。若终凝 1 h 后再喷射，应先用风、水清洗基面。间隔时间较长时，复喷前应将初喷混凝土表面清洗干净，复喷应将凹陷处进一步找平。

⑤喷射作业应变换喷嘴喷射角度和与受喷面的距离，将钢架、钢筋网背后喷填密实，必要时应在钢架和初期支护后注浆充填。在喷边墙下部及仰拱前，需将上部断面喷射时的回弹物清理干净，防止将回弹物卷入下部喷层中降低支护能力。

⑥喷射作业紧跟开挖作业面时，下一循环爆破应在喷混凝土终凝 3 h 后进行。

⑦喷射混凝土的养护应在其终凝 1～2 h 后进行洒水养护，养护时间一般不少于 7 d。

⑧冬期施工时喷射混凝土作业区的气温不得低于 5 ℃；若气温低于 5 ℃时，不得洒水；混凝土强度未达到设计强度的 50%时，若气温降低到 5 ℃以下时，则应注意采取保温防冻措施。

⑨回弹物料的利用。实测表明，采用干法喷射混凝土时，一般边墙的回弹率为 10%～20%，拱部为 20%～35%，回弹量相当大。除应设法减少回弹外，尚应将回弹物料回收利用。

及时回收的洁净而尚未凝结的回弹物，可以按一定比例掺入混合料中重新搅拌后喷射，但掺量不宜大于 15%，且不宜用于喷射拱部；回弹物的另一处理途径是掺进普通混凝土中，但掺量也应加以控制。

4. 钢纤维喷射混凝土

无纤维喷射混凝土与普通混凝土一样，抗压强度高，但抗拉强度低，其拉、压强度比同样仅为 1/10 左右。为改善混凝土的性能，提高混凝土拉、压强度比，在混凝土内添加各类增强纤维已经成为成熟的技术。

常见的混凝土增强纤维有钢纤维和非钢纤维，非钢纤维中又分为高弹纤维（如碳纤维、芳香族聚酰胺纤维、石棉纤维、玻璃纤维等）和低弹纤维（如聚丙烯纤维、聚乙烯醇纤维及维纶纤维、聚酰胺类纤维等）。

钢纤维喷射混凝土是在喷射混凝土中加入钢纤维，弥补喷射混凝土的脆性破坏缺陷，改善喷射混凝土的物理力学性能。

1)性能特点

钢纤维喷射混凝土中的钢纤维应在喷射平面内呈两维分布,且相当均匀(图 3.5.8)。

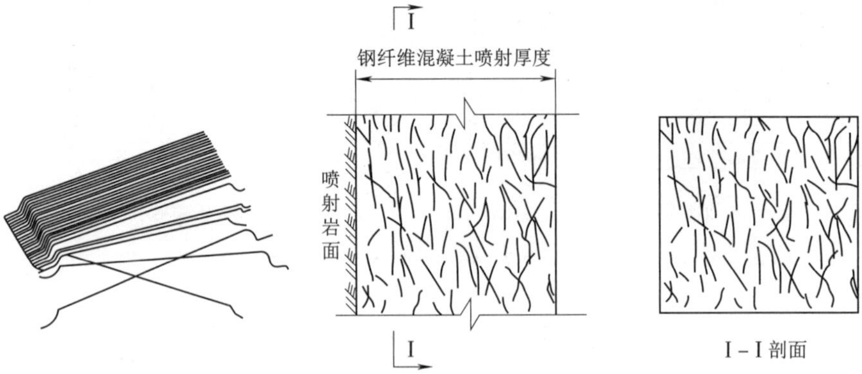


图 3.5.8　钢纤维及其在喷射混凝土中的分布

①根据统计,平行于喷射平面的钢纤维根数,约占总根数的 70%～80%。这种结构保证了钢纤维喷射混凝土在喷射平面内力学强度的均匀性。

②钢纤维喷射混凝土的破坏呈塑性破坏,因此容许有较大的变形,裂缝出现后仍有一定的承载能力。

③在正常钢纤维掺量情况下(为喷射混凝土质量的 1%～1.5%),钢纤维喷射混凝土比普通喷射混凝土的抗压强度提高 30%～60%,抗拉强度提高 50%～80%,抗弯强度提高 40%～70%。

④当钢纤维掺量大于 1.5%时,钢纤维喷射混凝土的韧性为普通喷射混凝土的 20～50 倍,抗冲击性能提高 8%～30%,抗磨损性能提高 30%。

2)应用范围

由于钢纤维喷射混凝土具有许多优良的物理力学性能,故可用于承受强烈振动、冲击动荷载的结构物的构筑,也适用于要求耐磨或不便配置钢筋但又要求有较高强度和韧性的工程中。如用于地下工程中的受动荷载部位的结构,地上建筑物的补强加固,以及机场跑道、高速公路路面等。

在软弱破碎围岩隧道中,采用钢纤维喷射混凝土的支护效果,优于采用挂钢筋网喷射混凝土的效果。因此,可以采用钢纤维喷射混凝土代替挂钢筋网喷射混凝土,作为软弱破碎围岩隧道的初期支护,也可作为二次衬砌。

3)施工要点

①钢纤维在拌和物中应分散均匀,不产生结团,宜采用将钢纤维、水泥、粗细骨料先干拌后加水湿拌的方法,干拌时间不得少于 1.5 min。总拌和时间应通过现场拌和试验确定,不宜小于 3 min。

②各种材料的掺量应按施工配合比和一次拌和量计算确定,材料的称量允许误差应符合表 3.5.2 的规定。

**表 3.5.2　材料称量的允许误差**

| 材料名称 | 钢纤维 | 水泥、混合材料 | 粗细骨料 | 水 | 外加剂 |
|---|---|---|---|---|---|
| 允许误差(%) | ±2 | ±2 | ±3 | ±1 | ±2 |

③钢纤维喷射混凝土操作同普通喷射混凝土，但输料管的磨耗大，一般要高于普通喷射混凝土30%～40%，尤其是拐弯处。可每班将胶管翻转1～2次，以延长胶管寿命。

④风压要比普通喷射混凝土高0.02～0.05 MPa。

5.钢筋网喷射混凝土

钢筋网喷射混凝土是在喷射混凝土之前，在岩面上挂设钢筋网，然后再喷射混凝土。物理力学性能基本上同钢纤维喷射混凝土，但其配筋均匀性较钢纤维差。目前，我国在各类隧道工程中应用钢筋网喷射混凝土支护的比较多，主要用于软弱破碎围岩，而更多的是与锚杆或者钢架构成联合支护。

1)构造组成

钢筋网通常作环向和纵向布置。环向筋一般为受力筋。钢筋网材料多采用HPB300钢筋，钢筋直径宜为6～8 mm，网格尺寸宜采用150～300 mm，多为20 cm×20 cm。

2)施工要点

(1)钢筋网片应按设计网格尺寸在加工场集中制作，长宽可为100～200 cm，然后运到工作面，组装成整体网。

(2)钢筋网应根据被支护围岩面上的实际起伏形状铺设，钢筋网应在初喷混凝土后铺挂，使其与喷射混凝土形成一体。钢筋网保护层厚度不小于2 cm，有水部位不小于4 cm。采用双层钢筋网时，第二层钢筋网应在第一层钢筋网被混凝土覆盖后铺设，其覆盖厚度不应小于3 cm。

(3)钢筋网搭接长度宜为1～2个网格，搭接方式为焊接。钢筋网应与锚杆或锚钉头连接牢固，并应尽可能多点连接，以减少喷射混凝土时钢筋发生弦振的现象。锚钉的锚固深度不得小于20 cm。

(4)开始喷射时，应缩短喷头至受喷面之间的距离，并适当调整喷射角度，使钢筋网背面混凝土密实。

### 3.5.3 锚杆施工

1.锚杆的类型

锚杆是指在岩土体内部钻孔中，用粘结剂(如水泥砂浆、锚固剂、水玻璃双液浆等)将钢筋(或其他杆材)与岩土体粘结成一个整体，对岩体起支承、加固、提高层间摩阻力的作用，是将因施工引起岩土体产生的重新分布力传至稳定结构物或岩土层的一种构件。当采用钢绞线束或高强钢丝束作杆体材料时，也可称为锚索。目前国内外使用锚杆种类已达数百种。按锚固形式，锚杆可划分为全长粘结型锚杆、端头锚固型锚杆、摩擦型锚杆、混合型锚固锚杆；按受力状态可划分为非张拉型锚杆和张拉型锚杆。

1)全长粘结型锚杆

全长粘结型锚杆是杆体全长利用胶结材料把杆体和锚孔壁粘结住，以粘结力为主起锚固作用的锚杆。粘结型锚杆采用水泥砂浆(或树脂)作为粘结材料，不仅有助于锚杆的抗剪和抗拉以及防腐蚀，且具有较强的长期锚固能力，有利于约束围岩位移。安装简便，在无特殊要求的各类地下工程中，可大量用于初期支护和永久支护。隧道工程中常用作系统锚杆和超前锚杆。

全长粘结型锚杆分为砂浆锚杆、中空注浆锚杆和树脂锚杆。

2)端头锚固型锚杆

端头锚固型锚杆只有锚固装置或杆体的一部分与锚孔壁接触，利用内外锚头的锚固力来限制围岩变形松动。安装容易，工艺简单，安装后即可以起到支护作用，并能对围岩施加预应力，但杆体易腐蚀，锚头易松动，影响长期锚固力，一般用于硬岩地下工程中的临时加固。隧道工程中常用作局部锚杆。

端头锚固型锚杆又分为机械锚固型锚杆和粘结锚固型锚杆。机械锚固型锚杆分为楔缝锚杆、倒楔锚杆和涨壳锚杆；粘结锚固型锚杆分为砂浆锚杆、快硬水泥卷锚杆和树脂药卷锚杆。

3）摩擦型锚杆

摩擦型锚杆是用一种纵向开缝（或预变形）的钢管，装入比钢管直径小的钻孔，利用杆体与孔壁摩擦而形成支护力，从而约束岩体变形。安装容易，安装后立即起作用，能及时控制围岩变形，又能与孔周变形相协调，但其管壁易锈蚀，故一般不适于作永久支护。隧道工程中，常由于端头机械锚固容易失效，或全长粘结不便施工（不能生效），而采用全长摩擦式锚杆。

摩擦型锚杆分为缝管锚杆和楔管锚杆。

4）混合型锚固锚杆

混合型锚固锚杆是端头锚固方式与全长粘结锚固方式的结合，它既可以施加预应力，又具有全长粘结锚杆的优点。安装施工较复杂，一般用于大体积、大范围工程结构的加固，如高边坡、大坝、大型地下洞室等。

按锚杆对围岩加固区域来分，可分为系统锚杆、超前锚杆和局部锚杆3种。系统锚杆是指在一个掘进进尺范围内的岩体被挖除后，沿隧道横断面的径向安装于围岩内的锚杆，以形成对已暴露围岩的锚固，并在已加固且稳定的坑道中进行下一个循环的开挖等作业。超前锚杆是指沿开挖轮廓线，以稍大的外插角，向开挖面前方围岩内安装的锚杆，形成对前方围岩的预锚固，在提前形成的围岩锚固圈的保护下进行开挖等作业。局部锚杆是指为维护围岩的局部稳定或对初期支护的局部加强，只在一定的区域和要求的方向局部安装的锚杆。

2. 锚杆的构造

铁路隧道初期支护的系统锚杆一般拱部采用 $\phi$25 mm 组合中空注浆锚杆，边墙采用 $\phi$22 mm 砂浆锚杆；当围岩成孔条件较差或有特殊要求时，可采用自进式锚杆。在Ⅳ、Ⅴ级围岩及特殊地质围岩中开挖隧洞时应先喷混凝土再安装锚杆，在膨胀性等围岩中宜采用摩擦式锚杆。

1）水泥砂浆锚杆

水泥砂浆锚杆是最常用的锚杆支护形式，是以水泥砂浆作为粘结剂的全长粘结式锚杆，其构造如图 3.5.9 所示。杆体宜采用 HRB335、HRB400 带肋钢筋，锚杆体材质的断裂伸长率一般不得小于 16%，允许抗拉力与极限抗拉力要符合设计要求。水泥砂浆强度不低于 M20。

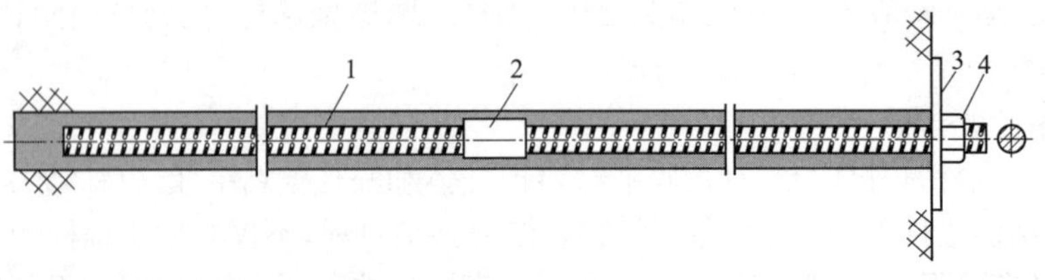


1—实心杆体；2—连接套（可选）；3—垫板；4—螺母。

图 3.5.9 水泥砂浆锚杆构造

2）中空注浆锚杆

中空注浆锚杆是近年在铁路隧道施工中广泛使用的锚杆支护形式，主要有普通中空注浆锚杆、组合中空注浆锚杆和自进式中空注浆锚杆三种。

(1)普通中空注浆锚杆

普通中空注浆锚杆由中空杆体、连接套(可选)、锚端、垫板、螺母等组成(图3.5.10)。

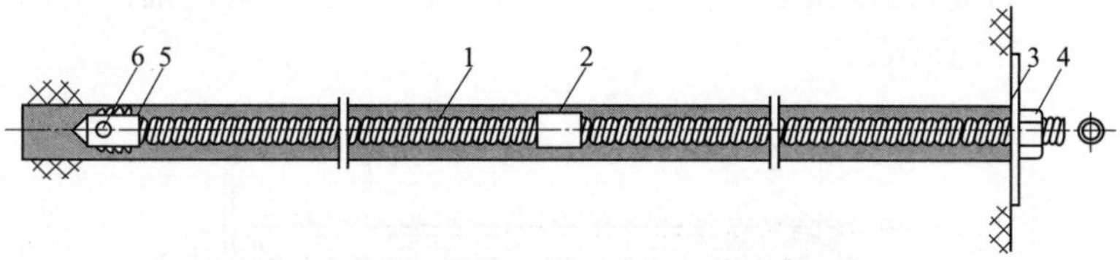


1—中空杆体;2—连接套(可选);3—垫板;4—螺母;5—锚端;6—进出浆孔。

图3.5.10　普通中空注浆锚杆结构

普通中空注浆锚杆目前常用三种型号:$\phi25\times5$、$\phi28\times5.5$、$\phi32\times6$(乘号前为锚杆外径,单位为mm,后为孔的直径,单位为mm),长度一般为2～3.5 m,中空锚杆杆体牌号为Q345。钻孔和锚杆的插入方法与全长粘结型锚杆相同,当用于锚孔向下的部位时,锚孔灌浆采用杆体中空通孔进浆、锚孔口排气的施工工艺;当用于隧道拱部时,锚孔灌浆采用锚孔口进浆、中空锚杆体的中空通孔作排气回浆管的注浆工艺。

(2)组合中空注浆锚杆

图3.5.11为组合中空注浆锚杆结构。

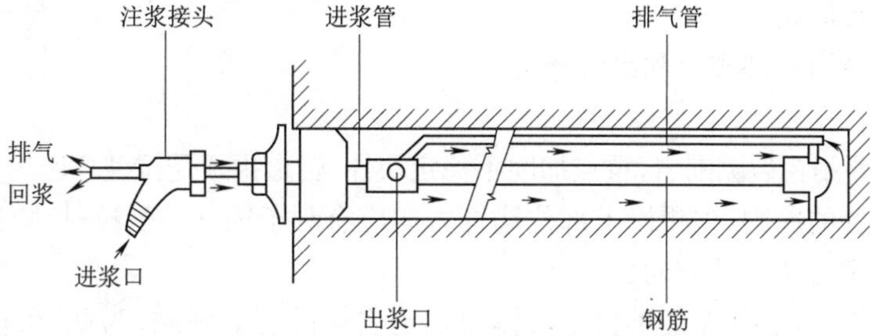


图3.5.11　组合中空注浆锚杆结构

组合中空注浆锚杆通过连接套将中空锚杆体与普通钢筋相连接,并配上止浆塞和排气管。目前常用三种型号:$\phi20$ mm、$\phi22$ mm、$\phi25$ mm。长度一般为2～3.5 m,钢筋牌号为HRB335,中空杆体牌号为Q345。组合中空注浆锚杆适用于拱部或锚孔上仰的部位。

(3)自进式中空注浆锚杆

自进式中空注浆锚杆由中空杆体、连接套(可选)、钻头、垫板、螺母等组成(图3.5.12)。杆体为高强中空杆体,在头部安装带有出浆孔的钻头。锚杆杆体可以作为钻杆配合钻头完成钻孔,故称为自进式锚杆。

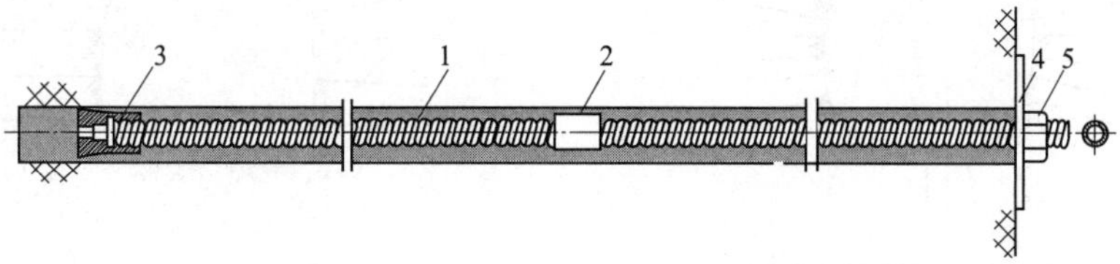


1—中空杆体;2—连接套(可选);3—钻头;4—垫板;5—螺母 。

图3.5.12　自进式中空注浆锚杆结构

自进式中空注浆锚杆钻入前将锚杆装在钻机上,由钻机推入岩体,钻头不必取出。

3)早强药包内锚头锚杆

早强药包内锚头锚杆是以快硬水泥卷或早强砂浆或树脂作为内锚固剂的短途锚固型锚杆,其构造如图 3.5.13 所示。

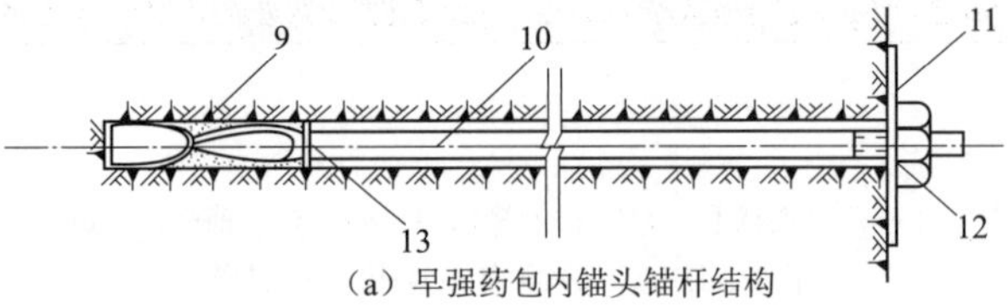

(a) 早强药包内锚头锚杆结构

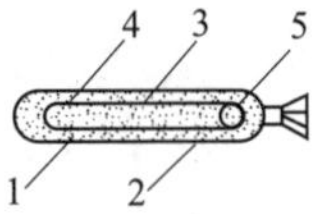

(b) 树脂药包

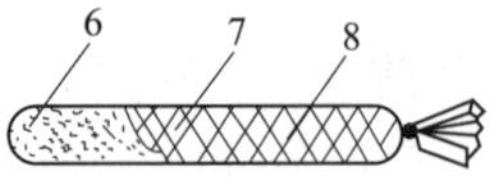

(c) 快硬水泥药包

1—不饱和聚酯树脂+加速剂+填料;2—纤维纸+塑料袋;3—固化剂+填料;4—玻璃管;5—堵头(树脂胶泥封口);6—快硬水泥;7—湿强度较大的滤纸筒;8—玻璃纤维网;9—树脂锚固剂;10—带麻花头杆体;11—垫板;12—螺母;13—挡圈。

图 3.5.13 早强药包内锚头锚杆构造

3. 锚杆的布置

1)锚杆的布置原则

锚杆的布置分为局部布置和系统布置。

(1)局部布置

局部锚杆主要用在裂隙围岩,重点加固不稳定块体,隧道拱顶受拉破坏区为重点加固区域。

锚杆局部布置的原则:拱腰以上部位锚杆方向应有利于锚杆的受拉;拱腰以下及边墙部位锚杆宜逆向不稳定岩块滑动方向。

局部加固的锚杆,必须保证不稳定块体与稳定岩体的有效联结,为此,可由现场测定或采用赤平极射投影和实体比例投影作图法确定不稳定块体的形状、重量和出露位置,据此确定锚杆间距和锚入稳定岩体的长度。

(2)系统布置

在破碎和软弱围岩中,一般采用系统布置的锚杆,对围岩起到整个加固作用。对于局部破碎、软弱围岩部位或可能出现过大变形的部位,应加设长锚杆,如图 3.5.14(a)所示。

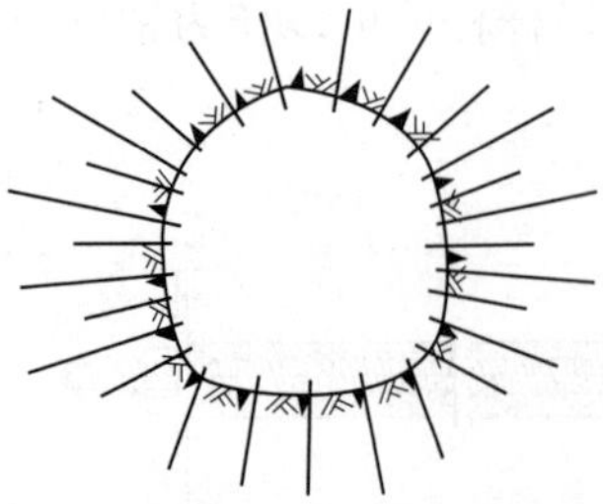
(a) 布置锚杆后在侧壁增设长锚杆

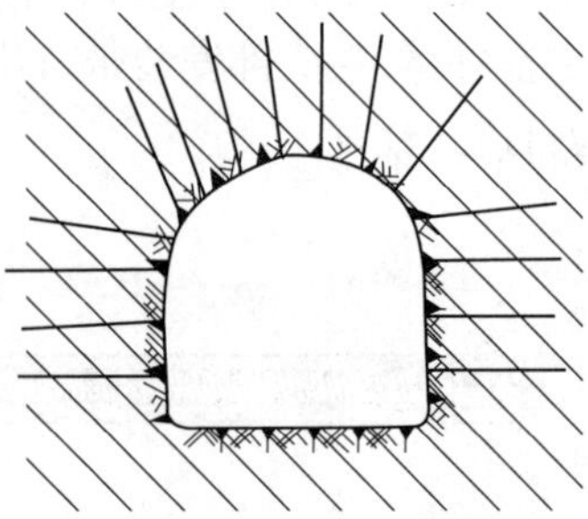
(b) 锚杆与岩层面斜交布置

图 3.5.14 系统锚杆的布置方式

锚杆系统布置的原则：

①在隧道横断面上，锚杆宜垂直隧道周边轮廓布置；对水平成层岩层，应尽可能与层面垂直布置，或使其与层面呈斜交布置；对于倾斜成层的岩层，其失稳原因主要是层面滑动，锚杆应与层面成斜交布置，如图3.5.14(b)所示。

②在岩面上锚杆宜成菱形排列，纵、横间距为0.6～1.5 m，其密度为0.6～3.6根/$m^2$。

③为了使系统布置的锚杆形成连续均匀的压缩带，其间距不宜大于锚杆长度的1/2，在Ⅳ、Ⅴ级围岩中，锚杆间距宜为0.5～1.2 m，但当锚杆长度超过2.5 m时，若仍按间距不大于1/2锚杆长度的规定，则锚杆间的岩块可能因咬合和连锁不良而导致掉块坠落，为此，其间距不宜大于1.25 m。

2)锚杆的长度

新奥法对锚杆长度的设计，基于支护要促使围岩形成自然拱的思路，锚杆主要是给隧道围岩松动圈内的岩体提供支护力使其形成拱的效应，所以锚杆要穿过松动圈并深入围岩一定深度，而隧道围岩松动范围与岩层条件、隧道跨度有关，所以锚杆长度这样确定：①对于岩质条件较好的硬岩，锚杆长度取1.0～1.2 m；②对于岩质条件稍差的中硬岩，锚杆长度取隧道宽度的1/4～1/3，通常为2.0～3.0 m；③对于软岩、破碎岩体和土砂质地层，锚杆长度取隧道宽度的1/2～2/3，通常为4.0～6.0 m；④对于膨胀性地层，锚杆长度取隧道宽度的1/2～2/3，通常为4.0～6.0 m。

3)锚杆的间距

每根锚杆支护影响范围都很有限，只有将各个锚杆相互联合起来才能形成连续的拱结构或梁结构。新奥法从支护应使围岩形成自然拱出发，锚杆间距规定为：硬岩的锚杆间距取1.5 m；中硬岩的锚杆间距取2.0～3.0 m；软岩、破碎岩体和土砂质地层的锚杆间距取0.8～1.0 m；膨胀性地层的锚杆间距取0.8～1.0 m。

4.常用锚杆施工

1)施工工艺流程

砂浆锚杆施工工艺流程如图3.5.15所示。

中空注浆锚杆施工工艺流程如图3.5.16所示，自进式锚杆施工工艺流程如图3.5.17所示。

2)锚杆钻孔施工要求

(1)钻眼机具应根据锚杆类型、规格及围岩情况选择，采用全断面法施工时，锚杆钻孔宜采用凿岩台车或锚杆台车；采用台阶法施工时，锚杆钻孔宜采用锚杆钻机。

(2)钻孔前应根据设计要求和围岩情况定出孔位，做出标记。锚杆孔距的允许偏差为±150 mm。

(3)钻杆应保持直线，宜与其所在部位的围岩主要结构面垂直。系统锚杆宜沿隧道周边径向钻孔，或与岩体主结构面或岩层层面成大角度方向钻孔。预应力锚杆的钻孔轴线与设计轴线的偏差不应大于3%。

(4)钻孔深度及直径应与杆体相匹配，钻孔孔径大小应满足锚杆杆体的注浆保护层厚度要求，钎头大端直径应大于锚杆杆体直径20 mm。钻孔深度不应小于锚杆设计长度；树脂锚杆和快硬水泥卷锚杆的孔深不应小于杆体有效长度，且不应超过杆体有效长度30 mm；摩擦型锚杆孔深应比杆体长10～50 mm。

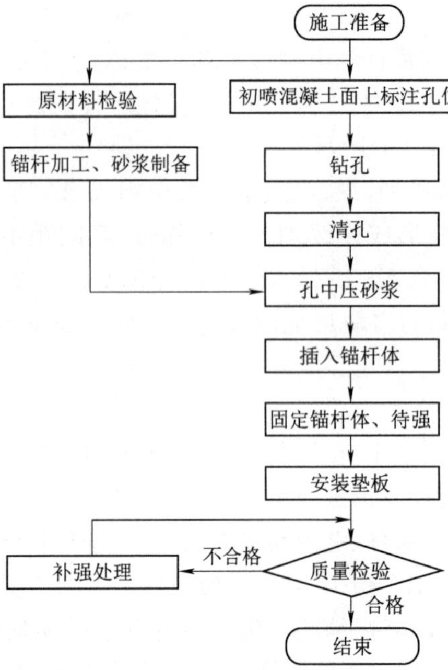


图 3.5.15　砂浆锚杆施工工艺流程

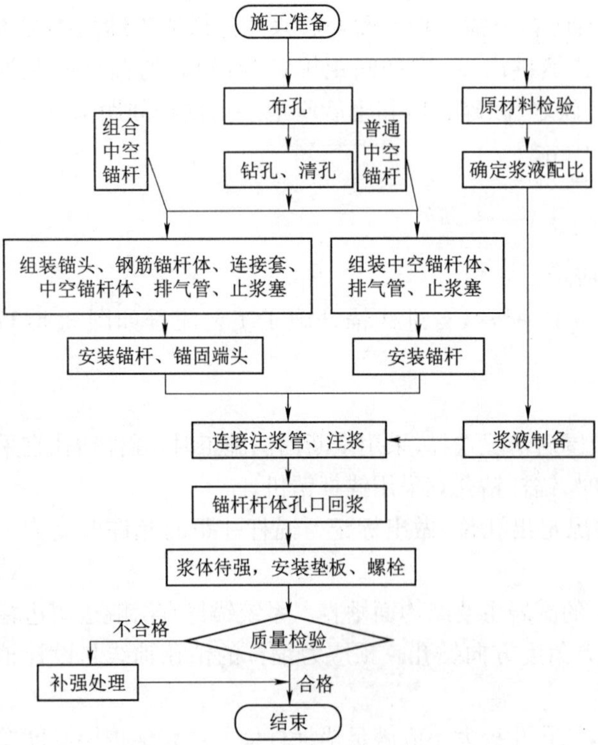


图 3.5.16　中空注浆锚杆施工工艺流程

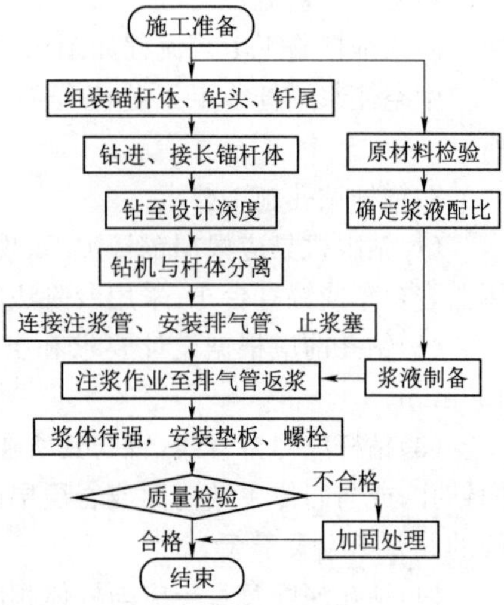


图 3.5.17　自进式锚杆施工工艺流程

(5)有水地段应先引出孔内的水或在附近另行钻孔引水。对成孔困难的地段应采用自进式锚杆,钻孔宜采用水泥浆护壁钻孔工艺。

3)水泥砂浆锚杆施工要点

(1)施工材料

锚杆杆体使用前要除锈、除油,并保持平直。锚杆使用的水泥砂浆宜采用中细砂,使用前过筛,粒径不大于2.5 mm。水泥砂浆强度不宜低于M20,砂胶比宜为1∶1～1∶2(质量比),水胶比一般为0.38～0.45。

(2)施工工艺

水泥砂浆锚杆作业程序是先注浆,后放锚杆。注浆前应清除锚杆孔中的水和渣,有水地段应先引出孔内水或在附近另行钻孔。

注浆时,先将水注入泵内,并倒入少量砂浆,初压水和稀浆液湿润管路,然后再将已调好的砂浆倒入泵内。将注浆管插至锚杆孔底,将泵盖压紧密封,一切就绪后,慢慢打开阀门注浆。在气压推动下,砂浆不断压入孔底,注浆管随之缓缓退出眼孔,并始终保持注浆管口埋在砂浆内,以免浆中出现空洞。将注浆管全部抽出后,立即把锚杆插入眼孔,然后用木模堵塞孔口,防止砂浆流失。注浆开始或中途暂停超过30 min时,应用水润滑注浆管路;注浆孔口压力不得大于0.4 MPa。注浆管不准对准人员放置,以防止高压喷出物伤人。砂浆应随用随拌,在初凝前全部用完。使用掺速凝剂砂浆时,一次拌制砂浆数量不应多于3个孔,以免时间过长,砂浆在泵、管中凝结。锚注完成后,应及时清洗、整理注浆用具,除掉砂浆凝聚物,为下次使用创造好条件。

杆体插入锚杆孔时,应保持位置居中并注意旋转,使粘结剂充分搅拌。杆体插入长度不得短于设计长度的95%。锚杆孔中必须注满砂浆,发现不满时须拔出锚杆重新注浆。

锚杆安装后,不得随意敲击。在水泥浆体的强度达到10 MPa后,安装垫板和紧固螺帽,垫板应用螺帽上紧,与喷层面紧贴,未接触部位必须楔紧。

4)中空注浆锚杆施工要点

(1)锚杆安装

①检查锚杆孔是否有异物堵塞,若有,应清除干净。

②安设锚杆。安装前,应检查锚杆体中孔和钻头的水孔(自进式锚杆)是否畅通,若有异物堵塞应及时清理。锚杆插入孔内时应小心,防止孔内岩粉进入锚孔内。

③安装止浆塞。止浆塞上设注浆口与通气管,通气管应深入到锚孔底部。用钢筋将止浆塞通过锚杆外露端打入孔口10 cm左右。

④安装垫板及螺母,但此时不宜上紧。

⑤自进式锚杆的锚杆体钻进至设计深度后,应用水或空气洗孔,直至孔口返水或返气,方可将钻机和连接套卸下,并及时安装垫板及螺母,临时固定杆体。

(2)浆液流动方向

普通中空注浆锚杆在锚孔向上倾斜的仰角大于30°时,锚杆注浆必须自锚杆体外钻孔中注浆,锚杆体的中空孔作为排气回浆管,注浆完成后立即安装堵头。锚孔仰角小于30°或锚孔向下倾斜时,锚杆注浆可采用由锚杆体的中空孔进浆、锚杆体外钻孔排气回浆的方式。

组合中空注浆锚杆宜用于锚孔向上倾斜的仰角，当用于锚孔向下倾斜的俯角时，锚孔俯角不应大于30°。注浆时，砂浆经中空锚杆体的中空内孔从连接套上的进浆口进入锚孔壁与钢筋杆体间的空隙，锚孔内的砂浆由下向上充盈，锚孔内的空气从排气管（内径不应小于$\phi$6 mm）排出直至回浆，注浆完成立即安装堵头，如图 3.5.11 所示。

(3)注浆作业

注浆具体施工顺序如下：

①检查注浆泵及其零件是否齐备和正常；检查水泥和砂的粒径、比例、温度等是否符合规定。

②用水或风检查锚孔是否畅通，孔口返水或风即可。

③检查浆液稠度、水胶比或灰砂比是否达到设计要求。如无设计要求可采用参考灰砂比：1∶0～1∶1，宜选用直径小于 1.0 mm 的细砂；水胶比 0.4～0.5。

④开动泵注浆，整个过程应连续浇筑，直到达到设计注浆量时注浆结束。当注浆压力达到设计终压 20 min 后，进浆量仍达不到注浆终量时，亦可结束注浆，并保证锚杆孔浆液注满。注浆质量合格后将锚杆头封堵，避免浆液倒流。

⑤当完成一根锚杆的注浆后，迅速卸下注浆软管与锚杆的接头，清洗并安装至另一根锚杆，然后注浆。若停泵时间较长，在对下根锚杆注浆前应放掉前段不均匀的灰浆，以免堵孔。

⑥注浆过程中，应及时清洗接头，保证注浆过程的连续性。

⑦完成整个注浆后，应及时清洗保养泵。

⑧水泥浆体强度达 10.0 MPa 后，上紧螺母。

### 3.5.4 钢架施工

喷射混凝土、锚杆以及钢筋网、钢纤维混凝土等初期支护，主要是利用其柔性和韧性，而对其整体刚度并未过多要求，这对支护不太破碎的围岩并使其稳定是可行的。当围岩软弱破碎严重且自稳性差时，开挖后就要求早期支护具有较大刚度，以阻止围岩的过度变形和承受部分松弛荷载，钢架就具有这样的力学性能。钢架的整体刚度较大，可以提供较大的早期支护刚度。钢架通常与锚杆、钢筋网、喷射混凝土等相结合，构成联合支护，起到支撑围岩稳定、限制围岩变形的作用。

1. 钢架的类型与构造

钢架一般选用钢筋、型钢、钢轨等材料，按设计要求预先制成构件，使用时焊接或栓接成整体。钢架一般可分为型钢钢架和格栅钢架两种，其构造如图 3.5.18 所示。

1)型钢钢架

型钢钢架可由工字型钢、U 型钢、H 型钢、槽钢、钢轨等材料加工而成，现场多用工字钢。型钢钢架的刚度和强度大，可较早承受较大初期围岩压力，宜用于坍方处或Ⅴ、Ⅵ级围岩破碎带需要立即支撑的大断面隧道。型钢钢架与后续喷混凝土粘结不好，与围岩间的空隙难于用喷射混凝土紧密充填，易致钢架附近喷射混凝土出现裂缝。

2)格栅钢架

格栅钢架一般由 HRB400 钢筋经冷弯成形后，按隧道轮廓进行设计、焊接而成。格栅钢架多采用八字结格栅钢架，如图 3.5.18(c)所示。相对于型钢钢架，它柔性好、与所喷混凝土结合较好，形成钢筋混凝土结构，可转化为永久支护，但加工工作量大。格栅钢架适用于自稳时间短的软弱围岩或有一定变形、后期围岩压力有较大增长的围岩段隧道。

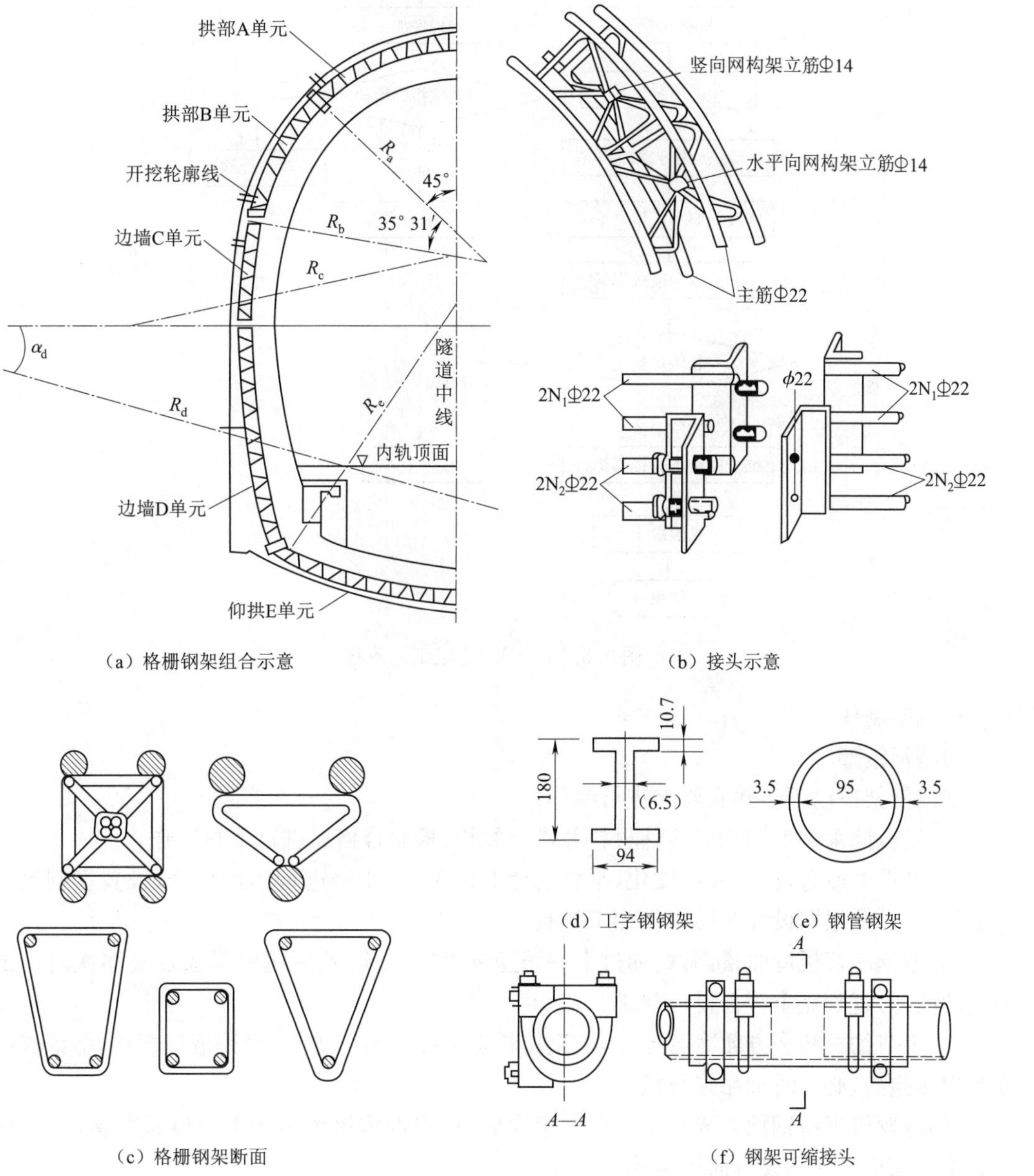


(a) 格栅钢架组合示意　(b) 接头示意

(c) 格栅钢架断面　(d) 工字钢钢架　(e) 钢管钢架　(f) 钢架可缩接头

图 3.5.18　钢架构造(单位：mm)

2. 施工工艺流程

钢架施工工艺流程如图 3.5.19 所示。

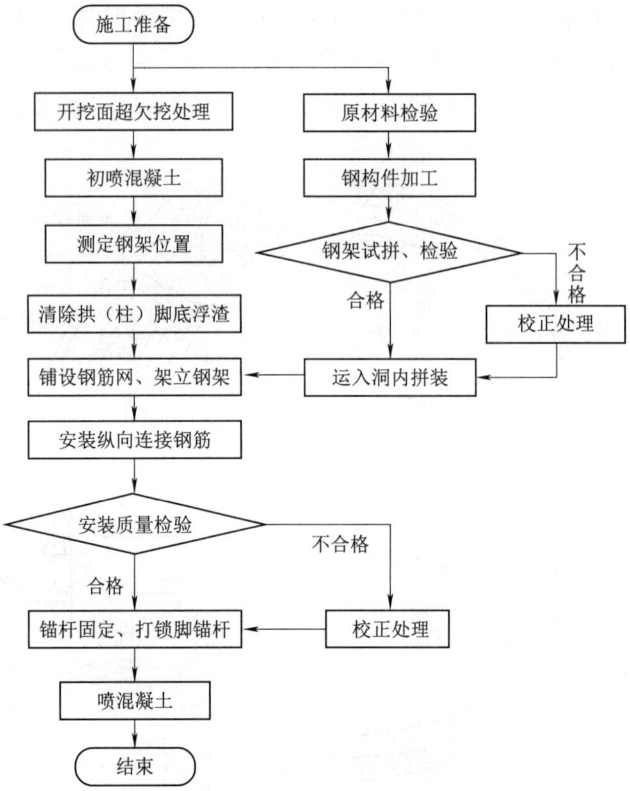


图 3.5.19　钢架施工工艺流程

3. 钢架制作

1)型钢钢架

型钢钢架按以下步骤和要求进行制作：

(1)按设计采购型钢和连接件材料并进行复检，检验合格后进行下料工作。

(2)型钢上冷弯机前，要在硬化、平整场地上按 1∶1 比例进行实地放样，设置型钢钢架加工工作平台，并根据设计线形制作加工模具。

(3)型钢冷弯机弯曲量调试：通过上一根型钢进行试顶，然后用模具去反复多次对比试顶型钢的曲率，直到完全符合设计要求。

(4)为节约材料和方便冷弯操作，型钢接长在上冷弯机前进行，采用嵌口焊接，保证焊缝长度和焊接饱满，必要时加贴焊腹板。

(5)冷弯机把型钢顶弯成需要的曲率半径后，再根据型钢钢架分节长度进行截断(一般用等离子切割机)，切割线方向须准确。

(6)截好的型钢段在拼焊场地加焊接头钢板。要求接头钢板预先已下好料、钻设好螺栓孔，与截好的型钢段端头对位准确并焊接牢固。

(7)分节加工好的型钢钢架成品节段，不得有假焊，焊缝表面不得有裂纹、焊瘤等缺陷。每榀钢架加工完成后应放在水泥地面上试拼，周边拼装允许误差为±3 cm，平面翘曲应小于 2 cm。对检查合格后的各钢架单元进行编号，整齐码放在钢架半成品区，标明其检验试验状态，以备转运到隧道内使用。

2)格栅钢架

格栅钢架按以下步骤和要求进行制作：

(1)按设计采购各类直径钢筋和连接件材料并进行复检，检验合格后进行调直、下料工作。

(2)格栅钢架主筋、腹筋和箍筋在加工房或场地内下料并冷弯成形，然后分类整齐堆放在分节拼焊加工工区，方便拼焊成格栅钢架半成品。

(3)格栅钢架拼焊在加工工区的工作台上进行。工作台用钢板加焊钉制成，其上根据不同断面的钢架主筋轮廓放样，按单元划分成钢筋弯曲模型。钢架焊接在1∶1比例实地放样的胎模内进行，以达到控制变形目的。

(4)在拼焊好的格栅钢架节段两端加焊接头板或配对不等边角钢，要求接头板或配对不等边角钢预先已下好料、钻设好螺栓孔，与格栅钢架主筋对位准确，焊接牢固。

(5)格栅钢架成品节段的检验、试拼和存放要求与钢架型钢相同。

4.钢架安装

钢架安装施工要点如下：

(1)钢架安装前应检查开挖断面净空，在初喷混凝土后及时进行安装。

(2)首先测定出线路中线，确定高程，然后再测定其横向位置，确保每榀钢架不偏斜、扭曲，并位于同一铅垂面。钢架间距允许偏差为±100 mm，横向位置允许偏差为±20 mm，垂直度允许偏差为±10°。

(3)安装时各节钢架连接板间上、下端螺栓孔对齐并以螺栓连接牢固、密贴，沿钢架外缘每隔2 m应用钢楔或混凝土预制块与初喷混凝土楔紧。

(4)为保证各节钢架在全环封闭之前置于稳固的地基上，安装前应清除各节钢架底脚下的虚渣及杂物。当拱脚(或墙脚)超挖，应采用钢垫板进行调整，不得用渣土回填。钢架架立后尽快施作锁脚锚杆(或锚管)将其锁定，钢架应与锁脚锚杆焊接牢固。底板(或临时仰拱底)开挖完后，应一次全幅安装仰拱钢架并喷混凝土覆盖，及早闭合成环。

(5)钢架需与锚杆露头及钢筋网焊接，以增强其联合支护的效应。钢架背后的间隙应用喷射混凝土充填密实，应先喷射钢架与壁面之间的混凝土，后喷射钢架之间的混凝土。除可缩性钢架的可缩节点部位外，钢架应全部被喷射混凝土覆盖。喷射混凝土应从拱脚或墙角处由下向上喷射。

(6)成品型钢钢架拼装完并检查无误后，才开始焊接纵向连接体系。钢架纵向连接体系根据实际情况可采用钢筋、钢管、角钢或槽钢等，环向间距一般为0.5～1.0 m，内外交错布置。

(7)采用分部开挖法施工时，钢架拱脚应施作锁脚锚杆(锚管)，下半部开挖后钢架应及时落底。在软弱地层中钢架接长落底应单边交错进行，每次单边接长钢架1～2根。在一般地层中可同时接长落底和仰拱钢架相连并及时喷射混凝土。接长钢架段和上部钢架段间通过垫板用螺栓牢固连接。

(8)Ⅴ级及以上软弱围岩或黄土隧道，可在拱部钢架基脚处增设槽钢以提高基底承载力，为保证钢架位置安设准确，隧道开挖时在钢架的各连接处预留连接板凹槽。初喷混凝土时，在凹槽处打入木楔，为架设钢架留出连接板(和槽钢)位置。

5.防止钢架下沉的措施

采用分部开挖隧道时，上部开挖安装钢架后，由于围岩自稳性较差、上下台阶开挖拉开了一定距离，钢架短时间内不能全断面闭合，上部钢架有可能会出现下沉现象，而导致围岩失稳或侵入衬砌界限。因此，在施工过程中需加强对钢架安装以后的监控量测，必要时采取有效措施进行加固，以防止钢架下沉。具体措施如下：

(1)施加锁脚锚管。

采用分部开挖方时，拱部钢架安装后，钢架暂时不能全断面封闭成环，同时拱部钢架无法坐落在坚实的基岩上，因此，拱部钢架必须采取锁脚措施，将钢架两底脚牢固锁定，以防止钢架下沉或两底脚回收。钢架锁脚一般采用 2 根或 4 根长 4.0 m 的 $\phi$42 mm 锁脚锚管锁定，锚管采用钢花管，压注水泥浆液进行锚固；如地质情况较差，采用加长锁脚锚管长度，再增设一根锁脚锚管措施，以加强钢架的稳定性。

(2)加设钢架基础连接纵梁，扩大开挖底脚，防止钢架悬空。

为防止钢架下沉，视地质情况，必要时在拱部钢架底脚增设连接纵梁，纵梁采用 32 号槽钢，与钢架底脚采用焊接连接，以增加钢架底脚的承力面积。

(3)及时喷射混凝土进行覆盖钢架安装完成后，及时喷射微纤维混凝土。喷射时应分层、分段进行，钢架应全部被喷射混凝土覆盖，保护层厚度不得小于 40 mm。

(4)防止施工过程中的碰撞和损坏。机械开挖时，注意防止挖掘机等大型机械对已支护好钢架进行碰撞和冲击，造成钢架损坏。为此，开挖时，要委派专人对开挖作业进行指挥，严格限制机械作业界限，以防碰撞损坏钢架。

## 复习与思考题

(1)识读××隧道施工图纸，列出本隧道涉及的初期支护结构(衬砌结构)类型。

(2)识读××隧道Ⅳ级围岩Ⅳ$_{a1}$型复合式衬砌图纸，其仰拱初期支护参数是什么？

(3)识读××隧道Ⅳ级围岩Ⅳ$_{b}$型复合式衬砌图纸，描述其型钢钢架的结构。

(4)判断题：所有的衬砌类型都设有仰拱初期支护结构。

# 任务 3.6 装渣运输

### 任务工单

班级：____________姓名：____________学号：____________小组：____________日期：____________

| 工作任务 | 装渣运输 | 学习模式 | 项目+任务驱动 |
|---|---|---|---|
| 建议学时 | 2 学时 | 学习地点 | 理实一体教室 |
| 任务描述 | 在每个隧道开挖支护施工循环中，完成开挖和初期支护施工后，需要进行装渣运输作业，具体任务包括：<br>编制××隧道进口端(或出口端)装渣运输方案 | | |
| 任务目标 | **能力目标**<br>(1)能根据隧道施工条件，选择隧道施工装渣运输方式；<br>(2)能编制装渣运输方案。<br>**知识目标**<br>(1)掌握隧道施工装渣运输的作业要点；<br>(2)了解隧道施工装渣运输机械和设备；<br>(3)掌握隧道弃渣的原则。<br>**素质目标**<br>(1)绿色环保理念；<br>(2)职业自豪感和责任感 | | |

续上表

<table>
<tr><td>工作任务</td><td>装渣运输</td><td>学习模式</td><td colspan="2">项目+任务驱动</td></tr>
<tr><td>建议学时</td><td>2 学时</td><td>学习地点</td><td colspan="2">理实一体教室</td></tr>
<tr><td>任务实施</td><td colspan="4">(1)学习相关知识,进行知识准备;<br>(2)识读××隧道进口端(或出口端)施工图纸,计算装渣数量;<br>(3)依据施工图纸和《铁路隧道施工技术规程》,编写编制装渣运输方案</td></tr>
<tr><td rowspan="5">考核评价<br>(100 分)</td><td colspan="3">考核项目</td><td>得分</td></tr>
<tr><td colspan="3">渣量估算(20%)</td><td></td></tr>
<tr><td colspan="3">知识掌握(20%)</td><td></td></tr>
<tr><td colspan="3">装渣运输方案编写(50%)</td><td></td></tr>
<tr><td colspan="3">职业素质养成(10%)</td><td></td></tr>
</table>

## 知识准备

坑道开挖后,把开挖的石渣运出洞外,把支护材料运进洞内,这种作业叫装渣运输。将开挖的石渣迅速装车运出洞外是提高隧道掘进速度的重要环节。该项作业往往占全部开挖循环作业时间的 35%~50%,控制着隧道的施工速度。因此,正确选择并准备足够的装渣机械和运输车辆,确定合理的装渣运输方案,维修好运输线路,减少相互干扰,提高装渣运渣效率是加快隧道施工速度,尤其是加快长大隧道施工速度的关键。

### 3.6.1　装渣运输施工的分类

山岭隧道的装渣运输作业按其采用的装渣运输机具和设备的不同可分为三类。

第一类是有轨装渣—有轨运输。即在坑道内靠近工作面一段用轨行式装渣机将石渣装在车辆内,编列成组,再用牵引机车沿着轨道运出洞外卸渣场,如图 3.6.1 所示。它是传统的装渣运输形式,污染小,不受隧道长短、断面大小的限制,但各工种干扰大,掘进速度较慢,此外装渣机移动前行时,需在开挖面处挖枕木槽、铺设短轨,耗时费工。

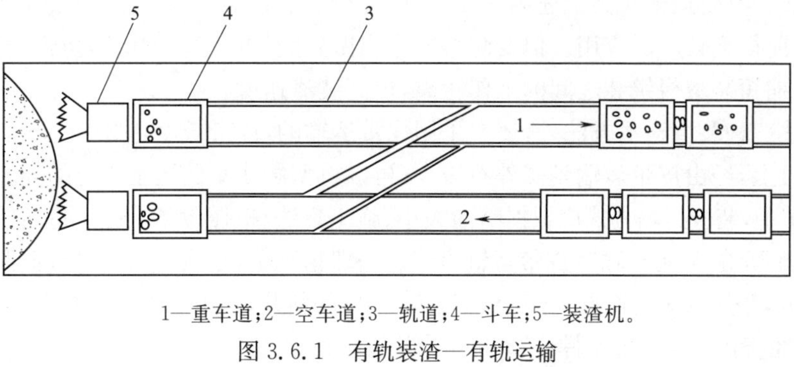


1—重车道;2—空车道;3—轨道;4—斗车;5—装渣机。

图 3.6.1　有轨装渣—有轨运输

第二类是无轨装渣—无轨运输。即在隧道施工中不铺设轨道，装渣采用轮胎式或履带式装渣机械，将石渣装在自卸汽车内运出洞外弃渣场，如图 3.6.2 所示。此外，斜井中可选用带式输送机实现高效运渣。

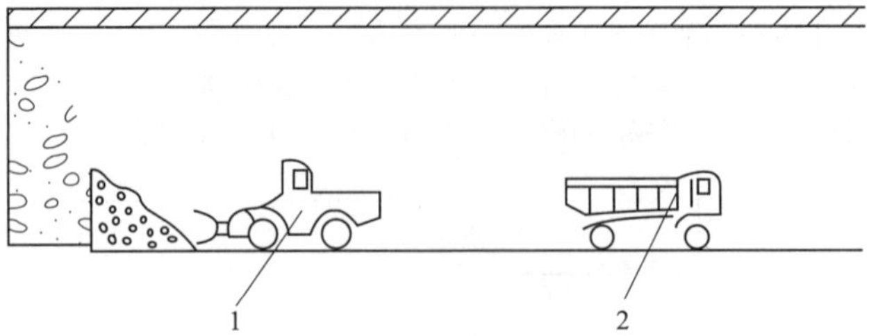


1—装渣机；2—大型自卸汽车。

图 3.6.2　无轨装渣—无轨运输

无轨装渣—无轨运输不存在轨道铺设及工作面轨道延伸问题，运输管理及调度工作也较为简单，装运效率高，干扰小，但如用内燃装渣机及自卸汽车装运时，排出废气量大，污染洞内空气，需要加强通风。

第三类是无轨装渣—有轨运输。一般是在离工作面 20～30 m 范围内不铺设轨道，装渣机械常用履带式。运输车辆多采用 8 $m^3$ 以上梭式矿车或 4 $m^3$ 以上侧卸斗车。用 10～12 t 电瓶车牵引，沿着洞身轨道运至洞外卸渣场，如图 3.6.3 所示。

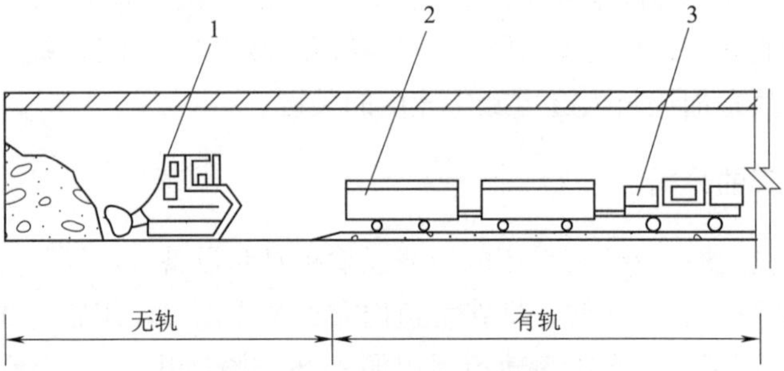


1—装渣机；2—大型斗车；3—电瓶车。

图 3.6.3　无轨装渣—有轨运输

无轨装渣—有轨运输实为上述第一、二类的综合。它综合了第一、二类的优点，克服了各自的缺点，目前得到较广泛应用。但要注意的是应做到轻、重车各行其道，防止交叉，轨道尽量接近掌子面，缩短装渣机铲装之间的工作距离，提高装渣速度。

除了上述三种装渣运输方法外，还有采用皮带运输的，皮带长度达 2～3 km。将石渣铲装在带式输送机上，经由皮带运输到洞外石渣仓，再以重型翻斗车倒运至指定的弃渣场所。

隧道施工中，装渣运输方式应根据断面大小、施工方法、机械设备及施工进度等要求综合考虑，可选择汽车运输、轨道运输或皮带运输方式。一般情况下，正洞、平行导坑、横洞及最大坡度 $i \leqslant 13\%$ 的斜井，采用汽车运输方式；最大坡度 $i > 13\%$ 的斜井，采用轨道运输方式；$13\% < i \leqslant 27\%$ 的斜井，根据经济技术及环境条件比选，也可采用皮带运输方式。

装渣运输作业由装渣、运输和弃渣三个环节组成。

### 3.6.2 装渣作业

装渣就是把开挖下来的石渣装入运输车辆。装渣作业是隧道掘进循环中占用时间最多，又与其他作业干扰较大的一项作业。为了迅速、及时地将洞内爆下的石渣装运出去，要充分利用和发挥机械设备的作用和效率，根据渣量选择合适的装渣机，还要尽量缩短装渣作业线长度，并合理调车，减少辅助作业时间，保证作业安全，以实现快装、快运、快卸。

1. 渣量估算

出渣量应为开挖后的虚渣体积，钻爆开挖一个循环爆破后石渣量 $Z$($m^3$)可按式(3.6.1)计算：

$$Z=K\cdot\Delta\cdot L\cdot S \tag{3.6.1}$$

式中 $K$——岩体松胀系数，即岩体松方体积与其实方体积的比值，常按围岩级别和土石类别确定 $K$ 值，见表3.6.1；

$\Delta$——超挖系数，视爆破质量而定，一般可取1.05～1.15；

$L$——设计循环进尺(m)；

$S$——开挖断面面积($m^2$)。

**表3.6.1 岩体松胀系数 $K$**

| 围岩级别 | Ⅵ | | Ⅴ | | Ⅳ | Ⅲ | Ⅱ | Ⅰ |
|---|---|---|---|---|---|---|---|---|
| 土石类别 | 砂砾 | 黏性土 | 砂夹卵石 | 硬黏土 | 石质 | 石质 | 石质 | 石质 |
| 松胀系数 | 1.15 | 1.25 | 1.30 | 1.35 | 1.60 | 1.70 | 1.80 | 1.85 |

2. 装渣机械

装渣的方式可采用机械装渣。装渣机械的类型很多，按其扒渣机构形式可分为铲斗式、蟹爪式、立爪式、挖斗式。铲斗式装渣机为间歇性非连续装渣机，有翻斗后卸、前卸和侧卸式三种卸渣方式。蟹爪式、立爪式和挖斗式装渣机是连续装渣机，均配备刮板(或链板)转载后卸机构。

装渣机的走行方式有轨道走行、轮胎走行和履带走行三种，也有配备履带走行和轨道走行两种走行机构的。因轨道走行式装渣机须铺设走行轨道，其作业范围受到限制，但有些轨道走行式装渣机的装渣机构能转动一定角度，以增加其工作宽度。必要时可采用增铺轨道来满足更大的工作宽度要求。轮胎走行式装渣机移动灵活，工作范围不受限制。在有水土质围岩的隧道中，可能出现打滑和下陷。

装渣机械扒渣方式的不同，走行方式不同，装备功率不同，则其工作能力各不相同。装渣机的选择应充分考虑围岩及坑道条件、作业宽度及其与运输车辆的匹配和组织，以充分发挥各自的工作效能，缩短装渣的时间。

隧道施工中较为常见的装渣机有以下几种：

1)翻斗式装渣机

翻斗式装渣机又称铲斗后卸式装渣机，为轨行式，有风动和电动之分。

翻斗式装渣机利用机体前方的铲斗铲起石渣，经机体上方将石渣投入机后的车斗内(图3.6.4)。它装完一个斗车后，要把重车推出，把另一个空车推进，才能继续装渣，是非连续型装渣机械。翻斗式装渣机构造简单、操作方便，但装载宽度受限制，一般只有 1.7～3.5 m，工作长度较短，装渣生产能力为 30～120 $m^3/h$，主要用于小断面或规模较小的隧道中。

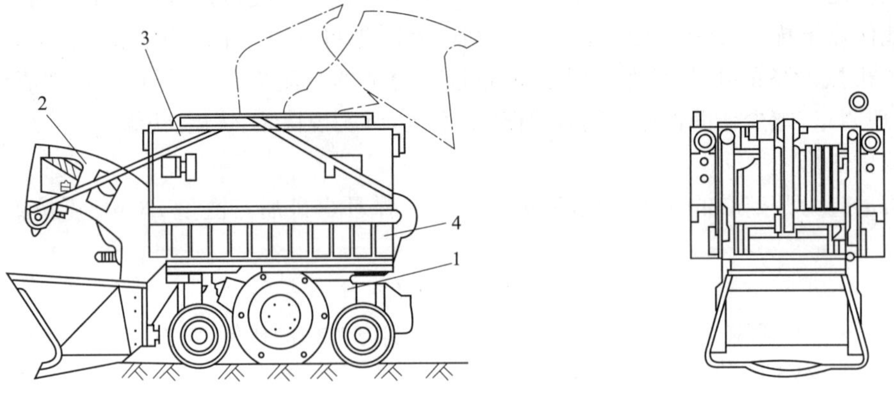


1—走行部分；2—铲斗；3—操作箱；4—回转部分。

图 3.6.4　翻斗式装渣机

2)蟹爪式装渣机

蟹爪式装渣机是一种连续装渣机械，在前端装有倾斜受料盘，其上装有一对蟹爪(也称双臂)，如图 3.6.5 所示。装渣时全机向前低速推进，将受料盘插入渣堆，两个蟹爪连续交错扒取石渣，经皮带(或链条)输送机将石渣装入车辆。

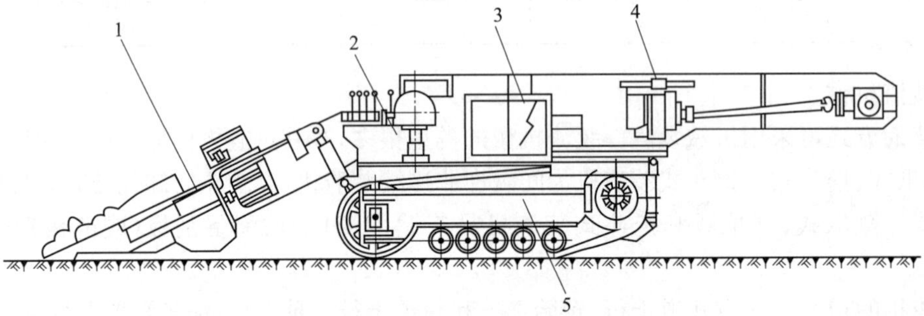


1—机头；2—液压系统；3—电气系统；4—运输装置；5—行走部分。

图 3.6.5　蟹爪式装渣机

蟹爪式装渣机装渣效率高，耗工较少，能够连续装载，工作方式较为合理，大大简化了铲斗后卸式的铲装、扬斗、卸渣、返回以及前进、后退等反复循环动作。可配以大容积运输车辆进行装运，提高效率，该类机具多为电动履带式。因受蟹爪拨渣限制，岩渣块体较大时，其工作效率降低，故主要用于块体较小的岩渣及土的装渣作业。生产能力一般在 60～80 $m^3/h$。

3)立爪式装渣机

立爪式装渣机由履带行走架、链条刮板式输送机以及爪臂三大部分组成。工作时爪臂将石渣扒进输送链板上，然后，链板输送机将石渣输送到运输车辆上。输送链板是可以升降的，以适应不同高度的接载运输车。立爪扒渣的性能优于蟹爪式，对岩渣的块体大小适应性强，轨道走行时，其工作宽度可达 3.8 m，工作长度可达到轨端前方 3.0 m，生产能力一般在 120～180 $m^3/h$。

4)铲斗式装渣机

铲斗式装渣机多采用轮胎走行，也有采用履带走行或轨道走行的。轮胎走行的铲斗式装渣机多采用铰接车身、燃油发动机驱动和液压控制系统，如图3.6.6所示。

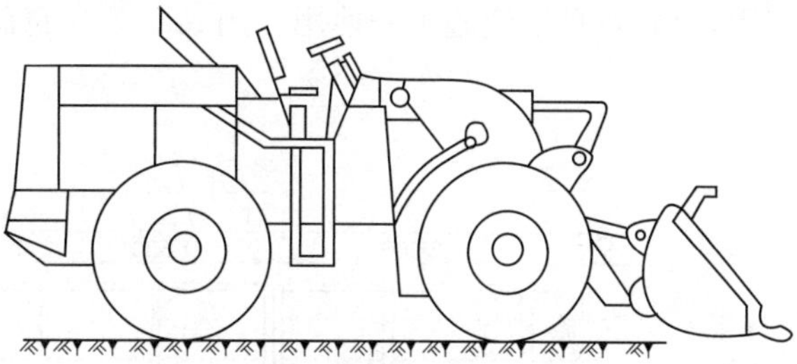

图3.6.6　轮胎走行铲斗装渣机

轮胎走行铲斗式装渣机转弯半径小，移动灵活；铲取力强，铲斗容量大，达0.76～3.8 $m^3$，工作能力强；可侧卸也可前卸，但燃油废气会污染洞内空气，须配备净化器或加强隧道通风，常用于较大断面的隧道中。

轨道走行及履带走行的铲斗式装渣机，多采用电力驱动。轨道走行装渣机一般只适用于断面较小的隧道中，履带走行的大型电铲则适用于特大断面的隧道中。

5)挖掘式装渣机

挖掘式装渣机的扒渣机构为自由臂式挖掘反铲，其他同蟹爪式装渣机，并采用电力驱动和液压控制系统，配备有轨道走行和履带走行两套走行机构。立定时，工作宽度可达3.5 m，工作长度可达轨道前方7.11 m，且可以下挖2.8 m和兼作高8.34 m范围内的清理工作面及找顶工作，生产能力为250 $m^3/h$。

### 3.6.3　运输作业

运输是指运出石渣、运进临时支护和衬砌材料等工作，分为轨道运输、汽车运输和皮带运输。

1. 轨道运输

轨道运输铺设轻轨线路，用轨道式运输车出渣，小型机车牵引，适用于各种隧道开挖方法，尤其适用于较长的隧道运输(2 km以上)，是一种适应性较强和较为经济的运输方式。

1)运输车辆

轨行式运输车辆有斗车、梭式矿车和槽式矿车等。

(1)斗车

斗车结构简单，使用方便，适应性强。斗车运输是较经济的运输方式，按其容量大小可分为小型斗车(容量小于3 $m^3$)和大型斗车；按其断面形状分为V形、U形、箱形及箕斗形等；按其卸渣方法分为侧倾、前倾及三方向倾等。

小型斗车轻便灵活，满载率高，调车便利，一般均可人力翻斗卸渣。大型斗车单车容量较大，须用动力机车牵引。目前隧道施工中为配合高效率的大铲斗装渣机和减少单个斗车的调车时间，已逐步采用大容量的斗车，如4.25 $m^3$、6 $m^3$，乃至30 $m^3$的大斗车。

(2)梭式矿车

梭式矿车是放在两个转向架上的大斗车，车底设有链板式或刮板式输送带，石渣从前端接入，依靠输送带传递到后端，石渣就可布满整个矿车的底部。输送机的动力有气动和电动两种。

单个梭式矿车的容积为5～15 $m^3$。这种矿车可单个使用，也可以成列使用，即梭车与梭车之间有可以搭接的部分，前车的卸渣端伸入后车的接渣端的车箱内。前车装满石渣后，连续开动运输机，将石渣从前车转送至后车。它可以正向卸渣，也可以侧向卸渣。梭式矿车由机车牵引，可在各种隧道施工中使用。图 3.6.7 为底盘回转式梭式矿车。

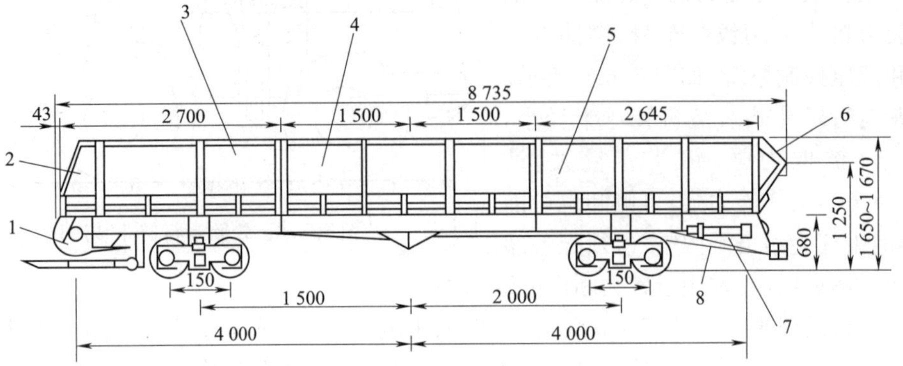


1—主动链轮；2—卸渣端；3—前车帮；4—中车帮；5—后车帮；6—装渣端；7—张紧装置；8—后轴支座板。

图 3.6.7　8.5 $m^3$ 底盘回转式梭式矿车(单位:mm)

(3)槽式列车

槽式列车是由一个接渣车、若干个仅有侧挡板而没有前后挡板的斗车单元和一个卸渣车串联组成的长槽形列车，在其底板处安装有贯通整个列车的风动链板式输送带，如图 3.6.8 所示。使用时由装渣机向接渣车内装渣，装满接渣车后，开动链板传送带使石渣在列车内移动一个车位，如此连续作业，即可装满整个列车。卸渣时采取类似的操作，由卸渣车将石渣卸去。

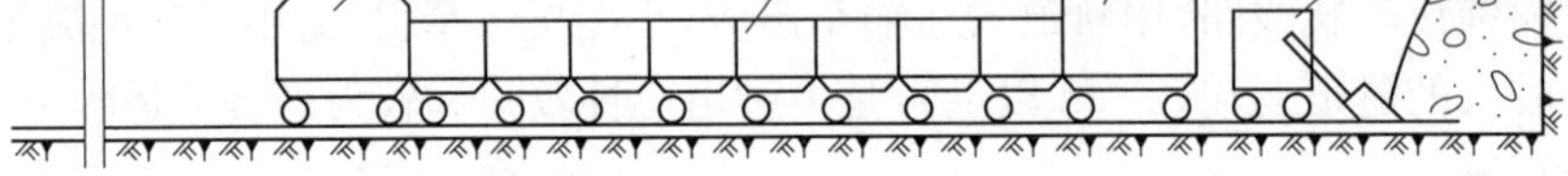


图 3.6.8　槽式列车

2)牵引机车

采用有轨运输时，要用牵引机车将铲装在斗车内的石渣拖出洞外。因此牵引机车是轨行式隧道内牵引车辆的动力，在同一洞口，应尽可能选配同型号的牵引机车，以便使用、管理和维修。

牵引机车一般分为电瓶车和内燃机车两种，主要用于坡度不大的隧道运输牵引。电瓶车牵引无废气污染，但电瓶须充电，能量有限。必要时可增加电瓶车台数，以保证行车速度和运输能力。内燃机车牵引能力较大，但增加洞内噪声污染和废气污染。内燃机械宜装配尾气装置和加强通风，严禁使用汽油机械进洞。

3)轨道构造

①轨距常用的有 600 mm、762 mm、900 mm 三种。双线线间净距不小于 20 cm；单线会让站线间净间距不小于 40 cm。车辆距坑道壁式支撑净间距不小于 20 cm，双线不另设人行道，单线须设人行道，其净宽不小于 70 cm。

②轨道平面最小曲线半径，在洞内应不小于机车车辆轴距的 7 倍，洞外不小于 10 倍。使

用有转向架的梭式矿车时，最小曲线半径不小于 12 m，并应尽量使用较大的曲线半径。

③洞内轨道纵坡按隧道坡度设置。洞外轨道除卸渣线设置上坡外，其余尽量设置为平坡或 0.5%以下的纵坡。

④钢轨质量有 15 kg/m、24 kg/m、30 kg/m、38 kg/m、43 kg/m 几种，轨枕截面有 10 cm×12 cm、10 cm×15 cm、12 cm×15 cm、14 cm×17 cm(厚×宽)几种。钢轨和枕木的选择，应根据各种机械的最大轴重来确定，轴重较大时应选用较重的钢轨和较粗的枕木，枕木间距一般不大于 70 cm。

⑤轨道铺设可利用开挖下来的碎石渣作为道砟，并铺设平整、顺直、稳固。若有变形和位移，应及时养护和维修，保证线路处于良好的工作状态。

4)单线运输与双线运输

单线运输能力较低，常用于地质条件较差或小断面开挖的隧道中。单线运输时，为调车方便和提高运输能力，在整个路线上应合理布设会让站(错车道)。会让站间距应根据装渣作业时间和行车速度计算确定，并编制和优化列车运行图，以减少避让等时间。会让站的站线长度应能够容纳整个列车，并保证安全。

双线运输时，进出车分道行驶，无须避让等待，故通道能力较单线有明显提高。为了调车方便，应在两线之间合理布设渡线。

渡线间距应根据工序安排及运输调车需要来确定，一般间距为 100～200 m 或更长，并每隔 2～3 组渡线设置一组反向渡线。

5)工作面轨道延伸及调车措施

①工作面的轨道延伸，应及时满足钻孔、装渣、运输机械的走行和作业要求，并避免轨道延伸与其他工作的干扰。延伸的方法可以采用浮放"卧轨""爬道"及接短轨。待开挖面向前推进后，将连接的几根短轨换成长轨。

②工作面附近的调车措施，应根据机械走行要求和转道类型来合理选择确定，并尽量离开挖面近一些，以缩短调车的时间。

单线运输时，首先应利用就近的会让站线调车，当开挖面距离会让站较远时，则可以设置临时岔线、浮放调车盘或平移调车器来调车，并逐步前移。

双线运输时，应尽量利用就近的渡线来调车，当开挖面距渡线较远时，则可以设置浮形调车盘，并逐步前移。

6)洞口轨道布置

洞口外轨道布置包括卸渣线、上料线、修理线、机车整备线以及调车场等。卸渣线应搭设卸渣码头，其重车方向应设置一段 0.5%～1.0%的上坡，并在轨端加设车挡，以保证卸渣车辆安全。

2. 汽车运输

1)适用条件

汽车运输是采用汽车运输出渣，其特点是机动灵活，不需要铺设轨道，能适应弃渣场离洞口较远和道路坡度较大的场合，但多采用内燃驱动，在洞内工作时会排出废气，污染洞内空气，故一般适用于大断面开挖和中短长度的隧道中，并应注意加强通风。

2)施工机械

无轨运输一般用铲斗为 2～5 $m^3$ 的三向倾斜式装载机，将石渣装在矿山型自卸汽车内，运出洞外卸掉。自卸汽车容量一般按装载机铲斗容量的 3 倍考虑，如铲斗容量为 2.5～3 $m^3$ 的装载机，则可配用 8～9 $m^3$，即载重为 15～20 t 的矿山型自卸汽车。

对于短距离（一般在 300 m 以内）的无轨运输，可采用 LHD 型的装运卸机，斗容量为 6～8 $m^3$，装渣后即行驶至洞外卸渣。

3）优缺点

汽车运输的主要优点是免除轨道铺设，减少装运设备，简化运输管理组织与调度，减少干扰，使用方便，进度快，效率高。缺点：一是无轨运输多为内燃机械，废气中含有一氧化碳及氮氧化合物，对人体有害，必须安装废气净化装置，同时必须配备强大的通风机械，才能使空气中有害成分的含量符合卫生标准要求。二是装载机和自卸汽车多采用轮胎式，轮胎磨损很严重，轮胎耗费占机械维修费比重大。因此，要注意正确选择轮胎，要使装渣生产率和轮胎的使用磨损能力相适应。三是要特别注意洞内排水，否则易破坏隧道底面，并影响运输效率，也会给铁路轨道结构造成很大影响。因此，必须设专人养护道路，发现泥泞时立即用片石、碎石回填。为不使隧道基底受损，需预留 30 cm 厚不挖，待整个隧道断面施工完后，再行开挖隧底。无轨运输的经济距离一般不超过 1 km。若运距较长，则以采用无轨装渣与有轨运输相配合。

为践行创新发展、绿色发展理念，我国已经成功研制电动装载机、电动挖掘机和电动自卸汽车等电动挖装运渣设备并投入使用，有效减少了隧道施工污染，避免设备与人争氧。如某型纯电动高原隧道装载机采用纯电力驱动，充电仅需 1 h，可连续工作 6～8 h；可适应 5 000 m 高海拔、−40 ℃～+60 ℃的严苛环境。

3. 皮带运输

皮带运输是带式输送机运用皮带的无极运动向洞内或洞外运输物料。皮带长度达 2～3 km。将石渣铲装在带式输送机上，经由皮带运输到洞外石渣仓，再以重型翻斗车倒运至指定的弃渣场所。皮带运输方式应根据施工方法、隧道长度、断面大小、挖装设备、施工进度等因素进行方案设计，选择带式输送机，确定转渣地点及支架布设等。选择皮带运输出渣方式时，应同时制订进洞物资的运输方案。

1）带式输送机的安装

布设带式输送机的安装应符合下列要求：

①机架安装应平、正、直并坚固。

②全部滚筒和托辊应与输送带的传动方向成直角。

③应设置防止输送带跑偏、驱动滚筒打滑、纵向撕裂和溜槽堵塞等保护装置；上行带式输送机应设置防止输送带逆转的安全保护装置，下行带式输送机应设置防止超速的安全保护装置。

④带式输送机沿线应设紧急联锁停车装置。

⑤驱动、传动和自动拉紧装置的旋转部件周围应设防护装置。

⑥皮带两侧应加设挡板或栅栏等防护装置。

⑦带式输送机下面的过人地点应设置安全保护设施。

⑧倾斜带式输送机人行道应防滑，并设置扶手栏杆。

2）带式输送机的使用

带式输送机的使用应符合下列要求：

①启动带式输送机前，应发出声光警示。

②运输带应保持清洁，并经常清理。

③应设专人检查皮带跑偏情况并及时调整。

④停机后应关闭电源。

⑤严禁用运渣带式输送机运送工具、材料、设备和人员。

⑥输送带和滚筒打滑时，严禁在输送带与滚筒间楔入木板和缠绕杂物。

⑦采用绞车拉紧的带式输送机应配备可靠的测力计。

⑧严禁人员攀越输送带。

3)带式输送机的维护

带式输送机运行时皮带跑偏是最常见的故障，为解决这类故障重点要注意安装的尺寸精度与日常的维护保养。带式输送机的维护保养是一项极其重要的经常性的工作，应与操作和检修等密切配合，施工时应有专职人员进行值班检查。

带式输送机的维护应符合下列要求：

①定期按照带式输送机的使用和保养规程对输送机电气、机械、液压系统进行检查、保养与维修。

②维修时应停机上锁，并有专人监护。严禁皮带输送机在运转中进行修理和调整。

③用电焊、气焊或喷灯焊检修带式输送机时，应制订安全措施。

④清扫滚筒和托辊时，带式输送机应停止上锁，并有专人监护。清扫工作完毕后应通知有关人员，确认后解锁送电。

### 3.6.4　弃渣

隧道弃渣应充分利用，由洞内运出的石渣，一般可考虑进行三方面的处理：一是选用合乎强度标准的岩块加工成混凝土材料的粗细骨料，二是用作路基填方或洞外工作场地填方，三是按设计要求或甲方要求弃置于弃渣场。

隧道弃渣应贯彻环境保护理念，防止弃渣成为新的水土流失源。隧道弃渣场应综合自然环境、人文景观、运输条件、弃渣利用等因素进行规划，要节约用地，不占或少占农田。弃渣作业应按设计要求做到“先挡后弃”，并做好防护、排水、绿化等配套工程。弃渣场周边应设置完善的截、排水系统。当弃渣场规模较大时，应在顶面设置排水沟，坡面采取植被防护等措施，防止水土流失，影响生态环境。在隧道设计文件中一般包含隧道弃渣场的平面图、剖面图、防护、排水等设计，并明确弃渣的作业要求，弃渣作业应按照设计文件规定的位置和容量弃渣，如现场情况与设计图纸不符，应按程序进行变更设计。

应避免在路堑上方弃土，严禁在膨胀土、黄土路堑边坡上方弃土。严禁在不良地质体、不稳定斜坡、软弱地基上弃土。严禁在村庄等人员居住区及铁路上游沟槽内弃土。洞口有桥梁而又必须弃渣时，要事先制定可靠措施，避免对洞口桥梁墩台造成偏压而使之移位、变形；沿河弃渣时要注意避免堵塞河道。

## 复习与思考题

(1)隧道施工装渣运输方式选择原则是什么?

(2)简述汽车运输的优缺点。

(3)隧道弃渣如何贯彻环境保护理念?

# 任务 3.7　隧道洞内防排水施工

## 任务工单

班级：__________姓名：__________学号：__________小组：__________日期：__________

<table>
<tr><td>工作任务</td><td>隧道洞内防排水施工</td><td>学习模式</td><td colspan="2">项目＋任务驱动</td></tr>
<tr><td>建议学时</td><td>4 学时</td><td>学习地点</td><td colspan="2">理实一体教室</td></tr>
<tr><td>任务描述</td><td colspan="4">采用复合式衬砌结构的隧道工程，在完成全断面开挖和初期支护后，在施工拱墙衬砌前，需要按技术要求完成隧道暗挖段的防排水设施施工。项目部组织施工员对隧道洞内防排水施工准备并组织实施，具体任务包括：<br>(1)识读××隧道工点图和隧道防排水施工图纸；计算工程数量；<br>(2)编写××隧道洞内防排水施工作业指导书；<br>(3)编制××隧道的洞内防排水施工技术交底文件</td></tr>
<tr><td>任务目标</td><td colspan="4">能力目标<br>(1)能识读隧道防排水施工图纸，计算相应工程数量；<br>(2)能编制隧道防排水施工作业指导书；<br>(3)能交底隧道防排水施工工艺。<br>知识目标<br>(1)掌握隧道洞内防排水系统的组成和结构；<br>(2)掌握隧道洞内防排水施工的工艺流程、施工要求。<br>素质目标<br>(1)质量意识，责任意识；<br>(2)与自然和谐共生的环保意识，贯彻生态文明理念</td></tr>
<tr><td>任务实施</td><td colspan="4">(1)学习相关知识，进行知识准备；<br>(2)识读××隧道工点图和隧道防排水施工图纸，计算工程数量；<br>(3)根据施工图纸和《铁路隧道施工技术规程》，完成施工作业指导书编写、编制施工技术交底</td></tr>
<tr><td rowspan="6">考核评价<br>(100 分)</td><td colspan="3">考核项目</td><td>得分</td></tr>
<tr><td colspan="3">图纸识读及工程数量计算(10%)</td><td></td></tr>
<tr><td colspan="3">知识掌握(30%)</td><td></td></tr>
<tr><td colspan="3">施工作业指导书编写(25%)</td><td></td></tr>
<tr><td colspan="3">编制施工技术交底(25%)</td><td></td></tr>
<tr><td colspan="3">职业素质养成(10%)</td><td></td></tr>
</table>

## 知识准备

防排水系统是铁路隧道工程的重要组成部分，直接关系到隧道结构本身的安全性、耐久性、环保水保、运营成本和运营安全，因此在设计和施工阶段必须高度重视防排水系统的质量。

### 3.7.1　隧道洞内防排水系统的组成与构造

隧道防排水系统分排水系统和防水系统。

1. 隧道洞内排水系统

隧道洞内排水系统主要由环向排水盲管、纵向排水盲管、横向排水盲管、侧沟和中心排水管(沟)等组成(图 3.7.1)。其中环向排水盲管、纵向排水盲管、横向排水盲管属于衬砌外部排水系统,管体间采用变径三通连接,组成完整有效的排水系统,任一点堵塞时,均具备从管口使用高压水冲洗的条件;衬砌内部排水系统由双侧水沟和中心排水沟组成。

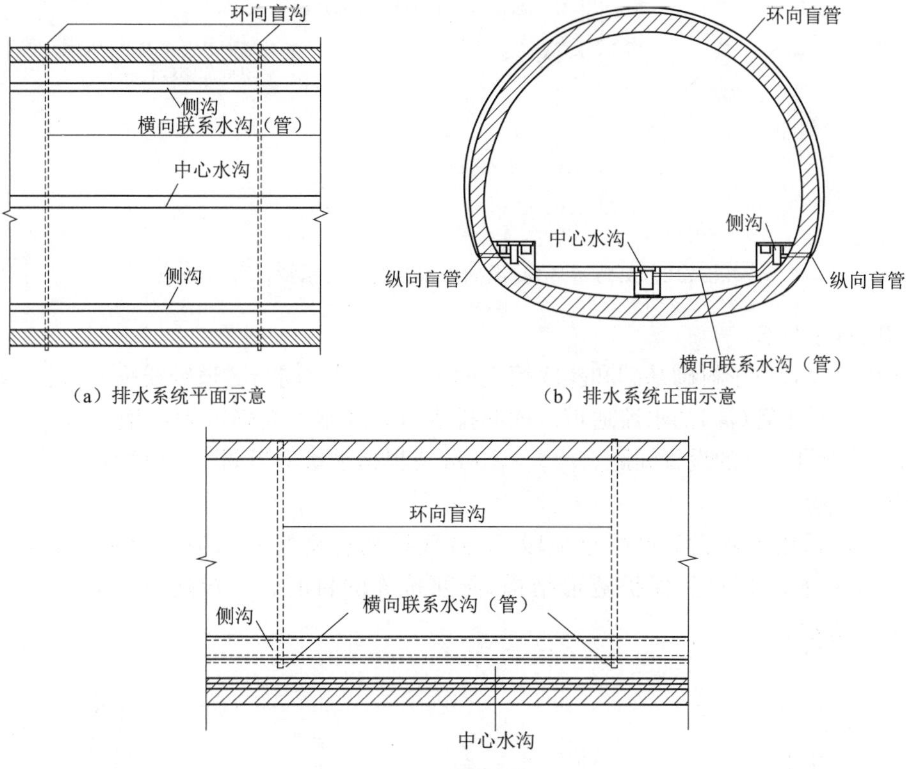


(c) 排水系统纵剖面示意

图 3.7.1　隧道洞内排水系统

1)环向及纵向排水盲管

环向排水盲管的作用是在岩面与初期支护喷射混凝土之间、初期支护喷射混凝土与防水板之间提供过水通道(图 3.7.2),并使之下渗汇集到纵向排水管。环向排水盲管一般选用直径 50～80 mm 的软式透水管。环向排水盲管视施工期间地下水的出露情况设置,具有较大灵活性,间距一般为 10 m 左右。

纵向排水盲管是沿隧道纵向设置在衬砌底部防水板与初期支护间的透水盲管。纵向排水管沿隧道纵向分段设置,分段长度 8～12 m,其作用是将环向排水管和防水板垫层下的水汇集并通过横向排水管排到侧沟或中央排水管(沟)。常用的纵向排水管是直径为 80～150 mm 的弹簧排水盲管或带孔透水管。当水量特别大时,应适当加大纵向盲管的直径。为防止纵向盲管堵塞,盲管应设置反滤层,并采用防水板包裹。

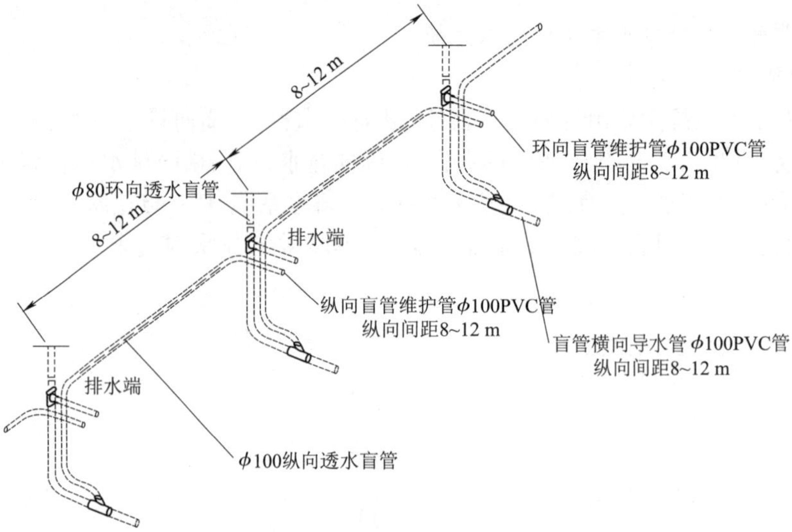


图 3.7.2 某隧道环向、纵向排水盲管设置示意(单位:mm)

2)横向排水盲管

横向排水盲管位于衬砌基础和隧底填充的下部,布设方向与隧道轴线垂直,是连接纵向排水盲管与中心排水管(沟)的水流通道。横向排水盲管通常为高强度硬质塑料管,直径不小于 100 mm。横向排水管的设置间距宜为 5～15 m 或根据水量适当调整,坡度宜为 2%。

3)竖向盲沟

竖向盲沟适用于隧底集水严重地段,对隧底结构有良好泄水降压效果,同时也用于高海拔高寒地区排水,以达到保护隧道结构、防寒抗冻的目的。双线隧道竖向盲沟泄水示意如图 3.7.3 所示。

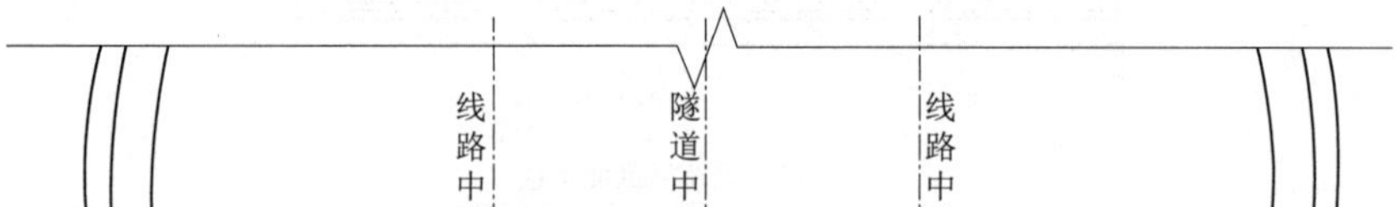


图 3.7.3 双线隧道竖向盲沟泄水示意(单位:mm)

4)衬砌内部排水系统

双线铁路隧道洞内排水沟由双侧水沟和中心排水沟组成。侧沟主要用于汇集地下水,并将地下水引入中心排水管(沟),两侧水沟与中心排水沟通过横向导水管在检查井处(间距一般为 30 m)连接。双线隧道洞内排水沟,根据地下水量大小,可分别选择表 3.7.1 所示的三种排水沟设置方式。

**表 3.7.1 隧道洞内排水沟设置方式**

| 设置方式 | | 适用条件 |
|---|---|---|
| 方式一 | 两侧沟排水,侧沟排水深度为 25 cm | 隧道地下水量少,且均为带仰拱衬砌的隧道 |
| 方式二 | 两侧沟+$\phi$400 mm 中心排水管(沟)排水 | 水量较大的隧道 |
| 方式三 | 两侧沟+$\phi$600 mm 中心排水管(沟)排水 | 水量大的隧道 |

单线隧道洞内排水沟一般由两侧水沟组成。

中心排水沟采用暗埋管沟时,应设置透水层和反滤层,并在仰拱填充面(或底板顶面)设纵向排水明槽,将表面明水通过检查井排入中心排水沟。

2. 隧道防水系统

隧道防水系统主要由围岩注浆堵水、二次衬砌自防水、防水层防水、接缝防水等部分构成(图 3.7.4)。初期支护的施作质量受围岩开挖、施作工艺及结构形式影响很大,不作任何处理的初期支护(主要是喷射混凝土)的防水能力是非常有限的。

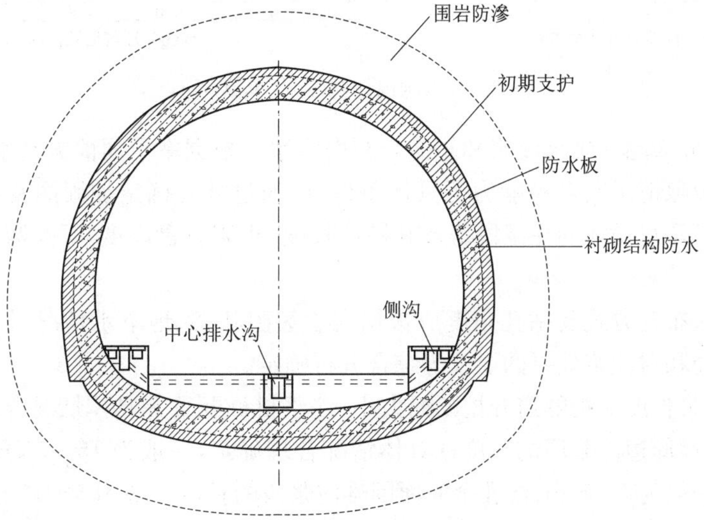


图 3.7.4 隧道防水系统示意

1)围岩注浆堵水

围岩注浆堵水是补强围岩、减少地下水排放的重要手段,可分为地表预注浆、开挖前超前深孔注浆、开挖后径向注浆或局部注浆等。一般在地下水排放影响生态环境、水压力高影响围岩稳定或影响施工安全等情况下,采用地表预注浆、开挖前超前深孔注浆进行处理,否则可在开挖后采用径向注浆或局部注浆。

(1)地表预注浆

地表预注浆就是在隧道两侧地表钻孔注浆，以形成隔水帷幕，一般适用于覆盖层较薄的地段。地表预注浆的主要优点是工作条件好，全部作业在地面进行，可以采用大型注浆设备以及多台钻机同时作业，并能提前施工，不受洞内掘进限制。较常采用的地表预注浆方法有地表旋喷注浆加固法和袖阀管注浆法等。

(2)洞内超前注浆

洞内超前注浆(图 3.7.5)是在隧道开挖面对前方围岩采用钻孔进行注浆，主要适用于埋深大的极软弱围岩、大的富水断层破碎带、岩溶地段、地下水发育可能引起大量地下水流失的隧道。

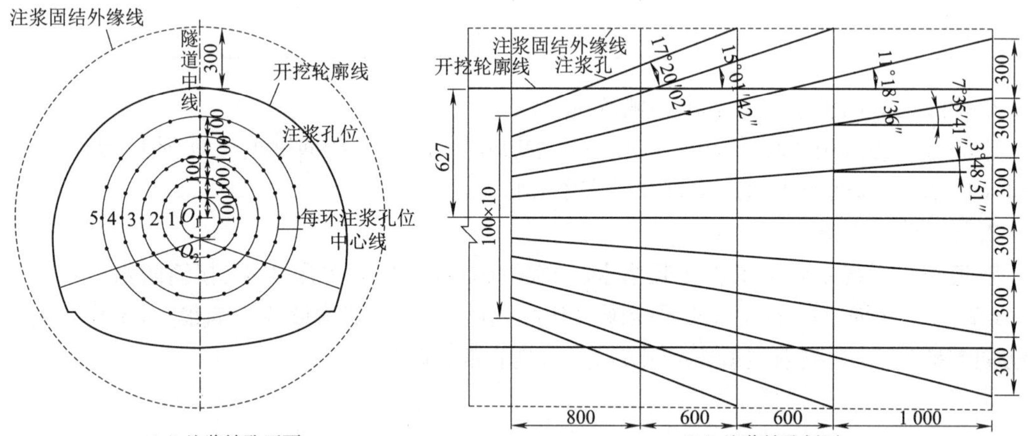


(a) 注浆钻孔正面　　(b) 注浆钻孔剖面

图 3.7.5　洞内超前注浆(单位：cm)

超前注浆可分为超前帷幕注浆和超前全断面注浆。根据掌子面前方富水区的规模、水压大小、围岩节理裂隙情况及自稳能力等具体条件，应通过计算确定加固圈及止浆墙(岩盘)厚度、浆液扩散半径及每循环的注浆段落及其搭接长度(止浆岩盘厚度)等参数。一般情况下可遵循以下原则：

①注浆孔数、布孔方式及钻孔角度应根据岩层裂隙状态、地下水情况、加固范围、设备性能、浆液扩散半径和对注浆效果的要求等综合分析确定。

②每循环注浆长度应视隧道开挖断面大小、注浆机械配置等具体情况合理确定。深孔全断面围帷注浆段和周边注浆段的长度视具体情况合理确定，一般为 15～50 m，掘进时保留止水岩盘的厚度，一般为 5～8 m；浅孔全断面围帷注浆段的长度一般为 5～15 m，掘进时保留止水岩盘的厚度一般为 2～4 m。

③岩石地层的注浆设计压力应根据围岩水文地质条件合理确定，宜比静水压力大 0.5～1.5 MPa；当静水压力较大时，宜为静水压力的 2～3 倍。

④注浆方式及材料应根据水文地质情况、被注浆岩体结构特征、机械设备等综合因素选择。

以堵水为目的的超前注浆宜采用水泥浆、超细水泥浆、水泥—水玻璃浆，必要时可采用化学浆液。注浆完成后，应打设检查孔对注浆效果进行检查。

(3)径向注浆

径向注浆是在隧道开挖后,沿隧道径向进行的全周或局部钻孔注浆方法,如图 3.7.6 所示。径向注浆主要适用于封堵因前期超前注浆效果较差,或开挖后隧道周边局部股流或小面积渗水以及固结局部围岩。一般情况下,径向注浆应遵循以下原则:

①应根据岩层裂隙状态、地下水情况、加固范围、浆液扩散半径和对注浆效果的要求等,综合分析确定注浆孔数及布孔位置。

②利用径向注浆作为超前预注浆的补充注浆时,注浆参数选择应根据预注浆的效果选取。

③注浆孔一般沿开挖轮廓线径向钻设,钻孔深度应视具体情况合理确定,宜为 3~5 m。

④注浆材料宜以水泥基浆材为主,水量较大时可采用快凝早强的水泥系浆材。

⑤注浆设计压力根据施工揭示的地质条件、地下水量、水压、初期支护强度等情况合理确定,一般为 1.0~1.5 MPa。

注浆后必须进行注浆效果检查。当未达到设计要求时,必须进行补充注浆。

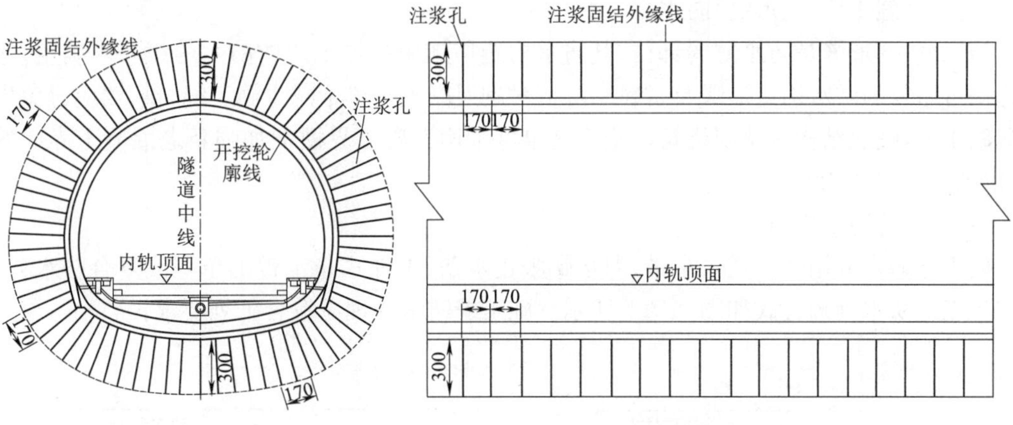


(a) 注浆钻孔正面　　(b) 注浆钻孔剖面

图 3.7.6 围岩径向注浆(单位:cm)

(4)初期支护背后注浆

已完成的初期支护表面有较大面积的渗漏水,或初期支护与围岩间存在不允许的空隙而导致渗漏水时,应进行初期支护背后回填注浆。

初期支护背后注浆的孔径不宜小于 40 mm,间距宜为 2~4 m,深入围岩不应小于 30 cm,注浆材料与径向注浆相同,但与径向注浆相比,应适当降低注浆压力,以防止破坏初期支护。

2)二次衬砌自防水

二次衬砌混凝土自防水能力是铁路隧道防水体系中的重要组成部分。二次衬砌应采用高性能混凝土浇筑,提高混凝土的密实度和抗裂性,特别是防止混凝土贯通开裂。因此,二次衬砌应通过调整配合比、掺加外加剂、掺合料等,提高其混凝土抗渗等级。

(1)隧道衬砌应采用防水混凝土,抗渗等级不低于 P8,施工配合比应通过现场试验确定,抗渗等级要比设计要求提高一级(0.2 MPa),寒冷地区隧道防冻害设防段的二次衬砌混凝土抗渗等级不应低于 P12。

(2)防水混凝土衬砌厚度不应小于 30 cm,裂缝宽度不得大于 0.2 mm,并不得贯通;钢筋混凝土衬砌迎水面主筋保护层厚度不小于 50 mm。

(3)优化混凝土浇筑工艺，提高混凝土的密实度。混凝土应两侧分层对称浇筑，控制相邻高差。采用插入式振捣器和模板台车上固定的附着式振动器相结合，保证捣固密实，并保证连续浇筑，消除拱墙内部施工缝，减少防水薄弱环节。拆模后及时喷雾养生，避免拆模过早混凝土表面风干或养护不及时出现的收缩裂缝现象。

3)防水层防(排)水

设置防水层是复合式衬砌隧道防水技术的关键之一，防水层位于二次衬砌和初期支护之间，由防水板和缓冲层等组成。防水板的作用是将地层渗水拒于二次衬砌之外，以免水与二次衬砌接触，并通过二次衬砌中的薄弱环节渗入隧道。防水板后面的垫层(缓冲层)的主要作用是保护防水板，使防水板免遭尖锐物的刺伤，同时充当喷射混凝土与二次衬砌间的渗水下排通道，将水流引导到排水系统中，以免形成积水而对衬砌产生水压力。

铁路隧道应用的防水板应符合下列规定：幅宽 2～4 m；厚度不得小于 1.5 mm；耐穿刺性好；耐久性、耐水性、耐腐蚀性、耐菌性好；物理力学性能符合要求。

4)接缝(施工缝、变形缝)防水

施工缝、变形缝是防水薄弱部位，其防水构造措施应根据工程的防水等级要求确定，宜优先选用可修复的防水构造形式及材料。隧道衬砌混凝土应尽量减少施工缝，拱、墙应避免出现纵向施工缝，隧底结构应整幅浇筑。施工缝也可采用混凝土界面剂加强新老混凝土界面的连接，以加强防水性能。

(1)施工缝防水措施

施工缝通常采用外贴式止水带、遇水膨胀止水条、中埋式止水带的单一或复合防水方式，环向施工缝防水处理方式如图 3.7.7 所示。施工缝防水处理应符合下列要求：

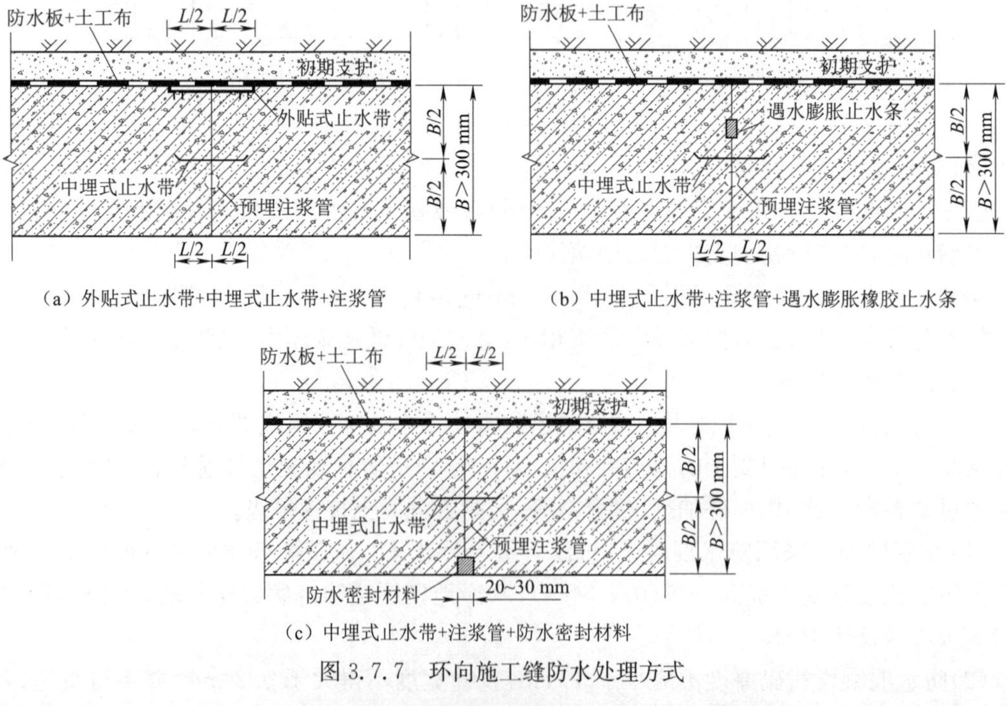


图 3.7.7　环向施工缝防水处理方式

①环向施工缝应避开地下水和裂隙水较多的地段，并宜与变形缝相结合。

②浇筑混凝土前，纵向施工缝表面应凿毛，冲洗干净，保持湿润，然后涂刷混凝土界面剂或铺一厚 25～30 mm 的水泥砂浆，设置止水条或止水带。

③设止水条的环向施工缝，在端面应预留浅槽，槽应平直，槽宽比止水条宽 1～2 mm，槽深为止水条厚度的 1/2，槽内混凝土界面应洁净。

④施工缝内采用中埋式止水带时，位置应准确。

(2)变形缝防水措施

常见的变形缝防水措施有设置中埋式止水带、外贴式止水带、防水密封材料、遇水膨胀橡胶止水条等，可根据不同的条件组合使用。变形缝常见防水处理方式包括：外贴止水带＋中埋式止水带＋内侧嵌缝、外贴止水带＋止水条＋中埋式止水带、止水条＋中埋式止水带＋内侧嵌缝、中埋式止水带＋接水盒＋内侧嵌缝等。常用变形缝复合防水构造形式如图 3.7.8 所示。

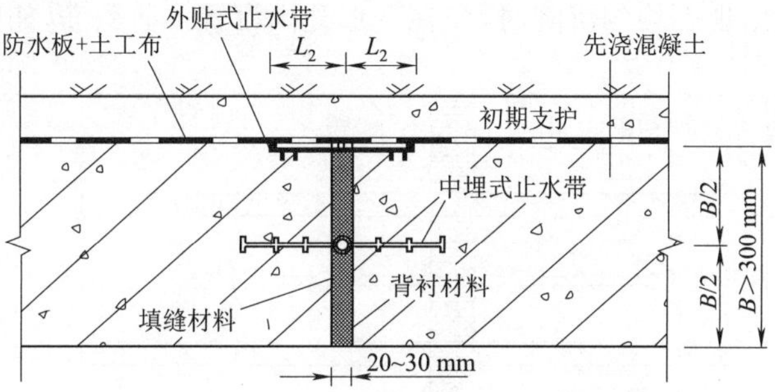


(a) 中埋式止水带和外贴式止水带复合防水构造形式

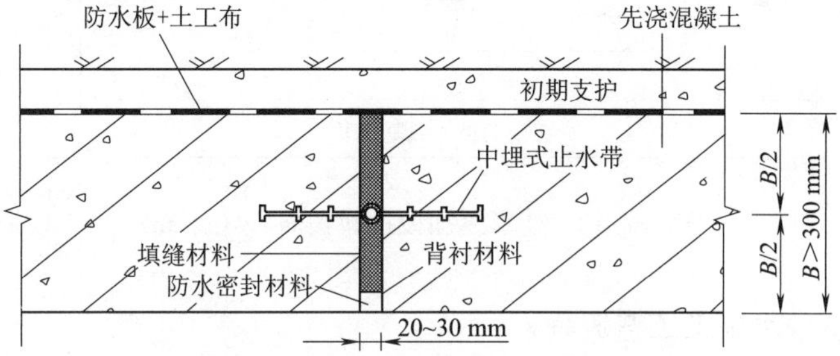


(b) 中埋式止水带和防水密缝材料复合防水构造形式

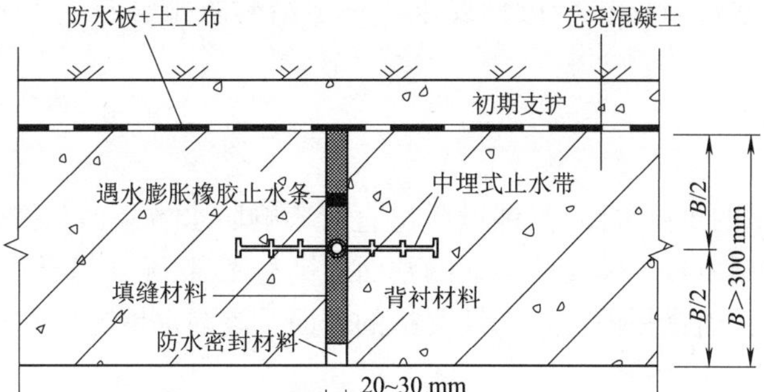


(c) 中埋式止水带和防水密缝材料、遇水膨胀橡胶止水条复合防水构造形式

图 3.7.8　常用变形缝复合防水构造形式

其他新型或特殊的变形缝防水构造形式，如带接水盒的变形缝构造形式如图 3.7.9 所示。

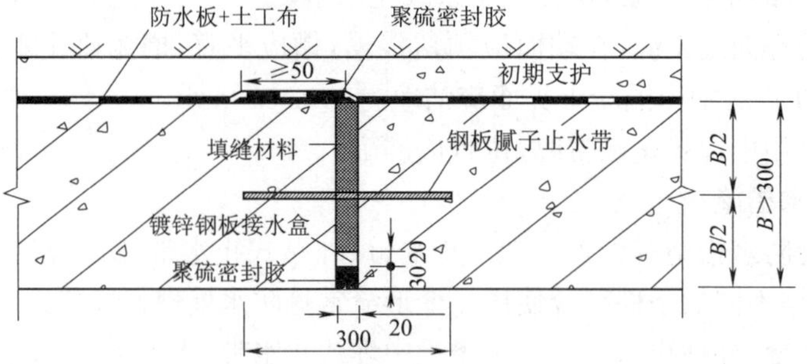


图 3.7.9　带接水盒的变形缝构造形式(钢边止水带)(单位:mm)

当变形缝两侧可能出现不均匀沉降时，应在变形缝内设置抗剪钢筋，如图 3.7.10 所示。

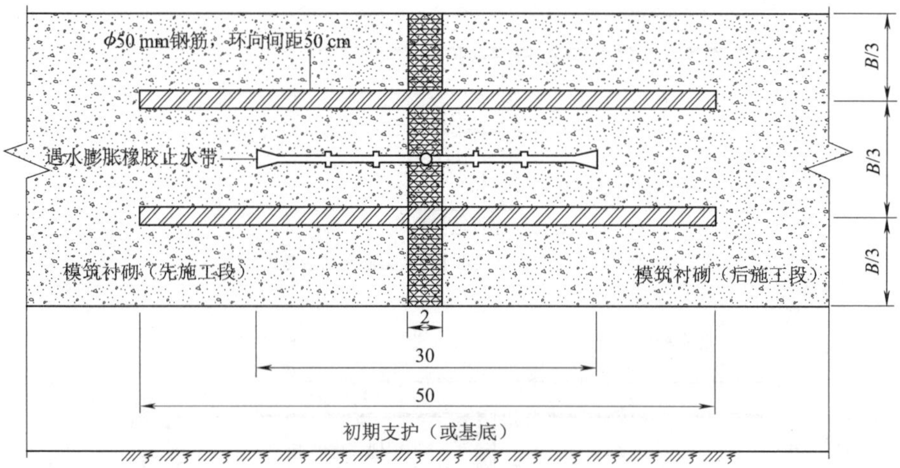


图 3.7.10　变形缝加设抗剪钢筋(单位:cm)

### 3.7.2　隧道结构防排水施工工艺流程

隧道结构防水施工应以接缝防水为施工控制重点。防排水系统的质量、混凝土自防水质量及施工缝、变形缝防水质量应符合设计要求。隧道结构防排水施工工艺流程如图 3.7.11 所示。

### 3.7.3　基面处理

防水板是隧道防水的重要屏障，其铺设质量直接影响防水效果。从隧道后期出现渗漏水情况看，多为防水板破损所致。铺设防水板的基面应平整光滑、无突出异物是保证铺设质量的首要条件。铺设排水管、防水板前应对初期支护的表面及渗漏水情况检查和处理。

1)基面平整度要求

铺设排水管、防水板前，初期支护表面应平整，无空鼓、裂缝、松酥等现象。初期支护表面平整度应符合 $D/L \leqslant 1/10$ 的要求($D$ 为初期支护基面相邻两凸面凹进去的深度;$L$ 为基层相

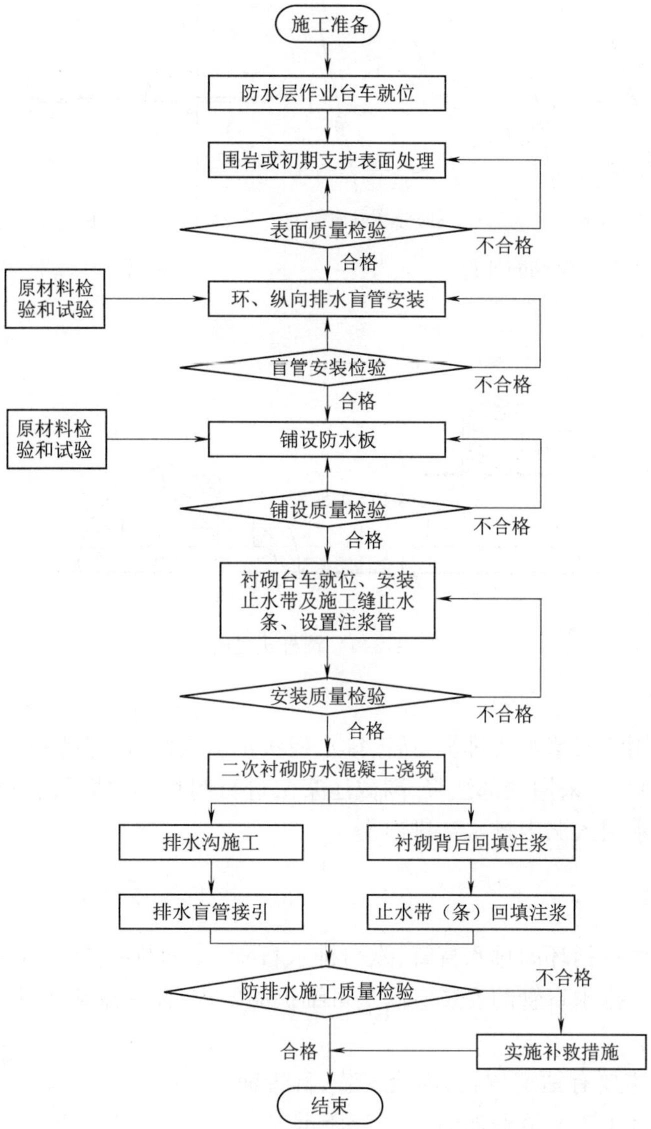


图 3.7.11　隧道结构防排水施工工艺流程

邻两凸面间的距离，且 $L \leqslant 1$ m）。如果不满足上述要求，应用喷混凝土（或砂浆）对基面进行找平处理。

2)基面突出物处理

对于基面外露的锚杆头、注浆管头、钢筋头、螺杆钉头等突出物应予切除后妥善处理。

(1)钢筋网等凸出部分，应先切断后用锤铆平，抹砂浆素灰，如图 3.7.12 所示。

(2)有凸出的注浆钢管头时，应先切断，并用锤铺平，后用砂浆填实封平，如图 3.7.13 所示。

(3)锚杆有凸出部位时，在螺头顶 5 mm 以上位置切断，用塑料帽遮盖，再用砂浆或喷混凝土找平，如图 3.7.14 所示。

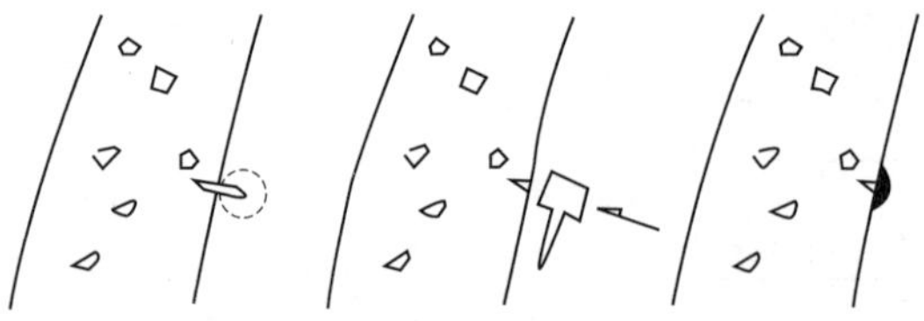

（a）切断 （b）用锤打 （c）砂浆素灰抹面

图 3.7.12 钢筋网处理

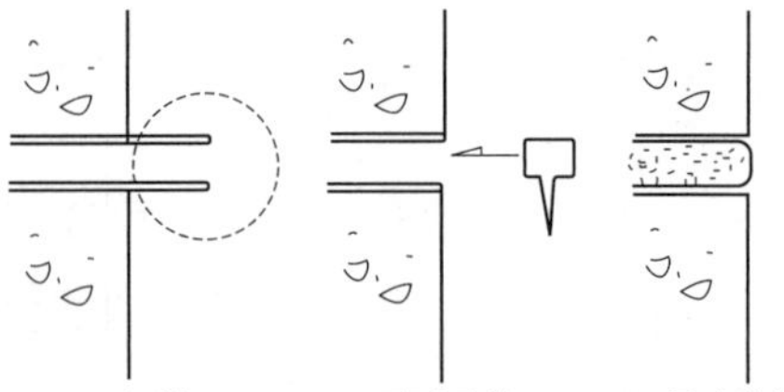

（a）切断 （b）面要平整 （c）用砂浆填死

图 3.7.13 注浆管头处理

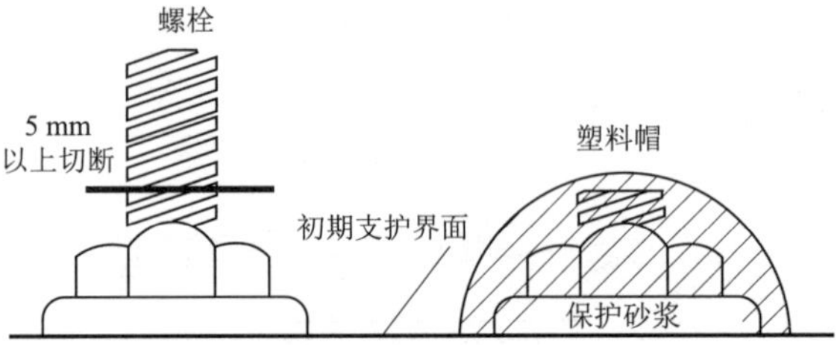


（a）切断 （b）盖帽

图 3.7.14 锚杆头处理

3)渗漏水处理

渗漏水处宜采用注浆堵水或排水盲管、排水板将水引入侧沟，保持基面无明显渗漏水。当基面出现股状涌水时，可采用局部注浆、围截注浆法进行封堵，封堵后的剩余水量可用排水盲管或排水板集中将水引入洞内排水沟排出。

## 3.7.4 排水管安装

洞内排水管主要包括环向排水盲管、纵向排水盲管、横向排水管，三者排水功能不同但形成完整的排水系统。排水盲管的安装应满足可维护的要求，任一点堵塞时，均具备从管口使用高压水冲洗的条件。

排水盲管施工主要有钻定位孔、锚栓安装、盲管铺设、安装等环节，其施工工艺流程如图 3.7.15所示。

1)排水盲管施工

(1)环向排水盲管沿纵向设置的间距应符合设计要求，并根据洞内渗、漏水的实际情况，在地下水较大的地段加密设置；在无渗漏水地段，宜根据设计每隔5～10 m，在喷混凝土表面安装环向排水盲管，使隧道在使用期内产生的渗漏水能顺利排出洞外。

(2)环向排水盲管布设时沿环向应尽量圆顺。施工时，先按规定划线，划线时注意盲管尽可能走基面的低凹处和有出水点的地方。

(3)排水盲管安装时应先用钢卡等固定，使其紧贴基面。安装时，在盲管两侧钻定位孔，定位孔间距宜为

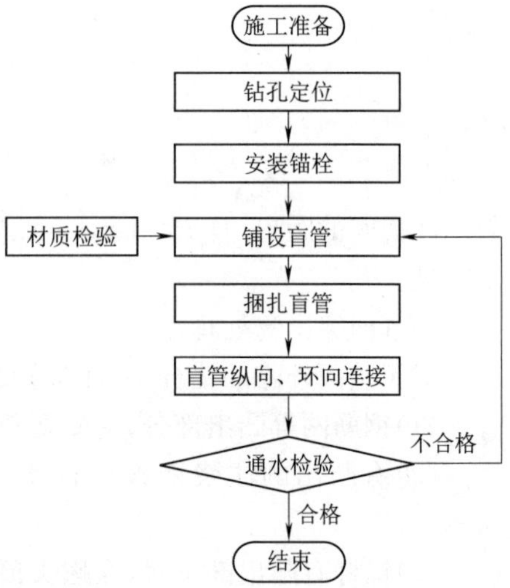


图 3.7.15 排水盲管施工工艺流程

30～50 cm，在凹凸不平处应适当增加固定点。将膨胀螺栓打入定位孔或用锚固剂将钢筋头预埋在定位孔中。

盲管与初期支护间的空隙不得大于 5 cm，与喷混凝土基面脱开长度不得大于 10 cm，不得有凹陷、扭曲现象，尽量减小地下水渗入排水盲管的阻力。

为防止泥砂、喷混凝土废料或杂物进入，堵塞管道，排水盲管应用无纺布包住并用扎丝捆好；用钢卡卡住盲管并固定在膨胀螺栓上。

(4)环、纵向排水盲管可采用三通相连，施工中三通管预留位置应准确，接头牢固，并符合设计要求。

(5)对集中出水点，应沿水源方向钻孔，然后将单根引水盲管插入其中，并用速凝砂浆将周围封堵，使地下水从管中集中引出(图 3.7.16)。当隧道初期支护表面有大面积渗漏水，可设双根或多根排水盲管或塑料防水板，将水引入纵向排水盲管。

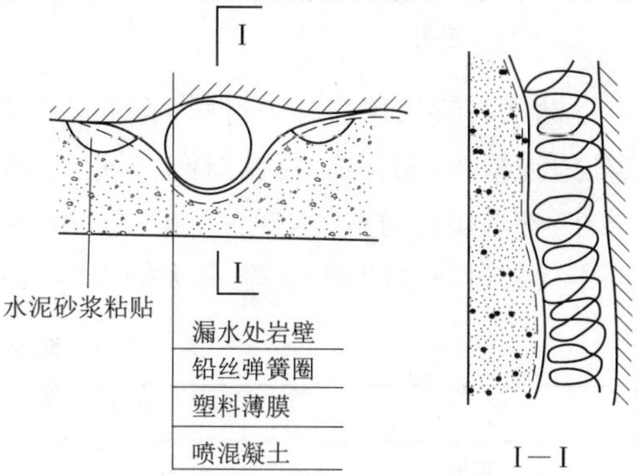


图 3.7.16 集中出水点埋设单根引水盲管

(6)纵向排水盲管宜用土工布等渗水材料包裹，使在纵向盲管位置的渗水尽量流入管内；纵向排水盲管的管径应由围岩渗漏水量的大小决定，盲管中间不得有凹陷、扭曲等，以防泥砂淤积堵塞；纵向排水盲管应按设计规定的排水坡度安装，当设计无要求时，其坡度不宜小于 2‰。

2)横向排水管道施工

横向排水管通常采用硬质塑料管，其设置位置应符合设计要求，在仰拱及填充混凝土施工时，埋设在仰拱填充层中。施工中先在纵向盲管上预留接头，然后在隧底填充施工前接长至中心排水管(沟)。接头要牢靠，保证纵向盲管与中心排水管(沟)间水路畅通，严防接头处断裂，致使纵向盲管排出水在基床面下漫流，造成翻浆冒泥。

### 3.7.5 防水层铺设

在基面处理、排水盲管施工完成后，进行防水层施工作业，包括铺设准备、缓冲层铺设、防水板固定、防水板焊接、质量检查等环节，其施工工艺流程如图 3.7.17所示。

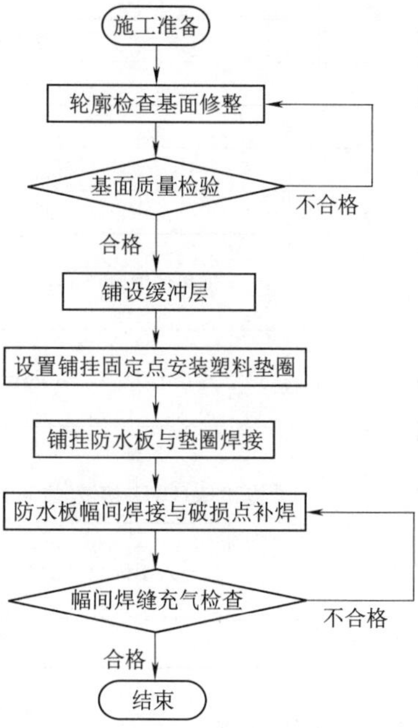


图 3.7.17 防水层施工工艺流程

1)材料要求

缓冲层材料一般采用土工布，选用的土工布要具有一定的厚度，其单位面积质量不宜小于 300 g/m²。土工布要具有延伸性，具有适应初期支护由于荷载或温度变化引起的变形能力，并具有良好的导水性。为抵抗地下水或混凝土、水泥砂浆析出水的侵蚀，土工布还应具有良好的化学稳定性和耐久性。复合防水层所使用的土工布技术性能指标见表 3.7.2。

**表 3.7.2　土工布主要技术性能**

| 项目 | 单位 | 技术指标 | 项目 | 单位 | 技术指标 |
|---|---|---|---|---|---|
| 断裂能力 | kN/m | ≥10(纵横向) | 撕破强力 | kN | ≥0.33(纵横向) |
| 断裂延伸率 | % | ≥20(纵横向) | 化学稳定性 | — | 强度下降不小于 20% |
| CBR 顶破能力 | kN | ≥2.1 | 生物稳定性 | — | 强度下降不小于 5% |
| 垂直渗透系数 | cm/s | $K\times(10^{-1}\sim10^{-3})$ | 可燃性等级 | — | Ⅴ或Ⅵ |

注:$K$ 值一般为 1.0～9.9。

防水板宜选用高分子材料,在规格长度内不允许有接头。从外观上看,防水板应表面平整、边缘整齐,无裂纹、机械损伤、折痕、孔洞、气泡及异常黏着物等影响使用的缺陷;除特殊要求外,外观颜色为材料本色,不得添加颜料和填料;在不影响使用的条件下,防水板表面凹痕深度不得超过厚度的 5%。防水板的规格尺寸及允许偏差见表 3.7.3。

**表 3.7.3　防水板的规格尺寸及允许偏差**

| 项　目 | 厚度 | 宽度 | 长度 |
|---|---|---|---|
| 规格 | 1.0 mm,1.2 mm,1.5 mm | 2.0 m,3.0 m,4.0 m | 20 m 以上 |
| 极限偏差 | −5% | −20 mm | −20 mm |

防水板还要具备耐刺穿性好、柔性好、耐久性好等特点,并具备一定的阻燃性,其物理力学性能指标见表 3.7.4。

**表 3.7.4　防水板的物理力学性能**

<table>
<tr><th rowspan="2">序号</th><th rowspan="2" colspan="2">项　　目</th><th colspan="2">指标</th></tr>
<tr><th>EVA</th><th>PE</th></tr>
<tr><td>1</td><td colspan="2">断裂拉伸强度(MPa)</td><td>≥18</td><td>≥18</td></tr>
<tr><td>2</td><td colspan="2">拉断伸长率(%)</td><td>≥650</td><td>≥600</td></tr>
<tr><td>3</td><td colspan="2">撕裂强度(kN/m)</td><td>≥100</td><td>≥95</td></tr>
<tr><td>4</td><td colspan="2">不透水性(0.3 MPa/24 h)</td><td>无渗漏</td><td>无渗漏</td></tr>
<tr><td>5</td><td colspan="2">低温弯折性(−35 ℃)</td><td>无裂纹</td><td>无裂纹</td></tr>
<tr><td rowspan="2">6</td><td rowspan="2">加热伸缩量(mm)</td><td>延伸</td><td>≤2</td><td>≤2</td></tr>
<tr><td>收缩</td><td>≤6</td><td>≤6</td></tr>
<tr><td rowspan="2">7</td><td rowspan="2">热空气老化(80 ℃×168 h)</td><td>断裂拉伸强度(MPa)</td><td>≥16</td><td>≥15</td></tr>
<tr><td>拉断伸长率(%)</td><td>≥600</td><td>≥550</td></tr>
<tr><td rowspan="2">8</td><td rowspan="2">耐碱性<br>[饱和 $Ca(OH)_2$ 溶液×168 h]</td><td>断裂拉伸强度(MPa)</td><td>≥17</td><td>≥16</td></tr>
<tr><td>拉断伸长率(%)</td><td>≥600</td><td>≥550</td></tr>
<tr><td rowspan="2">9</td><td rowspan="2">人工候化</td><td>断裂拉伸强度保持率(%)</td><td>≥80</td><td>≥80</td></tr>
<tr><td>拉断伸长率保持率(%)</td><td>≥70</td><td>≥70</td></tr>
<tr><td>10</td><td colspan="2">刺破强度(N)</td><td>≥300</td><td>≥300</td></tr>
</table>

2)铺设准备

防水板铺设前,要做好各项准备工作。防水板铺设前应在洞外检查防水板及缓冲层材料有无破损，并满足材料质量要求。对检验合格的防水板，用特种铅笔画出焊接线及拱顶分中线，并按每循环设计长度截取，对称卷起备用。铺设防水板的专用台车移到要铺设的地方就位，将缓冲层和防水板吊放在台车的卷盘上。在铺设基面标出拱顶线，画出每一环隧道中线及垂直隧道中线的横断面线。

防水层一般采用专用台车铺设，有条件时也可采用防水板自动铺设机铺设。

3)铺设缓冲层

隧道防水层应采用分离式，先铺缓冲层，再铺防水板。缓冲层铺设时，由拱顶向两侧边墙铺设。用射钉或膨胀螺栓将热塑性圆垫圈和缓冲层平整顺直地固定在基面上[图 3.7.18(a)]，其固定点的间距可根据基面平整情况确定，一般拱部为 0.5～0.8 m，边墙为 0.8～1.0 m，隧底为 1.0～1.5 m，呈梅花形布置。基面局部凹凸较大时，应在凹处加密固定点，使缓冲层与基面密贴。缓冲层铺设时，一般仅设环向接缝，当长度不够时，所设轴向接缝应确保上部(靠近拱部)缓冲层被下部(靠近底部)缓冲层压紧。缓冲层搭接宽度不应小于 5 cm。

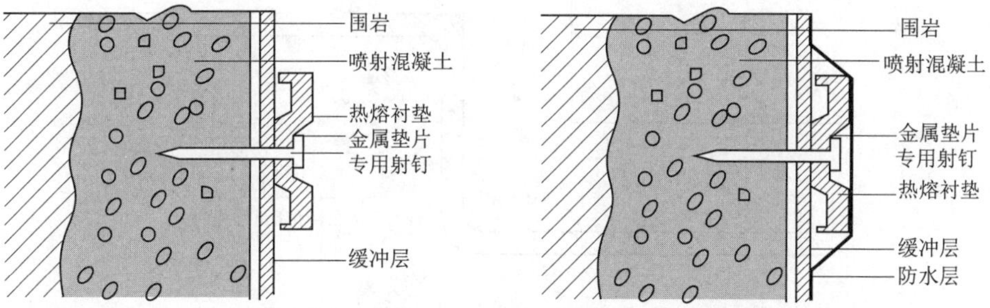


(a) 固定点缓冲层铺设　　(b) 固定点缓冲层及防水板铺设

图 3.7.18　无钉铺设防水板示意

4)铺设防水板

防水板采用环向铺设法，从拱部向两侧边墙展铺，下部防水板应压住上部防水板。防水板与热塑性垫圈连接应采用电热压焊器热熔焊接[图 3.7.18(b)]。防水板的固定应松紧适度并根据基面的圆顺程度留足余量(一般实铺长度与喷射混凝土面弧长的比值为 1∶1～1.2∶1)，保证防水板全部面积均能与围岩密贴。

防水板搭接缝应与施工缝错开 1.0～2.0 m。防水板纵向搭接与环向搭接处应采用丁字形接头，如图 3.7.19 所示，除按正常施工外，应再覆盖一层同类材料的防水板材，用热熔焊接法焊接。

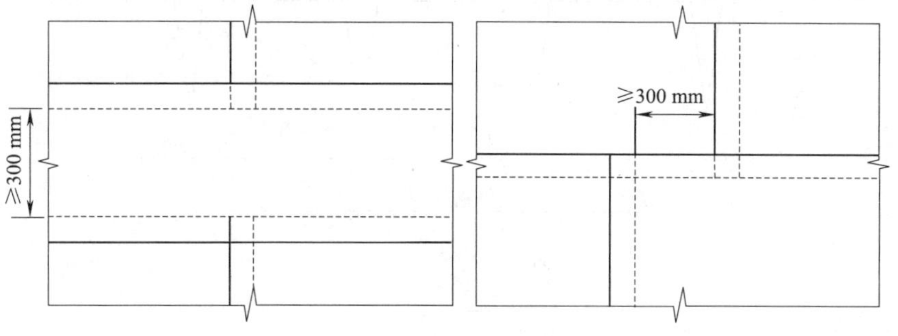


图 3.7.19　防水板搭接示意

防水板的搭接宽度不应小于 150 mm，分段铺设的防水板边缘部位应预留至少 60 cm 搭接余量。搭接缝应采用热熔双焊缝（图 3.7.20），采用自动双缝热熔焊接机焊接，细部处理或修补采用手持焊枪焊接。热熔焊单条焊缝的有效焊接宽度不应小于 15mm，焊接要严密，不得焊焦焊穿。搭接缝焊接质量检查应按充气法检查，发现漏气及时修补。

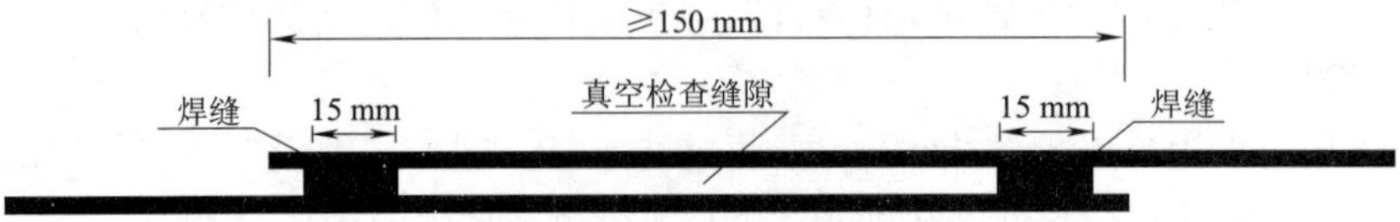


图 3.7.20　防水板搭接示意

洞身与附属洞室连接处的防水板铺设应按图 3.7.21 施作，不得形成水囊、积水槽。

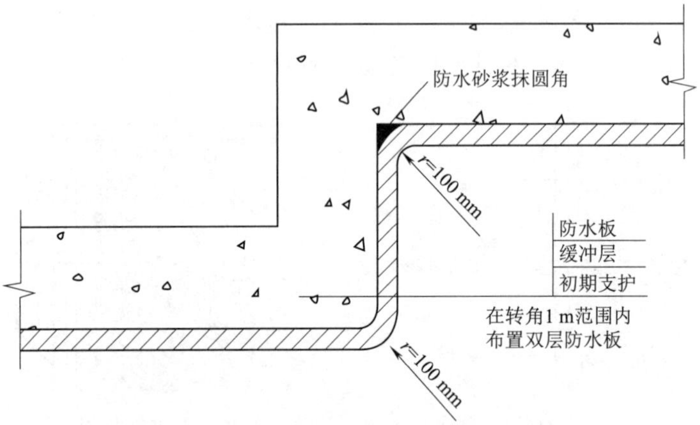


图 3.7.21　正洞与附属洞室连接处防水层施作示意

正洞与附属结构搭接处易形成阴阳角，防水板必须在阴阳角弯折搭接。防水板弯折前的搭接边 $L$ 大于弯折后的焊贴边 $I$。为使弯折后搭接平展，可在弯折前将防水板分成 $n$ 段并于分段处剪成口宽为 $(L-I)/n$ 的三角形缺口，则弯折后缺口能平展闭合，达到平顺焊接防水板的目的，如图 3.7.22 所示。

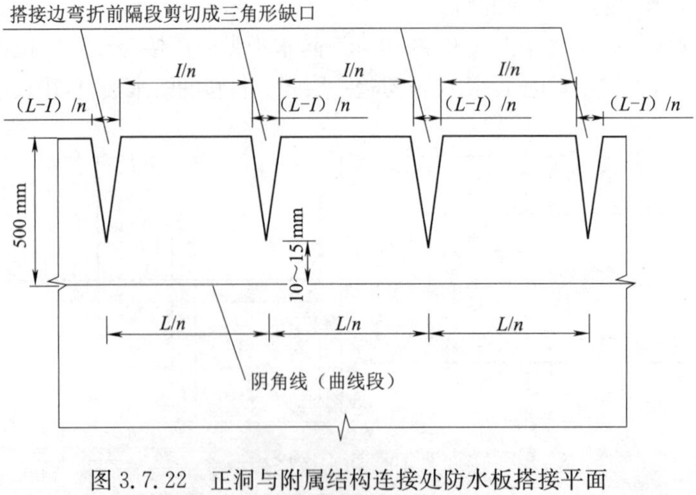


图 3.7.22　正洞与附属结构连接处防水板搭接平面

明洞与隧道防水板搭接时，隧道防水板应延伸至明洞，并与明洞防水板搭接良好，如图3.7.23所示。

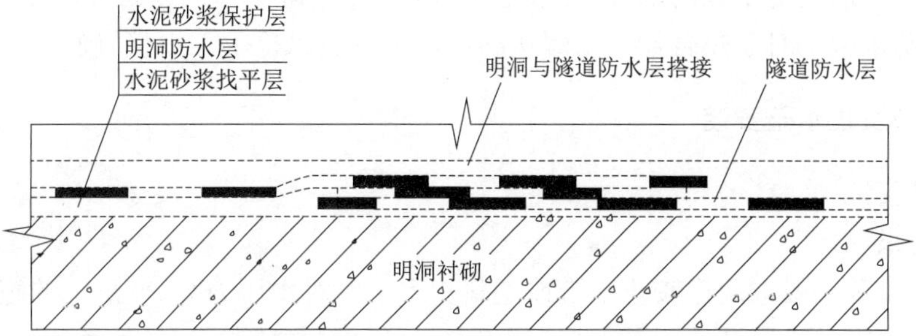


图3.7.23　明洞与隧道防水层搭接

5)铺设质量检查

对防水板铺设质量一般要进行充气检查、目测及尺量检查、负压检查。

目测及尺量检查主要用于检查防水板外观质量，主要检查防水板有无烤焦、焊穿、假焊和漏焊，检查焊缝宽度是否符合设计，检查焊缝是否均匀连续，焊缝表面是否平整光滑，焊缝有无波形断面。

充气检查主要检查防水板搭接缝的密封性能。检查方法是先堵住空气道的一端，然后用空气检测器从另一端打气加压，直到压力达到0.25 MPa时停止充气，保持15 min，压力下降在10%以内，说明焊缝合格；如压力下降过快，说明焊缝不严。用肥皂水涂在焊缝上，有气泡的地方即为密封不严处，应重新补焊，直到不漏气为止。

防水板补焊处可采用负压检查方法(即真空罩)进行检验，如焊缝密封性不合格应进行再次修补直到检测合格。

6)防水板保护

在施工过程中，应注意保护防水板。对防水板一般可采取以下保护措施：①洞内堆放材料、工具远离已经铺好防水板的地段，严禁在堆放好的防水材料上来回走动；②防水板施工时严禁吸烟，钢筋焊接作业时，设临时挡板防止机械损伤和电火花灼伤防水板；③挡头板的支撑物在接触到塑料防水板处加设橡皮垫层；④采用钢筋混凝土衬砌时，要对钢筋头部进行防护，避免损伤防水板；⑤绑扎钢筋和衬砌台车就位时，要采取保护措施防止碰撞和刮破塑料板；⑥衬砌浇筑中特别注意振捣引起的防水板破坏，避免振捣棒直接接触防水板，插入式振动棒变换位置时采取竖向缓慢拔出的方式，不要在混凝土浇筑仓内平拖，发现损伤立即修补；⑦浇筑衬砌混凝土时，在混凝土输送泵口处设置防护板，防止混凝土直接冲击防水板，浇筑衬砌混凝土时应有专人观察，发现损伤应立即修补；⑧二次衬砌中预埋件与防水板间距不小于5 cm，以防止损坏防水板。

7)施工注意事项

(1)防水板铺设应超前二次衬砌施工，同时与开挖掌子面应保持一定的安全距离。

(2)塑料板应存放在室内，库房应整洁、干燥、无火源、自然通风要好，并应远离高温热源及油脂等污物。

(3)所有材料、工具的堆放应尽量远离已铺好的地段。

(4)安装孔位要严格控制方向和排列距离，避免安装时搭接困难。

(5)要保持防水层接头处的洁净、干燥，同时在下一阶段施工前避免其损坏。

(6)焊缝若有漏焊、假焊应予补焊;若有烤焦、焊穿处以及外露的固定点,必须用塑料片焊接覆盖。

(7)对于避车洞处防水板的铺设,如成形不好,可用浆砌片石或模筑混凝土使其外观平顺后,方可铺设防水板。对于热合器不易焊接的部位可用热风枪手工焊接,确保其质量。

### 3.7.6　止水带及止水条安装

1.止水带安装

1)材料要求

铁路隧道工程一般选用橡胶止水带或塑料止水带。对水压力大、变形大的施工缝、变形缝要选用钢边止水带。当设计选用其他新型、成熟、可靠的材料时,其物理性能除要符合国家相关标准的要求外,还要满足一些外观质量和物理力学性能方面的要求。

在外观质量方面,止水带表面不允许有开裂、缺胶、海绵状等影响使用的缺陷,其中塑料止水带外观颜色为材料本色,除特殊要求除外,不得添加颜料和填料。具体的产品质量要求应符合表 3.7.5 的规定。

**表 3.7.5　止水带产品质量要求**

| 编号 | 缺陷类型 | 工作面质量要求 |
|---|---|---|
| 1 | 气泡 | 橡胶类及钢边橡胶类止水带:直径不大于 1 mm 的气泡,每米不超过 3 处;<br>塑料类止水带:不允许 |
| 2 | 杂质 | 面积不大于 4 $mm^2$ 的杂质,每米不得超过 3 处 |
| 3 | 凹痕 | 不允许有 |
| 4 | 接缝缺陷 | 高度不大于 1.5 mm 的凸起或不平,每米不得超过 2 处 |

2)施工工艺流程

中埋式止水带施工工艺流程如图 3.7.24 所示,背贴式止水带施工工艺流程如图 3.7.25 所示。

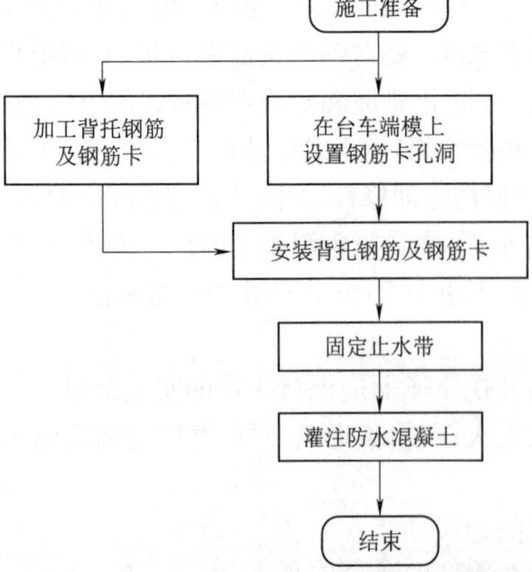


图 3.7.24　中埋式止水带施工工艺流程

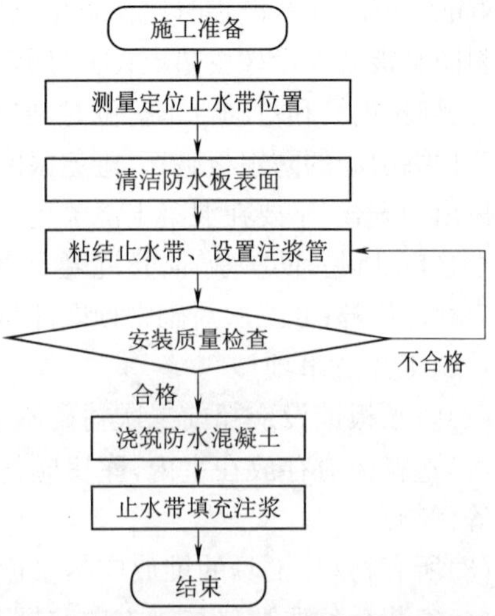


图 3.7.25　背贴式止水带施工工艺流程

3)止水带施工

(1)中埋式止水带

中埋式止水带安装应利用附加钢筋、卡子、铁丝、模板等将止水带固定,宜采用专用钢筋套或扁钢固定。采用扁钢固定时,止水带端部应先用扁钢夹紧,并将扁钢与结构内钢筋焊牢,固定扁钢用的螺栓间距为 50 cm。

中埋式止水带应固定在挡头模板上。中埋式止水带先施工一侧混凝土时,其端模应支撑牢固,严防漏浆。固定止水带时不能在止水带上穿孔打洞,不得损坏止水带本体部位,应防止止水带偏移,以免单侧缩短,影响止水效果。安装止水带时,沿衬砌环线每隔 0.5～1.0 m,在端头模板钻直径 12 mm 的钢筋孔。将制成的钢筋卡,由待灌混凝土侧向另一侧穿过挡头模板,内侧卡进止水带一半,另一半止水带平靠在挡头板上,待混凝土凝固后拆除挡头板,将止水带拉直,然后弯钢筋卡紧止水带;浇筑另一端混凝土时应用箱形模板保护,其施工方法如图 3.7.26 所示。

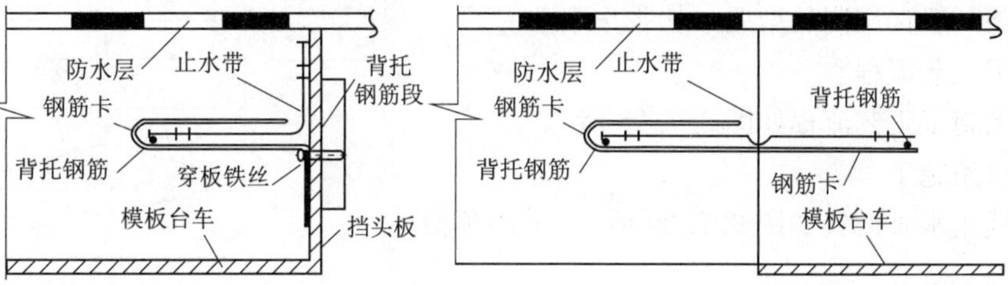


图 3.7.26　中埋式止水带施工方法示意

(2)背贴式止水带

背贴式止水带应采用粘接法与防水板连接,与止水带进行粘接的防水板应擦洗清洁。

(3)止水带连接

止水带的长度应事先向生产厂家定制,尽量避免接头。如确需接头,应选在二次衬砌结构应力较小的部位,按图 3.7.27 采用搭接、复合连接、对接的形式。止水带接头粘接前应做好接头表面的清刷与打毛。

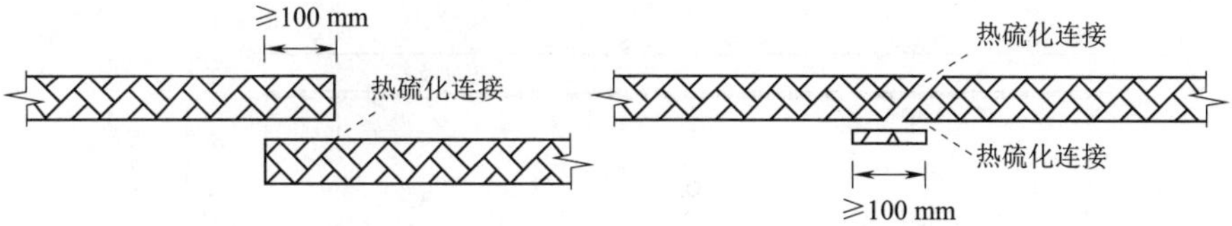


(a) 搭接(推荐形式)　(b) 复合搭接(推荐形式)

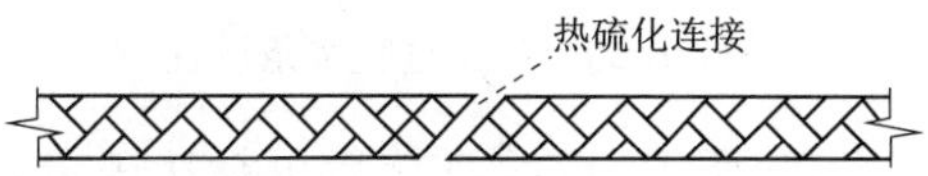


(c) 对接

图 3.7.27　止水带常用接头形式

4)施工控制要点

①止水带埋设位置应准确,其中间空心圆环应与变形缝或施工缝重合。

②止水带定位时,应使其在界面部位保持平展,不得使橡胶止水带翻滚、扭结,如发现有扭结不展现象应及时进行调正。

③止水带的上下压茬应排水畅通,将水引向外侧。

④浇筑振捣靠近止水带附近的混凝土时,不得破坏止水带,同时还应充分振捣,混凝土应与止水带紧密结合。

⑤衬砌脱模后,若检查发现施工中有走模现象发生,致使止水带过分偏离中心时,则应适当凿除或填补部分混凝土,对止水带进行纠偏。

2. 止水条安装

止水条一般选用制品型遇水膨胀止水条。

1)施工工艺流程

止水条施工工艺流程如图 3.7.28 所示。

2)止水条施工

施工缝止水条设置如图 3.7.29 所示,采用预留槽嵌入法施工。

水平施工缝是先浇筑混凝土,在混凝土初凝后、终凝前根据止水条的规格在混凝土端面中间压磨出一条平直、光滑槽。环向或竖向施工缝是采用在端头模板中间固定木条或金属构件等,在混凝土浇筑后即形成凹槽。槽的深度为止水条厚度的一半,宽度为止水条宽度。在浇筑下一循环混凝土之前,要对预留槽进行清理,清除残渣,磨光槽壁,涂抹胶粘剂,将止水条安装在槽内,粘接牢固,用间距不宜大于 60 cm 水泥钉固定。

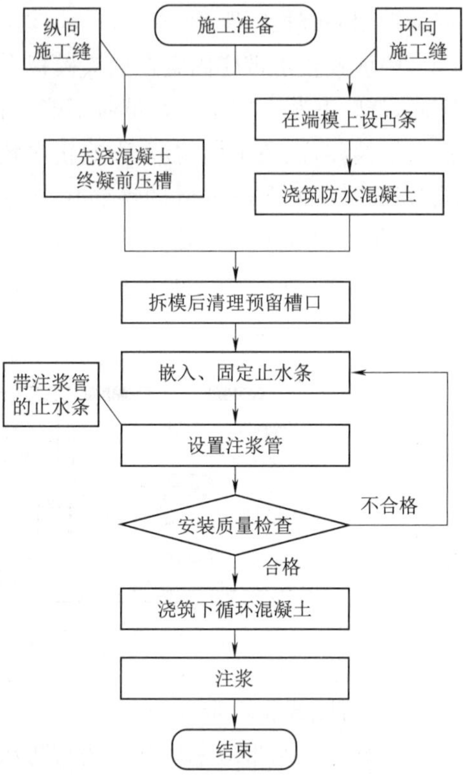


图 3.7.28　止水条施工工艺流程

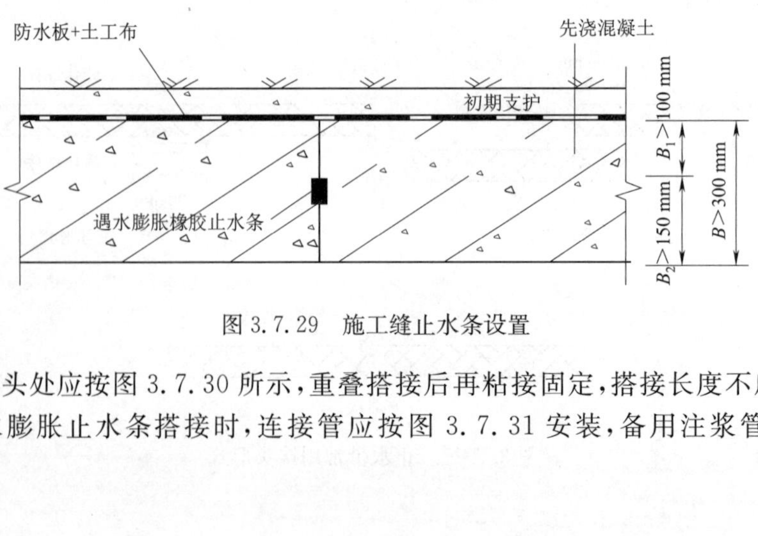


图 3.7.29　施工缝止水条设置

止水条接头处应按图 3.7.30 所示,重叠搭接后再粘接固定,搭接长度不应小于 5 cm。带注浆孔遇水膨胀止水条搭接时,连接管应按图 3.7.31 安装,备用注浆管应引入衬砌内侧。

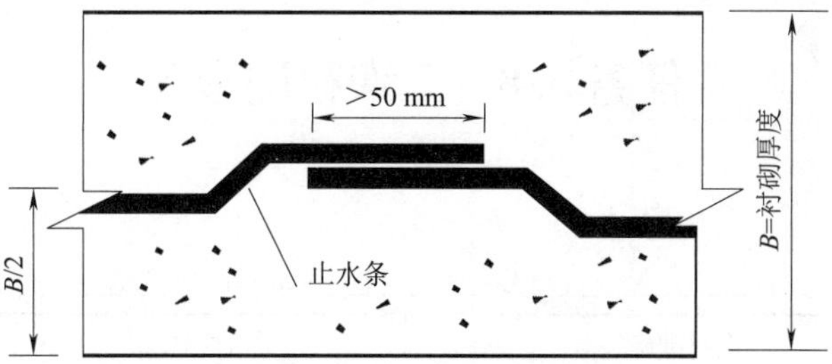


图 3.7.30　止水条搭接示意

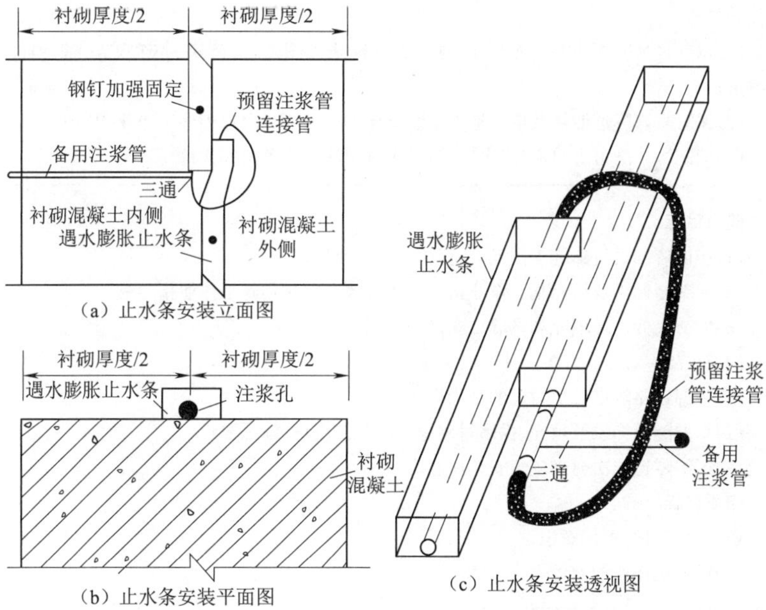


图 3.7.31　带注浆孔遇水膨胀止水条连接管安装示意

3)施工注意事项

①施工前,必须对止水条的宽度、厚度进行检查,确保其符合设计及标准要求。

②止水条安放前,必须对预留槽进行清洗,排除杂物。

③止水条安装应尽量安排在下一循环混凝土浇筑前 3～5 h,如有困难需提前安装时应采取缓膨措施,但最长时间不得超过 24 h。

④止水条安装时应顺槽拉紧嵌入,确保止水条与槽底密贴,不得有空隙。

⑤止水条接头处应重叠搭接后再粘接固定,沿施工缝形成闭合环路,其间不得留断点。

⑥止水条定位后应加涂缓膨剂,防止提前遇水膨胀。

⑦振捣混凝土时,振捣棒不得碰触止水条。

## 复习与思考题

识读××隧道施工图纸,列出本隧道涉及的洞内防排水措施参数。

# 任务 3.8　二次衬砌施工

## 任务工单

班级:＿＿＿＿＿＿姓名:＿＿＿＿＿＿学号:＿＿＿＿＿＿小组:＿＿＿＿＿＿日期:＿＿＿＿＿＿

<table>
<tr><td>工作任务</td><td>二次衬砌施工</td><td>学习模式</td><td colspan="2">项目+任务驱动</td></tr>
<tr><td>建议学时</td><td>4 学时</td><td>学习地点</td><td colspan="2">理实一体教室</td></tr>
<tr><td>任务描述</td><td colspan="4">隧道暗挖段二次衬砌施工包括仰拱及填充施工和拱墙二次衬砌施工两个环节,二次衬砌施工的具体任务包括:<br>(1)识读××隧道进口(或出口)的二次衬砌施工图纸,按隧道衬砌类型分里程计算二次衬砌工程数量;<br>(2)编写××隧道仰拱及填充施工作业指导书和拱墙二次衬砌施工作业指导书;<br>(3)编制××隧道进口端(或出口端)二次衬砌施工技术交底文件</td></tr>
<tr><td>任务目标</td><td colspan="4">能力目标<br>(1)能识读二次衬砌施工图纸,计算相应工程数量;<br>(2)能编制仰拱及填充施工作业指导书和拱墙二次衬砌施工作业指导书;<br>(3)能交底仰拱及填充和拱墙二次衬砌施工工艺。<br>知识目标<br>(1)掌握铁路隧道二次衬砌的结构形式;<br>(2)掌握隧道仰拱及填充、拱墙衬砌施工的工艺流程、施工要求;<br>(3)了解隧道二次衬砌施工安全注意事项。<br>素质目标<br>(1)质量意识,责任意识;<br>(2)标准化作业的习惯</td></tr>
<tr><td>任务实施</td><td colspan="4">(1)学习相关知识,进行知识准备;<br>(2)识读××隧道进口端(或出口端)二次衬砌图纸,计算工程数量;<br>(3)根据二次衬砌施工图纸和《铁路隧道施工技术规程》,编写仰拱及填充施工作业指导书和拱墙二次衬砌的施工作业指导书,完成仰拱及填充施工、拱墙二次衬砌施工虚拟仿真实训</td></tr>
<tr><td rowspan="6">考核评价<br>(100 分)</td><td colspan="3">考核项目</td><td>得分</td></tr>
<tr><td colspan="3">图纸识读及工程数量计算(10%)</td><td></td></tr>
<tr><td colspan="3">知识掌握(30%)</td><td></td></tr>
<tr><td colspan="3">施工作业指导书编写(25%)</td><td></td></tr>
<tr><td colspan="3">虚拟仿真实训(25%)</td><td></td></tr>
<tr><td colspan="3">职业素质养成(10%)</td><td></td></tr>
</table>

## 知识准备

隧道二次衬砌的质量决定着整个隧道的质量,铁路隧道二次衬砌的混凝土要求具备高性能、耐久性等特性，施工后要求二次衬砌零修补。

隧道衬砌结构施工分为仰拱填充施工和墙拱衬砌施工两个环节，并遵循“仰拱超前、墙拱整体衬砌”的原则。在无仰拱段(底板)，先铺底板、边墙基础，后施工拱墙二次衬砌，底板采用全幅整体浇筑施工。在有仰拱段，先施工仰拱及填充，再施工拱墙二次衬砌，仰拱和填充分别采用全幅整体浇筑施工。底板、仰拱和填充混凝土超前，为拱墙衬砌模板台车提供作业条件，有利于文明施工。

二次衬砌施工工艺流程如图 3.8.1 所示。

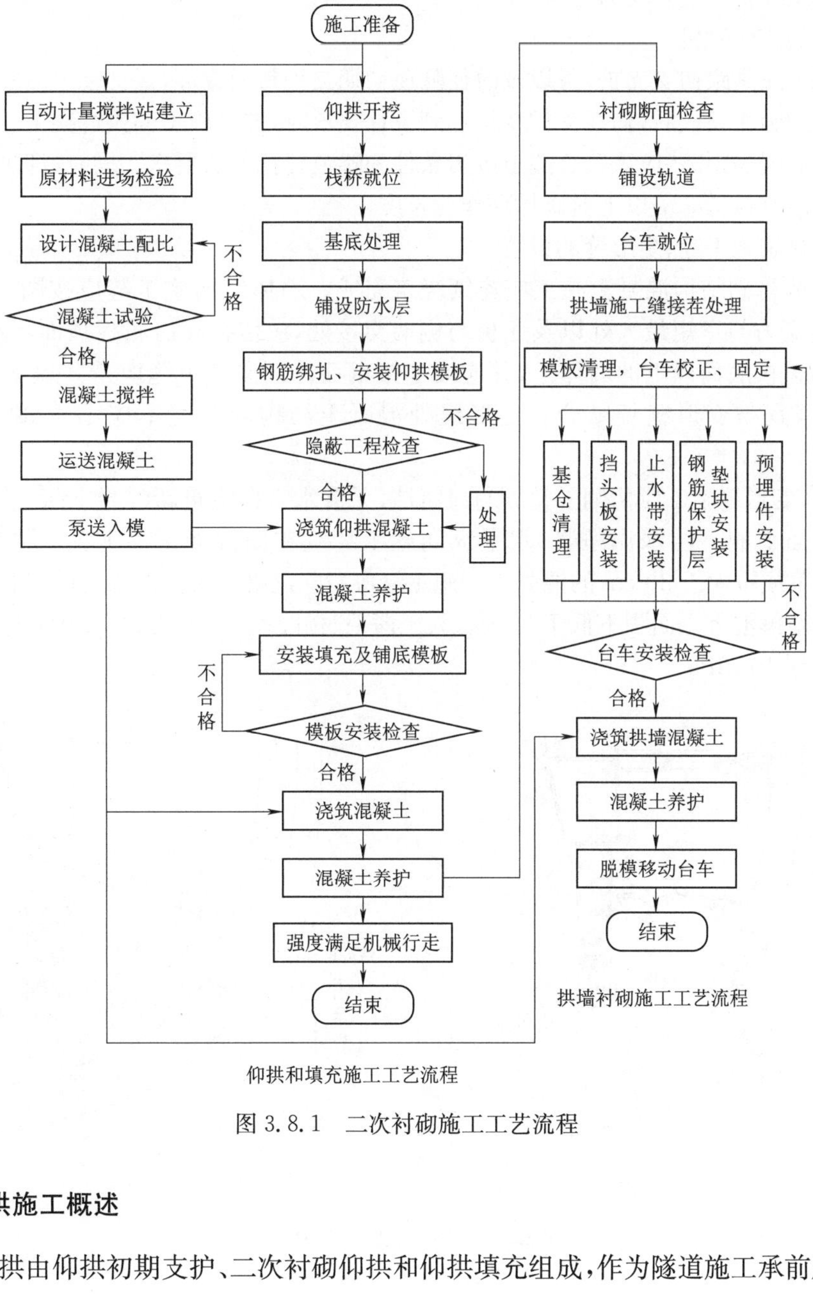


仰拱和填充施工工艺流程

图 3.8.1　二次衬砌施工工艺流程

### 3.8.1　仰拱施工概述

隧道仰拱由仰拱初期支护、二次衬砌仰拱和仰拱填充组成，作为隧道施工承前启后的一道工序，起闭合结构体、稳定初期支护的作用。

1. 仰拱栈桥

为不影响掌子面的出渣、进料等运输作业，仰拱开挖和浇筑混凝土施工时，需要使用仰拱栈桥跨过仰拱施工地段，为运输作业提供通道。仰拱栈桥的长度和结构形式可根据施工需要来确定。仰拱栈桥有简易栈桥和液压移动式仰拱栈桥两种形式。

液压移动式仰拱栈桥由主体结构、行走系统、液压系统和电气系统四部分组成，可自行实现纵向与横向移动作业。其中，栈桥主体结构由主桁、前坡道桥、后坡道桥、前墩、后墩组成，该结构也是仰拱栈桥的主要受力结构。

2. 仰拱的施作时机

仰拱施工应紧跟初支支护，可以及时使隧道初期支护封闭成环，保证掌子面安全。仰拱开挖和初期支护施作完成后，初期支护变形达到设计要求时，方可施工仰拱混凝土。拱墙衬砌与仰拱施工作业间隔距离，应该符合隧道围岩条件和隧道开挖方法要求。同时，仰拱超前拱墙模筑衬砌的距离宜保持 3 倍以上衬砌循环作业长度。

3. 二次衬砌施工缝、变形缝的设置

隧道拱墙衬砌结构混凝土施工应连续浇筑完成。墙体纵向施工缝应按图 3.8.2 设置，不应留在剪应力与弯矩最大处以及底板与侧墙交接处，应留在高出底板顶面不小于 30 cm，且宜在水沟盖板底面以下的墙体上，并应设连接钢筋。环向施工缝应避开地下水和裂隙水较多的地段，宜与变形缝相结合。变形缝处混凝土结构的厚度不应小于 30 cm，嵌缝应密实。

施工缝、变形缝施工应两侧平整、顺直、清洁、无渗水。在浇筑新混凝土前，垂直施工缝宜在旧混凝土面上刷一层水泥净浆；水平纵向施工缝宜在旧混凝土面上铺一层厚度不大于 30 mm的砂浆或不大于 30 cm 的混凝土。施工缝应凿除混凝土表面的水泥砂浆和松软层。凿毛应使露出新鲜混凝土面积不低于 75%。人工凿毛时混凝土应达到 2.5 MPa，风动机凿毛时混凝土应达到 10 MPa。

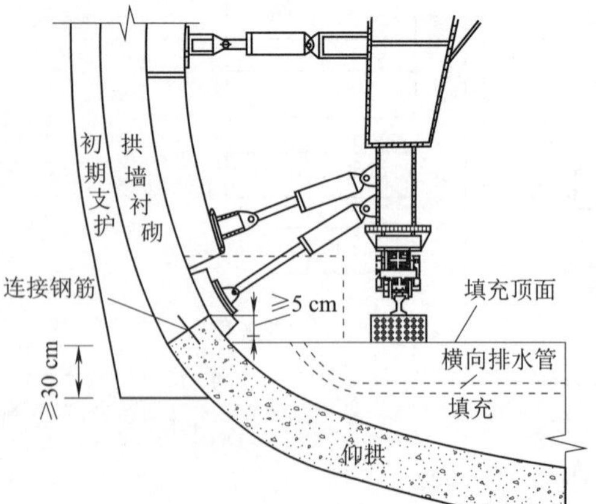


(a) 仰拱填充较高时

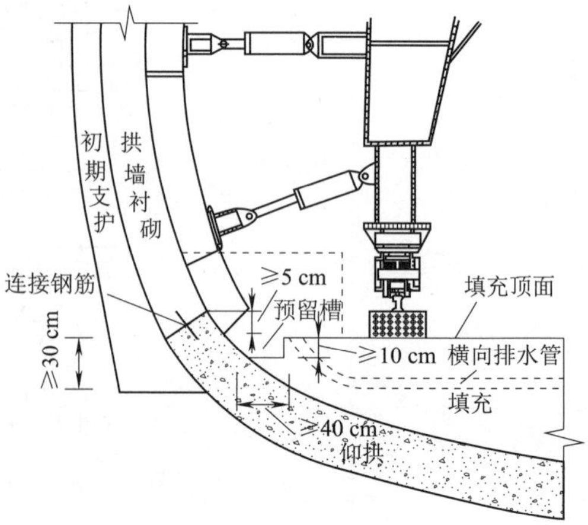


(b) 仰拱填充较低时

图 3.8.2　墙体纵向施工缝示意

### 3.8.2 仰拱衬砌和仰拱填充施工

1.施工准备

1)布设仰拱栈桥

仰拱开挖前,应先布设仰拱栈桥,以保障仰拱施工不影响其他工序正常施工,保障车辆安全通过。

2)测量放样

仰拱开挖前,根据设计图纸放出高程和中线控制线。仰拱与边墙的纵向施工缝宜留置侧沟底以上、电缆槽沟底以下。仰拱拱座与墙基同时浇筑,排水侧沟与边墙同时浇筑。测量放样时,标出仰拱端头位置,标出边墙墙基顶面高程及位置,确保仰拱施工缝与拱墙二次衬砌施工缝在同一断面上。

2.开挖与清底

仰拱开挖时,较为坚硬的地段采用光面爆破配合挖掘机开挖仰拱,较为松软的地段,尽量避免采用爆破,可以采用破碎锤或铣挖机完成仰拱开挖,减少对临空面的扰动;出渣采用移动栈桥配合自卸车出渣。

出渣结束后,对仰拱基底进行检查,基底开挖应圆顺、平整,开挖深度、宽度、尺寸应符合要求,不得欠挖。欠挖采用风钻钻孔,松动控制爆破,反铲配合清渣,高压风吹底。软弱隧底宜用高压风配合人工清理干净;超挖部分应采用同级混凝土回填。仰拱(底板)施工前,隧底虚渣、杂物、泥浆、积水等应清除干净,股状渗水应做好引排。基面处理完成后应采集影像资料。

3.施作初期支护、铺设防水层

仰拱初期支护施工见任务3.5,仰拱防水层施工见任务3.7。

仰拱初期支护设有钢架时,仰拱钢架的型号、间距、形状及钢架纵向连接钢筋的规格、间距及连接应符合设计要求。仰拱钢架与边墙钢架应按设计要求连接牢靠,仰拱钢架安装完毕后及时喷射仰拱混凝土。喷混凝土的标号和厚度应符合设计要求,并能满足钢件保护层的要求。

4.绑扎仰拱钢筋、安装止水带

按设计要求安装仰拱钢筋,仰拱钢筋的弯曲弧度应与隧道断面设计弧度相符,钢筋绑扎整齐,间距符合设计、规范要求。钢筋绑扎要保证双层钢筋的层距和每层钢筋的间距符合设计要求,层距的定位一般通过焊接定位钢筋来确定。

仰拱两侧二次衬砌边墙部位的预埋钢筋伸出长度应满足和二次衬砌环向钢筋连接要求,并将接头错开,使同一截面的钢筋接头数不大于50%。

仰拱施工缝和变形缝应作防水处理,仰拱施工缝和变形缝处止水带安装施工详见任务3.7。

5.安装混凝土模板

仰拱(底板)混凝土各段应整幅浇筑,一次成型,不得留纵向施工缝;每循环浇筑的长度宜与拱墙衬砌浇筑长度相匹配。仰拱的整体浇筑可采用带弧形钢模板的仰拱台车施工。仰拱填充与隧道中心水沟等附属结构同时施工,事先应精准确定附属结构的位置和尺寸,安装相应模板。

根据测量结果,将仰拱模板按照设计高程准确定位,并用丝杠加固连接,防止模板在混凝土浇筑过程总发生偏移。

6. 混凝土施工

采用混凝土输送车运输浇筑，插入式振动棒捣固。为能尽早行车，可采用早强型混凝土。仰拱浇筑过程中控制好坍落度，采用骨料粒径较大、坍落度较小的混凝土，浇筑到高处时适当控制混凝土浇筑速度，避免捣固混凝土上抬模板。

仰拱混凝土、填充混凝土分两次施作，仰拱填充应在仰拱混凝土终凝后施作，仰拱与填充施工缝错缝搭接。底板坡面应平顺，排水畅通。采用板式无砟轨道的隧道，底板应与无砟轨道底座统一施工。

每一循环仰拱模板拆除后应及时对施工缝凿毛。仰拱(含填充)或底板混凝土强度达到 5 MPa后行人方可通行，达到设计强度的 50%，且不破坏混凝土时，车辆方可直接通行。

仰拱混凝土及填充混凝土采用喷雾器喷水养生，但不得喷水过度，以防止养生水侵入隧底黄土，造成黄土湿陷。

### 3.8.3 隧道拱墙衬砌施工设备

在拱墙二次衬砌施工前，应利用多功能作业平台人工铺设防水板，如二次衬砌设计为钢筋混凝土结构，还要完成钢筋安装。二次衬砌混凝土采用衬砌台车拱墙一次性整体浇筑施工。混凝土在洞外采用拌和站集中拌和，混凝土搅拌运输车运至洞内，混凝土输送泵泵送入模。在隧道纵向，拱墙衬砌分段施工，分段长度一般为 9～12 m。

二次衬砌施工设备除通用的混凝土拌和站和混凝土运输车辆外，专用设备主要是模板台车和混凝土养护台车。

1. 二次衬砌施作时机

实践表明，二次衬砌和仰拱的施作时机直接影响衬砌结构的安全。过早施作会使二次衬砌承受较大的围岩压力，过晚又不利于初期支护的稳定。因此，在施工中应进行监控量测，掌握围岩和支护结构的变形规律，及时调整支护与衬砌设计参数，并确定二次衬砌和仰拱的施作时间，以保证衬砌结构的安全与质量。

《高速铁路隧道工程施工技术规程》(Q/CR 9604—2015)规定，二次衬砌应在围岩变形基本稳定后施作，主要条件如下：

1)隧道周边变形速率明显下降并趋于缓和。

2)水平收敛(拱脚附近 7 d 平均值)小于 0.2 mm/d，拱顶下沉速度小于 0.15 mm/d。

3)施作二次衬砌前的累计位移值已达极限位移值的 80%以上。

另外，隧道洞口段、浅埋段及高地应力软弱围岩、膨胀岩等可能产生大变形、且变形长期不能趋于稳定的不良地质隧道，二次衬砌可提前施作，衬砌结构应有足够的强度和刚度。

2. 混凝土施工设备

衬砌混凝土生产一般采用全自动计量的拌和站、搅拌输送车运输、混凝土泵送入模的机械化流水作业线。混凝土拌和站的生产能力应根据施工高峰期作业面数量、运距、混凝土需求量等因素确定，应选用强制式拌和方式。自动计量装置应满足混凝土配合比计量精度要求，混凝土运输应采用轮胎式或轨行式混凝土拌和运输车。

3. 衬砌台车

目前，我国铁路隧道施工中已广泛采用整体移动式衬砌台车。衬砌台车的主要结构包括骨架结构、钢模板、混凝土布料系统、混凝土振捣系统、液压系统、信息化监测系统、电气控制系统、行走系统以及附属功能结构和装置等。衬砌台车具备下列功能：

1)混凝土自动布料功能：衬砌台车具备便捷的混凝土分配机构，方便操作，实现混凝土纵向对称、横向对称自动布料，降低人工换管的劳动强度。

2)带压浇筑功能：浇筑过程中混凝土管路系统可以形成封闭结构，保证拱顶带压浇筑端具有一定压力值。

3)混凝土振捣功能：边墙采用插入式振捣棒和附着式振动器配合使用，拱部采用气动式附着式振动器，必要时可增加机械辅助振捣系统，能保证拱部的混凝土得到充分振捣。

4)参数监测功能：衬砌台车具备混凝土浇筑开始结束时间记录、浇筑方量计量、浇筑压力和拱顶饱满度监测、入模温度测量等功能。

5)信息集成传输功能：衬砌台车宜具备必要的数据采集、记录、存储和传输功能。

整体移动式模板台车采用大块曲模板，为满足混凝土的浇筑、振捣、检查等作业需要，衬砌台车的钢模板在适当位置设置混凝土浇筑口和作业窗(检查窗)。边墙作业窗分层布置，层高不大于2 m，纵向分布间距不大于3 m，窗口净空不小于50 cm×45 cm，并具备良好的锁紧封闭措施，如图3.8.3所示。拱顶浇筑口不少于3个，拱部临近已衬端浇筑口距台车端部不大于0.75 m。混凝土浇筑口均匀布置，边墙浇筑口距拱顶距离不超过2 m。作业窗周边应加强，防止周边变形，窗门应平整、严密、不漏浆。

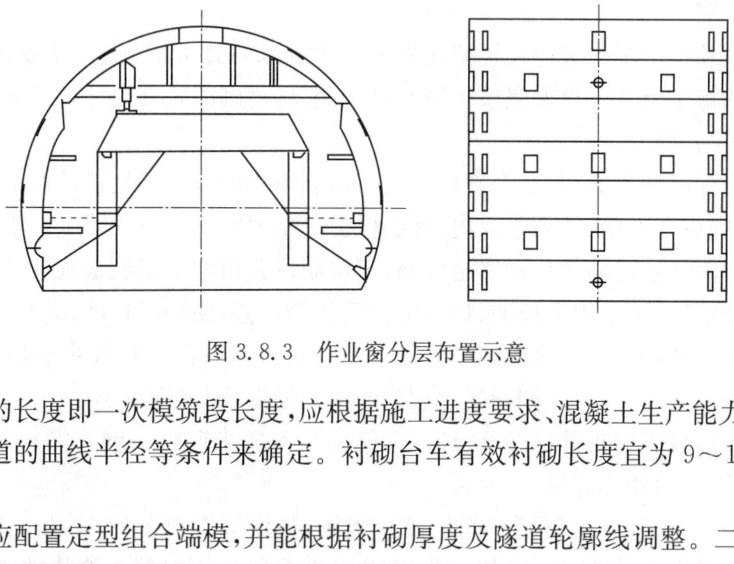

图3.8.3　作业窗分层布置示意

模板台车的长度即一次模筑段长度，应根据施工进度要求、混凝土生产能力和浇筑技术要求以及曲线隧道的曲线半径等条件来确定。衬砌台车有效衬砌长度宜为9～12 m，并不得超过12 m。

衬砌台车应配置定型组合端模，并能根据衬砌厚度及隧道轮廓线调整。二次衬砌设计有中埋式止水带时，衬砌台车应配置止水带固定端模，此时，端头模板分为内圈挡头模板和外圈挡头模板，中间夹持止水带，止水带位置应保证衬砌内侧厚度不小于20 cm。内圈挡头模板与衬砌台车同时加工，采用钢模；外圈挡头模板一般采用木板加工、现场拼铺；如果开挖轮廓足够精准，可全部使用钢模。端头模板拱顶最高处应设置透视观察窗。端头模板及卡具应操作方便，不得损伤防(排)水板。端头模板应安装牢固，不漏浆。

### 3.8.4　隧道拱墙衬砌施工

拱墙二次衬砌采用全断面整体钢模衬砌台车、混凝土搅拌运输车运输、泵送混凝土浇筑，振捣器捣固，挡头模板采用钢模和木模。隧道衬砌混凝土应连续灌注，不得出现施工冷缝，拱圈不得留纵向施工缝。

1. 施工准备

在浇筑衬砌混凝土之前，要进行隧道中线和水平的测量，检查开挖断面并进行放线定位，做好混凝土制备和运输等准备工作。这些准备工作，除应满足模筑混凝土施工的一般要求外，还应完成以下工作。

1）断面检查

根据隧道中线和水平测量，检查开挖断面是否符合设计要求，欠挖部分按规范要求进行修凿，并作好断面检查记录。

墙脚地基应挖至设计高程，并在浇筑前清除虚渣，排除积水，找平支承面。

2）放线定位

根据隧道中线和高程及断面设计尺寸，测量确定衬砌立模位置，并放线定位。采用整体移动式模板台车时，实际是确定轨道的铺设位置。轨道铺设应稳固，其位移和沉降量均应符合施工误差要求。轨道铺设和台车就位后，都应进行位置、尺寸检查。放线定位时，为了保证衬砌不侵入建筑限界，须预留误差量和预留沉落量，并注意曲线加宽。

预留沉落量是考虑到未凝混凝土的荷载作用会使拱架模板变形和下沉；后期围岩压力作用和衬砌自重作用会使衬砌变形和下沉，故须预留沉落量。这部分预留沉落量根据实测数据确定或参照经验确定。

预留误差量和预留沉落量应在拱架模板定位放线时一并考虑确定，并按此架设拱架模板和确定模板架的加工尺寸。拱架级模板制作时，一般将衬砌内轮廓尺寸扩大 5 cm。

2. 钢筋加工与安装

拱墙钢筋应提前加工成型，运至现场安装。钢筋规格数量应满足设计要求，钢筋安装应测量定位，确保径向位置准确，层间距及内、外层保护层厚度应符合设计要求。正式安装前，在作业台架上拱顶、起拱线、边墙部位设置定位筋，定位筋位置由测量组测量确定。

安装衬砌钢筋时，可采用定位架、焊接定位钢筋等工艺，使钢筋长度、间距、位置、保护层厚度满足设计要求。环向钢筋与纵向钢筋的每个节点均进行绑扎。相邻主筋搭接位置应错开，错开距离应不小于 1 000 mm。同一受力钢筋的两处搭接，距离应不小于 1 500 mm。

环向施工缝位置纵向钢筋可断开；环向钢筋间距可适当调整。钢筋安装接长可采用绑扎或机械连接方式，不得使用焊接。

钢筋与防（排）水板、钢筋与模板间均设置垫块，垫块与钢筋扎紧，并互相错开，垫块的材质、规格、数量应符合设计要求。垫块数量不应少于 4 个/$m^2$，混凝土垫块的抗压强度和耐久性不低于拱墙混凝土的标准。

3. 模板台车移动就位

1）模板台车定位

定位前检查电气、液压、行走系统，将台车模板清理干净并涂抹脱模剂。横移或升降油缸手柄，使台车模板中轴线精确对准隧道中线，根据测量台车顶模两侧模板铰接位置的平面位置及高程，调整到符合尺寸位置，关闭油缸截止阀；根据测量校核尺寸操作边模油缸手柄，边模调整至要求位置后，关闭油缸截止阀防止移动；操作脚模油缸调整脚模至要求位置。测量模板定位后旋紧边模所有丝杆，保证底部丝杆可靠支撑在地面上。

2)模板整备

使用拼装式拱架模板时，立模前应在洞外样台上将拱架和模板进行试拼，检查其尺寸、形状，不符合要求的应予修整。配齐配件，模板表面要涂抹防锈剂。洞内重复使用时亦应注意检查修整。拱架模板尺寸应按计算的施工尺寸放样到放样台上，并注意曲线加宽后的衬砌及模板尺寸。

整体式衬砌台车一般在隧道外拼装，拼装时应检查模板尺寸、形状，不符合要求的应予以修整，配齐配件。每一次混凝土浇筑施工前要认真检查模板外观，并在表面涂抹防锈剂。

3)立模

根据放线位置，架设安装拱架模板或模板台车就位。安装就位后，应做好各项检查，包括位置、尺寸、方向、高程、坡度、稳定性等，并注意处理好以下几个问题：

①每排拱架应架设在垂直于隧道中线的竖直平面内，不得倾斜；对于曲线隧道，因曲线外弧长、内弧短，则应分段调整拱架方向和模板长度。

②拱架应立于稳固的地基上。拱架下端一般应焊接端头板，以增大支承面，减少下沉；当地基较软弱时，应先用碎石垫平，再用短枕木支垫，此垫木不得伸入衬砌混凝土中。

当采用整体移动式模板台车时，其走行轨道应铺设稳定，轨枕间距要适当，道床要振捣密实，必要时可先施作隧道底板，防止过量下沉。

③拱架不产生过量位移。拱架立好后应对其稳定性进行检查。

④挡头模板应安装稳固，现场拼铺，与初期支护(防水层)之间的缝隙嵌堵严密。

4.端头止水带安装

拱墙环向中埋式止水带安装采用定位夹具固定，安装在内圈挡头钢模和外圈挡头模板之间，模板、止水带应安装稳固并将缝隙嵌堵严密。拱墙环向背贴式止水带安装采用端头模板紧贴防水板固定。各种防水卷材、止水带应先行安装好，挡头板不得损伤防水材料，以免影响防水效果。

拱墙衬砌混凝土施工前应将施工缝处混凝土面凿毛处理。

5.混凝土施工

混凝土拌制时应严格按照试验室提供的施工配合比进行配料。强制式搅拌机混凝土搅拌时间不少于3 min。混凝土运输用混凝土罐车将混凝土从拌和站运送到浇筑点。

冬期施工时，混凝土入模温度不应低于5 ℃；夏期施工时，混凝土入模温度不宜高于洞内温度，且不宜超过30 ℃。混凝土应分层浇筑、边浇筑边振捣，最大下落高度不能超过2 m。混凝土浇筑要左右对称进行，防止钢模台车偏移，台车前后混凝土高差不超过0.6 m，左右侧混凝土高度不超过0.5 m。

混凝土优先采用插入式振捣器进行混凝土振捣，当采用附着式振动时，振动时间尽量采用短时间、多次数左右对称的方法，防止台车因振动时的微移位或弹性变形。每一位置的振捣时间，以混凝土不再显著下沉、不出气泡，并开始泛浆为准。插入式振捣棒变换位置时，应竖向缓慢拔出，不得在混凝土浇筑仓内平拖，不得碰撞模板、钢筋和预埋件。混凝土浇筑过程设专人检查台车模板、支架、钢筋骨架、预埋件等结构的设置和牢固程度，发现问题应及时处理。

混凝土浇筑完毕后12 h内开始对混凝土进行养护，养护14 d，采用养护台架养护。混凝土养护期间，保持混凝土处于湿润状态；混凝土内部温度与表面温度之差、表面温度与环境温度之差不大于 20 ℃,养护用水温度与混凝土表面温度之差不得大于 15 ℃。当环境气温低于 5 ℃时不应浇水。

衬砌混凝土拆模应符合下列规定:在隧道沉降变形稳定之后施作的二次衬砌,必须待混凝土强度达到 8 MPa 后方可拆模。承受围岩压力较大的拱、墙,封顶和封口的混凝土达到设计强度的 100%;承受围岩压力较小时,要达到设计强度的 70%。

6. 拱顶回填注浆

拱顶回填注浆应在衬砌混凝土强度达到 70%后进行,采用图 3.8.4 所示的纵向预贴注浆管道法。预贴注浆花管宜采用 $\phi$(20～30)mm 的 PVC 管,并在管身布设梅花形溢浆孔。排气管不布孔,应根据排气需要安设。回填注浆应采用微膨胀性水泥砂浆,有特殊要求的地段可采用强度高、流动性好的自流平水泥浆。回填注浆应在孔口封堵材料达到一定强度后进行,注浆压力达到 0.2 MPa 或排气孔出浆时,即可结束注浆。

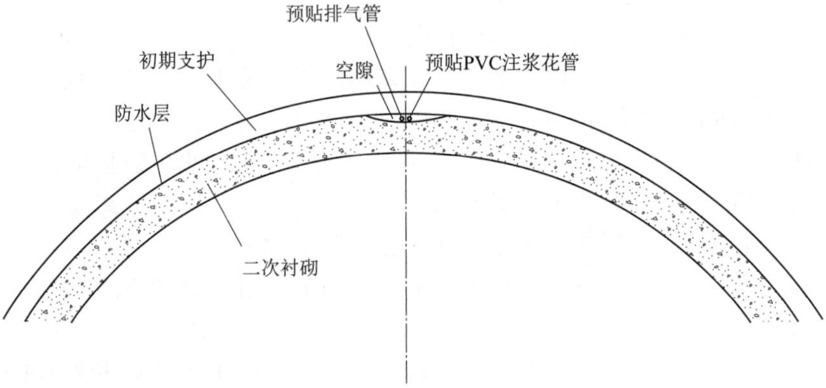


(a) 拱顶纵向注浆横断面

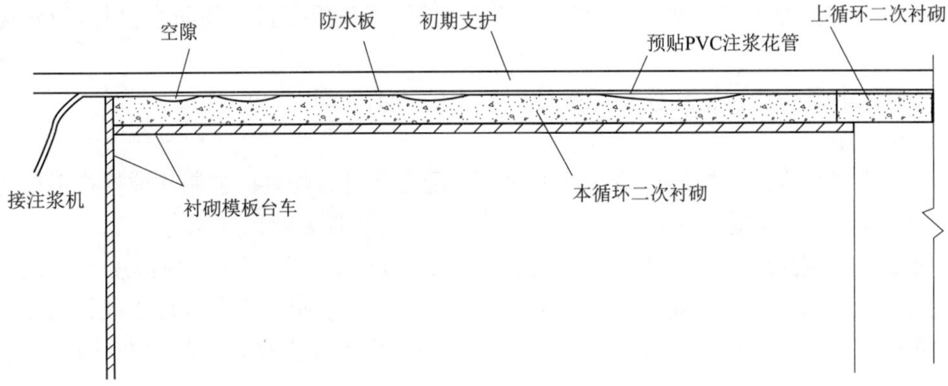


(b) 拱顶纵向注浆纵断面

图 3.8.4　隧道拱顶回填注浆(纵向预贴注浆管道法)

### 3.8.5　防水混凝土施工措施

隧道衬砌混凝土既是外力的承载结构,也是防水的最后一道防线,因此要求衬砌既要有足够的强度,还要具有一定的抗渗性。衬砌采用防水混凝土,为了能够更好地满足设计要求,施工中要加强管理,对混凝土施工进行全过程控制。

(1)防水混凝土施工尽量在围岩和初期支护基本稳定后进行,施工前要做好初期支护的注浆堵水和结构外防水的防水层铺设。

(2)为减少水化热的产生,施工时在混凝土中掺入部分粉煤灰,借以提高混凝土的和易性。粉煤灰采用Ⅰ级标准,掺量不大于25%。

(3)防水混凝土的搅拌除可使材料均匀混合外,还能起到一定的塑化和提高和易性作用,这对防水混凝土的性能影响较大,为此混凝土搅拌要达到色泽一致后方可出料,拌和时间不应小于2 min。混凝土采用混凝土拌和车运送,在运输过程中要避免出现离析、漏浆,并要求浇筑时有良好的和易性,坍落度损失减至最小或者损失不至于影响混凝土的浇筑质量与捣实。

(4)防水混凝土的浇筑施工要点如下:

①二次衬砌可采用模板台车和组合钢模板,每次立模长度以9～12 m为宜。

②模板要架立牢固、严密,尤其是挡头板,不能出现跑模现象。混凝土挡头板做到表面规则、平整,避免出现水泥浆漏失现象。

③防水混凝土采用高压输送泵输送入模。施工前,用同等强度的水泥砂浆润管,并将水泥砂浆摊铺到施工接茬面上,摊铺厚度为20～25 mm,以促使施工缝处新旧混凝土有效结合。

混凝土泵送入模时,左右对称浇筑,每一循环应连续浇筑,以减少接缝造成的渗漏现象。为了控制其自由倾落高度,应将混凝土输送管接到离浇筑面不大于2 m的位置,并随着模内混凝土浇筑高度的上升而经常提升管口,模板台车和组合钢模板按浇筑孔先下后上、由后向前有序进行,防止发生混凝土砂浆与骨料分离。

④混凝土振捣时,振捣棒应等距离地插入,均匀地捣实全部混凝土,插入点间距应小于振捣半径,前后两次振捣棒的作用范围应相互重叠,避免漏捣和过捣,振捣时严禁触及钢筋和模板。顶部浇筑混凝土时,采用附壁式振捣器捣固,混凝土的振捣时间宜为10～30 s,以混凝土开始出浆和不冒气泡为准。

⑤拱顶混凝土浇筑采用泵送挤压混凝土施工工艺时,宜在拱顶设三个浇筑孔,由后向前浇筑。为便于拱顶浇筑,可在衬砌台车顶部设置一个方便纵向移动的浇筑平台车。实际施工中,拱顶混凝土往往会产生不密实、灌不满等现象,根据工程经验,可在拱顶最高位置贴近防水板面预埋注浆管。目的:一是作为排气孔,排除拱部附近空气,减小泵送压力;二是通过浇筑过程观察灌浆情况,检查混凝土饱满程度;三是作为注浆管,对二次衬砌实施回填注浆,以弥补混凝土因收缩或未灌满造成的拱顶空隙。

⑥混凝土浇筑完毕,待终凝后应及时采用喷、洒水养护。由于模板台车和组合钢模板不能及时拆除,初期养护时可洒水至模板表面和挡头板进行降温,待拆模后,对结构表面及时进行洒水养护,保持混凝土表面湿润,养护期不短于14 d,以防止在硬化期间产生干裂,形成渗水通道。

## 复习与思考题

(1)识读××隧道施工图纸,列出本隧道涉及的二次衬砌的结构类型及其相应支护参数。

(2)识读××隧道Ⅳ级围岩Ⅳ$_{a2}$型复合式衬砌图纸,其拱墙初期支护参数是什么?

# 任务 3.9　隧道施工监控量测

## 任务工单

班级：____________ 姓名：____________ 学号：____________ 小组：____________ 日期：____________

<table>
<tr><td>工作任务</td><td>隧道施工监控量测</td><td>学习模式</td><td colspan="2">项目＋任务驱动</td></tr>
<tr><td>建议学时</td><td>4 学时</td><td>学习地点</td><td colspan="2">理实一体教室</td></tr>
<tr><td>任务描述</td><td colspan="4">××隧道已经完成了洞口边仰坡开挖及防护施工，即将进入进洞施工阶段。项目部组织施工员编制隧道施工监控量测实施细则并付诸实施，具体任务包括：<br>(1)根据隧道施工图纸和《铁路隧道监控量测技术规程》(Q/CR 9218—2015)，编制监控量测实施细则；<br>(2)编制××隧道监控量测方案；<br>(3)完成隧道施工监控量测虚拟仿真实训</td></tr>
<tr><td>任务目标</td><td colspan="4">能力目标<br>(1)能承担隧道施工监控量测任务，填写监控量测记录表、处理分析监控量测数据；<br>(2)能编制隧道施工监控量测实施细则和方案。<br>知识目标<br>(1)了解隧道施工监控量测项目；<br>(2)掌握必测项目的技术要求，监控量测断面及测点布置原则，监控量测频率和控制基准；<br>(3)掌握必测项目的量测方法；<br>(4)了解监控量测数据分析及信息反馈。<br>素质目标<br>(1)吃苦耐劳、严谨求实的工作作风；<br>(2)信息收集、处理的能力，提升数字素养；<br>(3)善于观察，认真分析的能力</td></tr>
<tr><td>任务实施</td><td colspan="4">(1)学习相关知识，进行知识准备；<br>(2)识读××隧道施工图纸，明确隧道监控量测设计要求；<br>(3)编写监控量测实施细则、监控量测方案，完成监控量测虚拟仿真实训</td></tr>
<tr><td rowspan="7">考核评价<br>(100 分)</td><td colspan="3">考核项目</td><td>得分</td></tr>
<tr><td colspan="3">图纸识读(10%)</td><td></td></tr>
<tr><td colspan="3">知识掌握(20%)</td><td></td></tr>
<tr><td colspan="3">监控量测实施细则(25%)</td><td></td></tr>
<tr><td colspan="3">监控量测方案(25%)</td><td></td></tr>
<tr><td colspan="3">监控量测虚拟仿真实训(10%)</td><td></td></tr>
<tr><td colspan="3">职业素质养成(10%)</td><td></td></tr>
</table>

## 知识准备

隧道施工监控量测是指隧道施工中，对围岩、地表、支护结构的变形和稳定状态，以及周边环境动态进行的经常性观察和量测工作。监控量测是新奥法隧道施工的重要组成部分，是保证安全施工和动态施工的重要保证。隧道施工监控量测应达到以下目的：

1)确保施工安全及结构的长期稳定性。

2)验证支护结构效果，确认支护参数和施工方法的合理性，为调整支护参数和施工方法提供依据。

3)确定二次衬砌施作时间。

4)监控工程对周围环境影响。

5)积累量测数据，为信息化设计与施工提供依据。

### 3.9.1 监控量测项目分类

隧道监控量测的项目应根据地质条件、周边环境、隧道埋深、断面尺寸、开挖方法和设计要求综合选定。量测项目一般分为必测项目和选测项目两大类。

1)必测项目

必测项目是必须进行的常规量测项目，是为了在设计、施工中确保围岩稳定，并通过判断围岩的稳定性和支护结构工作状态来指导设计、施工的经常性量测。这类量测通常测试方法简单、费用低、可靠性高，但对监视围岩稳定，指导设计施工却有巨大的作用。具体检测项目及常用量测仪器见表3.9.1。

**表3.9.1 监控量测必测项目**

| 序号 | 监控量测项目 | 常用量测仪器 | 备　注 |
|---|---|---|---|
| 1 | 洞内、外观察 | 现场观察、数码相机、罗盘仪 | — |
| 2 | 拱顶下沉 | 水准仪、钢挂尺或全站仪 | — |
| 3 | 净空变化 | 收敛计、全站仪 | — |
| 4 | 地表沉降 | 水准仪、铟钢尺或全站仪 | 隧道浅埋段 |
| 5 | 拱脚下沉 | 水准仪或全站仪 | 不良地质和特殊岩土隧道浅埋段 |
| 6 | 拱脚位移 | 水准仪或全站仪 | 不良地质和特殊岩土隧道深埋段 |

2)选测项目

选测项目不是每座隧道都必须开展的工作，是对一些有特殊意义和具有代表性的区段进行的补充测试，以求更深入地了解围岩的松动范围、稳定状态、喷锚支护的效果以及对周围环境的影响状况，指导未开挖区段的设计与施工。这类量测项目测试较为麻烦，量测项目较多，费用较高，因此，除了有特殊监测任务的地段外，一般根据需要选择部分项目进行量测。具体检测项目及常用量测仪可按表3.9.2选择。

**表3.9.2 监控量测选测项目**

| 序号 | 监控量测项目 | 常用量测仪器 |
|---|---|---|
| 1 | 围岩压力 | 压力盒 |
| 2 | 钢架内力 | 钢筋计、应变计 |
| 3 | 喷混凝土内力 | 混凝土应变计 |

续上表

| 序号 | 监控量测项目 | 常用量测仪器 |
|---|---|---|
| 4 | 二次衬砌内力 | 混凝土应变计、钢筋计 |
| 5 | 初期支护与二次衬砌间接触压力 | 压力盒 |
| 6 | 锚杆轴力 | 钢筋计 |
| 7 | 围岩内部位移 | 多点位移计 |
| 8 | 隧底隆起 | 水准仪、铟钢尺或全站仪 |
| 9 | 爆破振动 | 振动传感器、记录仪 |
| 10 | 孔隙水压力 | 水压计 |
| 11 | 水量 | 三角堰、流量计 |
| 12 | 纵向位移 | 多点位移计、全站仪 |

### 3.9.2 洞内外观察

在隧道工程中，开挖前的地质勘探工作很难提供准确的地质资料，所以有必要在隧道每次开挖后进行细致的观察，通过观察可获得与围岩稳定有关的直观信息，可以预测开挖面前方的地质条件，根据喷层表面状态及锚杆的工作状态，分析支护结构的可靠程度。洞内观察可分开挖工作面观察和已施工地段观察两部分。洞外观察重点应在洞口段和洞身浅埋地段。

1. 洞内观察

1)开挖工作面观察

对开挖后未支护的围岩进行观察，主要是了解开挖工作面的工程地质和水文地质条件：

①岩质种类和分布状态，结构面位置的状态。

②岩石的颜色、成分、结构、构造。

③地层时代归属及产状。

④节理性质、组数、间距、规模、节理裂隙的发育程度和方向性，结构面状态特征，充填物的类型和产状等。

⑤断层的性质、产状、破碎带宽度、特征等。

⑥地下水类型、涌水量大小、涌水位置、涌水压力、湿度等。

⑦开挖工作面的稳定状态，有无剥落现象。

开挖工作面观察在每次开挖后进行。观察到的有关情况和现象，要详细记录，及时绘制隧道开挖工作面及两侧素描图，每个断面至少绘制 1 张，同时进行数码成像。填写“开挖工作面地质状况记录表”并与勘察资料进行对比。观察中发现围岩条件恶化时，立即采取相应处理措施。

2)已施工地段观察

对已施工地段的观察每天至少应进行一次，其目测内容如下：

①初期支护完成后对喷层表面的观察以及裂缝状况的描述和记录，要特别注意喷混凝土是否发生剪切破坏。

②有无锚杆脱落或垫板陷入围岩内部的现象。

③钢架有无被压屈、压弯现象。

④是否有底鼓现象。

已施工地段观察，应记录喷射混凝土、锚杆、钢架变形和二次衬砌等的工作状态。观察中如果发现异常现象，要详细记录发现时间、距开挖工作面的距离等。

2. 洞外观察

洞外观察重点是洞口段和洞身浅埋段，主要观察地表开裂、地表变形、边坡及仰坡稳定状态、地表水渗透情况、地表建(构)筑物沉降情况等。如发现异常现象，要详细记录其时间、地点，并采取相应的措施，确保施工安全。

### 3.9.3　位移变形监控量测

1. 位移变形监控量测的内容

位移监控量测包括拱顶下沉量测、净空变化量测和地表沉降量测等。拱顶下沉量测即是测出隧道拱顶测点的绝对沉降量。净空变化量测即测出隧道周边上两点间相对位置的变化值，它是判断围岩动态最直观和最重要的量测信息。地表沉降量测是量测隧道开挖后，地层中的(应力)扰动区延伸至地表而引起的地表沉降量。

2. 监控量测断面与测点布置

1)拱顶下沉量测和净空变化量测

拱顶下沉测点和净空变化测点应布置在同一断面上，在开挖后12 h内埋设，但因围岩及开挖方法、隧道内管线位置等原因，可以适当调整。监控量测断面纵向间距可按表3.9.3的要求布置。

**表3.9.3　必测项目监控量测断面间距**

| 围岩级别 | 断面间距(m) |
|---|---|
| Ⅴ～Ⅵ | 5～10 |
| Ⅳ | 10～30 |
| Ⅲ | 30～50 |

注：1. Ⅱ级围岩视具体情况确定间距。

2. 不良地质和特殊岩土地段应取小值。

拱顶下沉测点应设置在拱顶轴线附近，浅埋偏压段拱顶下沉测点应适当加密，并设置斜基线。

净空变化测线布置主要与开挖方法有关：全断面法布设一条水平测线、两条斜测线；台阶法、中隔壁法、双侧壁导坑法等分部开挖法在每个分部布设一条水平测线、两条斜测线，必要时增加水平测线和斜测线数。不同开挖方式下测线布置可参照图3.9.1。净空变化量测以水平测线量测为主，必要时设置斜测线(如洞口附近、浅埋区段、偏压或膨胀性围岩区段、拱顶下沉位移量大的区段)，斜测线的设置有助于了解垂直方向的位移变化情况；当结合解析法进行综合判断时，最好也布置斜测线。

采用分部开挖法施工时，在临时支护拆除后，应继续进行拱顶下沉和净空变化量测，测线按全断面开挖法布置。

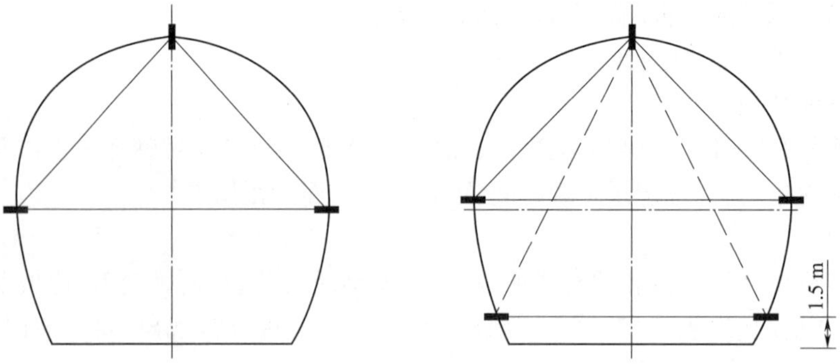


（a）全断面法测线示例　　（b）上下台阶法测线示例

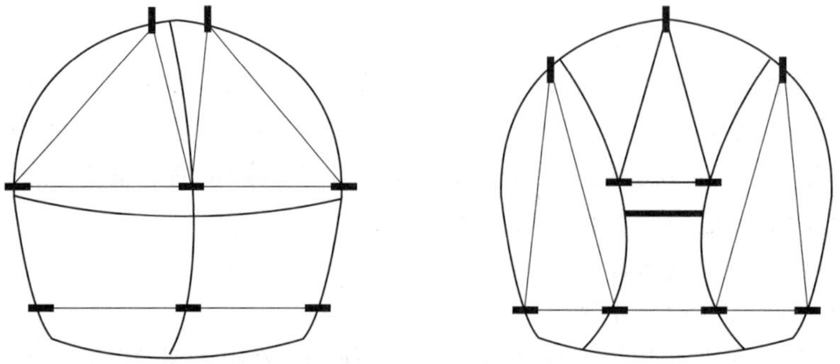

（c）中隔壁法测线示例　　（d）双侧壁导坑法示例

图 3.9.1　拱顶下沉量测和净空变化量测的测线布置示意

2)地表沉降量测

浅埋及下穿建筑物隧道在开挖施工过程中引起围岩的应力、位移等变化能够反映到地表位移。因此,根据地表沉降量测结果(扰动范围、最大沉陷量和地表沉陷倾斜程度),可以判断围岩的稳定性,以便采取相应的措施。

对于浅埋或超浅埋隧道,隧道横断面方向的地表沉降量测边界要设置到隧道开挖影响范围以外,并在开挖影响范围以外设置基准点。地表下沉量测的测点应布设在特别重要的施工地段,包括地表有建(构)筑物地段。对施工中地表发生塌陷并经修补过的地段,以及预先探测到地下存在构筑物或空洞的施工地段,测点应尽量接近构筑物或空洞上方。地表沉降观测点要与洞内观测点布置在同一里程断面处。

地表沉降观测点的纵向间距主要与隧道埋深和开挖宽度有关,测点纵向间距应满足表 3.9.4的要求,测点布置如图 3.9.2 所示。地表沉降测点横向间距为 2～5 m。在隧道中线附近测点应适当加密,隧道中线两侧量测范围不小于 $H_0+B$,地表有控制性建(构)筑物时,量测范围应适当加宽,其测点布置如图 3.9.3 所示。

**表 3.9.4　地表沉降测点纵向间距**

| 埋深与开挖宽度 | 纵向测点间距(m) |
|---|---|
| $2B<H_0\leqslant 2.5(B+H)$ | 15～30 |

续上表

| 埋深与开挖宽度 | 纵向测点间距(m) |
|---|---|
| $B<H_0\leqslant 2B$ | 10～15 |
| $H_0\leqslant B$ | 5～10 |

注：$H_0$—隧道埋深；$H$—隧道开挖高度；$B$—隧道最大开挖宽度。

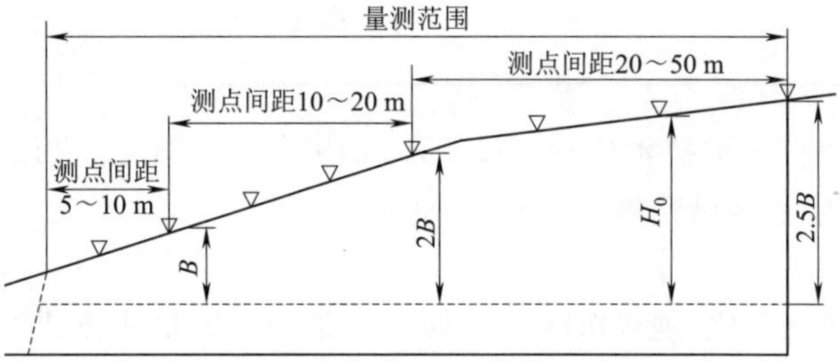


图 3.9.2　地表沉降纵向测点布置示意

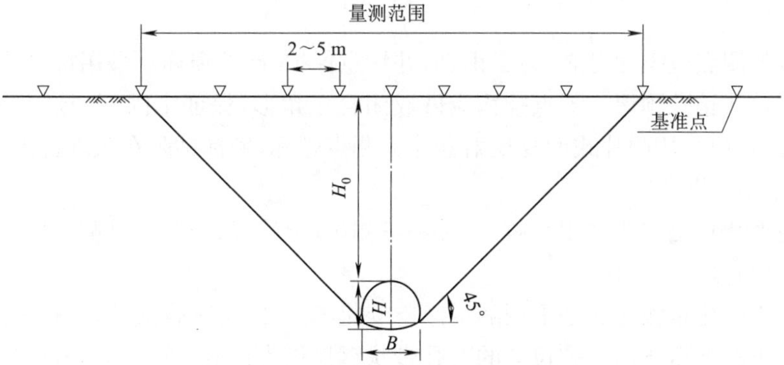


图 3.9.3　地表沉降横向测点布置示意

3. 监控量测频率与测试精度

位移变形监控量测项目测点的初始读数应在测点埋设后 12 h 内、下一循环开挖前读取，监测频率应根据测点距开挖面的距离及位移速度分别按表 3.9.5 和表 3.9.6 确定。出现异常情况或不良地质时，应增大监测频率。位移速度决定的监测频率和距开挖面的距离决定的监测频率之中，应采用较高的频率值。在塑性流变岩体中，位移长期(开挖后两个月以上)不能收敛时，量测要继续到每月为 1 mm 为止。

**表 3.9.5　按距开挖面距离确定的监测频率**

| 监控量测断面距开挖面距离 | 监控量测频率 |
|---|---|
| (0～1)$B$ | 2 次/d |
| (1～2)$B$ | 1 次/d |
| (2～5)$B$ | 1 次/(2～3 d) |
| $>5B$ | 1 次/(7 d) |

注：$B$ 为隧道最大开挖宽度。

**表 3.9.6　按位移速度确定的监测频率**

| 位移速度(mm/d) | 监控量测频率 |
|---|---|
| ≥5 | 2 次/d |
| 1～5 | 1 次/d |
| 0.5～1 | 1 次/(2～3 d) |
| 0.2～0.5 | 1 次/(3 d) |
| <0.2 | 1 次/(7 d) |

根据《铁路隧道监控量测技术规程》(Q/CR 9218—2015)规定，拱顶下沉、净空变化、地表沉降、纵向位移、隧底隆起测试精度可为 0.5～1 mm。

4. 量测方法

拱顶拱脚下沉、净空变化、地表沉降等位移监控量测根据量测方式的不同，可分为接触量测和非接触量测两类。接触量测主要是用收敛计、精密水准仪、铟钢尺等仪器进行量测，直接读取读数取得数据；非接触量测则采用 1 s 以上高精度全站仪通过测量各观测点的反射膜片取得数据。

位移量测的测点应牢固可靠、易于识别，并注意保护，严防损坏。采用接触式量测方法时，测点应采用焊接或钻孔预埋。测点挂钩应做成闭合三角形，保证牢固不变形。采用非接触式量测方法时，测点应采用膜片式回复反射器作为测点靶标，靶标粘附在预埋件上。

1)净空变化量测

隧道净空变化量测主要采用收敛计(接触量测)或全站仪(非接触量测)进行。

(1)收敛计量测净空变化

传统的净空变化量测方法是采用隧道净空变化测定计(也称收敛计)进行量测。它的基本原理是采用一根在弹簧作用下被拉紧的有孔带状钢尺作为传递位移的媒介，通过百分表(或测微器)测读隧道周边两测点间的相对位移变化值，从而计算出两测点连线(基线)方向上的相对位移值。

收敛计按读数方式不同可分为指针式收敛计和数显式收敛计。指针式收敛计由冲孔钢卷尺、指针式百分表、测量拉力装置及连接挂钩等部分组成；数显式收敛计由冲孔钢卷尺、数显式百分表、测量拉力装置及连接挂钩等部分组成。冲孔钢卷尺每隔 20 mm 有一定位孔；测量拉力装置用来标定钢尺张力，使钢卷尺在相同张力下测量距离，实现精准测量；连接挂钩能实现空间任意方向转动；百分表实现测距读数，精度为 0.01 mm。图 3.9.4 为数显式收敛计。

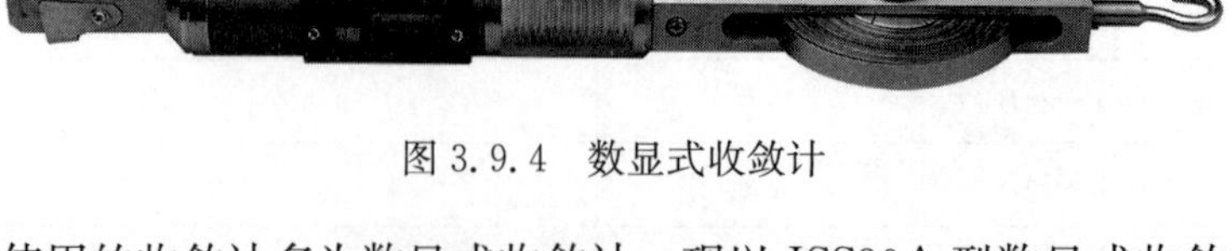

图 3.9.4　数显式收敛计

目前，国内使用的收敛计多为数显式收敛计。现以 JSS30A 型数显式收敛计为例，说明其施测方法：

①预埋测点：按测线布置要求，在隧道周边围岩表面凿一孔径为40～50 mm、深为200 mm的孔，在孔内填塞水泥砂浆后插入带挂钩测杆作为今后量测的基准点，设置时应尽量使两测杆轴线在连线方向上。

②悬挂仪器及调整钢尺张力：测量前先估计两测点间的大致距离，将钢尺固定在所需长度上(拉出钢尺将定位孔固定在定位销内)，将螺旋千分尺旋到最大读数位置上(25 mm)。将仪器两挂钩分别挂于事先埋设好的测点上，一只手托住仪器，另一只手旋进螺旋千分尺，直至内导杆上的刻度线与向套上的刻度线重合时即可读数。

③读数：定位销处的钢尺读数称为长度首数，螺旋千分尺读数为长度尾数，测距等于首数加尾数。一般应重复操作3次，读取三组数值进行加权平均确定测量值，以减小测量时的视觉误差。

④收敛值计算：收敛值为两测点在某一时间内的距离变化量。设初始观测的平均值为$R_0$，经过一段时间后的观测平均值为$R_t$，则这段时间内的隧道收敛值为

$$u_t=R_t-R_0$$

⑤温度校正计算：机械式收敛计均有温度误差，当温度变化大时，必须对百分表读数进行温度修正，即

$$R=R'+\alpha L(t_0-t)$$

式中　$R$——修正后的百分表读数；

$R'$——百分表读数；

$t_0$——初始读数时的温度；

$t$——再次读数时的温度；

$L$——量测基线长度；

$\alpha$——钢尺或铟钢丝的线膨胀系数，可取$\alpha=1.2\times10^{-5}$(或按钢尺出厂说明书取用)。

(2)全站仪量测净空变化

采用非接触法进行隧道净空变化量测时，测点采用膜片式回复反射器作为测点靶标，采用高精度全自动全站仪，通过测量各观测点的反射膜片取得各测点的三维坐标[$x(t)$，$y(t)$，$z(t)$]。通过对比不同时刻测点的三维坐标，可得到该测点在此时段相对于某一初始状态的位移。

膜片形如塑料胶片，其正面由均匀分布的微型棱镜和透明塑料薄膜构成，反面涂有压敏不干胶，它可以牢固的粘附在构件表面。反射膜片的大小可以任意裁剪，价格低廉。

与传统接触式监控量测方法相比，非接触量测能够获取测点更全面的三维位移数据，有利于结合现行的数值计算方法进行监控量测信息的反馈，同时具有快速、省力、数据处理自动化程度高等特点。

非接触量测法具体操作要点如下：

①埋设测点。隧道开挖后，设计量测断面在距开挖面2 m左右时，即可埋设测点。测点用反射片作为测点靶标，靶标粘附在预埋件上。量测方法包括自由设站和固定设站两种。

②测试元件应具有良好的防震、防冲击波能力，保证能在埋设后能长期有效地工作。

③测试数据须准确可靠。采用全站仪自由设站或固定设站的方式观测洞内监控量测点，每个量测点正倒镜各测量三个测回。

(3)数据整理

每次监控量测均应按时准确填写“隧道净空变化量测记录表”,并根据量测数据绘制以下曲线:①位移量随时间变化曲线;②位移速度随时间变化曲线;③位移量与开挖面距离关系曲线。

2)拱顶下沉量测

传统的拱顶下沉量测采用精密水准仪和铟钢挂尺或全站仪进行量测。拱顶下沉监控量测测点的埋设,一般在隧道拱顶轴线处设 1 个带钩的测桩(为了保证量测精度,常常在左右各增加一个测点,即埋设三个测点),吊挂铟钢挂尺,用精密水准仪量测隧道拱顶绝对下沉量。测点可用 $\phi 6$ mm 钢筋弯成三角形钩,用砂浆固定在围岩或混凝土表层。测点的大小要适中,过小,测量时不易找到;过大,爆破易被破坏。支护结构施工时要注意保护测点,一旦发现测点被埋掉,要尽快重新设置,以保证数据不中断。拱顶下沉量测示意如图 3.9.5 所示。

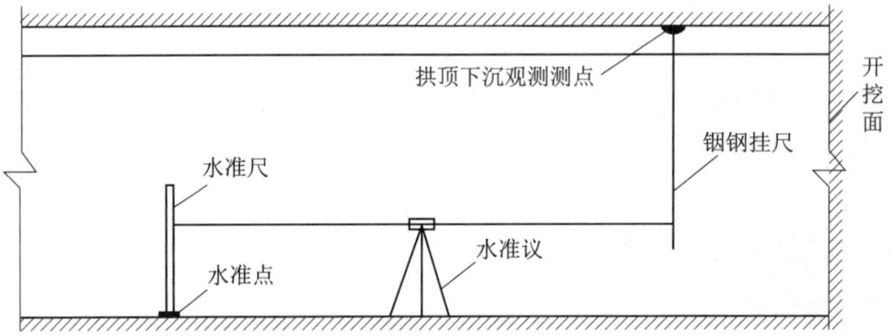


图 3.9.5　拱顶下沉量测示意

拱顶下沉量的确定比较简单,即通过测点不同时刻相对高程 $h$,求出两次量测的差值 $\Delta h$,即为该测点的下沉值。读数时读三次,然后取其平均值。

拱顶下沉量测也可以用全站仪进行非接触量测,特别适用于断面高度比较高的隧道,其具体量测方法和净空变化量测方法类似。

每次监控量测均应按时准确填写“拱顶下沉量量测记录表”,并根据量测资料绘制以下曲线:①下沉量随时间变化曲线;②下沉速度随时间变化曲线;③下沉量与开挖面距离关系曲线。

3)地表下沉量测

地表下沉量测一般用精密水准仪和铟钢尺进行量测,通过量测各测点不同时刻高程 $h$,求出两次量测的差值 $\Delta h$,即为该测点的下沉量。需要注意的是,参考点(基准点)必须设置在工程施工影响范围以外,以确保参考点(基准点)不下沉。一般在距离开挖面前方 $H_0+H$ 处($H_0$ 为隧道埋深,$H$ 为隧道开挖高度)就应对相应的测点进行超前监控量测,然后随工程的进展按一定的频率进行监控量测。

当所测地层表面立尺比较困难时,可以在预埋的测点表面粘贴膜片式反射器作为测点靶标,用全站仪进行非接触量测。

5. 控制基准

监控量测控制基准包括隧道内位移、地表沉降等,应根据地质条件、隧道施工安全性、隧道结构的长期稳定性,以及周围建(构)筑物特点和重要性等因素制定。

隧道初期支护极限相对位移可按照表 3.9.7 和表 3.9.8 选用。

表 3.9.7　跨度 $B<7$ m 隧道初期支护极限相对位移

| 围岩级别 | 隧道埋深 $H_0$(m) | | |
|---|---|---|---|
| | $H_0 \leqslant 50$ | $50<H_0 \leqslant 300$ | $300<H_0 \leqslant 500$ |
| 拱脚水平相对净空变化(%) | | | |
| Ⅱ | — | — | 0.2～0.60 |
| Ⅲ | 0.10～0.50 | 0.40～0.70 | 0.60～1.50 |
| Ⅳ | 0.20～0.70 | 0.50～2.60 | 2.40～3.50 |
| Ⅴ | 0.30～1.00 | 0.80～3.50 | 3.00～5.00 |
| 拱顶相对下沉(%) | | | |
| Ⅱ | — | 0.01～0.05 | 0.04～0.08 |
| Ⅲ | 0.01～0.04 | 0.03～0.11 | 0.10～0.25 |
| Ⅳ | 0.03～0.07 | 0.06～0.15 | 0.10～0.60 |
| Ⅴ | 0.06～0.12 | 0.10～0.60 | 0.50～1.20 |

注：1. 本表适用于复合式衬砌的初期支护，硬质围岩隧道取表中较小值，软质围岩隧道取表中较大值。表列数值可以在施工中通过实测资料积累作适当的修正。

2. 拱脚水平相对净空变化指两拱脚测点间净空水平变化值与其距离之比，拱顶相对下沉指拱顶下沉值减去隧道下沉值后与原拱顶至隧底高度之比。

3. 墙腰水平相对净空变化极限值可按拱脚水平相对净空变化极限值乘以 1.2～1.3 后采用。

表 3.9.8　跨度 7 m$<B \leqslant 12$ m 隧道初期支护极限相对位移

| 围岩级别 | 隧道埋深 $H_0$(m) | | |
|---|---|---|---|
| | $H_0 \leqslant 50$ | $50<H_0 \leqslant 300$ | $300<H_0 \leqslant 500$ |
| 拱脚水平相对净空变化(%) | | | |
| Ⅱ | — | 0.01～0.03 | 0.01～0.08 |
| Ⅲ | 0.03～0.10 | 0.08～0.40 | 0.30～0.60 |
| Ⅳ | 0.10～0.30 | 0.20～0.80 | 0.70～1.20 |
| Ⅴ | 0.20～0.50 | 0.40～2.00 | 1.80～3.00 |
| 拱顶相对下沉(%) | | | |
| Ⅱ | — | 0.03～0.06 | 0.05～0.12 |
| Ⅲ | 0.03～0.06 | 0.04～0.15 | 0.12～0.30 |
| Ⅳ | 0.06～0.10 | 0.08～0.40 | 0.30～0.80 |
| Ⅴ | 0.08～0.16 | 0.14～1.10 | 0.80～1.40 |

注：1. 本表适用于复合式衬砌的初期支护，硬质围岩隧道取表中较小值，软质围岩隧道取表中较大值。表列数值可以在施工中通过实测资料积累作适当的修正。

2. 拱脚水平相对净空变化指拱脚测点间净空水平变化值与其距离之比，拱顶相对下沉指拱顶下沉值减去隧道下沉值后与原拱顶至隧底高度之比。

3. 初期支护墙腰水平相对净空变化极限值可按拱脚水平相对净空变化极限值乘以 1.1～1.2 后采用。

位移控制基准应根据测点距开挖面的距离，由初期支护极限相对位移按表 3.9.9 要求确定。

表 3.9.9　位移控制基准

| 类别 | 距开挖面 $1B(U_{1B})$ | 距开挖面 $2B(U_{2B})$ | 距开挖面较远 |
|---|---|---|---|
| 允许值 | $65\%U_0$ | $90\%U_0$ | $100\%U_0$ |

注：$B$ 为隧道开挖宽度，$U_0$ 为极限相对位移值。

地表沉降控制基准应根据地层稳定性、周围建(构)筑物的安全要求分别确定，并取最小值。

### 3.9.4　监控量测信息管理

铁路隧道施工监测工作应分阶段对监控量测结果进行总结和分析，及时处理、分析监测数据，评价围岩与支护体系的稳定性，并对施工方案提出合理建议。

在隧道施工过程中进行监控量测数据的分析分为实时分析和阶段分析，均以报告形式反馈。实时分析是指，每天根据监控量测数据，分析施工对结构和周边环境的影响，发现安全隐患及时采取措施；实时分析一般采用日报表形式。阶段分析是指，经过一段时间后，根据大量的监控量测数据及相关资料等进行综合分析，总结施工对周围地层影响的一般规律，指导下一阶段施工。阶段分析一般采用周报、月报形式，或根据工程施工需要不定期进行，提出指导施工和优化设计的建议。

1. 监控量测数据分析处理

监控量测数据取得后，应立即进行实时分析，监控量测资料的分析处理是信息反馈的基本工作。具体工作包括数据校核、数据整理及数据分析。

首先对监控量测数据进行校核，对监控量测数据需进行可靠性分析，排除仪器、读数等操作过程中的误差，剔除和识别各种粗大、偶然和系统性误差，避免漏测和错测，如有异常应及时补测，同时注明开挖方法和施工工序以及开挖面距监控量测点距离等信息，切实保证监控量测数据的可靠性和完整性；其次，要对监控量测数据进行整理，包括观测数据计算、图表制作、误差处理等，如物理量的时间速率曲线与空间分布图的绘制等；最后是数据分析，分析通常采用比较法、作图法和数值计算等，分析各监控量测物理量值大小、变化规律、发展趋势。在现场的监控量测过程中，加强数据的准确性，观测后在现场及时计算、校核，如果有异常现象，需重新进行观测、校核，直至取得可靠数据。

1)数据分析内容

监控量测数据的分析应包括以下主要内容：

①根据量测值绘制时态曲线。

②选择回归曲线，预测最终值，并与控制基准进行比较。

③对支护及围岩状态、工法、工序进行评价。

④及时反馈评价结论，并提出相应工程对策建议。

2)数据分析方法与回归分析

首先根据监控量测数据绘制时间—位移散点图和距离—位移散点图，如图 3.9.6 所示。然后根据散点图的数据分布状况，选择合适的函数进行回归分析，对最大值(最终值)进行预测，并与控制基准值进行比较，结合施工工况综合分析围岩和支护结构的工作状态。如果位移曲线正常，说明围岩处于稳定状态，支护系统是有效、可靠的；如果位移出现反常的急骤增长现象(出现了反弯点)，表明围岩和支护已呈不稳定状态，需立即采取相应的工程措施。

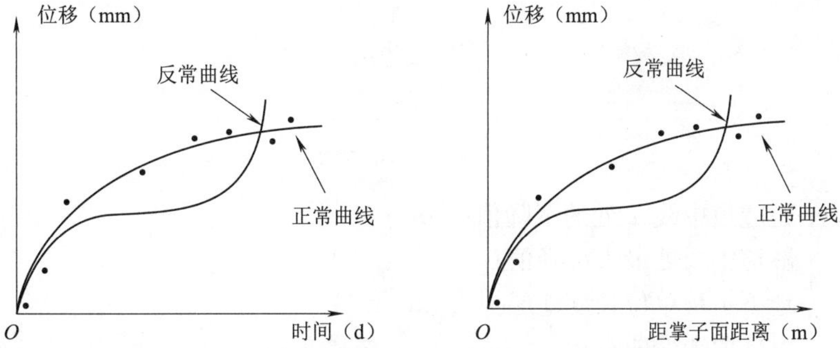


图 3.9.6　时间—位移曲线和距离—位移曲线

对位移监控量测结果进行回归分析，预测该测点可能出现的最终值及影响范围，以评估结构或建筑物的安全状况，必要时据此优化施工方法。常用的回归函数有以下几类。

(1)位移历时回归分析一般采用以下模型：

①指数模型：

$$U=Ae^{-B/t} \tag{3.9.1}$$

$$U=A(e^{-B/t}-e^{-Bt_0}) \tag{3.9.2}$$

②对数模型：

$$U=A\lg[(B+t)/(B+t_0)] \tag{3.9.3}$$

$$U=A\lg(1+t)+B \tag{3.9.4}$$

③双曲线模型：

$$U=t/(A+Bt) \tag{3.9.5}$$

式中　$U$——变形值(或应力值)；

$A,B$——回归系数；

$t,t_0$——测点的观测时间(d)。

(2)由于地下工程(隧道)开挖过程中地表纵向沉降、拱顶下沉及净空变化等位移受开挖工作面的时空效应的影响，多采用指数函数进行回归分析。多数情况下，单个曲线进行回归时不能全面反映沉降历程，通常采用以拐点为对称的两条分段指数函数进行回归分析。

$$\left.\begin{aligned}S&=A[1-e^{-B(x-x_0)}]+U_0 \quad x>x_0\\ S&=-A[1-e^{-B(x-x_0)}]+U_0 \quad x\leqslant x_0\end{aligned}\right\} \tag{3.9.6}$$

$$S=A(1-e^{-Bx}) \qquad x>x_0 \tag{3.9.7}$$

式中　$x$——距开挖面的距离；

$S$——距开挖面工处的地表沉降；

$x_0,U_0$——拐点 $x_0$ 处的沉降值 $U_0$。

根据经验，对于地表纵向沉降回归分析一般采用式(3.9.6)；拱顶下沉、净空变化一般采用式(3.9.7)。对式(3.9.7)，理论上讲，当 $x$ 较小时，$S$ 趋于 0；若 $S$ 不趋于 0，需考虑监控量测结果的可靠性。

(3)地表沉降横向分布规律采用 Peck 公式：

$$S(x)=S_{\max}e^{-\frac{x^2}{2i^2}} \tag{3.9.8}$$

$$S_{max}=\frac{V_1}{\sqrt{2\pi}i} \tag{3.9.9}$$

$$i=\frac{H}{\sqrt{2\pi}\tan(45°-\frac{\varphi}{2})} \tag{3.9.10}$$

式中 $S(x)$——距隧道中线 $x$ 处的沉降值(mm);

$S_{max}$——隧道中线处最大沉降值;

$V_1$——地下工程单位长度地层损失($m^3/m$);

$i$——沉降曲线变曲点;

$H$——隧道埋深。

监控量测数据可采用指数模型、对数模型、双曲线模型、分段函数、经验公式等进行分析,并预测最终值。

(4)回归分析应注意以下几点:

①回归分析要有足够多的数据,一般应在一个月的连续测试以后进行;

②实际发生位移的时间 $t_0$ 都在埋设测点前(地表沉降除外),$t_0$ 是未知的,为考虑 $t_0$ 的影响,使函数拟合得更真实,可选择后三种函数回归;

③实际回归分析时,还应考虑爆破开挖造成的位移突变台阶的影响。

2. 监控量测信息反馈及工程对策

1)监控量测信息反馈

监控量测信息反馈应根据监控量测数据分析结果,对工程安全性进行评价,并提出相应工程对策与建议。信息反馈有理论方法和经验方法,目前仍以经验方法为主,其主要目的是:①判定围岩是否稳定,支护措施是否安全,施工方法是否恰当;②在保证安全的前提下,支护是否经济,必要时调整支护设计。监控量测反馈程序需要贯穿于整个施工全过程。监控量测信息反馈可按图 3.9.7 规定的程序进行。

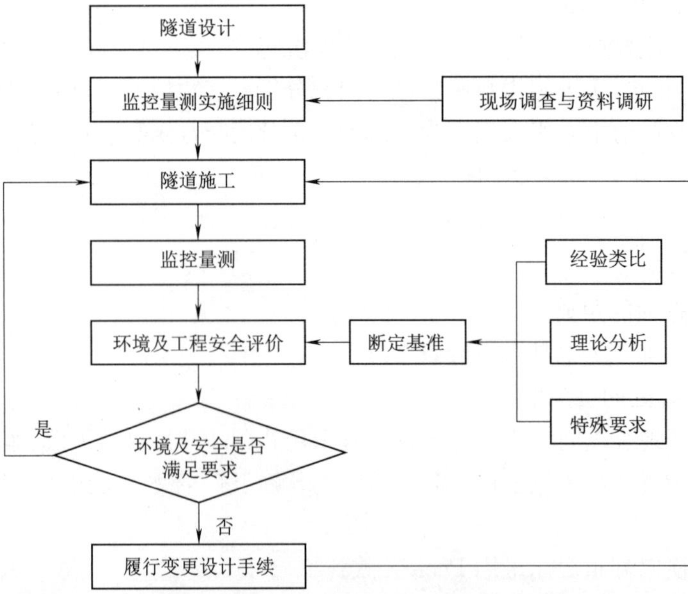


图 3.9.7 监控量测信息反馈程序

2)工程安全性评价

工程安全性评价根据设计位移基准分为三个等级，工程安全性评价流程如图3.9.8所示，工程安全性评价及工程对策应符合表3.9.10的规定。

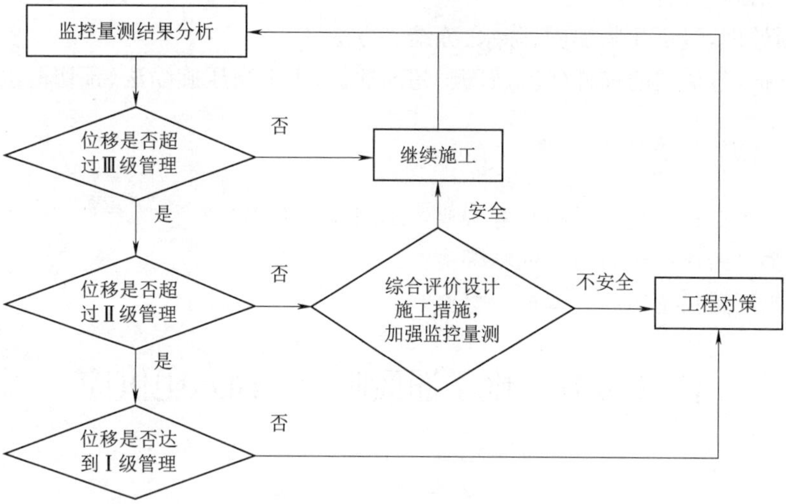


图3.9.8　工程安全性评价流程

**表3.9.10　工程安全性评价及工程对策**

| 管理等级 | 距开挖面1$B$ | 距开挖面2$B$ | 工程对策 |
|---|---|---|---|
| Ⅲ | $U<1/3U_{1B}$ | $U<1/3U_{2B}$ | 量测小组负责人应向现场技术负责人汇报，并通知现场继续施工。监控量测数据分析完成后应反馈有关各方 |
| Ⅱ | $1/3U_{1B}\leqslant U\leqslant 2/3U_{1B}$ | $1/3U_{2B}\leqslant U\leqslant 2/3U_{2B}$ | 量测小组负责人应向现场技术负责人汇报，现场技术负责人应对分析结果进行复核，并将复核结果立即反馈到有关各方。监理单位应立即召集有关各方进行综合评价，提出处理意见。现场在上报分析结果的同时，应加密监控量测频次，必要时采取适当的工程措施 |
| Ⅰ | $U>2/3U_{1B}$ | $U>2/3U_{2B}$ | 量测小组负责人应立即向现场技术负责人汇报，确认后采取应急措施(包括暂停掘进、实施应急支护、撤离工作面作业人员和设备等)，加强现场观测，防止发生危害。同时立即将信息反馈到有关各方。建设单位应立即召集有关各方综合评价，制定处理方案 |

注：$B$为隧道最大开挖宽度；$U$为实测位移值；$U_{1B}$、$U_{2B}$为位移控制基准值。

3)工程对策

根据工程安全性评价的结果，需要变更设计时，应根据有关铁路工程变更管理办法及时进行设计变更，可选用的工程对策有一般措施和辅助施工措施。

一般措施包括：

①稳定工作面。

②调整开挖方法。

③调整初期支护强度和刚度并及时支护。

④降低爆破振动影响。

⑤围岩与支护结构间回填注浆。

辅助施工措施包括：

①地层预处理，包括注浆加固、降水、冻结等方法。

②超前支护，包括超前锚杆(管)、管棚、超前插板、水平高压旋喷法、预切槽法等。

## 复习与思考题

(1)隧道施工监控量测必测项目有哪些？选测项目有哪些？

(2)隧道施工洞内观察的内容包括哪些？

(3)位移变形监控量测的内容包括哪些？

# 任务 3.10　施工通风防尘与风水电供应

## 任务工单

班级：＿＿＿＿＿＿姓名：＿＿＿＿＿＿学号：＿＿＿＿＿＿小组：＿＿＿＿＿＿日期：＿＿＿＿＿＿

| 工作任务 | 施工通风防尘与风水电供应 | 学习模式 | 项目＋任务驱动 |
|---|---|---|---|
| 建议学时 | 4 学时 | 学习地点 | 理实一体教室 |
| 任务描述 | ××隧道已经完成了洞口边仰坡开挖及防护施工，即将进入进洞施工阶段。项目部组织施工员对洞内施工通风防尘与风水电供应进行准备并组织实施，具体任务包括：<br>(1)识读××隧道进口端(或出口端)施工图纸，明确施工通风防尘与风水电供应技术要求；<br>(2)编制××隧道进口端(或出口端)施工通风防尘方案和风水电供应方案 | | |
| 任务目标 | **能力目标**<br>(1)能根据隧道的实际情况，选择合理的通风及防尘方式；能在他人指导下编制隧道施工通风防尘方案；<br>(2)能编制隧道施工风水电供应方案；<br>(3)能够对隧道通风及防尘作业进行管理。<br>**知识目标**<br>(1)掌握隧道施工通风的目的和方式，掌握通风系统布置与安装要求，了解风机风管选型方法；<br>(2)掌握隧道施工供风设备选择及其安装要求；<br>(3)掌握隧道施工用水水质要求、供水方式和管道布置要求；<br>(4)了解施工供电与照明要求。<br>**素质目标**<br>(1)隧道施工职业健康意识；<br>(2)全局观念 | | |
| 任务实施 | (1)学习相关知识，进行知识准备；<br>(2)识读××隧道进口端(或出口端)施工图纸，明确施工通风防尘与风水电供应技术要求；<br>(3)参考已有工程案例，根据施工图纸和《铁路隧道施工技术规程》，编制××隧道进口端(或出口端)施工通风防尘方案和风水电供应方案 | | |

续上表

| 工作任务 | 施工通风防尘与风水电供应 | 学习模式 | 项目+任务驱动 |
|---|---|---|---|
| 建议学时 | 4 学时 | 学习地点 | 理实一体教室 |
| 考核评价（100 分） | 考核项目 | | 得分 |
| | 图纸识读及工程数量计算（10%） | | |
| | 知识掌握（30%） | | |
| | 施工通风防尘方案（25%） | | |
| | 风水电供应方案（25%） | | |
| | 职业素质养成（10%） | | |

## 知识准备

### 3.10.1　隧道施工通风

1. 概述

1）隧道施工通风的目的

隧道施工中，由于凿岩、爆破、装渣运输、喷射混凝土等作业，产生大量的粉尘，炸药爆炸还会释放大量的 CO、$CO_2$、$NO_2$、$SO_2$、$H_2S$ 等有害气体；隧道穿经煤层或瓦斯地层，还会放出瓦斯、硫化氢等有害气体；洞内施工人员要消耗氧气，呼出 $CO_2$ 等；这些都会使洞内工作的空气环境恶化，降低洞内施工效率，甚至会造成安全事故。此外，随着坑道不断向山体深部延伸，温度和湿度相应增高，对人体也会产生有害影响。所以，隧道施工中的通风是极其重要的。

隧道施工通风的目的，就是向洞内送进新鲜空气，排除有害气体，降低粉尘浓度和洞内温度，保障洞内施工人员的健康和安全，改善劳动条件，从而保证施工安全和提高劳动生产率。

2）隧道施工通风的总体要求

（1）隧道施工作业环境卫生及安全标准

《高速铁路隧道工程施工技术规程》（Q/CR 9604—2015）规定，隧道施工作业环境应满足下列卫生及安全标准要求：

①空气中氧气含量，按体积计不得小于 20%。

②每立方米空气中粉尘容许浓度：含有 10%以上游离二氧化硅的粉尘不得大于 2 mg；含有 10%以下游离二氧化硅的矿物性粉尘不得大于 4 mg。

③空气中常见有害气体容许浓度：一氧化碳容许浓度不得大于 30 $mg/m^3$，在特殊情况下，施工人员必须进入开挖工作面时，浓度可为 100 $mg/m^3$，但工作时间不得大于 30 min；二氧化碳按体积计不得大于 0.5%；氮氧化物换算成二氧化氮浓度应在 5 $mg/m^3$ 以下；硫化氢浓度不得大于 10 $mg/m^3$。

④洞内气温不得超过 28 ℃；噪声不得大于 90 dB。

（2）隧道施工通风的其他要求

①隧道施工通风应能提供洞内各项作业所需的最小风量，每人应供应新鲜空气 3 $m^3/min$，

采用内燃机械作业时，供风量不应小于 3 $m^3$/(min · kW)。

②隧道施工通风的风速，全断面开挖时不应小于 0.15 m/s，分部开挖的坑道内不应小于 0.25 m/s，并均不应大于 6 m/s。为了防止洞内瓦斯聚集，不使瓦斯形成停留域，瓦斯隧道施工通风风速不宜小于 1 m/s。

③瓦斯隧道通风按瓦斯绝对涌出量计算风量时，低瓦斯工区应将洞内各处的瓦斯浓度稀释到 0.5%以下；高瓦斯工区和瓦斯突出工区长度较大的独头巷道，应将开挖工作面风流中的瓦斯浓度稀释到 0.5%以下；平行导坑仅作巷道式通风的回风道时，其瓦斯浓度应低于 0.75%。开挖面瓦斯浓度大于 1.5%时，所有人员必须撤到安全地点。

2. 隧道施工通风方式

隧道施工通风方式应根据隧道的长度、掘进坑道的断面大小、施工方法和设备条件等诸多因素来确定。在施工中，有自然通风和机械通风两类，其中自然通风是利用洞室内外的温差或高差来实现通风的一种方式，一般仅限于短直隧道。

按照通风类型、通风机安装位置的不同，机械通风可分为压入式通风、送排风并用式通风、送排风混合式通风、竖井排风送风式通风和巷道式通风 5 种。

1)压入式通风

压入式通风又称送风式通风，如图 3.10.1 所示，这种通风方式的特点为：风机将洞外新鲜空气通过风管压送到工作面，而工作面的污浊空气沿巷道排出洞外，以达到通风的目的。由于独头掘进长度、运输方式等因素影响，洞内空气在一定范围内流速不能满足要求，可以采用射流风机作为辅助通风。射流风机布置在隧道一侧，间距视风机功率确定。

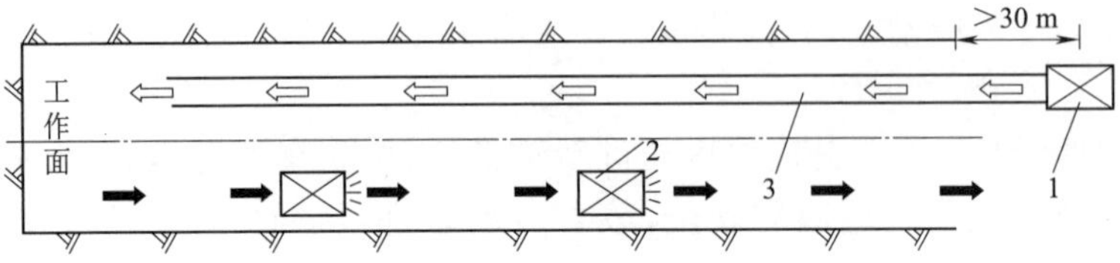


1—轴流式风机；2—射流式风机；3—风管。

图 3.10.1　压入式(送风式)通风

2)送排风并用式通风

如图 3.10.2 所示，这种通风方式的特点为：风机将工作面的污浊空气吸入风管而排出洞外。巷道内和工作面附近空气新鲜；风机离工作面距离较近时，易被爆破飞起的石块砸坏。

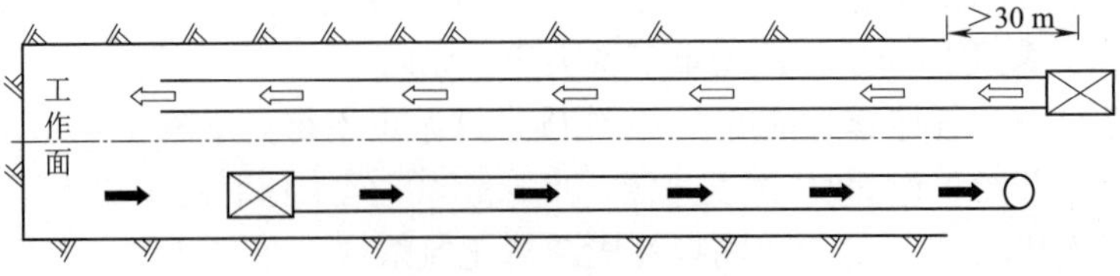


图 3.10.2　送排风并用式通风

3)送排风混合式通风

如图 3.10.3 所示，这种通风方式的特点为：设置三套风机与风管，两套轴流风机，将洞内污浊空气排出洞外，并将洞外新鲜空气压入洞内。另一套为射流风机向工作面输送新鲜空气，是施工现场常采用的通风方式。但管路、风机等设施增多，在管径较小时可采用，若有大管径、大功率风机时，其经济性不如送风式。

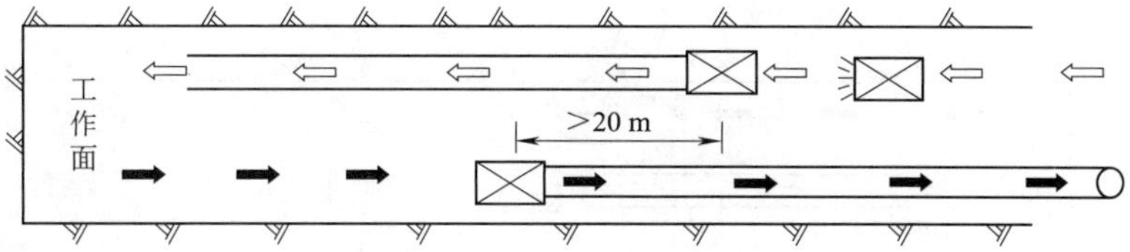


图 3.10.3　送排风混合式通风

采用送排风混合式通风，必须注意的技术要求如下：

①三台风机必须同时启动。

②两台风机位置布置最小要交错 20 m，以免在洞内形成短循环风流。

③轴流风机的风管端部与工作面间的距离应在风流有效射程之内，一般为 15～20 m。

4)竖井排风送风式通风

当长大隧道设有竖井时，可利用竖井进行排风送风。随着长大隧道向内掘进，当自然风由通风竖井流向隧道口，或者掌子面到通风竖井距离太长时，可采用如图 3.10.4 所示的竖井排风送风式通风。新风流在射流风机和自然风的作用下流向竖井，至送风机入口时，由送风管路送到掌子面，污风从掌子面流向通风竖井，排出洞外。若自然风流足够大，可关掉射流风机。

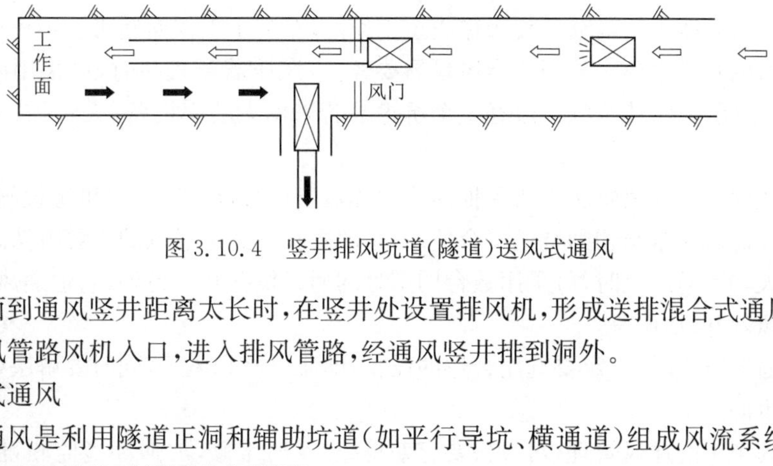


图 3.10.4　竖井排风坑道(隧道)送风式通风

当掌子面到通风竖井距离太长时，在竖井处设置排风机，形成送排混合式通风。污风从掌子面流向排风管路风机入口，进入排风管路，经通风竖井排到洞外。

5)巷道式通风

巷道式通风是利用隧道正洞和辅助坑道(如平行导坑、横通道)组成风流系统达到通风目的。现以设有平行导坑的隧道为例说明。

如图 3.10.5 所示，在平行导坑洞口段设置射流风机，将新鲜空气压入洞内；在正洞洞口段设置射流风机，将污浊空气排出。在距离工作面最近的横通道附近设置两个轴流风机，一个轴流风机将新鲜空气送入平行导坑的工作面，另一个轴流风机则通过送风管经横通道将新鲜空气送到正洞的工作面。同时，正洞内的射流风机向外吸风，使正洞和平行导坑工作面附近产生负压，平行导坑工作面附近污浊空气经由最前端横通道进入正洞，再经正洞排出洞外；正洞工作面附近的污浊空气则直接由正洞排除。

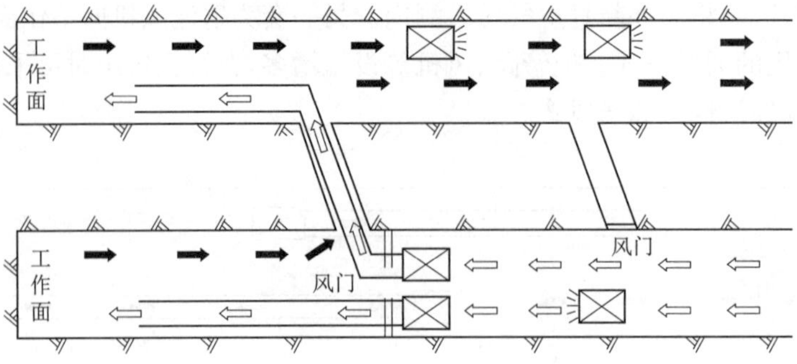


图 3.10.5　巷道式(平导)通风

挡风门是巷道式通风的关键之一，通风时把平行导坑内设置的两道挡风门关闭，不设送风管横通道的风门也要关闭，以减少风流损失。挡风门应做到顺风关、逆风开，要做到严密不漏风，应派专人看守和维修。

3. 通风方式的选择原则

通风方式应针对污染源的特性，尽量避免成洞地段的二次污染，且应有利于快速施工，在选择通风方式时应注意以下几个问题：

(1)自然通风因其影响因素较多，通风效果不稳定且不易控制，当隧道独头掘进小于150 m时，一般采用自然通风。隧道施工独头掘进长度超过 150 m 时，应采用机械通风。独头掘进长度超过 1 000 m 的隧道，应进行施工通风专项设计。

(2)机械通风布置应根据坑道长度、断面大小、施工方法、设备条件等综合确定，可选用压入式或混合式通风，有条件时宜采用巷道式通风。

(3)压入式通风能将新鲜空气直接输送至工作面，有利于工作面施工。不仅适用于独头坑道，在长大隧道的施工中亦多采用。当风量需要较大，风压需要较高时，可采用两台或数台同型号的通风机串联，但污浊空气将流经整个坑道。若采用大功率设备、大管径，则其适用范围较广。

(5)送排风混合式通风集压入式和抽出式的优点于一身，但管路、风机等设施增多。

(6)巷道式通风通常与辅助坑道配合使用，是解决长大隧道通风的主要方法之一。如风压需要较高，无大功率通风机时，可采用数台同型号的通风机并联。另外，巷道通风尚有风墙式、通风竖井、通风斜井、横洞等。

(7)选择通风方式时，一定要选用合适的设备，即通风机和风管，同时要解决好风管的连接问题，尽量减少漏风率。

(8)搞好施工中的通风管理，对设备要定期检查、及时维修，加强环境监测，使隧道通风更加经济、合理。

4. 风机、风管选型

在选取通风系统时，根据风量、风压计算，尽量采用高效大风量的风机和大直径、性能好的风管，以改善通风效果。

风机、风管选型应立足现有、国产设备，采用可提供足够风量、风压、空气流动性能好、效率高、节省能量、噪声低、结构紧凑、安装方便的隧道专用风机，保证洞内作业人员有足够的新鲜空气，保证作业面有害气体浓度降到允许范围内，保证工作面最低风速。在洞口采用大功率通风机长期向洞内通风，耗能较高，应采用变速节能风机，降低能耗。

风管选择具有较强的抗拉强度和较小的伸长率，接头光滑、严密，能有效地减少漏风和系统阻力，使用方便，重量轻，易安装，破损较少，径向变形小。

风管的材质和接头方式是造成风管漏风的内在因素。因此，选择耐久性强、涂敷层密实的材料制作的风管和密封性能好的接头可减少漏风和降低风阻。尽量采用较长的单节风管可以减少接头的数量。由 PVC 塑纤布和拉链式接头制作的风管，可较好地解决接头漏风。

通风系统管道阻力除了受风管制作材料表面的光洁度和接头平滑程度的影响外，风管直径的大小以及管道弯曲等导致的局部风阻增大也是重要因素。若采用直径较大的通风管道，如从 1 m 增大到 1.2 m，同一风量的阻力损失可降低到前者的 60%左右。因此在选择风管时，除了考虑风管的制作材料和接头方式外，在净空允许的情况下，尽量采用直径较大的风管。

5. 通风系统布置与安装

1)风机及风管布置

设置通风机时，其安装基础要能充分承受机体重量和运行时产生的振动，或者水平架设到台架上。吸入口注意不要吸入液体和固体，而且要安装喇叭口以提高吸入、排出的效率。

放置在隧道内的风管，应设在不妨碍装渣运输作业、衬砌作业的空间处，同时要牢固地安装以免受到振动、冲击而发生移动、掉落。在衬砌模板台车附近，不使风管急剧弯曲，以减少风压损失。风管一般均用夹具等安装在支撑构件上，若不使用支撑，只有喷混凝土和锚杆时，可在锚杆上装特殊夹具挂承力索，而后通过吊钩安装风管。风管的连接应密贴，以减少漏风，一般硬管用密封带或垫圈连接，软管则用紧固件连接。风管可挂设在隧道拱顶中央、隧道中部或靠边墙墙角等处，一般在拱顶中央处通风效果较佳。

2)风机安装

轴流风机安装于洞外，距离洞口不小于 20 m，高度 5 m 左右。平整场地，设置安装风机的基础和支架。

将风机水平安放在预制好的支架上，调平、调整方向，用螺栓固定。风机安装符合设计要求及使用说明要求，电气控制柜安设于干燥且便于风机操作的地方。

安装完后，进行试机。接通电源，分别启动 2 台电机(包括备用电机)，检查电机旋转方向是否与箭头所指的方向一致。

3)风管安装与接长

根据软风管的安装位置，确定锚栓位置，锚栓孔间距为 5 m，用钻眼机具钻安装孔，锚栓采用膨胀螺栓，深度不小于 150 mm；也可采用锚固剂锚杆，锚固长度不小于 300 mm。安装前，先检查风管及接头的质量，发现缺陷者修补好，再行安装，风管在搬动时折叠起来进行。

风管间接头采用拉链、衬裙和双层密封边进行连接。安装风机出口处的部分硬质风管，并调整好方向。吊挂风管，先将接头吊挂牢固，再挂软风管上的吊挂环，高度以保证风路顺直为依据确定。每挂完一节软风管，将接头调直、拉紧，然后挂下一节。出风口处接一个钢制接头或接一节同直径的硬风管。通风管全部挂好后，从风机出口处开始，重新调整一遍，使整条风路稳、直，无扭曲、无褶皱。

4)风管挂设

(1)压入式通风管的进风口距离洞口不小于 20 m。

(2)压入式通风管的出风口距开挖面的距离一般不大于15 m,但考虑到爆破施工干扰,可以放宽到不大于40 m。

(3)通风管安装平顺,无扭曲、褶皱,接头严密,每百米平均漏风率不大于2%。弯管半径不得小于风管直径的3倍,可以利用$\phi$6 mm钢筋作风管吊线。

(4)当采用软风管时,靠近风机的部分,采用加强型风管,出风口处接一个钢制接头或接一节同直径的硬风管。

6. 通风管理

隧道施工通风要取得良好的效果,除合理选择通风设备外,还必须加强通风管理,并要求做到以下几点:

(1)定期测试通风量、风速、风压,检查通风设备的供风能力和动力消耗。

(2)发现风管、风门、封闭的通道等处漏风时,必须立即堵塞。

(3)通风巷道中,避免停放闲置的车辆、堆积料具和废渣。

(4)采用平行导坑作通风巷道时,除最外一个横通道外,其余均应设置风门,在通风时及时关闭风门。

### 3.10.2 隧道施工防尘

在隧道施工中,由于钻孔、爆破、装渣运输、喷射混凝土等原因,在洞内浮游着大量的粉尘,粉尘对施工人员的身体健康危害极大。特别是粒径小于10 $\mu$m的粉尘,极易被人吸入,或沉附于支气管中,或吸入肺泡而造成硅肺病。

目前,在隧道施工中采取的防尘措施是综合性的,即湿式凿岩、机械通风、喷雾洒水和个人防护相结合的综合防尘。

(1)湿式凿岩

钻眼作业采用湿式凿岩,严禁采用干式凿岩。湿式凿岩是在钻孔过程中利用高压水湿润粉尘,使其成为浆液流出炮眼,防止岩粉的飞扬。根据现场测定,这种方法可降低粉尘量80%。目前,我国生产并使用的各类风钻都有给水装置,使用方便。风动凿岩机钻眼时应先送水后送风。另外,喷射混凝土应采用湿喷工艺,内燃机械应安设尾气净化装置。

(2)机械通风

施工通风可以稀释隧道内的有害气体浓度,给施工人员提供足够的新鲜空气,同时也是防尘的基本方法。因此,除爆破后需要通风外,施工中应始终开动风机保持通风,这对于消除装渣运输中产生的粉尘是十分必要的。

(3)喷雾洒水

喷雾一般是爆破时实施的,爆破后应进行喷雾或洒水,主要是消除爆破中产生粉尘。喷雾器分两大类:一种是风水喷雾器,另一种是单一水力作用喷雾器。前者是利用高压风将流入喷雾器中的水吹散而形成雾粒,更适合于爆破作业时使用。后者则无须高压风,只需一定的水压即可喷雾,且这种喷雾器便于安装,使用方便,可安装于装渣机上,故适合于装渣作业时使用。

洒水是降低粉尘浓度的简单而有效的措施,即使在通风较好的情况下,仍然需要洒水降尘。因为单纯加强通风,还会吹干湿润的粉尘而重新飞扬。出渣前宜用水淋湿全部石渣和附近的岩壁,对渣堆洒水必须分层洒透,一般每吨岩石洒水的耗水量大致为10~20 L,如果岩石湿度较大，水量可适当减少。

(4)个人防护

对于防尘而言，个人防护主要是施工人员应佩戴防尘口罩，在凿岩、喷混凝土等作业时还要佩戴防噪声的耳塞及防护眼镜等。

### 3.10.3　隧道施工供风

目前，在长大隧道施工中多采用全断面液压台车进行钻孔，但在中小隧道中仍采用凿岩机钻眼，有时还使用喷混凝土机和压浆机等以压缩空气为动力的风动机械(具)设备。这些风动机具所需的压缩空气是由空气压缩机(以下简称空压机)生产，并通过高压风管输送给风动机具。

压缩空气俗称高压风，即经空气压缩机压缩后的具有一定压力的空气。要保证风动机械(具)设备正常工作，压缩空气必须具有一定的风量和风压。

1. 空压机站

空压机站主要由空压机、配电设备、储风罐(俗称风包)、送风管及配件、循环水池(用于冷却空压机)等组成。

空压机按动力来源可分为电动和内燃两种。短隧道可采用移动式内燃空压机，长隧道可采用固定式大型电动空压机。

空压机站一般应靠近洞口，与铺设的高压风管路同侧，并注意防洪、防火、防爆破。机房要求地形宽敞，通风良好，地基坚固。空压机组采用并列式布置，两空压机之间的净距不小于1.5 m。此外，还应考虑空压机出入、调换、加油、加水等方便。

2. 高压风管

1)高压风管的选择

高压风管主管道采用钢管，在末端常用胶皮风管连接钢管与风动机具。

高压风管管径应根据可能出现的最大风量和容许的最大风压损失来确定。使之满足最大供风量要求、送风管末端的风压不小于0.6 MPa，以及保证高压风通过胶管到达风动机械(具)后仍能保持0.5 MPa的风压。高压风管的直径不宜小于100 mm，由于胶皮风管压力损失较大，应尽量缩短胶皮风管的使用长度。

2)高压风管的安装和使用要求

①管路应敷设平顺，接头严密，不漏风。

②在洞外地段，管路长度大于100 m和温度变化较大时应安装伸缩器，靠近空压机150 m以内，风管的法兰盘接头宜用石棉衬垫。

③管路长度大于1 000 m时，应在最低处设置油水分离器，定时放出管中的积油和水。

④洞内高压风管应敷设在电缆、电线相对的一侧，风管的前端至开挖面的距离宜保持在30 m左右，并用分风器连接高压软风管，软风管的长度不宜大于50 m。

⑤各种闸阀在安装前应拆开清洗，阀门应进行水压强度试验，合格后方可使用。

⑥高压风管在安装前应进行检查，有裂纹、创伤、凹陷等现象时不得使用，管内不得留有残余物和其他脏物。

⑦高压风管使用中应有专人负责检查、养护。

### 3.10.4　隧道施工供水

由于凿岩、防尘、混凝土拌和及养护、洞外空压机冷却等工作都需要大量施工用水，施工人员的生活也需要用水，因此隧道施工需要设置相应的供水设施。施工供水主要应考虑水质要求、水量的大小、水压及供水设施等问题。

1. 水质要求

施工用水在使用前应经过水质鉴定，pH 值、氯化物含量、硫酸盐含量、碱含量等应符合混凝土拌和用水要求。饮用水的水质则要求新鲜清洁，无论生活用水还是施工用水，均应做好水质化验工作。施工用水水质要求见表 3.10.1。

**表 3.10.1　施工用水水质要求**

| 用水范围 | 水质项目 | 允许最大值 |
|---|---|---|
| 混凝土作业 | 硫酸盐（$SO_4^{2-}$）含量 | 不大于 1 000 mg/L |
| | pH 值 | 不得小于 4 |
| | 其他杂质 | 不含油、糖、酸等 |
| 湿式凿岩与防尘 | 细菌总数 | 在 37 ℃培养 24 h 每毫升不超过 100 个 |
| | 大肠菌总数 | 每升水中不超过 3 个 |
| | 浑浊度 | 不大于 5 mg/L，特殊情况不大于 10 mg/L |

2. 供水方式

供水方式主要根据水源情况而定。在选择水源时，应根据当地季节变化，要求有充足的水量，保证不间断供水，应尽量利用自流水源，以减少抽水机械设备。一般是把山上流水、泉水、河水或地下水（打井）用水管或抽水机引或扬升到位于山顶的蓄水池中，然后利用地形高差形成水压，通过管路送达使用地点。采用低位抽水时，抽水站水泵扬程应选取取水点与水池高差的 1.5～2 倍，并配有备用水泵。无条件建造高位水池的隧道，可采用增压泵供水。

蓄水池形式一般为开口式，水池的容量、供水量、水压应能满足工程集中用水的需要。为防止抽水机发生故障或偶尔停电，还应考虑备用水量，根据经验可按 1 d 用水量的 1/2～2/3 来修建。

蓄水池位置应选择在基底坚固的山坡上，避开隧道洞顶，以防水池下沉开裂后漏水渗入隧道，造成山体滑动或洞内坍方。

水池相对高度，以水到达隧道最高工作面时的水压不小于 0.3 MPa 为准，折合水柱高为 30 m。因此，水池与由它供水的最高工作面间的高差应为

$$H \geqslant 1.2(30 + h_{损})(\text{m}) \tag{3.10.1}$$

式中　1.2——压力储备系数；

$h_{损}$——管路全部水头损失，其值为 $h_{损} = \sum h_{摩} + \sum h_{局}$，其中 $\sum h_{摩}$ 为管路摩擦损失，$\sum h_{局}$ 为管路局部损失。

管路水头损失的计算可查阅有关手册。

3. 供水管道布置

高压水管的安装和使用应符合下列要求：

①水管的直径应根据最大供水量、管路长度、弯头数量、闸阀等条件计算确定。供水管道主管直径一般为 75～150 mm，支管直径为 50 mm。

②管道敷设要求平顺、短直且弯头少，干路管径尽可能一致，接头严密不漏水。管道沿山顺坡敷设悬空跨距大时，应根据计算来设立支柱承托，支撑点与水管之间应加木垫；严寒地区应采用埋置或包扎等防冻措施，以防水管冻裂。水管在安装前应进行检查，有裂纹、创伤、凹陷等现象时不得使用，管内不得保留有残余物和其他脏物。

③水池的输出管应设总闸阀，干路管道每隔 300～500 m 应安装闸阀一个，以便维修和控制管道。管道闸阀布置还应考虑一旦发生管道故障(如断管)能够暂时由水池或水泵房供水的布置方案。

④洞内管路应安设在电缆、电线相对的一侧，不得妨碍运输；与水沟同侧时，不得影响排水，并设专人负责检查、养护(可与高压风管道共同组织一个维修、养护工班)。

⑤洞内水管前端至开挖工作面的距离宜保持在 30 m 左右，用直径 50 mm 高压软管接分水器，分水器上预留的异径三通至其他工作面供水使用软管($\phi$13 mm)连接，软管长度不宜超过 50 m。

⑥隧道开挖工作面的水压宜为 0.3 MPa。如利用高山水池，其自然水头压力超过所需水压时，应进行减压，一般是在管路中段设中间水池作过渡站，也可直接利用减压阀来降低管道中水流的压力。

### 3.10.5　施工供电与照明

随着隧道施工机械化程度的提高，隧道施工的耗电量也越来越大，且负荷集中。同时为保证施工质量和安全，对隧道施工供电的可靠性要求也越来越高，施工供电显得越来越重要。

1.施工供电

隧道供电线路应采用 380 V/220 V 三相五线系统，动力机械电压标准是 380 V，成洞地段照明用 220 V，作业地段照明用 24～36 V。对于长隧道考虑到低压输电因线路过长而使末端电压降得太多，故用 10 kV 高压电缆进洞，然后在洞内适当地点设变电站，将高压电流变为 380 V/220 V，再送至工作地点。

洞内 220 V 照明线均应使用防潮绝缘导线，并架设在离地面 2.5 m 以上的瓷瓶上。高压电缆的架设高度应高出地面 3.5 m。

2.施工照明

1)施工照明要求

隧道施工作业地段应有足够的照明，采用普通光源照明时，其照度应符合表 3.10.2 的要求；不安全因素较大的地段应加大光照度。

**表 3.10.2　隧道施工照明要求**

| 施工作业地段 | 最小光照度(lx) |
|---|---|
| 开挖工作面 | 50 |
| 其他作业地段 | 30 |
| 运输通道 | 15 |
| 成洞地段 | 10 |

作业地段采用普通光源照明时，必须使用安全变压器，其容量不宜过大，输入电压 220 V，输出电压分别为 36 V、32 V、24 V、12 V，输出端不应高出额定电压的 105%。渗漏水、滴水地段应用胶皮电缆，开挖工作面附近应用防水灯头。曲线地段和洞室拐弯处应增加照明。

洞内每隔 50～100 m 应设置应急照明灯。在主要交通道、竖井、斜井、涌水较大的抽水站、高压变电站等重要地点，应设事故照明装置以确保安全。

2)常用电灯光源

隧道施工采用电灯照明，常用高压钠灯、低压卤钨灯、钠铊铟灯、镝灯等光源。

(1)高压钠灯

高压钠灯的发光效率为 20～30 lm/W，透雾性能好，没有眩光。尽管洞内放炮后烟雾弥漫，但灯下物体仍清晰可见，此灯能经受爆破冲击波的振动，诱虫少，使用寿命长，可达 2 000～5 000 h，是洞内施工较理想的照明光源。

(2)低压卤钨灯

低压卤钨灯的发光效率为 20～30 lm/W，通常使用的有两种，一种为 36 V/300 W 或 36 V/500 W 卤钨灯，寿命大于 600 h，亮度为白炽灯的两倍。另一种是 36V/500 W 溴钨灯，使用寿命大于 500 h，亮度为白炽灯的三倍，适用于作业面照明。

(3)钠铊铟灯

钠铊铟灯是一种新型气体放电灯。发光效率为 60～80 lm/W，光色好，适用于大面积照明，灯的使用寿命为 1 000～2 000 h。在洞内使用时透烟雾性能差，悬挂高度在 15 m 以下时有眩光。

(4)镝灯

镝灯是一种高强度气体放电灯，发光效率在 70 lm/W 以上。显色性能好，光色洁白，清晰宜人，灯的使用寿命大于 500 h，适用于洞外场地照明。洞内照明布置见表 3.10.3。

**表 3.10.3　洞内照明布置**

| 工作地段 | 照明布置 |
|---|---|
| 开挖面后 40 m 以内作业段 | 两侧用 36 V/500 W 卤钨灯各 2 盏(或 300 W 卤钨灯 7 盏，以不少于 2 000 W 为准)，灯泡距离隧道底面高 4 m |
| 开挖面后 40～100 m 区段 | 安设 2 盏 400 W 高压钠灯和 2 盏 400 W 钠铊铟灯，间距约 15 m，灯泡距隧道底面高 5 m |
| 开挖面后的 100 m 至成洞末端 | 每隔 40 m，左右侧各设计 400 W 高压钠灯 1 盏 |
| 模板台车衬砌作业段 | 台车前 10～15 m，增设 400 W 高压钠灯 1 盏，台车上亮度不足时，增设 500 W 卤钨灯 |
| 成洞地段 | 每隔 40 m 安装 400 W 高压钠灯 1 盏 |
| 斜井、竖井井身掌子面及喷射混凝土作业面 | 使用 500 W 卤钨灯，已施工井身部分选用小功率 110 V 高压钠灯，间距为：混合井 30 m 安装 1 盏，主、副井每 25 m 安装 1 盏 |
| 洞外场地 | 每隔 200 m 安装 400 W 高压钠灯 1 盏 |

## 复习与思考题

(1)根据《高速铁路隧道工程施工技术规程》(Q/CR 9604—2015)规定，隧道施工作业环境卫生及安全标准是什么？

(2)隧道施工通风方式有哪些？

(3)隧道施工高压供风管安装和使用要求有哪些？

(4)隧道施工高压水管的安装和使用要求有哪些？

# 任务 3.11　隧道附属设施施工

## 任务工单

班级：______姓名：______学号：______小组：______日期：______

<table>
<tr><td>工作任务</td><td>隧道附属设施施工</td><td>学习模式</td><td>项目＋任务驱动</td></tr>
<tr><td>建议学时</td><td>4 学时</td><td>学习地点</td><td>理实一体教室</td></tr>
<tr><td>任务描述</td><td colspan="3">在隧道正洞开挖、支护施工的同时，应施工隧道的附属设施，具体任务包括：<br>(1)识读××隧道进口(或出口)的隧道附属设施的施工图纸，计算工程数量；<br>(2)编写隧道附属设施的施工方案；<br>(3)编制××隧道进口端(或出口端)隧道附属设施的施工技术交底文件</td></tr>
<tr><td>任务目标</td><td colspan="3">能力目标<br>(1)能识读隧道附属设施施工图纸，计算相应工程数量；<br>(2)能编制隧道附属设施施工方案；<br>(3)能交底隧道附属设施施工工艺。<br>知识目标<br>(1)掌握隧道附属设施的类型和构造；<br>(2)掌握隧道附属设施的工艺流程、施工要求。<br>素质目标<br>(1)语言表达、沟通协调能力，培养相互配合的团队协作精神；<br>(2)查阅规范、严格执行规范的职业素养</td></tr>
<tr><td>任务实施</td><td colspan="3">(1)学习相关知识，进行知识准备；<br>(2)识读××隧道进口端(或出口端)隧道附属设施的图纸，计算工程数量；<br>(3)根据洞口施工图纸和《铁路隧道施工技术规程》，完成隧道附属设施的施工方案编写、编制施工技术交底</td></tr>
<tr><td rowspan="6">考核评价<br>(100 分)</td><td colspan="2">考核项目</td><td>得分</td></tr>
<tr><td colspan="2">图纸识读及工程数量计算(10%)</td><td></td></tr>
<tr><td colspan="2">知识掌握(30%)</td><td></td></tr>
<tr><td colspan="2">施工方案编写(25%)</td><td></td></tr>
<tr><td colspan="2">编制施工技术交底(25%)</td><td></td></tr>
<tr><td colspan="2">职业素质养成(10%)</td><td></td></tr>
</table>

知识准备

### 3.11.1 隧道附属设施的构造

1. 避车洞

当列车通过隧道时，为了保证洞内行人、维修人员及维修设备（小车、料具）的安全，在隧道两侧边墙上交错修建的人员躲避及放置车辆、料具的洞室称为避车洞。避车洞根据其断面尺寸的大小分为大避车洞和小避车洞两种。小避车洞是为保证隧道内行人和维修人员的安全而设置；大避车洞是为存放一些必要的维修材料、工具及轨道小车避让列车而设置。

重载铁路隧道、设计速度小于或等于 160 km/h 的客货共线铁路隧道应设置大避车洞和小避车洞。高速铁路、城际铁路、设计时速 200 km 的客货共线铁路隧道一般情况下列车正常运行时不允许有人员进入，不再设专供维修人员使用的避车洞。

1）设置规定及要求

隧道内大、小避车洞应交错设置于两侧边墙内，大避车洞之间设置小避车洞，其间距和尺寸应按表 3.11.1 的规定设置。

**表 3.11.1 避车洞的间距和尺寸(m)**

| 名称 | 一侧间距 | | 尺寸 | | |
|---|---|---|---|---|---|
| | | | 宽度 | 深度 | 中心高度 |
| 大避车洞 | 有砟轨道 | 300 | 4.0 | 2.5 | 2.8 |
| | 无砟轨道 | 420 | | | |
| 小避车洞 | 有砟轨道 | 60 | 2.0 | 1.0 | 2.2 |
| | 无砟轨道 | | | | |

注：双线隧道小避车洞每侧间距按 30 m 设置。

避车洞布置应符合下列规定：

①隧道长度小于 300 m 时，可不设置大避车洞；长度为 300～400 m 时，可在隧道中部设一个大避车洞。

②洞口接桥或路堑，当桥上无避车台或路堑侧沟无平台时，应与隧道一并考虑设置大避车洞。

③设计速度为 160 km/h 的隧道内，避车洞内应沿洞壁设置高 1.2 m 的钢制扶手。

2）避车洞构造

大避车洞断面如图 3.11.1 所示，小避车洞断面如图 3.11.2 所示。

为使避车洞的位置明显，便于人员在光线暗淡的隧道内易于寻找，在避车洞内以及周边上用石灰浆刷成白色，并在两侧距离为 10 m 处的边墙上各绘一个白色的指向箭头，如图 3.11.3 所示。在运营期间应保证这些标志的鲜明醒目。

2. 电力、信号、通信设施及排水沟

隧道内的电力及通信设施包括电缆槽、余长电缆腔和其他电力设施。

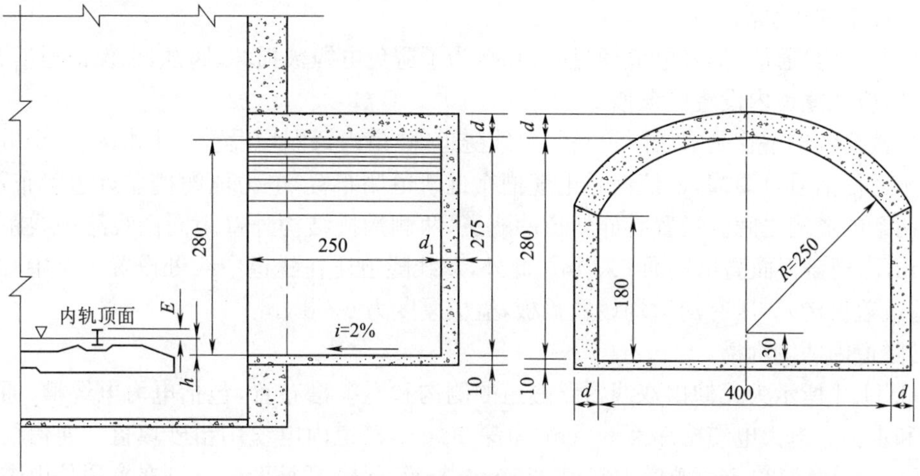


图 3.11.1　大避车洞断面(单位:cm)

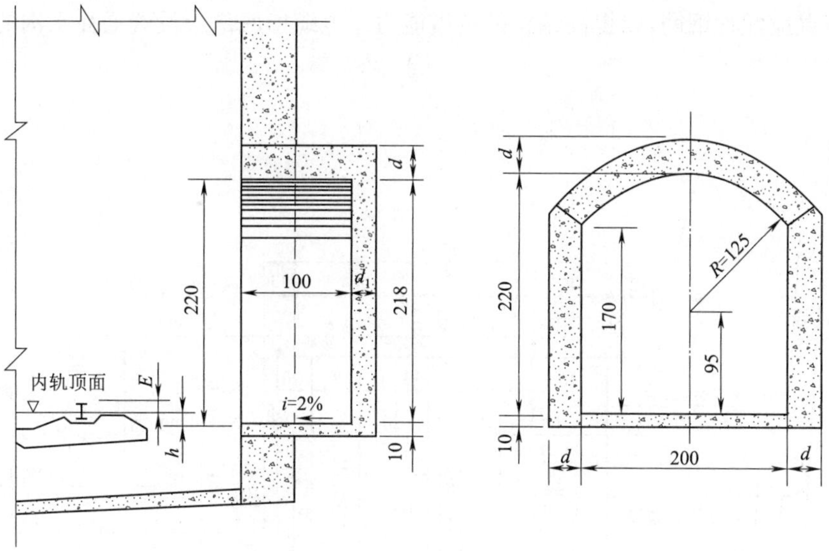


图 3.11.2　小避车洞断面(单位:cm)

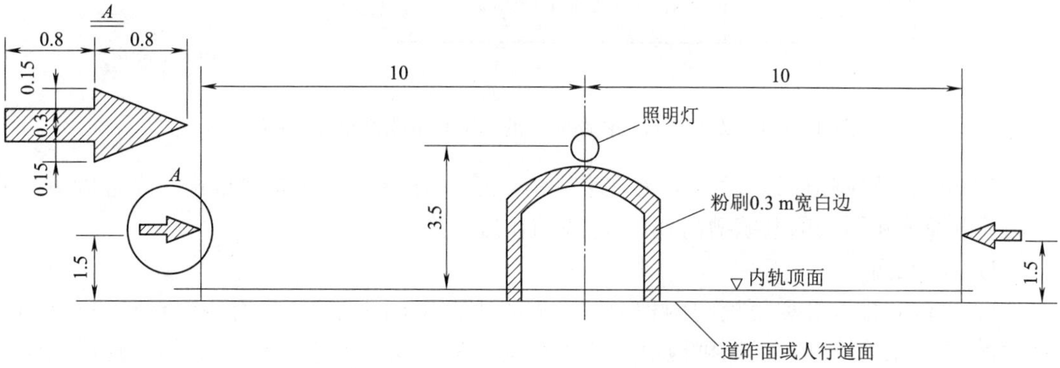


图 3.11.3　避车洞周围标志(单位:m)

1)电缆槽和排水沟

当铁路电力、通信、信号电缆通过隧道时，为了避免电缆被损坏、腐蚀，以保证通信、信号工作的安全，应在隧道内设置电缆槽。

高速铁路隧道不管是双线隧道还是单线隧道，隧道内每侧均设置一个水沟、一个电力电缆槽和一个通信信号电缆槽，通信信号电缆槽靠近轨道侧布置，电力电缆槽靠近边墙布置，水沟布置于两个电缆槽之间。设置有砟轨道的隧道，两侧沟槽结构外壁距同侧线路中线距离不小于 2.2 m，沟槽盖板面高出轨面 0.3 m。此外，双线隧道还在隧道中线处设置一个中心排水沟(排水管或盖板沟)。所有沟槽均设置盖板，盖板厚度为 6～8 cm。

(1)隧道内两侧沟槽

图 3.11.4 所示为无仰拱双线铁路隧道的侧沟和电缆槽布置，包括电力电缆槽、通信信号电缆槽和水沟。电力电缆槽净宽 30 cm，净深 30 cm，槽道内电缆用粗砂填盖。通信信号电缆槽净宽 35 cm，净深30 cm，槽道中间以 $\phi$16 mm 插筋分隔，插筋两侧分别布置通信电缆和信号电缆，槽内用粗砂填盖。水沟净宽 30～35 cm，深度根据轨道结构类型的不同有所差异。两侧沟槽结构外壁应配置钢筋，以提高结构的抗震能力。电缆槽底部应设置通往水沟的泄水孔，以防积水。

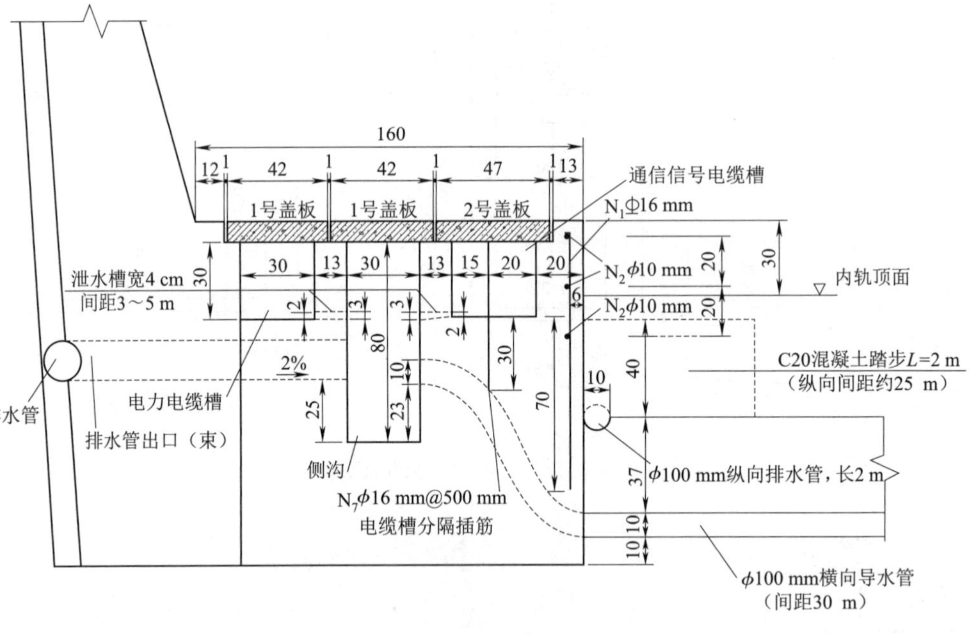


图 3.11.4　无仰拱双线铁路隧道的侧沟和电缆槽布置(单位:cm)

有些单线铁路隧道双侧设置沟槽，按“一沟一槽”形式布置，电缆槽布置在靠边墙侧。通信、信号电缆铺在同一侧电缆槽内，电力电缆铺在另一侧电缆槽内。

(2)中心水沟

中心水沟有排水管和盖板沟两种形式。中心水沟采用排水管时，有 400 mm 和 600 mm 两种内径。排水管顶部在无仰拱地段应位于结构底板底面以下 10 cm，在有仰拱地段应位于无砟轨道底座底面(第一次仰拱填充顶面)以下 10 cm。中心水沟采用盖板沟时，宽度为 60 cm，沟底深度不小于 40 cm。

(3)盖板

高速铁路隧道内的空气压力变化大，列车风强度大，盖板有可能被掀起，影响行车安全。如果通过加大盖板的厚度或给盖板设置锚固螺栓的方式来提高盖板的稳定性，则明显不经济，因此采用消除盖板上下面压差的方式进行处理，即在盖板接缝面处设置一定宽度的开孔凹槽(兼作手孔)，使盖板上下面空气能快速连通(图 3.11.5)。

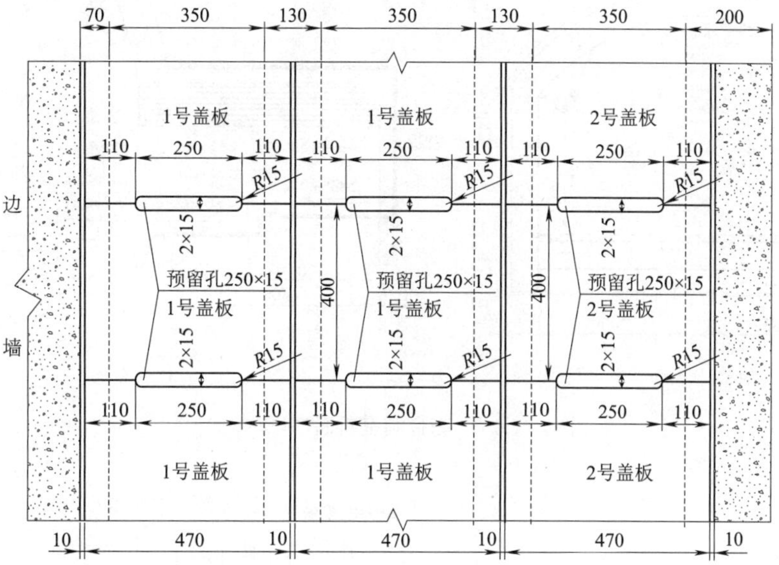


图 3.11.5　洞内沟槽盖板(单位:mm)

2)余长电缆腔

隧道长度大于 500 m 时，为便于电缆维修，电缆应留余长，应在洞内设置余长电缆腔。余长电缆腔应沿隧道两侧交错布置，并应与专用洞室或与电缆槽设于同侧的大避车洞结合设置；每侧间距宜为 500 m，设大避车洞时，每侧间距可为 420 m 或 600 m。长度为 500～1 000 m 的隧道，可只在隧道中部设置一处。

余长电缆腔设在大避车洞内时，避车洞原电缆槽仍需照做，并在两槽衔接处预留槽口，如图 3.11.6 所示。设在综合洞室或其他专门洞室内时，如图 3.11.7 和图 3.11.8 所示。为便于电缆维修时使用余长电缆，腔内除电缆位置以外的空间全部用粗砂回填，并覆盖混凝土盖板。

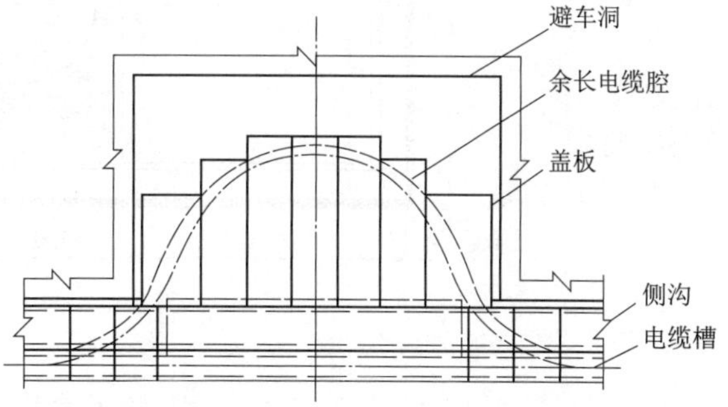


图 3.11.6　避车洞内的余长电缆腔

3)其他电力设施

电力牵引区段隧道内的接触网，在单线隧道应悬吊在拱顶处，在双线隧道应悬吊在线路中心上方的拱腰处。

隧道内养护维修或其他电气设备的供电一般是采用三相四线式供电，控制开关应集中设在隧道口便于操作处。

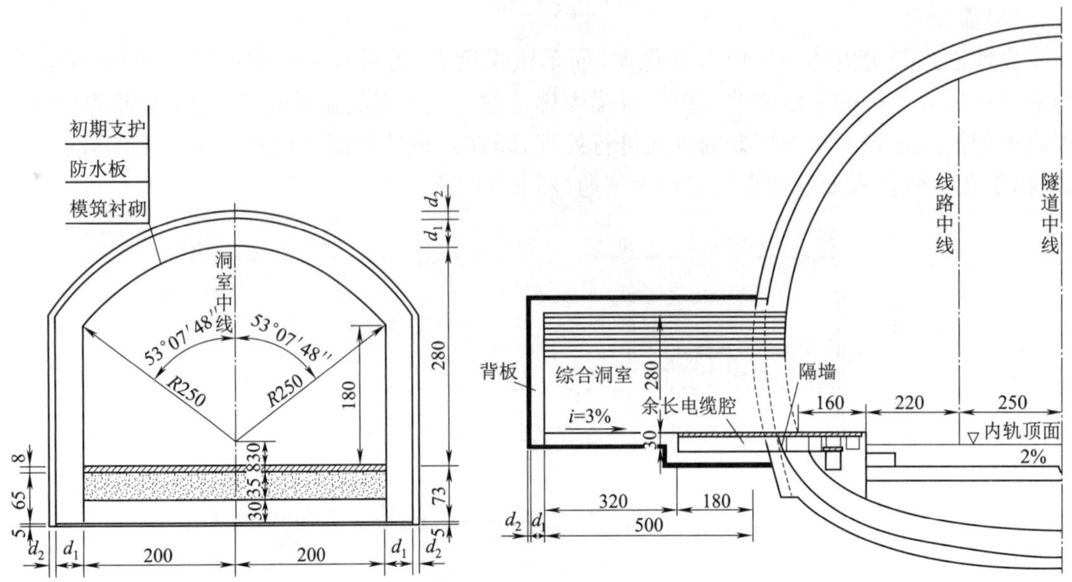


（a）横断面　　（b）纵剖面

图 3.11.7　综合洞室断面（单位：cm）

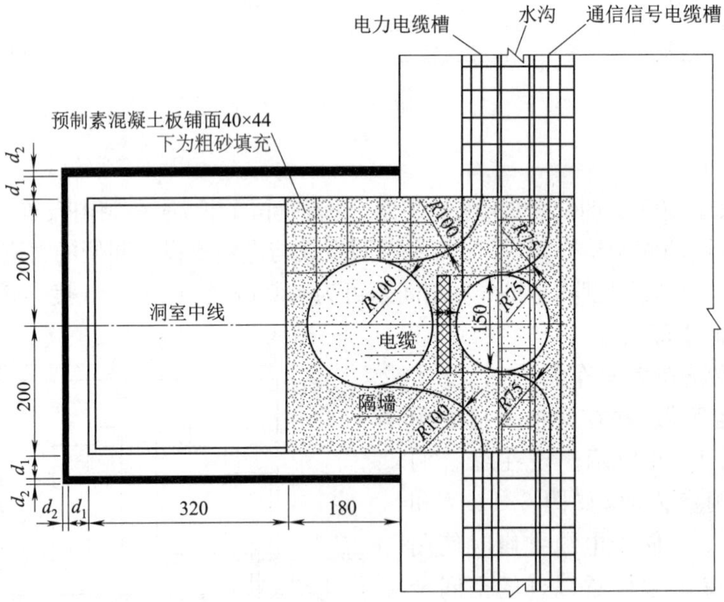


图 3.11.8　综合洞室内余长电缆腔平面布置（单位：cm）

隧道照明主要为便于工作人员对隧道及其设备进行检查、养护维修以及洞内人员行走与躲避车辆而设置的。电力照明采用固定式灯具，装置高度（距轨面）一般为 3.5～4 m。

养护作业用的照明插座，一般设在避车洞内，装置高度（距轨面）不宜低于 1.5 m。

电力牵引的客货共线铁路长隧道，如需设置存放维修接触网的绝缘梯车洞时，宜利用施工辅助坑道或避车洞修建，其间距约 500 m。

3.综合洞室或专门洞室

除上述余长电缆腔洞室外，铁路隧道工程常见的附属洞室还有综合洞室（又称综合设备洞室）、变压器洞室、接触网开关监控站洞室等。这些附属洞室除宽深高尺寸和洞内设备略有不同，其结构形式和施工工艺均与综合洞室相似，下面仅介绍综合洞室和变压器洞室。

1）综合洞室

铁路隧道内应设置用于运营设备安装的综合洞室。综合洞室尽量设置在地质条件较好地段，不应设于衬砌断面变化处或变形缝处。长度大于500 m的隧道，单侧间距500 m设一处综合洞室，双侧交错设置。隧道长度为500～1 000 m时，可只在中间设置一处综合洞室。洞室底面应与沟槽盖板顶面齐平，以便行走。综合洞室宽（沿线路方向）4 m、深5 m，中心高2.8 m，如图3.11.7和图3.11.8所示，$d_1$、$d_2$分别为不同围岩时洞室初期支护和模筑衬砌的厚度。

2）变压器洞室

隧道长度大于3 km时，应在隧道中部电力电缆槽侧设变压器洞室（图3.11.9），变压器洞室宽（沿线路方向）5 m、深6 m，中心高4.26 m，或根据相关专业要求确定。变压器洞室应根据要求做好接地、防水及防潮措施，要求洞顶、洞壁无湿渍。长隧道还应根据相关专业要求设置无线列调中继洞室，洞室尺寸同一般综合洞室或根据相关专业要求确定，达到不渗不漏的防水要求。

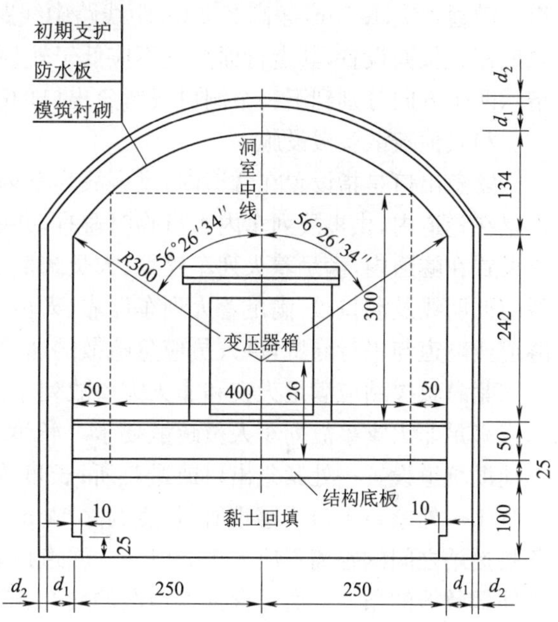

图3.11.9　变压器洞室（单位：cm）

3）洞室防护门

隧道内所有综合洞室及设备洞室均设置防护门。防护门一般采用钢结构，其四周采用螺栓固定在洞室衬砌上，中间根据设备运输要求设置适当大小的门洞。防护门抗爆荷载应不小于0.05 MPa，并能承受隧道内空气压力频繁变化的疲劳荷载作用。

4.运营通风设施

要达到铁路隧道规范规定的标准，除了提高列车运行速度、铺设整体道床、给避车洞安装防烟门和为隧道内工作人员配备防毒口罩以外，采取通风措施是最有效的一种方法。

通风可以分为借助自然条件的自然通风和依靠人为条件的机械通风两种方式。

自然通风是利用列车通过隧道时产生的活塞风和自然风等引起的空气流动，将隧道内有害气体和热量等排出隧道外的通风方式。机械通风则是用通风机械送入新鲜空气或排出有害气体的通风方式。

《铁路隧道设计规范》（TB 10003—2016）规定：电力机车牵引，长度大于20 km的高速铁路隧道及长度大于15 km的货运专线、客货共线铁路隧道应设置机械通风；内燃机车牵引，长度大于2 km的铁路隧道宜设置机械通风；有特殊要求的铁路隧道应设置机械通风。

机械通风的方式可以分为两大类：纵向式通风、横向式通风（全横向式通风和半横向式通风）。

5.隧道防灾疏散救援设施

隧道防灾救援疏散工程遵循“以人为本,安全疏散,自救为主,方便救援”的原则,隧道救援时,在条件具备的情况下,可将车辆拉出洞外救援。因此,长度大于 5 km 的隧道应结合具体情况设置紧急出口或避难所并配置相关设备。长度 20 km 及以上隧道或隧道群应设置紧急救援通道。隧道的防灾疏散救援设施主要包括紧急救援站、紧急出口、避难所、疏散通道、横通道等。

1)疏散通道

疏散通道是指隧道内纵向贯通设置,供人员应急疏散的通道。结合隧道内的使用空间,隧道设置贯通整个隧道的疏散通道,单线隧道单侧设置,双线及以上隧道双侧设置。高速铁路隧道疏散通道宽 1.5 m,净高 2.2 m,距线路中线距离 2.3 m。疏散通道一般利用隧道的水沟和电缆槽盖板面设置,其走行面高度不应低于轨顶面。疏散通道每隔 100 m 应设图像文字标记,指示两个方向分别到下一个洞口或紧急出口的整百米数,并配备灯光显示方向。

2)其他疏散救援设施

紧急出口是指设置在隧道内,供事故列车内人员直接疏散到隧道外的坑道。避难所是指设置在隧道内,供事故列车内人员临时避难,并能疏散到隧道外的坑道。隧道内紧急救援站是指设置在隧道内,满足着火列车停靠、人员疏散及救援的站点。隧道口紧急救援站是指设置在隧道群明线及洞口段,满足着火列车停靠、人员疏散及救援的站点。横通道是指连接两座并行隧道或隧道与平行导坑,供人员应急疏散的通道。

紧急救援站应满足火灾和非火灾事故列车停车后人员疏散要求;紧急出口、避难所及横通道应满足非火灾事故列车人员疏散要求。长度为 5～10 km 的隧道,在隧道洞身段宜结合施工辅助坑道设置一处紧急出口或避难所;长度为 10 km 及以上的单洞隧道,应在洞身段设置不少于一处紧急出口或避难所;长度为 20 km 及以上的隧道或隧道群应设置紧急救援站,紧急救援站之间的距离不应大于 20 km。隧道口紧急救援站处宜设置临时待避场地,并具有接受外部救援的条件。通过含瓦斯地段的斜井、横洞及独头平导不宜作为运营期间的防灾救援疏散工程。

### 3.11.2 水沟与电缆槽施工

隧道内水沟电缆槽断面小,轮廓面多、线条多,传统工艺施工中对人工技能要求高,成本高,施工质量受人为因素影响多。水沟电缆槽移动模架已成为修筑铁路隧道水沟电缆槽的标准化设备。

1.水沟电缆槽移动模架的构造

水沟电缆槽移动模架台车由模板系统、模架主桁架、走行系统、模板悬挂系统和定位卡等组成。水沟电缆槽移动模架台车一次可施工成型 9～12 m 水沟电缆槽,使用方便、简单,制作成本低。

模架主桁架由型钢焊接构成,为移动模架台车主要受力结构。模架主桁架下端设行走滑轮,分别位于模架前后两端,用于支承模架和移动。走行系统多为轮轨形式,可采用人工推行移动或机械牵引移动。主桁架通过悬挂模板丝杆或液压杆件系统悬挂模板系统,并通过调整丝杆或液压杆件系统实现模板系统水平和高程上的精准定位和固定。

为便于模板安装和拆卸,把沟槽墙模和底模设为一体。模板面板采用整体钢板;面板外设置纵、横向肋板；在内模顶板设置方形钢管，作为电缆槽和水沟盖板企口部位模板。

2. 技术要求

在施工电缆槽槽身混凝土时，要结合各种预埋管线和预设洞室施工，保证预埋管线相通。为保证轨道结构净宽，防止电缆槽槽身混凝土施工时模板发生变形或移动侵入轨道结构宽度，在模板定位时可整体向两侧偏移 1 cm，但必须保证模板垂直、槽壁厚度和槽内净空尺寸。

单位工程施工前，选取一循环，进行水沟电缆槽试验，确定施工工艺参数。

3. 施工方法

1）施工准备

（1）测量放线。为保证结构尺寸符合设计要求，两侧电缆槽、两侧排水沟与隧道中线的相对尺寸必须按施工图进行，不能随意改变。根据设计图和施工技术交底要求，放样电缆槽、水沟定位基准线和水平基准线，采用书面交底和现场技术交底形式将有关资料和测量点位交付现场领工员。

（2）凿毛。两侧矮边墙与电缆槽结合面光滑，必须采用凿毛处理，才能保证后施工的电缆槽壁与矮边墙粘结牢固，不产生裂缝或脱落。在电缆槽施工前，采用风镐或短钎将矮边墙与电缆槽结合面凿毛，根据测量放线，电缆槽壁较薄的部位用小直径钢筋（$\phi$8 mm）加强联结，植筋深度 10 cm，植筋锚固材料用锚固剂。

（3）基底清理、冲洗。边墙结合面凿毛后，将水沟和电缆槽基底的松渣、杂物、淤泥清理，并用高压水将凿毛后边墙结合面和基底冲洗干净。

2）施工工艺

（1）钢筋制作安装，预埋件设置检查。

（2）模板安装。

①测量放样，确定最外侧模板的位置。

②模架移动就位，调整模架位置，使其外侧距边模位置约 30 cm 处，涂脱模剂。

③通过悬吊模板的丝杆或液压杆将模板移动至设计平面位置和设计高程。

④安装定位卡，拧紧定位螺栓，使模板位置固定。

⑤安装挡头模板、检查预埋件等。

（3）混凝土浇筑。混凝土均匀分层浇筑，一次性浇筑完成。因沟槽断面小，不能直接用罐车入模，需要用铁皮制成溜槽，引导混凝土入模，使模内混凝土面均匀上升。槽身和侧壁厚度一般较薄，不能采用捣固棒振捣，可用钢筋插捣密实，在插捣过程中注意对塑料盲管保护，避免对其损坏，并用木棒轻轻敲打模板，使附着在模板上的气泡逸出，保证混凝土外观质量平整，无气泡和蜂窝麻面产生。

（4）拆模与养护。

①脱模时间至少保证 24 h。脱模时要小心，避免对沟槽壁破坏。松开定位螺栓，拆除定位卡。用小锤敲击振动模板，使模板与混凝土脱离。

②水沟、电缆槽模板拆除后 2 h 内对沟槽混凝土进行洒水养护，保证沟槽混凝土强度，混凝土养护时间不少于 14 d。

③调整悬吊丝杆或液压杆，使槽内模板收拢、提升。

④移动模架整体移至下一段水沟电缆槽施工位置。

4. 电缆槽、排水沟盖板安装

在电缆槽槽身和排水沟沟身混凝土施工后，电缆槽、排水沟盖板安装前，对已施工段电缆槽盖板、排水沟盖板安装基座进行检查，对不合格部位进行修凿或砂浆找平，确保电缆槽盖板、排水沟盖板安装基座平整，高程符合设计要求。电缆槽、排水沟盖板安装平顺，不晃动。

### 3.11.3　附属洞室施工

铁路隧道的附属洞室主要有避车洞、综合洞室以及变压器洞室、接触网开关监控站洞室、信号设备洞室等专门洞室。

附属洞室施工时，为减小其对隧道的影响，附属洞室在隧道开挖到相应位置时开挖，采用人工风钻钻孔，预留光爆层光面爆破，装载机装渣，随正洞一起出渣。人工施作锚杆、挂网支护，湿喷机喷射混凝土，大小避车洞衬砌采用组合台架配整体钢模施工，其他洞室采用钢木组合模板，与正洞衬砌一起施作。衬砌时按要求设置预埋件，衬砌完成后人工安设洞室门。隧道内洞室开口附近的正洞及洞室衬砌均设置钢筋网片，防止混凝土开裂。

## 复习与思考题

(1)隧道内设置避车洞的目的是什么？

(2)隧道的防灾疏散救援设施主要有哪些？

# 项目 4 辅助坑道施工

## 项目描述

辅助坑道是指为满足施工期间通风、排水、运输、增开工作面、运营服务和防灾救援要求而设置的坑道，包括横洞、平行导坑、斜井及竖井等类型。

隧道施工，特别是较长隧道的施工，因受工期或其他因素控制，常常要利用辅助坑道增加工作面，将隧道分割成几段同时施工，形成“长隧短做”，确保隧道的修建任务得以如期或尽可能快地完成。

辅助坑道的作用除增加作业面外，还为改善施工环境，减少施工干扰，合理布置施工中的各种管线提供了有利条件。隧道施工时是否需要采用辅助坑道及采用何种辅助坑道，主要应根据隧道所在位置的具体条件、隧道长度及工期要求等因素全面考虑决定。辅助坑道需要提前开工，为隧道施工创造有利条件。辅助坑道一般由设计单位设计。

不同辅助坑道有各自的构造特点，需要采用相应的施工方法和施工设备。本项目以实际隧道工程施工项目为依托，依次完成横洞和平行导坑施工、斜井施工、竖井施工的任务学习。泄水洞除了功能与平行导坑有所不同外，其施工方法与其相似，故纳入本项目的学习。

## 学习目标

**能力目标**

(1)能理解、实施辅助坑道施工图纸中规定的各项工程措施；

(2)能够制订辅助坑道施工方案；

(3)能够指导辅助坑道施工。

**知识目标**

(1)掌握辅助坑道的使用条件、设置要求；

(2)掌握辅助坑道的结构构造；

(3)掌握辅助坑道的施工工艺。

**素质目标**

(1)独立思考、探索性学习和主动解决问题的能力；

(2)安全第一的生产意识；

(3)系统思维。

# 任务 4.1　横洞和平行导坑施工

## 任务工单

班级：＿＿＿＿＿＿姓名：＿＿＿＿＿＿学号：＿＿＿＿＿＿小组：＿＿＿＿＿＿日期：＿＿＿＿＿＿

| 工作任务 | 横洞和平行导坑施工 | 学习模式 | 项目＋任务驱动 |
|---|---|---|---|
| 建议学时 | 2 学时 | 学习地点 | 理实一体教室 |
| 任务描述 | ××隧道为长大隧道，为加快施工进度、增加施工工作面，在××里程处设置了横洞，在××里程处设置了平行导坑。在进入正洞施工之前，需完成横洞（平行导坑）的施工，具体任务包括：<br>（1）识读××隧道×横洞（平行导坑）的施工图纸，编写×横洞（平行导坑）的工程概况；<br>（2）编写×横洞（平行导坑）的施工方案 | | |
| 任务目标 | **能力目标**<br>（1）能理解、实施施工图纸中规定的各项工程措施；<br>（2）能编写横洞（平行导坑）的施工方案。<br>**知识目标**<br>（1）掌握横洞的使用条件、设置要求；<br>（2）掌握平行导坑的使用条件、设置要求；<br>（3）掌握横洞和平行导坑的结构构造；<br>（4）掌握横洞和平行导坑的施工工艺。<br>**素质目标**<br>（1）不怕吃苦、乐于奉献的品格；<br>（2）独立思考、探索性学习和主动解决问题的能力 | | |
| 任务实施 | （1）学习相关知识，进行知识准备；<br>（2）识读××隧道×横洞（平行导坑）的施工图纸，根据施工图纸编写×横洞（平行导坑）的工程概况；讨论、汇报图纸中的工程措施；<br>（3）根据横洞（平行导坑）的施工图纸和《铁路隧道施工技术规程》，编制×横洞（平行导坑）施工方案 | | |
| 考核评价（100 分） | 考核项目 | 得分 | |
| | 图纸识读及工程概况编写（40%） | | |
| | 施工方案编制（40%） | | |
| | 职业素质养成（20%） | | |

## 知识准备

### 4.1.1　横洞的设置

横洞是指与隧道平面成一定交角，并有向洞外不小于 3‰下坡的辅助坑道，因常与隧道在同一水平面上横向相交而得名。当隧道长度大于 500 m 时，如受工期控制，经过研究比较后，可以优先选用横洞。横洞一般用于傍山沿河，侧向覆盖层较薄的隧道，如图 4.1.1 所示。此外，洞口处严重坍方或有大量土石方难以进洞时，或洞口位于悬崖陡壁下难以施工时，桥隧相连、施工干扰大或进出口场地狭窄时，亦可开辟横洞以进正洞施工。

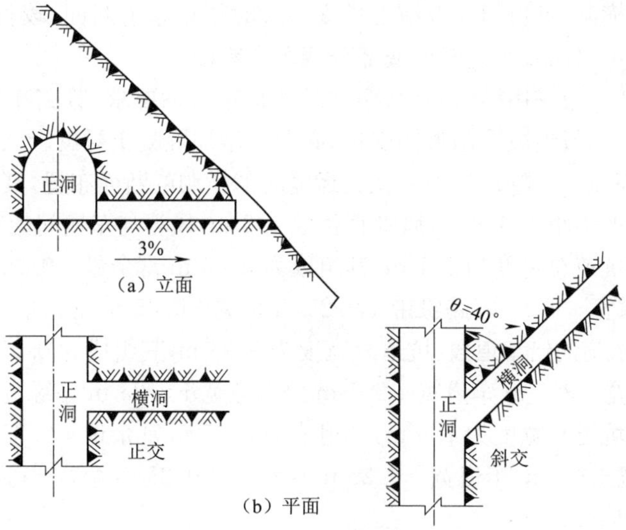


图 4.1.1　横洞示意

1. 横洞的位置选择

横洞位置宜选在地质和地形条件较好的地方。横洞的长度不超过隧道长度的 1/10～1/7。

2. 横洞与隧道正洞的连接

(1)横洞的线路方向根据隧道正洞的掘进方向确定，与隧道中线的平面交角一般不小于 40°，如图 4.1.1(b)所示。与隧道相交处的底部高程与该部位隧道底部开挖高程一致，考虑排水及运输要求，一般向洞外下坡修筑，采用有轨运输时纵坡为 3‰～10‰，无轨运输坡度不大于 14%，如图 4.1.1(a)所示。

(2)横洞与隧道的连接形式分为单联式和双联式，见表 4.1.1。有轨运输方式下除因隧道洞口有施工干扰，为提前进洞而设的横洞采用单联式外，一般采用双联式。无轨运输一般采用单联式。

**表 4.1.1　横洞与正洞的连接形式**

| 连接形式 | | 图　式 | 说　明 | 连接形式 | | 图　式 | 说　明 |
|---|---|---|---|---|---|---|---|
| 单联式 | 正交 | 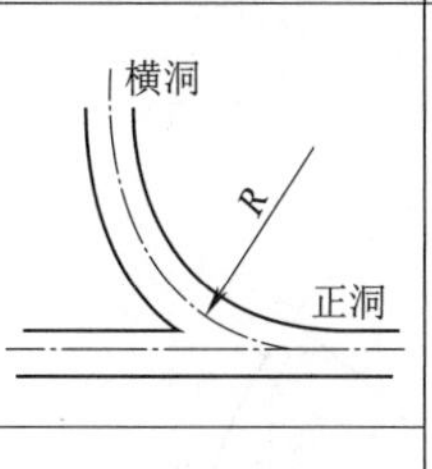 | 横洞与隧道的平面交角为 40°～90°；$R$ 不小于 7 倍的机车车辆轴距 | 双联式 | 正交 | 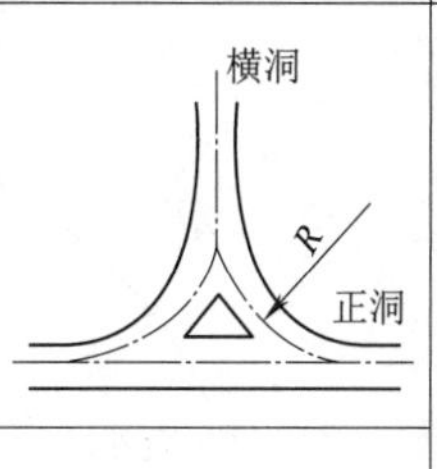 | $R$ 不小于 7 倍机车车辆轴距；$L$=15～25 m |
| | 斜交 | 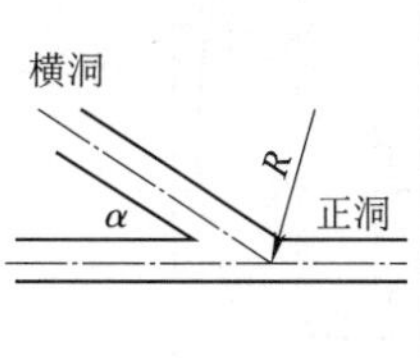 | | | 斜交 | 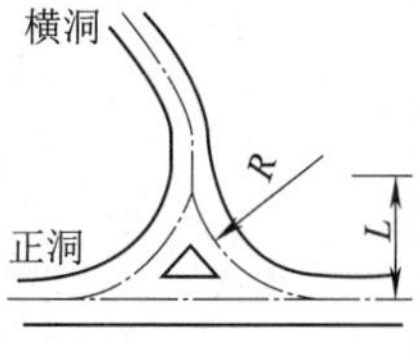 | |

3. 横洞的横断面

横洞的运输方式可采用无轨运输或有轨运输。横洞的断面有单车道断面、双车道断面及部分双车道断面三种。部分双车道断面应在横洞中适当位置设置错车道(长度为 1.5 倍列车长度)。一般较短的横洞,且负担隧道施工长度不大时用单车道断面;较长的且要负担相当长的隧道施工的横洞,可以用双车道断面或部分双车道断面。

横洞的断面形状一般采用拱形断面,净空尺寸根据运输要求、管路布置、人行道宽度和设备间隙等因素确定。一般地段采用喷锚支护,必要时增加混凝土衬砌。

图 4.1.2 为某高速铁路隧道的采用无轨运输时的横洞的断面布置,其主要考虑因素如下:

(1)通行净空高度不小于 3.8 m,风管直径取 1.5 m,风管与车辆间的安全间距为 0.3 m。

(2)单车道辅助坑道总宽度为 5.1 m,其组成为 0.05 m 富余量+0.75 m 人行道+0.25 m 路缘带+3.5 m 车道宽+0.25 m 路缘带+0.25 m 余宽+0.05 m 富余量。

(3)单车道辅助坑道的错车道段,坑道总宽度为 7.35 m,其组成为 0.05 m 富余量+0.75 m 人行道+0.25 m 余宽+3.5 m 车道宽+2.5 m 停车道宽+0.25 m 路缘宽+0.05 m 富余量。

(4)双车道辅助坑道总宽度为 7.6 m,其组成为 0.05 m 富余量+0.75 m 人行道+0.25 m 余宽+3.0 m 车道宽+3.0 m 车道宽+0.25 m 路缘带+0.25 m 余宽+0.05 m 富余量。

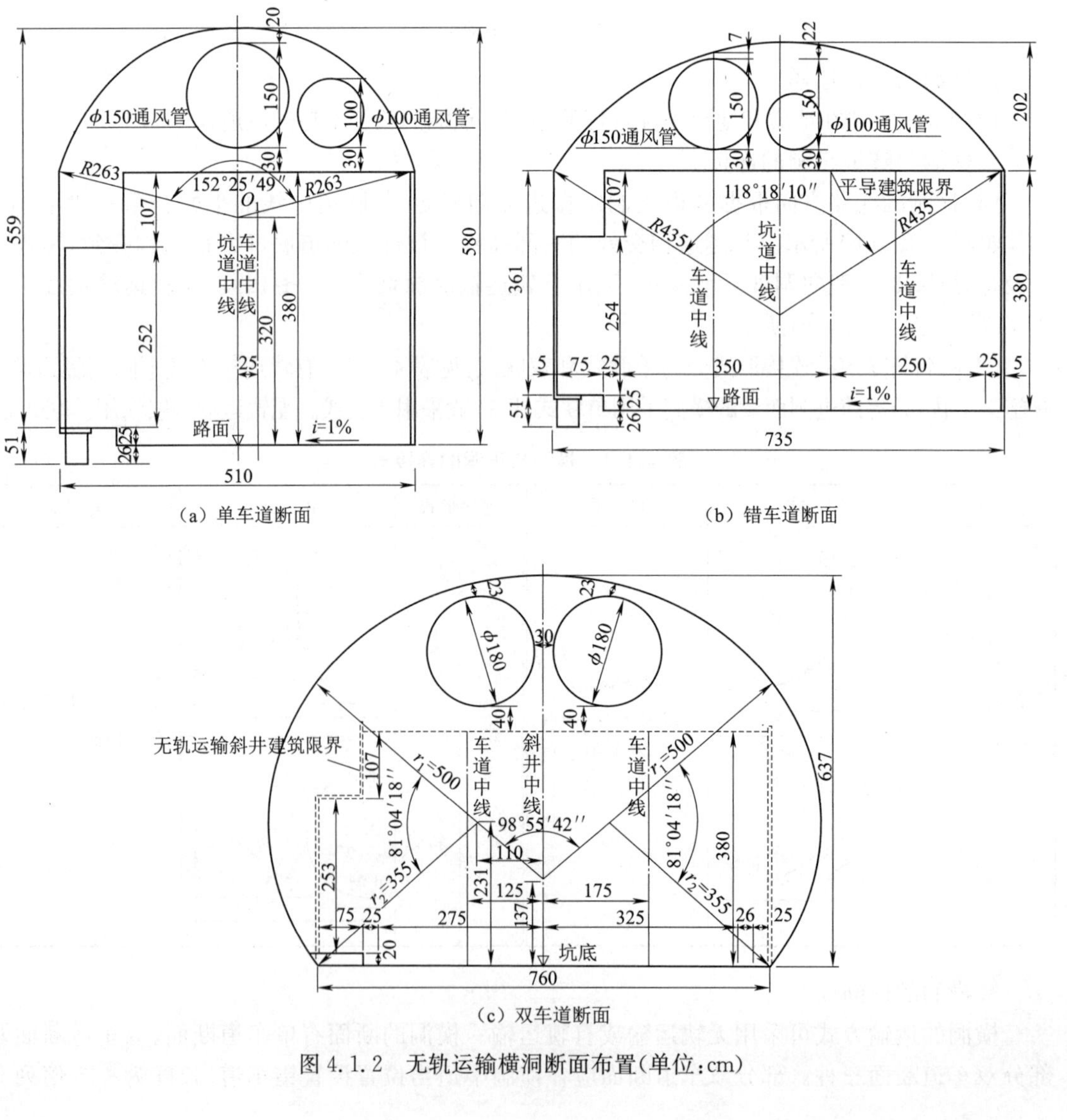


(a) 单车道断面　　(b) 错车道断面

(c) 双车道断面

图 4.1.2　无轨运输横洞断面布置(单位:cm)

### 4.1.2　平行导坑的设置

平行导坑是与主隧道平行并通过横通道相连，用于主隧道施工、排水、通风、救援疏散等的辅助坑道，简称平导。隧道长度在 4 000 m 以上，又不便采用其他辅助坑道或有大量的地下水、瓦斯时，宜选用平行导坑。平行导坑设在正线隧道的一侧，平行于隧道中线，并按一定间距设斜向横通道，作为与正线隧道相连的通道，如图 4.1.3 所示。

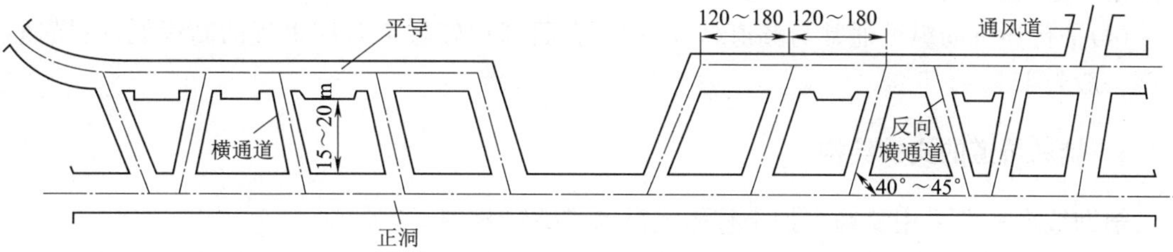


图 4.1.3　平行导坑的平面布置(单位:m)

1. 平行导坑的作用

(1)为正线隧道施工起超前地质勘探的作用。

(2)有利于施工通风排水。

(3)作为施工安全通道。

(4)作为施工管路的铺设坑道。

(5)可作为第二线隧道的导坑，以提高第二线隧道施工效率。

2. 平行导坑的平面、立面及断面设置

(1)平行导坑设在隧道的一侧。如无第二线隧道施工计划时，应把平行导坑设在地下水来源的一侧，以便利用平行导坑截住地下水，保证正洞防排水效果。需要预留增建第二线时，平行导坑设在预留二线位置，以备扩挖。

(2)平行导坑的中线一般均与隧道中线平行，但在两端可根据隧道中线是否为曲线、洞口土石方数量及弃渣场地等因素综合考虑，以折线或切线方向布置。

(3)平行导坑与隧道间的净距，应根据地质条件、隧道断面尺寸及施工方法等因素或预留第二线设计而定，一般为 20～30 m。

(4)平行导坑是否全部贯通，应根据具体情况而定。如没有第二线计划，地下水又不多，则可以留下中间一段不贯通；如有第二线计划，或地下水量大时，则以贯通为宜。

(5)平行导坑的纵向坡度应与隧道纵坡一致，其底部高程一般低于隧道水沟底面不小于 1.2 m。

(6)平行导坑的横断面一般做成单车道断面，以节省造价，并尽量采用喷锚支护。

采用单车道断面的横洞或平行导坑，应每隔一定距离设置错车道，无轨运输横洞、平行导坑错车道间距宜为 300～500 m。有轨运输时辅助坑道错车道间距可适当加大，其有效长度一般为施工车辆长度的 1.5 倍。

3. 平行导坑与隧道的连接

(1)平行导坑与隧道的净距一般为隧道开挖跨度 2～4 倍，两端洞口为争取较好的地形、地质条件可加大洞口的线间距，以斜交的形式进洞，用正向横通道和反向横通道与隧道连接，横通道与隧道交角一般采用40°。

(2)正向横通道的方向是由平行导坑斜向正洞的掘进方向。为增加运输回路，每隔600～800 m或更长距离设置反向横通道。

(3)横通道间距应根据施工及进度需要、运营期间功能要求、设备洞室等综合考虑，并尽量避免通过断层、岩层破碎带等不良地质地段，一般为300～500 m，在隧道洞口500～700 m地段间距可适当加大。

(4)平行导坑的纵坡通常与隧道纵坡一致，底面高程较隧道对应里程的高程低，故横通道坡度一般为1%～1.5%。

### 4.1.3 辅助坑道的支护结构

辅助坑道一般采用喷锚支护＋整体式衬砌或喷锚衬砌。

软弱破碎围岩、挤压性围岩、新黄土地段等特殊地质地段，洞(井)口段、岔洞段、与正洞交叉段及有特殊要求地段应采用复合式衬砌，竖井马头门应采用模筑衬砌，作为紧急出口时部分地段也可采用复合式衬砌。喷锚支护整体式衬砌一般用于地质条件较差的地段及辅助坑道与正洞的连接地段，喷锚衬砌一般用于地质条件较好的地段，各种衬砌类型的支护参数应根据工程地质、水文地质、坑道宽度、埋置深度、施工方法、运营服务功能等确定。一般情况下，横洞、斜井、平导的支护参数可参照表4.1.2和表4.1.3选用。为提高工程结构的耐久性，喷混凝土应采用湿喷工艺，强度等级不低于C25，模筑混凝土强度等级不低于C25。

**表4.1.2 喷锚支护整体式衬砌设计参数**

| 车道类别 | 围岩级别 | 喷混凝土厚度(cm) | 模筑衬砌厚度(cm) | 锚杆 | | 间距(m) | 钢筋网 | 格栅钢架 |
|---|---|---|---|---|---|---|---|---|
| | | | | 位置 | 长度(m) | | | |
| 单车道 | Ⅱ | 5 | 20 | 拱部局部 | 2 | 1.2×1.0 | — | — |
| | Ⅲ | 6 | 25 | 拱部 | 2 | 1.2×1.0 | — | — |
| | Ⅳ | 10 | 25 | 拱墙 | 2.5 | 1.0×1.0 | 拱墙设置 | — |
| | Ⅴ | 15～20 | 30 | 拱墙 | 3 | 0.8×1.0 | 拱墙设置 | 局部设置 |
| 双车道或错车道 | Ⅱ | 5 | 25 | 拱部局部 | 2 | 1.2×1.0 | — | — |
| | Ⅲ | 8 | 25 | 拱墙 | 2.5 | 1.2×1.0 | 拱部设置 | — |
| | Ⅳ | 12 | 30 | 拱墙 | 3 | 1.0×1.0 | 拱墙设置 | 局部设置 |
| | Ⅴ | 15～20 | 35 | 拱墙 | 3.5 | 0.8×1.0 | 拱墙设置 | 拱墙设置 |

**表4.1.3 喷锚衬砌设计参数**

| 车道类别 | 围岩级别 | 喷混凝土厚度(cm) | 锚杆 | | 间距(m) | 钢筋网 | 钢架 |
|---|---|---|---|---|---|---|---|
| | | | 位置 | 长度(m) | | | |
| 单车道 | Ⅱ | 8 | 拱部局部 | 2 | 1.2×1.0 | — | — |
| | Ⅲ | 10 | 拱部 | 2 | 1.2×1.0 | 拱部设置 | — |
| | Ⅳ | 15～20 | 拱墙 | 2.5 | 1.0×1.0 | 拱墙设置 | 必要时拱墙设置 |
| | Ⅴ | 18～22 | 拱墙 | 3 | 0.8×1.0 | 拱墙设置 | 拱墙、仰拱 |

续上表

| 车道类别 | 围岩级别 | 喷混凝土厚度(cm) | 锚杆 | | 间距(m) | 钢筋网 | 钢架 |
|---|---|---|---|---|---|---|---|
| | | | 位置 | 长度(m) | | | |
| 双车道或错车道 | Ⅱ | 8 | 拱部局部 | 2 | 1.2×1.0 | — | — |
| | Ⅲ | 12 | 拱墙 | 2.5 | 1.2×1.0 | 拱部设置 | — |
| | Ⅳ | 15～22 | 拱墙 | 3 | 1.0×1.0 | 拱墙设置 | 拱墙 |
| | Ⅴ | 18～25 | 拱墙 | 3.5 | 0.8×1.0 | 拱墙设置 | 拱墙、仰拱 |

### 4.1.4　横洞和平行导坑施工

1. 洞口施工

当平导洞口与隧道洞门距离较小时，可考虑平导洞口与隧道洞门同步施工，洞门圬工分部砌筑。平导洞口与隧道洞门之间距离较大时，平导洞口需单独施工。

洞口土石方开挖，根据选定的洞口实际情况，清除洞口范围植被及覆盖层，土方数量较小时，人工清理覆盖层，就近作为平整场地填料；土方数量较大时采用挖掘机装车，自卸车运弃。石方采用浅眼爆破开挖，机械清理、运弃，或就地作为场地填料。

洞口土石方完成后，尽早完善洞外截排水系统；根据边仰坡地质情况，做好喷锚防护等洞口坡面防护，及时作好洞口端、翼墙砌筑。

2. 坑道开挖

施工采用全断面掘进，直眼掏槽，风钻钻孔，导爆管网路，周边光面爆破。钻眼作业和喷锚构筑采用作业台架施工。正反横通道与平行导坑的交岔口应在平导掘进时一次开挖并作好支护，平导掘进速度要保证超过正洞两个横通道，起到提前预报地质和辅助正洞施工作用。拱顶初喷混凝土可在渣堆上作业。

3. 支护施工

根据设计要求，若坑道为永久建筑，采用混凝土作永久支护衬砌，否则只在不良地质段和横通道出入口施作混凝土衬砌，其余洞段施作喷锚支护。开挖成型后及时施作初期支护，安装锚杆和喷射混凝土。

混凝土衬砌采用全断面施工，永久使用的坑道采用整体钢模台车、泵送混凝土衬砌。临时加固的衬砌混凝土可采用钢架和方木作模板支撑加固系统，人工翻铲入模，插入式捣固器振捣。混凝土拌和站与正洞施工综合考虑，不单独设置，在施工过渡期间，采用小型搅拌机设临时拌和站。

## 复习与思考题

(1)横洞的断面形状一般采用＿＿＿＿＿＿。

(2)辅助坑道一般采用＿＿＿＿＿＿衬砌或＿＿＿＿＿＿衬砌。

(3)横洞的使用条件有哪些?

(4)平行导坑的使用条件有哪些?

(5)平行导坑的平面、立面及断面设置要求有哪些?

# 任务 4.2　斜井施工

## 任务工单

班级:__________姓名:__________学号:__________小组:__________日期:__________

<table>
<tr><td>工作任务</td><td>斜井施工</td><td>学习模式</td><td>项目+任务驱动</td></tr>
<tr><td>建议学时</td><td>1学时</td><td>学习地点</td><td>理实一体教室</td></tr>
<tr><td>任务描述</td><td colspan="3">××隧道为长大隧道,为加快施工进度、增加施工工作面,在××里程处设置了斜井,具体任务包括:<br>(1)识读××隧道×斜井的施工图纸;编写×斜井的工程概况;<br>(2)编写×斜井的施工方案。</td></tr>
<tr><td>任务目标</td><td colspan="3">能力目标<br>(1)能理解、实施施工图纸中规定的各项工程措施;<br>(2)能编写斜井的施工方案。<br>知识目标<br>(1)掌握斜井的使用条件、设置要求;<br>(2)掌握斜井的结构构造;<br>(3)掌握斜井的施工工艺。<br>素质目标<br>(1)安全第一的生产意识;<br>(2)标准化作业的习惯。</td></tr>
<tr><td>任务实施</td><td colspan="3">(1)学习相关知识,进行知识准备;<br>(2)识读××隧道×号横洞(平行导坑)斜井施工图纸,编写×斜井的工程概况;讨论、汇报图纸中的工程措施;<br>(3)根据×斜井的施工图纸和《铁路隧道施工技术规程》,编制×斜井施工方案</td></tr>
<tr><td rowspan="4">考核评价<br>(100分)</td><td colspan="2">考核项目</td><td>得分</td></tr>
<tr><td colspan="2">图纸识读及工程概况编写(40%)</td><td></td></tr>
<tr><td colspan="2">施工方案编制(40%)</td><td></td></tr>
<tr><td colspan="2">职业素质养成(20%)</td><td></td></tr>
</table>

## 知识准备

### 4.2.1　斜井的设置

斜井是指由地面向隧道正洞方向为下坡,与隧道平面成一定交角的辅助坑道。当隧道较长需增加工作面、埋深不大,围岩地质条件较好,隧道侧面有沟谷等低洼地形时,可优先选用斜井。斜井由井口、井身、井底平道组成,其剖面如图 4.2.1 所示。

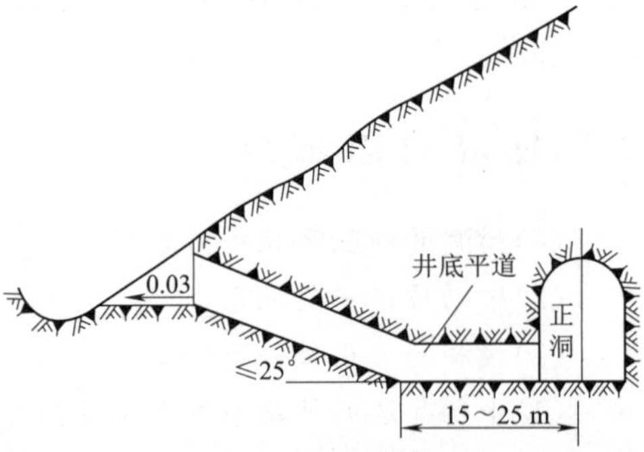


图 4.2.1　斜井的剖面

1. 总体布置

斜井井口位置应考虑场地条件和防洪要求,井口应高出洪水频率为 1/100 的水位至少0.5 m,且有可靠的防洪措施。井口设在地质条件较好的位置，井口外的场地应能满足调车作业、材料堆放及有关机械设备的设置要求。斜井井口场坪应设计为向洞外不小于 3%的下坡。

井身倾角与提升方式相适应，通常不大于 25°；井身一般不设变坡，井底与隧道相连接的地段采用平坡，平坡长为 15～25 m，作为井底车场，用于隧道与斜井联系的中转站。井口和井底变坡点应设置竖曲线，竖曲线半径宜采用 12～20 m，其长度根据连接形式、调车作业、车组尺寸等条件选定。井底高程与隧道的底部开挖高程相同。

设置斜井尽量避免穿过软弱破碎富水地层，斜井采用主、附井时，主、附井轴线一般平行设置，间距视地质条件确定，一般为 20 m。

2. 斜井横断面

斜井的断面形式应根据地质条件确定，地质条件好的地段可以采用直墙式，地质条件差的地段宜采用曲墙式。横断面尺寸应根据运输工具外形尺寸、管线路布置、人行道、安全间隙以及施工通风要求等因素确定。图 4.2.2 为某隧道采用有轨运输的斜井断面。

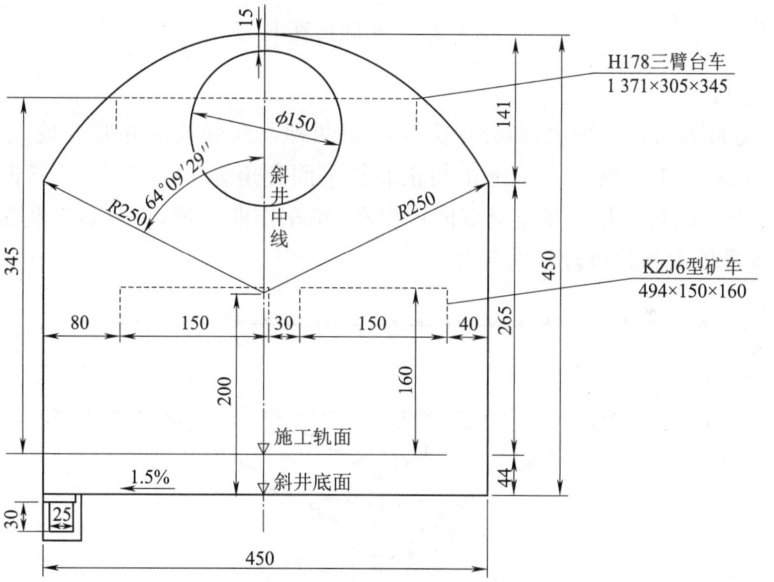


图 4.2.2 某隧道采用有轨运输的斜井断面(单位：cm)

3. 斜井与隧道连接

根据斜井的长度及运输量的大小，斜井井身与正洞相连接的地段，可设计成单联或双联式。

1)单联式连接

单联式连接又分正交与斜交两种，如图 4.2.3 所示。斜井与正洞中线连接处的平面交角应为 40°～45°。采用这种方式，施工比较简单，但只能一个方向进出车，在井底车场地段调车作业拥挤，易造成堵塞和发生安全事故，故只宜于在短斜井及运输量不大的情况下使用。无轨运输斜井大多采用单联式连接方式。

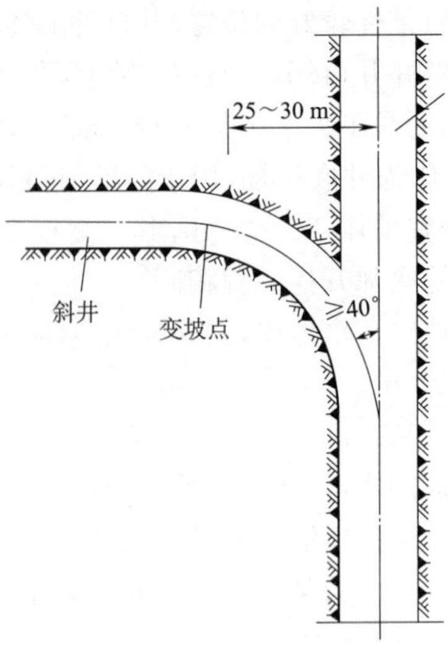


图 4.2.3　单联式斜井

2)双联式连接

双联式连接如图 4.2.4 所示,亦分正交与斜交两种。双联式的井底变坡点与隧道正洞中线的间距一般可采用 25～30 m。双通道与正洞的平面交角为 40°～45°。连接曲线半径为 7～10 倍的车辆轴距。双联式井底车场能双向进出车,调车作业方便,但连接结构复杂,井底开挖量大,适用于运量较大和井身较长的斜井。

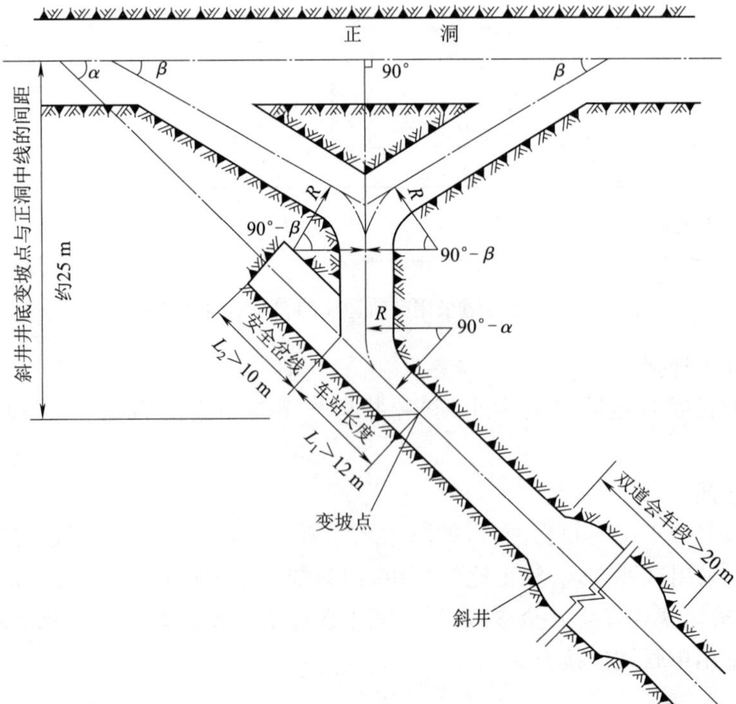


图 4.2.4　双联式斜井

### 4.2.2 斜井施工

1.斜井井口车场的设施及布置

有轨运输斜井布置井口车场时，要因地制宜，充分利用地形条件来满足提升设备的安装要求，以便于弃渣、供料。一般斗车斜井井口设井架，箕斗斜井井口设卸渣架。提升是由钢丝绳绕过井架或卸渣架上的提升天轮通过绞车牵拉。

2.斜井洞口施工

井口土石方开挖，根据斜井设计并结合实际地形情况选定洞口后，人工清除洞口范围植被及覆盖层。土方采用挖掘机配合自卸车挖、装、运，石方采用手持风钻钻孔，浅眼爆破，装载机装运。所有土石方均就地作为场地填料。洞口土石方施工完成后，根据洞门边仰坡地质情况确定是否施作锚网喷混凝土，并根据边仰坡稳定情况和岩体破碎程度确定锚杆间距和喷混凝土厚度。洞口坡面防护施工完成后，及时施作截排水沟，防止地表水进入斜井，影响施工。

斜井开挖进洞后，及时衬砌洞口 5～8 m 段，混凝土采用全断面一次浇筑成型，拱架采用型钢弯制加工，边墙采用方木加固支撑，模板采用隧道专用组合钢模。在建井初期，混凝土由临时拌和站拌制。作为辅助施工的斜井可用前倾式翻斗车运输，人工翻铲入模、插入式捣固器振捣；用作隧道附属建筑而永久使用的斜井，衬砌采用泵送混凝土。为了增加洞口段衬砌在受载时的稳定，衬砌边墙脚人工挖成长不少于 1.5～2.0 m 的台阶。

3.斜井开挖施工

斜井开挖的钻爆作业与隧道正洞的开挖工作相同。由于井身断面小，一般采用全断面法施工。当工作面积水不能完全排除，影响钻爆进度时，可将井身分部开挖。钻爆设计以楔形掏槽、光面爆破为主。根据围岩稳定情况每循环进尺在 1.5～2.0 m，炮眼精度要求与正洞施工相同。由于斜井纵向坡度较正洞隧道坡度大，钻爆施工时钻眼方向宜与斜井的倾角一致，孔底应比井底高程略低，避免出现台阶。每个循环进尺应检测其高程并控制井身的斜度，每隔10～20 m 应复核其中线、高程。

4.井内运输

斜井运输方式应根据提升量、斜井长度、坡度及井口地形选择。斜井内运输方式分为有轨运输和无轨运输两大类。根据提升容器的不同，有轨运输可以分为箕斗、斗车和矿车三种形式，无轨运输分为皮带运输和汽车运输两种形式。

斜井综合坡度 $i \leqslant 13\%$时，宜采用汽车运输方式；斜井综合坡度 $13\% < i \leqslant 27\%$时，可选用轨道矿车提升或皮带运输方式；斜井综合坡度 $27\% < i \leqslant 47\%$时，可采用轨道矿车提升；斜井综合坡度 $47\% < i \leqslant 70\%$时，可采用大型箕斗提升。

随着运输车辆性能的不断提高，目前斜井多倾向于采用汽车运输，设置倾角也可以根据选用的运输车辆性能而更大一些。

1)汽车运输

斜井施工采用汽车运输方式时，应建立调度指挥系统，制订车辆保养制度。单车道斜井应根据施工组织和施工安全的要求设置会车道，井内运输道路应硬化并防滑。洞内、外应设各种安全设施和警示标志；汽车运输车辆应限速行驶，重车进洞不得大于 8 km/h，轻车不得大于 15 km/h，出洞爬坡不得大于 20 km/h。

2)轨道运输

提升设备包括设在井口外适当处所的提升绞车、天轮架及天轮、提升用的钢丝绳、托索轮(地滚)、连接设备及装渣或装料的车辆、全套轨道及道岔,用箕斗提升时则还有箕斗卸渣架。

(1)轨道布置

有轨运输斜井的轨道布置分为二轨单道、三轨双道、四轨双道三种断面形式。斜井长度短于 100 m,担负隧道运量不大,一般选用二轨单道;斜井长度大于 100 m,担负隧道运量较大,一般选用三轨双道;当斜井运量很大时,则选用四轨双道。

单联式斜井多用单道,并在斜井与正洞相交地段用曲轨及道岔与正洞相连接。当采用双联式斜井时,则多用三轨双道,而在斜井与正洞相交的分岔地段分别以曲轨和道岔连接,分岔线则各为单道,重、空车分别占用一个分岔来进行调车作业。在井身处的适当处所应设置有足够长度的会车道,如图 4.2.4 所示。

用提升绞车提升车辆的地段为:自井底车场起点(即斜井底的平道起点)至井口车场起点(即由斜井的坡顶进入平道处);重车或空车在井底车场及井口车场进行调车作业,则由人工推运或其他牵引机车牵引。

斜井轨道运输使用绞车提升,轨道中应设置托索轮,其间距宜为 10～15 m;井口有变坡,应在变坡段安装一组大托辊;采用甩车场,应设置立辊;斜井上端应有足够的过卷距离,过卷距离根据斜井倾角、设计载荷、最大提升速度和实际制动力等参数计算确定,并有 1.5 倍的备用系数。

运输轨道与两侧管道、电力线之间的安全距离(有人行道者另计),不得小于 20 cm,铺设双道时,两股道上运行车辆之间的间隙不得小于 50 cm。斜井内应有足够的照明措施。

轨道铺设时,左右钢轨顶面的高差不得超过 5 mm;托索轮及安全闸等轨道辅助设备应与轨道一并铺设;综合坡度＞27%时,井内运输轨道应有防爬措施,每根钢轨(12.5 m)应装两组防爬设备,每对钢轨应有三根轨距拉杆。

(2)安全设施

①提升绞车应有深度指示器和防过卷装置,并应在钢丝绳上设明显的深度标志。

②挡车器、挡车栏与防溜车装置。

斜井洞口应设置挡车器,挡车器应经常处于正位关闭状态,放车时方可打开,并设立专人管理。车辆本身设置断绳保险装置以防跑车。斜井施工长度大于 100 m 时,应在距井口下 20 m处设挡车器或挡车栏;接近井底 60 m 左右或岔前 35 m,设第二道挡车器或挡车栏。斜井每隔 100 m 应在轨道上设防溜车装置一处,在接近井底时再设一处。

③提升保险装置。

提升装置必须装设下列保险装置:

a. 防止过卷装置,当提升容器超过正常卸载位置或出车平台 50 cm 时,应能自动断电,并能使保险闸发生作用。

b. 防止超速装置,当提升速度超过最大速度 15%时,应能自动断电,并能使保险闸发生作用。

c. 当提升速度超过 3 m/s 时,应设限速器,限速器凸轮板的旋转角度不应小于 270°。

d. 提升绞车应设深度指示器、警铃、常用闸和保险闸。警铃在开始减速时能自动示警,常用闸和保险闸在司机不离座位即能操纵。常用闸和保险闸共同使用一套闸瓦制动时,操纵部分应分开,双滚筒提升绞车应设两套闸。

④斜井的信号。

提升过程中，应有不间断的声光信号，以便随时掌握井上、井下的运输情况。井口、井下、卷提升机房应有联系信号，箕斗提升应采用直发式信号。提升、下放与停留，各有明确的色灯和音响、视频等信号规定。设专职信号员，负责接发车工作。提升机司机未得到井口信号员发的信号，不得开动。

(3)附属洞室

在井身的一侧每隔30～50 m，设一个避人洞(宽1.0 m，高1.8 m，深1.0～1.2 m)，供工作人员躲避之用。在井底停车场应设避车洞，井底附近的固定机械与电器设备均应设置在专用洞室内。

(4)斜井钢丝绳

斜井钢丝绳应符合下列规定：

①提升钢丝绳应由专人负责，定期检查，应详细检查易损坏、断丝或锈蚀较多的部分，断丝的突出部分应在检查时剪下，并做好记录。

②提升或制动钢丝绳直径减少10%时，应予以更换。

③钢丝绳如遭突然停车等猛烈拉力时，应立即停车检查。遭受猛烈拉力的一段，发现有损坏或其长度增长0.5%以上时，应予以更换。钢丝绳使用后期，断丝数或伸长发展突然加快，应立即更换。

④各种钢丝绳在一个捻距内断丝截面积同钢丝总截面积之比达到表4.2.1的规定时，应更换。

**表4.2.1　钢丝绳在一个捻距内断丝截面积同钢丝总截面积之比**

| 顺序 | 使用类别 | 百分比(%) |
| --- | --- | --- |
| 1 | 升降人员和人员物料共用 | 5 |
| 2 | 专为升降物料用 | 10 |
| 3 | 平衡钢丝绳 | 10 |
| 4 | 防坠器的制动钢丝绳 | 10 |

(5)施工作业要点

①斜井的提升速度不得超过表4.2.2的规定。

斜井牵引提升速度应小于5 m/s，接近洞口与井底时速度不得超过2 m/s，升降加速度不得超过0.5 $m/s^2$。

**表4.2.2　斜井的提升速度**

| 斜井长度(m) | 矿车升降物料(m/s) | 箕斗升降物料(m/s) |
| --- | --- | --- |
| ≤300 | 3.5 | 5 |
| >300 | 5 | 7 |

②人车作业应符合下列要求：

a.严禁人员乘坐斗车、矿车。斜井的垂直深度大于50 m，运送人员应使用专用人车。

b.人车应有车长跟随，车长应坐在列车行驶方向的前排，手动防溜车装置或制动器手把应装在该车车长座席处。

c.运送人员前，应检查人车的连接装置、保险链和防溜装置。先放一次空车，证实斜井和轨道无引起掉道的危险，并检查绞车动作情况。接到值班负责人的命令后才可发车。

③提升机应配正、副司机，人员上下井时应由正司机开车，副司机监护。

5.斜井支护施工

为了保证施工安全，在斜井围岩较差段一般采取喷锚支护，必要时采取衬砌混凝土加强支护。喷锚支护紧跟开挖作业面，在放炮、找顶后拱部初喷混凝土 3～5 cm 厚，待开挖面前进后，安装拱部锚杆。锚杆间距根据围岩级别及稳定情况确定，最后复喷 5～8 cm 混凝土。喷锚支护施工完成后，随时观测支护变形情况，发现裂缝出现，查明原因，加设锚杆或局部撬掉重喷。

采用混凝土衬砌时，沿井身自下而上浇筑，边墙基础挖成台阶，其他工序与洞口混凝土衬砌相同。

### 复习与思考题

(1)斜井内的运输方式如何选择？

(2)斜井内采用轨道运输时，需要装设哪些安全设施？

## 任务 4.3　竖井施工

**任务工单**

班级：__________ 姓名：__________ 学号：__________ 小组：__________ 日期：__________

<table>
<tr><td>工作任务</td><td colspan="2">竖井施工</td><td>学习模式</td><td>项目＋任务驱动</td></tr>
<tr><td>建议学时</td><td colspan="2">2 学时</td><td>学习地点</td><td>理实一体教室</td></tr>
<tr><td>任务描述</td><td colspan="4">××隧道为长大隧道，为加快施工进度、增加施工工作面，在××里程处设置了竖井，具体任务包括：<br>(1)识读××隧道×竖井的施工图纸；编写×竖井的工程概况；<br>(2)根据×竖井的施工图纸和《铁路隧道施工技术规程》，编写×竖井的施工方案</td></tr>
<tr><td>任务目标</td><td colspan="4">能力目标<br>(1)能理解、实施施工图纸中规定的各项工程措施；<br>(2)能编写竖井的施工方案。<br>知识目标<br>(1)掌握竖井的使用条件、设置要求；<br>(2)掌握竖井的结构构造；<br>(3)掌握竖井的施工工艺。<br>素质目标<br>(1)勇于创新、敢于创新的精神；<br>(2)安全操作的职业素养</td></tr>
<tr><td>任务实施</td><td colspan="4">(1)学习相关知识，进行知识准备；<br>(2)识读××隧道×竖井施工图纸，编写×竖井的工程概况；讨论、汇报图纸中的工程措施；<br>(3)编制×竖井施工方案</td></tr>
<tr><td rowspan="4">考核评价<br>(100 分)</td><td colspan="3">考核项目</td><td>得分</td></tr>
<tr><td colspan="3">图纸识读及工程概况编写(40%)</td><td></td></tr>
<tr><td colspan="3">施工方案编制(40%)</td><td></td></tr>
<tr><td colspan="3">职业素质养成(20%)</td><td></td></tr>
</table>

## 知识准备

### 4.3.1　竖井的设置

竖井是在隧道上方开挖的与隧道相连的竖向坑道。当隧道施工遇有较浅的埋深时可采用简易竖井(井深小于 40 m),随着隧道施工技术的发展,一些长大隧道的修建中往往采用较长、较深的斜井及竖井。

1. 竖井位置与组成

竖井应选在埋深较浅处或沟谷的两侧,并要避免受洪水的影响,同时竖井宜选在隧道一侧 15～20 m 处,如图 4.3.1(a)所示。

竖井一般由井口锁口圈、井筒、壁座、井筒与水平坑道的连接段、井下集水坑等部分组成。井口和连接段受力较大,一般均设置混凝土支护,井身视围岩稳定程度及地下水情况确定支护类型,如图 4.3.1(b)所示。

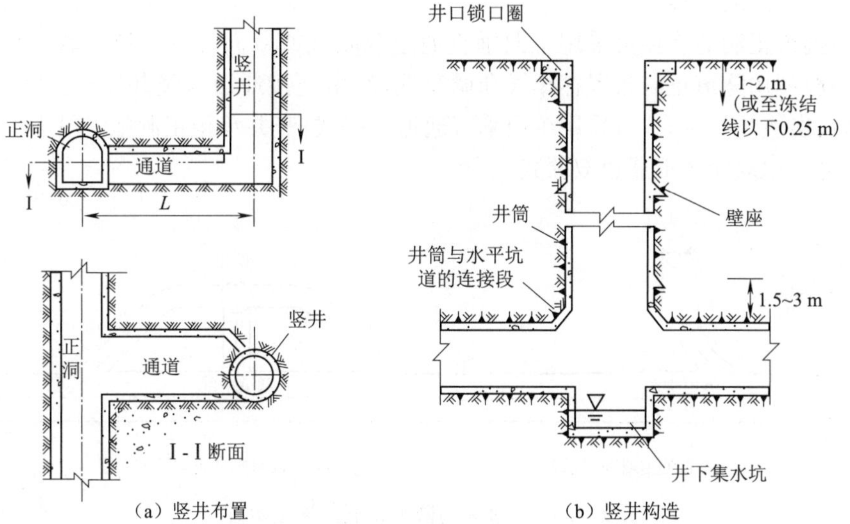


(a) 竖井布置　　(b) 竖井构造

图 4.3.1　竖井

2. 竖井横断面及支护结构

竖井的断面形式可采用矩形或圆形,根据提升设备、管路布置、安全通道、安全距离等因素综合确定断面尺寸。圆形断面井筒受力条件好,当井深较大或围岩压力较大时,宜采用圆形断面。矩形断面井筒利用面积大、便于布置、支护方便、进出车便利。当井深较小、围岩稳定性好时,可以采用直接布置在正洞上方的矩形竖井。采用圆形断面时,井筒内径不宜小于 5 m;采用矩形断面时,其宽度宜大于正洞隧道的开挖宽度,沿隧道的长度宜不小于 6 m。兼作运营期间通风道时,应按通风设计要求核算其面积。

竖井衬砌常用喷锚衬砌和整体式衬砌。竖井的支护参数可参照表 4.3.1 选用。喷混凝土应采用湿喷工艺,强度等级不低于 C25,模筑混凝土强度等级不低于 C25。

表 4.3.1　竖井支护参数(直径 5～7 m)

| 围岩级别 | 喷锚衬砌 | 整体式衬砌 | |
|---|---|---|---|
| | | 初期支护 | 模筑衬砌 |
| Ⅱ | 喷混凝土厚度为 5～10 cm,锚杆长度为 2.0～2.5 m,局部设置,必要时加设混凝土圈梁 | — | — |
| Ⅲ | 喷混凝土厚度为 10～15 cm,锚杆长度为 2.0～2.5 m,间距为 1.0 m,配置钢筋网,必要时加设混凝土圈梁 | 喷混凝土厚度为 10～15 cm,锚杆长度为 2.0～2.5 m,间距为 1.0 m,必要时配置钢筋网 | 25～30 cm |
| Ⅳ | 喷混凝土厚度为 20 cm,锚杆长度为 2.5～3.0 m,间距为 1.0 m,配置钢筋网,必要时加设钢筋混凝土圈梁 | 喷混凝土厚度为 15～20 cm,锚杆长度为 2.5～3.0 m,间距为 1.0 m,配置钢筋网 | 30～40 cm |
| Ⅴ | 不宜采用 | 喷混凝土厚度为 20～25 cm,锚杆长度为 3.0～3.5 m,间距为 1.0 m,配置钢筋网,必要时加设混凝土圈梁 | 40～50 cm |

3. 竖井与正洞的连接

竖井与隧道正洞的连接可采用单向垂直通道双联式或双向环形通道双联式(图 4.3.2),井底车场一般利用隧道正洞布置存车线和调车线,经由连接通道与竖井连接。竖井承担正洞施工段落短、出渣量较少时,可采用单向垂直通道双联式;竖井承担正洞施工段落长,且要求快速施工时,可采用双向环形通道双联式。

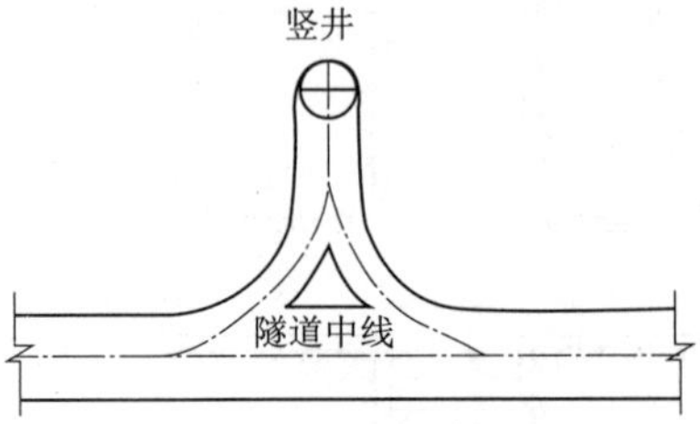


(a) 单向垂直通道双联式示意

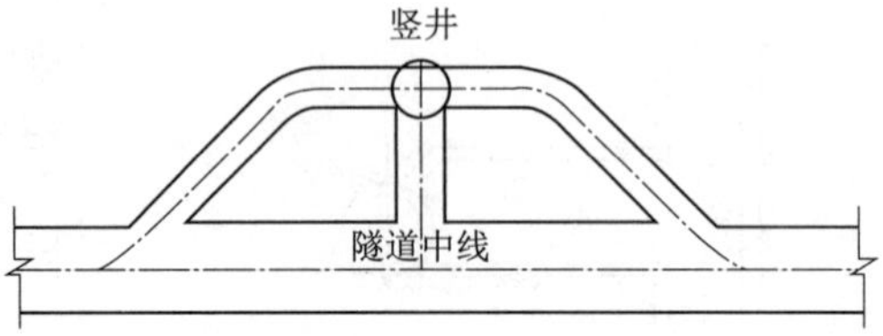


(b) 双向环形通道双联式示意

图 4.3.2　竖井与隧道正洞的连接示意

### 4.3.2　竖井施工

1. 竖井施工设备及其布置

竖井井口一般装备有井架、绞车、天轮、卸渣台、井盖、运输轨道等设施。在井筒内一般设置有吊桶、罐笼、吊盘、吊泵、通风管、供水管、排水管、压风管、混凝土输送管、动力电缆、信号电缆、安全梯等设备,并有罐道作提升导向。

1)井架

在铁路竖井施工中多采用具有投产快、使用期短、方便实用及安全可靠特点的拼装钢井架,其主塔架及罐道支架主要部分由万能杆件拼成,个别杆件特殊设计制作。该井架由竖井建井阶段转为竖井使用阶段仅需少部分改装,即竖井建井阶段的井架主要由天轮平台、过卷平台、倒渣系统等组成,而利用竖井施工隧道阶段的井架主要由天轮平台、拉紧平台、串绳平台及罐道支架等组成。

2)绞车

绞车用于悬吊吊盘、吊泵、管道等凿井设备,以及拉紧提升容器的导向绳(稳绳)。对较深的竖井绞车参照斜井的计算选用,简易浅井的提升绞车,可选用一般的工程用绞车。绞车与井架的相对位置应通过计算确定。

3)天轮

天轮分提升天轮和悬吊天轮两种,悬吊天轮又按绞车的性能分为单槽和双槽。提升吊桶、罐笼等用提升天轮,悬吊管路或其他设备用悬吊天轮,必要时也可用滑轮代替天轮。

天轮一般安装在井架顶部的天轮平台上,由天轮梁承托,如布置不下全部天轮时,可以分层布置。天轮位置为井内设备悬吊点的位置,天轮梁与天轮出绳方向平行,两天轮梁间的距离满足天轮轴承的间距要求。为避免钢丝绳和井架碰撞,可以架设导轮或将天轮垫高。

提升天轮使用的钢丝绳直径不能大于该天轮所允许的绳径。当提升钢丝绳的仰角大于45°时,应重新核算天轮有关零件的强度。悬吊天轮安装时,轴承座必须设有挡铁。

4)提升容器

竖井在凿井时期,提升容器采用吊桶;竖井建成后,隧道出渣采用罐笼。吊桶有挂钩式、底卸式两种,挂钩吊桶主要用于出渣排水,底卸式吊桶用于向下运送混凝土。简易竖井的出渣也可用吊桶;在采取安全措施后,也有用斗车直接提升的。

5)卸渣台

采用吊桶出渣,一般在井口设卸渣台,可利用井架搭设,亦可单独架立。一种形式是在卸渣台上铺木板,在吊桶通过的位置设卸渣门,井架上悬挂翻渣挂钩,吊桶提出卸渣台后,用翻渣挂钩钩住吊桶底部铁环,然后放松提升钢丝绳,吊桶翻倒、石渣经溜槽卸下。

简易浅井为减小井架高度,可不设卸渣台,根据具体条件采取在井盖上挂钩翻渣,或用平车在井口接运吊桶至弃渣场卸渣的办法。

6)井盖

井盖又称封口盘,由型钢作骨架,上铺木板或钢板,钢梁嵌在井口的井壁上。井盖上设有井盖门及其他悬吊设备通过的孔口,井盖门在吊桶通过前开启,通过后关闭。其他孔口不通过悬吊物时用盖板或麻袋盖严。

7)吊盘

吊盘又称安全盘,是竖井支护施工的工作平台和竖井开挖施工工作的保护盘,也用作拉紧稳绳的稳绳盘。吊盘一般用钢圈和钢梁作骨架,上铺木板或钢板,盘上布置有通过吊桶、吊泵、安全梯和各种管线路的孔口,其位置与井盖布置相对应;盘边设有可伸缩的插销以固定吊盘的位置;吊盘直径一般比竖井直径小 100～200 mm;盘与井壁间的间隙用麻袋或胶皮堵塞。吊盘有单层、双层、三层等多种形式。

吊盘可用单绳或双绳悬吊:单绳悬吊时,钢丝绳应离开井筒中心 250～400 mm;双绳悬吊时,两绳连线一般与稳绳连线平行。单行作业的竖井在开挖时,吊盘位置距开挖面一般为25～40 m,在支护时,吊盘位置随支护工作面而移动。

8)罐道

在竖井施工中,一般使用钢丝绳作为罐笼(吊桶)提升导向,故将其称为钢丝绳罐道,亦称稳绳,有重锤式和液压螺杆拉紧式两种,均适用于 1 000 m 以内各种深度的井筒内罐笼提升时的导向。前者用于箕斗井时较经济适宜,后者张紧效果好,适用范围广,安装简便。

罐道用钢丝绳有普通、密封和半密封三种。提升吊桶时，两根钢丝绳罐道布置在吊桶两侧，由滑架将吊桶的提升钢丝绳与罐道进行联系，引导吊桶提升，滑架与吊桶配套使用。提升罐笼时，钢丝绳罐道的布置有对角、三角、四角和单侧等多种形式，一般布置在罐笼的四角。

9)管路、线路

竖井施工时需要使用各种管路和电缆，其中包括通风管、压风管、供水管、吊泵及其排水管、混凝土输送管、放炮电缆及信号电缆等。为不妨碍井筒掘进和井口装卸运输工作，压风管、排水管、供水管、通风管、混凝土输送管等管路，以及放炮电缆、信号电缆一般均靠近井壁布置。

管路安装方法有钢丝绳悬吊法和井内固定吊挂法，前者接长管路工作在井口进行，不占用竖井掘进时间，但是用绞车和钢丝绳较多；后者可以简化凿井设备布置，节省施工器材，但在井内接长管路需要占用竖井掘进时间。

10)安全梯

在凿井时期，为了在突然停电及提升设备等发生故障时保证井内施工人员安全撤出，需设置安全梯。安全梯由缓转器、护绳环、连接钢丝绳、U 形卡、绳卡、梯架、梯步等组成。竖井不深时，也可用型钢做成安全梯，供应急情况下人员上下竖井。

2. 竖井洞口施工

根据设计并结合实际地形情况选定井口位置后，人工清理井口施工场地植被，土方采用挖掘机配合自卸车装运，石方采用手持风钻钻孔，浅眼爆破，装载机装运，所有土石方均就地作为场地填料。井口场地土石方施工完成后，立即施作场地边坡防护。为防场地积水，边坡顶设截水沟，井口场地四周设排水沟，断面大小根据排水量确定。

井口开口时采用人工开挖，风镐配合，可采用机械或人工装渣，在建井过渡期采用简易龙门架或轻型吊车出渣。井颈锁口衬砌及井座在井口开挖成型后即时施工。衬砌混凝土采用组合钢模配少量木模拼装，桁架支撑。混凝土通过导管输送入模，插入式捣固器振捣。混凝土拌制时严格控制水灰比，防止在输送过程中出现离析，影响结构质量。

3. 竖井开挖施工

竖井开挖一般采用自上而下的单行作业法施工，也称为正井法施工。对于仅用于运营通风的通风竖井，当竖井底的坑道掘进已超过竖井位置时，亦可采用自下而上反向开挖的反井法施工。根据施工情况及工期要求，也可两种方法结合使用。

采用正井法施工时，应分段作业，开挖与支护交替进行，每段开挖深度根据围岩的稳定情况、支护类型确定，一般为 2～3 m。

各段内按竖井外径进行钻眼爆破。钻爆采用直眼掏槽，光面爆破，在倾斜岩层中可采用楔形掏槽，裂隙水十分发育地段为方便作业采用梯台开挖超前掏槽，钻孔采用环形钻架作业，将多台凿岩机悬挂在钻架上，可同时对多个炮眼施钻。钻孔精度要求与正洞一样，经检查合格后吹孔并用木楔塞紧。有水时采用防水药包或胶质炸药，装药作业时不得在吊盘上进行其他作业。炮眼采用炮泥堵塞，长度不小于 40 cm，爆破采用微差毫秒雷管，并用电雷管起爆。每次爆破后应检测断面，不得有欠挖。每掘进 5～10 m 应核对中线，及时纠正偏斜。

在竖井开挖及使用过程中，应注意通风和排水。随着开挖深度的增加，井筒内应加强通风或补充氧气。竖井建井期间，如果裂隙水较发育，可在井底一角凿一汇水坑，采用小型抽水机将水抽入吊桶内，存满后提出井外。竖井使用期间，正洞裂隙水及施工污水排入井底水仓，由井底抽水机排出。

采用反井法施工时，先将天井钻机安装在井位上端，并用牙轮钻头向下钻凿一小孔径（如直径 250 mm）的导向孔，与下部坑道连通后，在坑道中拆除牙轮钻头，换上扩孔钻头，再由下至上进行扩挖，导向孔扩挖至竖井设计直径。

如果竖井直径较大，可先将导向孔扩成直径 1～2 m 的先导井，然后再自上而下采用爆破法形成竖井毛洞，再施作衬砌，最终完成达到设计要求的竖井。此时先导井用作爆破扩大井筒时的爆破自由面和通风、溜渣通道。这种竖井施工方法叫作中心扩孔法。中心扩孔法具有成本低、速度快、作业环境较好和安全等特点。

4. 竖井出渣作业

(1)装渣。在建井初期采用简易设备出渣，当井深达到一定规模时，为确保施工进度则采用机械装渣，可选用抓岩机。抓岩机由吊盘上气动绞车悬吊，高度不小于 15 m，操作时先抓出桶窝后再将渣堆抓平，然后分层抓取。有水时应先抓出汇水坑以便排水。清底时须防止机体歪倒或叶片夹块漏渣，必要时采用人工检底、清帮。

(2)提升。提升绞车可选用提升机，提升钢绳根据悬挂物体的最大重量选型，其安全系数必须满足规范要求。横向移动用卷扬机将吊桶牵引到溜渣槽顶。

(3)出渣。出渣平台上采用电动葫芦，单侧提升吊桶，将矿渣倒入溜渣槽，溜渣槽下用自卸车接渣，运到指定弃渣场。

5. 竖井支护施工

竖井每次支护的高度应视围岩稳定程度而定，喷锚支护和模筑衬砌分节自下而上进行。

每段竖井在爆破后通常先不出渣，而是在整平浮渣后，将环形钻架作为临时工作平台，或工人站在浮渣上进行钻孔、注浆和安装锚杆工作。注浆机、喷浆机安装在井口，拌料经输料管输送到井下。喷射混凝土时，喷射手在吊盘上作业，先用高压风清扫岩面后分片自下而上喷射，有水时自水源外周逐步向中心压缩，最后封闭。初期支护完成后须随时检查其变形情况，若有裂纹需查明原因后增设锚杆或撬掉重喷。

模筑衬砌施工时，搅拌机设在井口，混凝土经漏斗、套管、输料管、缓冲器和活节溜灰筒输送到模板内。为防止混凝土产生离析和堵管现象，混凝土的水灰比不得大于 0.65，坍落度为 8～12 cm。为使浇筑混凝土后能尽早继续进行爆破作业，故混凝土内可掺速凝剂。

### 4.3.3　隧道竣工后辅助坑道的处理

辅助坑道一般为临时性隧道附属工程，有增加隧道施工工作面以缩短工期、改善施工通风排水条件和缩短运输距离的功能。部分辅助坑道在隧道竣工后，还用作运营通风风道、救援疏散通道、泄水洞等，成为永久性的隧道附属建筑物。

辅助坑道在隧道主体工程竣工后，应按下列规定进行处理：

(1)对排水系统进行整理，水流应通畅。

(2)为运营服务的辅助坑道，洞(井)口及与正洞连接处应设置安全防护设施。

(3)不予利用的辅助坑道，洞(井)口及与正洞连接处、影响正线行车的洞室等应采用混凝土进行封堵，封堵厚度不宜小于 5 m；对长大坡度斜井，考虑运营期风险防控，封堵长度应适当加长。瓦斯地段交叉口处封堵厚度不应小于 1 倍正洞洞径。

(4)洞(井)口及与正洞连接处封堵前，应设置排水通道，排水通道应有防堵塞措施。

(5)作为紧急出口使用的辅助坑道洞(井)口宜设置临时待避场地,并具有接受外部救援的条件。

除上述规定外,施工完成后不予利用的竖井进行封堵时,还应符合下列规定:

(1)竖井井底与联络通道交叉口、联络通道与正洞交叉口各不小于1倍正洞洞径范围应采用混凝土回填封堵,回填体应采用锚筋与周边初期支护、围岩有效连接。

(2)井口宜采用钢筋混凝土盖板封闭,表面应覆盖黏土、夯填密实、不积水,并做好防排水处理。

(3)竖井封堵应预留排水通道,并与正洞排水系统连接。

## 复习与思考题

(1)举例说明竖井的支护参数。

(2)简述竖井施工设备及其布置要点。

(3)隧道竣工后辅助坑道的处理要求有哪些?

# 任务 4.4 泄水洞施工

### 任务工单

班级:____________ 姓名:____________ 学号:____________ 小组:____________ 日期:____________

<table>
<tr><td>工作任务</td><td colspan="2">泄水洞施工</td><td>学习模式</td><td>项目+任务驱动</td></tr>
<tr><td>建议学时</td><td colspan="2">1学时</td><td>学习地点</td><td>理实一体教室</td></tr>
<tr><td>任务描述</td><td colspan="4">××隧道设置了泄水洞,具体任务包括:<br>(1)识读××隧道×泄水洞的施工图纸;编写×泄水洞的工程概况;<br>(2)编写×泄水洞的施工方案</td></tr>
<tr><td>任务目标</td><td colspan="4">能力目标<br>(1)能理解、实施施工图纸中规定的各项工程措施;<br>(2)能编写泄水洞的施工方案。<br>知识目标<br>(1)掌握泄水洞的结构构造;<br>(2)掌握泄水洞的施工工艺。<br>素质目标<br>减少环境破坏、与自然和谐共生的环保意识</td></tr>
<tr><td>任务实施</td><td colspan="4">(1)学习相关知识,进行知识准备;<br>(2)识读××隧道×泄水洞施工图纸,编写×泄水洞的工程概况;讨论、汇报图纸中的工程措施;<br>(3)根据×泄水洞的施工图纸和《铁路隧道施工技术规程》,编制×泄水洞施工方案</td></tr>
<tr><td rowspan="4">考核评价<br>(100分)</td><td colspan="3">考核项目</td><td>得分</td></tr>
<tr><td colspan="3">图纸识读及工程概况编写(40%)</td><td></td></tr>
<tr><td colspan="3">施工方案编制(40%)</td><td></td></tr>
<tr><td colspan="3">职业素质养成(20%)</td><td></td></tr>
</table>

## 知识准备

### 4.4.1　泄水洞构造

泄水洞一般是在地下水特别发达、涌水地段较长且水压较高，用其他防排水措施难以收效时采用。泄水洞应设在地下水上游一侧，与正洞隧道方向平行或近似平行，使周围的地下水经由泄水洞的过滤孔眼流入泄水洞内排走，以达到拦截排水、防止地下水影响隧道的目的。泄水洞与隧道的间距应根据地质情况、地下水位及需要降低水位的程度等来确定，一般情况下其净距不小于 10 m，如图 4.4.1 所示。

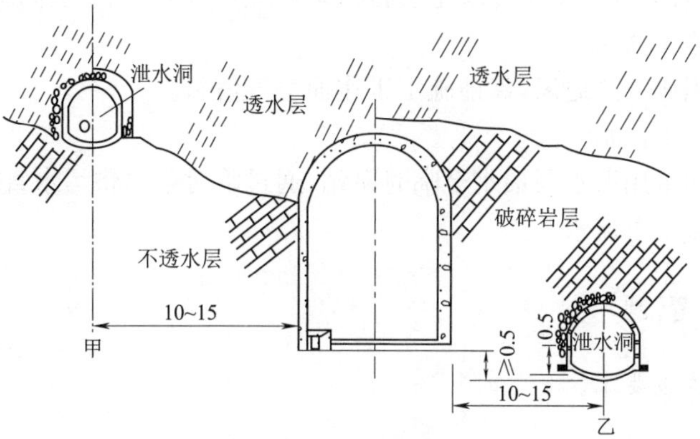


图 4.4.1　泄水洞(单位:m)

泄水洞断面尺寸除应保证有足够的排水能力外，还应便于施工和检查维修，一般不小于 1.2 m(宽)×1.8 m(高)，泄水洞越长，尺寸应适当加大。泄水洞纵向坡度应满足流水通畅，一般不小于 3‰。泄水洞一般应做衬砌，衬砌上应有足够的泄水孔以引入地下水。围岩中有细小颗粒容易流失时，应在衬砌背后设置反滤层。泄水洞洞口一般应设置洞门及出水口沟渠。

### 4.4.2　泄水洞施工

1)泄水洞洞口段施工

开工前进行导线网复测，施工中及贯通后实行三级复核制，保证开挖结构尺寸正确。及时施作洞顶截水天沟，进行地表加固处理，确保边仰坡稳定。

(1)洞口土石方开挖。土方用挖掘机挖装，人工修整；石方用风钻打眼弱爆破，装载机装渣，自卸汽车运渣。自上而下分层开挖，开挖完成后进行进行边仰坡喷、锚、网、喷防护。

(2)进洞措施。泄水洞进洞措施同斜井洞口施工措施。

2)泄水洞开挖、出渣及运输

开挖前进行超前测量放线，画出开挖轮廓线。

(1)泄水洞开挖。泄水洞开挖断面较小，多采用全断面开挖，硬岩段循环进尺 2.0 m；软弱围岩地段人工风镐开挖，必要时弱爆破，循环进尺为 0.8 m。

(2)钻爆设计。泄水洞开挖采用光面爆破。根据地质条件、开挖断面、开挖进尺、爆破器材等条件编制钻爆设计，通过爆破试验确定爆破参数。

(3)装渣运输。爆破、通风后及时清帮、找顶，进行快速初喷。装渣运输采用无轨运输；特殊情况下，也可采用有轨运输，小型装载机装渣，梭式矿车运输至洞外，利用自卸汽车转运至弃渣场。

3)泄水洞暗洞初期支护及辅助施工措施

出渣后及时进行初期支护，喷射混凝土、锚杆、钢筋网铺设与钢架施工均与正洞施工相同。施工通风、防尘与风水电供应等辅助施工措施的要求，也与正洞施工要求相同。

4)模筑混凝土衬砌施工

泄水洞采用模筑衬砌，衬砌采取先底板后拱墙施工。自动计量拌和站生产混凝土，由混凝土运输车运送至衬砌作业面。开挖支护完成后施工底板混凝土，底板混凝土采用全幅施工。拱墙采用人工拱架钢模衬砌、泵送混凝土进行衬砌作业，具体施工方法同斜井施工。

5)泄水洞暗洞施工通风

泄水洞施工采用压入式通风，保证施工工作面空气清新。

6)泄水洞暗洞施工排水

泄水洞开挖期间采用潜水泵抽水至临时泵站，通过临时泵站将污水直接抽排出洞外，在泵站处设截水横沟拦截上方流水。

## 复习与思考题

简述泄水洞的构造要求。

# 项目 5　TBM 隧道施工

## 项目描述

传统的隧道施工多采用基于新奥法理论的矿山法施工，进入新时代以来，在“创新、协调、绿色、开放、共享”的发展理念指引下，大型智能工程机械装备研发制造得到长足发展，在隧道施工领域越来越注重绿色环保、施工安全，TBM 等一体化施工设备将越来越广泛的应用于铁路隧道施工。

岩石隧道掘进机也称硬岩隧道掘进机或 TBM，是指通过旋转刀盘并推进，使滚刀挤压破碎岩石，采用主机带式输送机出渣的全断面隧道掘进机。本项目以真实 TBM 隧道项目为依托，依次完成 TBM 的分类与构造、TBM 隧道的支护结构、TBM 隧道施工准备和 TBM 隧道施工 4 项学习任务。

## 学习目标

**能力目标**

(1)能分辨岩石掘进机的类型；

(2)能根据隧道地质情况进行掘进机选型；

(3)能组织 TBM 隧道的施工。

**知识目标**

(1)掌握岩石掘进机的类型和构造；

(2)掌握 TBM 隧道的构造；

(3)掌握 TBM 隧道的施工工艺。

**素质目标**

(1)民族自豪感；

(2)科技报国的家国情怀和使命担当；

(3)团队意识。

## 任务 5.1　TBM 的分类与构造

**任务工单**

班级：__________姓名：__________学号：__________小组：__________日期：__________

| 工作任务 | TBM 的分类与构造 | 学习模式 | 项目＋任务驱动 |
| --- | --- | --- | --- |
| 建议学时 | 4 学时 | 学习地点 | 理实一体教室 |
| 任务描述 | 根据设计文件，××隧道拟采用 TBM 法施工。项目部组织施工员对 TBM 隧道施工进行技术准备，具体任务包括： | | |

续上表

<table>
<tr><td>工作任务</td><td>TBM 的分类与构造</td><td>学习模式</td><td colspan="2">项目+任务驱动</td></tr>
<tr><td>建议学时</td><td>4 学时</td><td>学习地点</td><td colspan="2">理实一体教室</td></tr>
<tr><td>任务描述</td><td colspan="4">(1)识读 TBM 隧道的施工图纸；<br>(2)识读××隧道 TBM 设备图纸，掌握 TBM 的工作原理</td></tr>
<tr><td>任务目标</td><td colspan="4">能力目标<br>(1)能识别各类 TBM 的机型；<br>(2)能理解各类 TBM 的结构。<br>知识目标<br>(1)掌握各类 TBM 的主机构造；<br>(2)掌握敞开式 TBM 和护盾式 TBM 的工作原理；<br>(3)掌握 TBM 的后配套系统的构成。<br>素质目标<br>(1)民族自豪感；<br>(2)科技报国的家国情怀和使命担当</td></tr>
<tr><td>任务实施</td><td colspan="4">(1)学习相关知识，进行知识准备；<br>(2)识读××隧道的施工图纸，计算工程数量；<br>(3)识读××隧道 TBM 设备图纸，描述 TBM 的工作原理</td></tr>
<tr><td rowspan="5">考核评价<br>(100 分)</td><td colspan="3">考核项目</td><td>得分</td></tr>
<tr><td colspan="3">图纸识读及图纸中各项工程措施的理解(30%)</td><td></td></tr>
<tr><td colspan="3">知识掌握(30%)</td><td></td></tr>
<tr><td colspan="3">TBM 工作原理的掌握(30%)</td><td></td></tr>
<tr><td colspan="3">职业素质养成(10%)</td><td></td></tr>
</table>

## 知识准备

TBM 的传统机型主要有敞开式 TBM、单护盾 TBM、双护盾 TBM 三种，单护盾 TBM 和双护盾 TBM 又统称为护盾式 TBM。随着 TBM 技术的进步以及 TBM 适应复杂地质的需要，除了上述三种基本类型外，还有同时具备 TBM 和盾构功能的多模式 TBM。

### 5.1.1　敞开式 TBM

1. 概述

敞开式 TBM，也称支撑式 TBM 或撑靴式 TBM，是在稳定性较好的岩石中，利用撑靴撑紧洞壁以承受掘进反力及扭矩，不采用管片支护的岩石隧道掘进机(图 5.1.1)。

敞开式 TBM 除部分机型机头上方约 120°范围内有栅格式防护外，其余大部分作业都暴露在隧道空间之中。位于最前方的刀盘在主驱动马达带动下，借助侧向支撑机构提供的反作用力推进刀盘切割岩石。随后借助机械手安装钢拱架和锚杆、喷射混凝土等进行初期支护施工，这种类型的 TBM 为在较完整的围岩条件下进行隧道开挖和支护提供了方便，支护方式具有较大的灵活性。

敞开式 TBM 配置了钢拱架安装器和喷锚等辅助设备，能适应地质的变化，常用于硬岩、较硬岩，岩石相对完整且能够自稳的地层；当采取有效的支护手段后，也可应用于软岩隧道和不良地层。

根据 TBM 支撑洞壁结构的不同，敞开式 TBM 分为主梁式岩石隧道掘进机、凯式岩石隧道掘进机。主梁式 TBM 与凯式 TBM 最大的区别在于为 TBM 提供推进反力的撑靴系统。

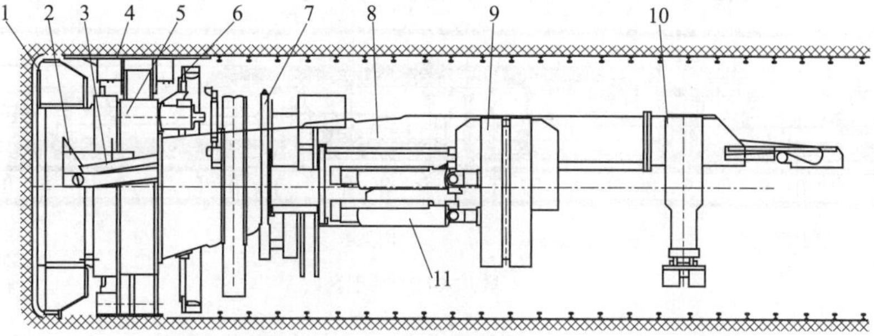


1—刀盘；2—溜渣槽；3—主机带式输送机；4—护盾；5—主驱动单元；6—钢拱架安装器；7—锚杆钻机；8—主梁；9—撑靴；10—后支撑；11—推进液压缸。

图 5.1.1　敞开式 TBM 主机示意

2. 主梁式 TBM 的构造

主梁式 TBM 也称为单撑靴 TBM，主要特点是采用水平撑靴为 TBM 提供推进力，主要适用于围岩坚硬而且自稳性好的隧道。主要优点是与凯式 TBM 相比，结构简单紧凑、调向灵活、对拱顶围岩扰动小、支护方式灵活；主要缺点是暴露在围岩下安全风险大，在不良地层的掘进效率低。

图 5.1.2 所示为主梁式 TBM 整体构造，主要由主机、设备桥和后配套系统组成。主机主要由刀盘、主驱动系统（含主轴承）、护盾、推进及支撑系统、后支撑、主机皮带输送机、辅助支护系统等部分组成。主机是 TBM 系统的核心部分，完成主要掘进和部分支护工作。后配套系统通过设备桥与主机相连，由一系列相连的钢结构台车组成，用于布置液压动力系统、供电和控制系统、供排水系统、通风除尘系统、出渣系统、支护系统等。

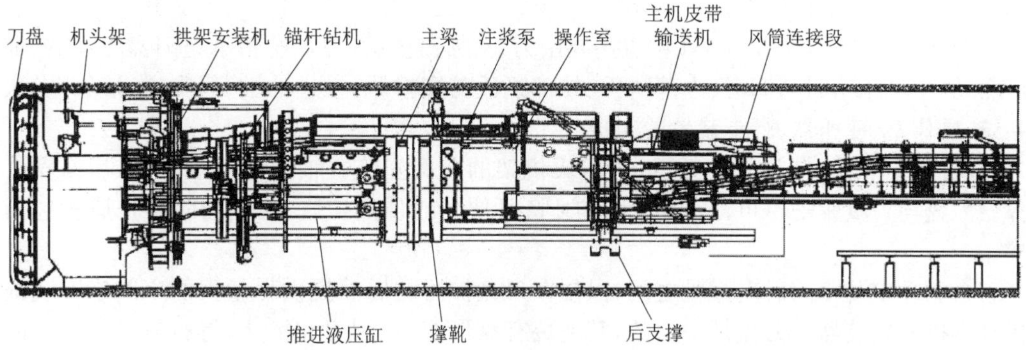


（a）敞开式TBM主机

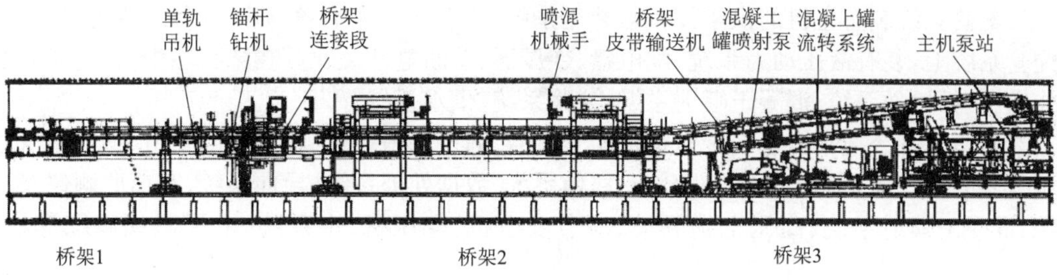


（b）敞开式TBM设备桥

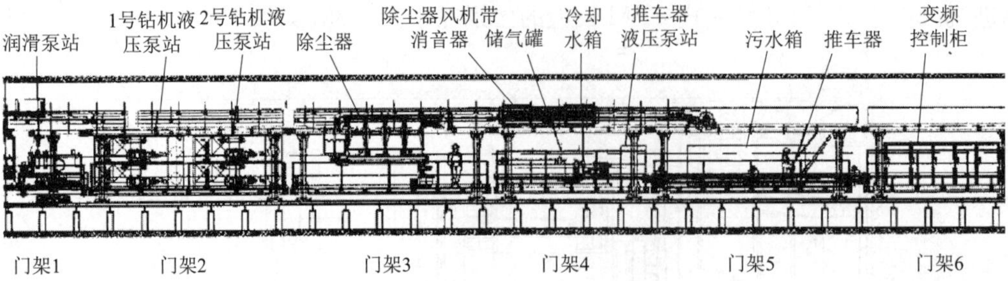


(c) 敞开式TBM后配套1

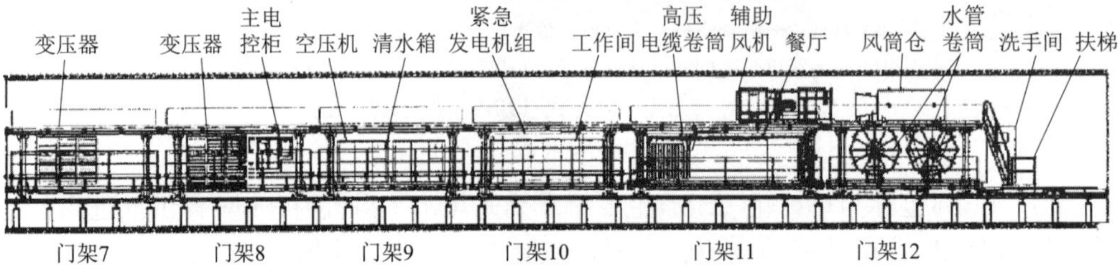


(d) 敞开式TBM后配套2

图 5.1.2　主梁式 TBM 整体构造

3. 凯式 TBM 的构造

凯式 TBM 也称为 X 支撑 TBM，主要特点是使用内外凯氏机架，主要适用于围岩软弱而且自稳性好的隧道。主要优点是与主梁式 TBM 相比，支护更靠近开挖面，撑靴在软弱围岩时使用更灵活，在不良地质条件下的支护能力较主梁式 TBM 强；主要缺点是与主梁式 TBM 相比，其结构较复杂，造价较高。

如图 5.1.3 所示，凯式 TBM 主机主要由刀盘、刀盘护盾、刀盘主轴承与刀盘驱动器、辅助液压驱动、主轴承密封与润滑、内部凯氏、外部凯氏与支撑靴、推进油缸、后支撑、液压系统、电气系统、操作室、变压器、行走装置等组成。

外凯氏机架上装有 X 形支撑靴；内凯氏机架的前面安装主轴承与刀盘驱动，后面安装后支撑。刀盘与刀盘驱动由可浮动的仰拱护盾、可伸缩的顶部护盾、两侧的防尘护盾所包围并支撑。

刀盘驱动安装于前后支撑靴之间，以便在刀盘护盾的后面提供尽量大的空间来安装锚杆钻机和钢拱架安装器。刀盘是中空的，其上装有盘形滚刀、刮刀和铲斗，将石渣送到置于内凯氏机架中的皮带输送机上。

后配套系统装有主机的供给设备与装运系统，由若干个平台拖车和一个设备桥组成。在后配套系统上，装有液压动力系统、配电盘、变压器、总断电开关、电缆卷筒、除尘器、通风系统、操作室、皮带输送系统、混凝土喷射系统、注浆系统、供水系统等。

在后配套系统拖车上还安装有钢拱架安装器、仰拱块吊装机、超前探测钻机、锚杆钻机、风管箱、辅助风机、除尘器、通风冷却系统、通信系统、数据处理系统、导向系统、瓦斯监测仪、注浆系统、混凝土喷射系统、高压电缆卷筒、应急发电机、空压机、水系统、电视监视系统等辅助设备。

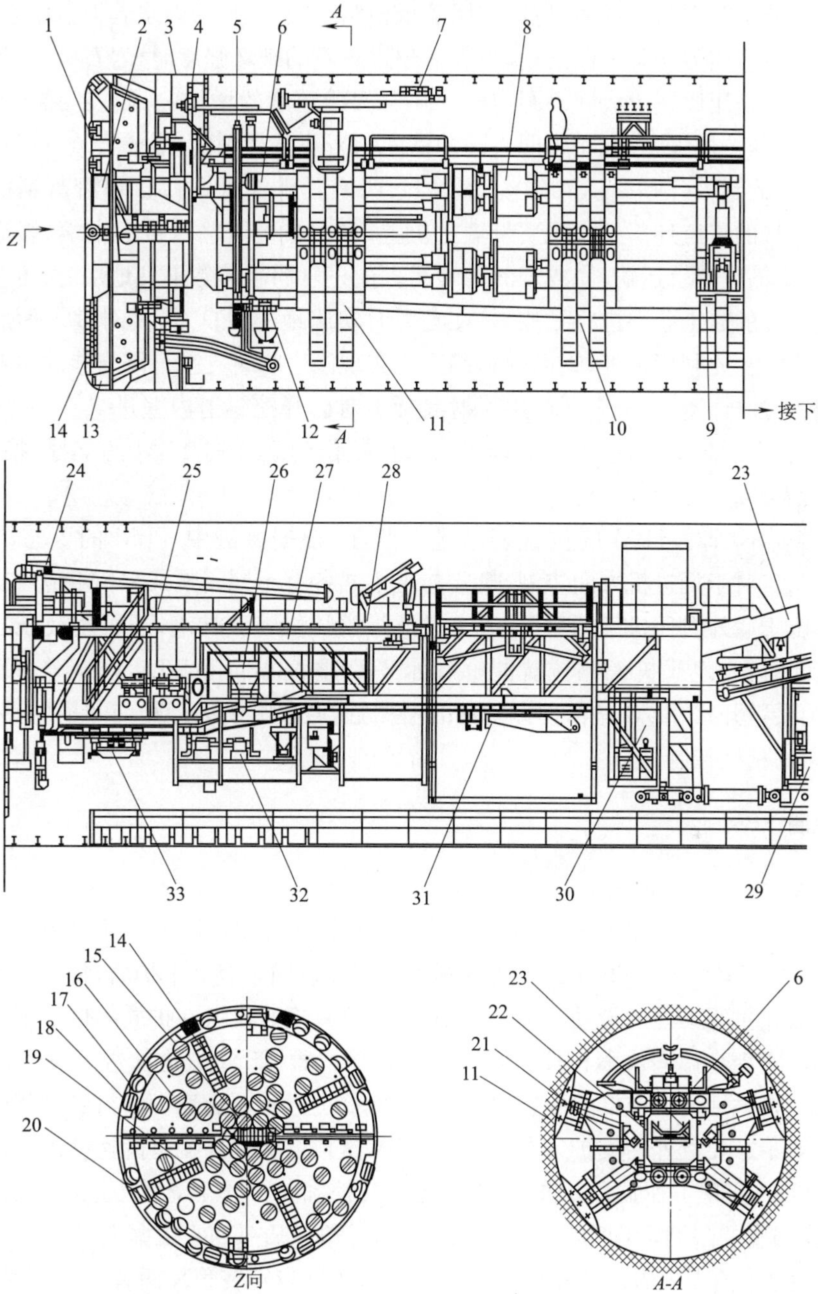


1—盘形滚刀；2，19—刀盘；3—刀盘护盾；4—钢拱架安装器；5—锚杆钻机；6—推进油缸；7—超前探测钻机；8—刀盘驱动；9—后支撑；10—X 形后撑靴；11—X 形前撑靴；12—刀具吊机；13—铲斗；14—刮刀；15—中心刀；16—正滚刀；17—边刀；18—铲斗；20—扩孔刀；21—前外凯氏机架；22—内凯氏机架；23—皮带机；24—运输小车；25—水泵；26—除尘器；27—皮带桥；28—吊机 1；29—平板车；30—操作室；31—吊机 2；32—注浆机；33—仰拱吊机。

图 5.1.3　凯式 TBM 的结构

4. 敞开式 TBM 工作原理

敞开式 TBM 具备岩体开挖、石渣转运、临时支护等功能。采用敞开式 TBM 进行隧道掘进时，装有滚刀的旋转刀盘在推力、扭矩作用下抵住掌子面，盘形滚刀绕着刀盘中心公转，同时也绕自身中心自转，滚刀在掌子面滚动，当载荷超过岩石的破坏强度时，岩石破碎、滚刀贯入岩石，掌子面被滚刀挤压碎裂形成同心圆沟槽。随着沟槽深度的增加，岩体表面裂纹加深扩大，当超过岩石剪切和拉伸强度时，相邻同心圆沟槽间的岩石成片剥落，形成岩渣。

通过刀盘上的刮刀、刮渣板等铲拾岩渣，经过刀盘的溜渣槽（进渣口）滑落到机器中心位置，然后经漏斗状的集渣环落到主机皮带输送机上，在主机皮带输送机的末端，岩渣转由后配套皮带输送机运输或有轨运输，完成岩渣的转运。通过软弱破碎等不良地层时，可利用超前钻机，对掌子面前方的岩土条件进行钻探，并在必要时实施地质改良；需要对掌子面后方的围岩实施临时支护时，主要利用锚杆、钢筋网和钢拱架实现围岩临时支护。围岩渗水可利用掘进机底部的排水系统抽排。在后配套区使用喷射混凝土对已开挖隧道内壁进行支护，所有必要的供应设施均安装在后配套区，还可安装仰拱块。撑靴作为敞开式 TBM 的支撑、换步的结构，同时也用作 TBM 导向。

施工中需要不断对 TBM 的位置姿态进行监测，根据掘进中 TBM 的姿态决定是否对 TBM 进行调向。对于掘进机方向控制，凯式与主梁式各有不同。凯式 TBM 是后支撑装在内凯氏机架上，位于后外凯氏机架的后面，后支撑通过液压缸控制伸缩，还可用液压缸做横向调整；后支撑缩回时，内凯氏机架的位置能够在水平和垂直方向上调整，以调整 TBM 的隧道（洞）中线。主梁敞开式 TBM 是借助撑靴区的液压缸，通过主梁进行竖向和横向移动，从而实现对掘进方向的精确控制。

### 5.1.2 单护盾 TBM

1. 概述

单护盾 TBM 是具有护盾保护，仅依靠管片承受掘进反力的岩石隧道掘进机。

单护盾 TBM 与敞开式 TBM 的主要区别是在刀盘后面带有一个护盾，将机头置于护盾的保护之下，刀盘在主驱动马达带动下旋转切割岩石，管片安装设备在护盾的保护下完成管片衬砌，在岩层中可实现高掘进效率和较少停机时间。单护盾 TBM 刀盘前进的推力由已经完成的衬砌体提供，在脆性岩层或低强度岩层掘进中，使掘进过程与隧道（洞）衬砌之间的相互依赖降至最低，一般不需要额外的支护措施来支护围岩，这样能够提高掘进的速度。

单护盾 TBM 实现了在护盾保护下进行隧道开挖和衬砌作业，大大提高了施工安全性。由于受衬砌体强度的限制，不可能提供很大的推力。单护盾 TBM 在掘进时利用管片作为支撑，其作业原理类似于盾构机；与双护盾 TBM 相比，掘进与安装管片两者不能同时进行，施工速度较慢。

单护盾 TBM 主要适用于软岩、岩石较破碎但是能够自稳的地层。

单护盾 TBM 与盾构机的区别有两点：一是单护盾 TBM 采用皮带输送机出渣，而盾构机则采用螺旋输送机出渣或采用泥浆泵通过管道出渣；二是单护盾 TBM 不具备平衡掌子面的功能，而盾构机则采用土仓压力或泥水压力平衡开挖面的水土压力。

2. 单护盾 TBM 主机构造

单护盾 TBM 主机构造如图 5.1.4 所示。

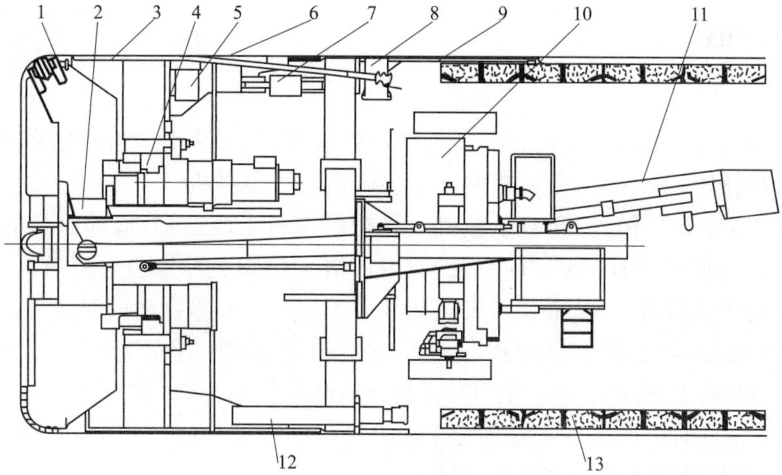


1—刀盘；2—溜渣槽；3—前护盾；4—主驱动单元；5—前护盾稳定器；6—中护盾；7—铰接液压缸；8—尾护盾稳定器；9—尾护盾；10—管片拼装机；11—主机皮带输送机；12—推进液压缸；13—管片。

图 5.1.4　单护盾 TBM 主机构造

单护盾 TBM 刀盘上配置了盘形滚刀、刮刀、铲斗、喷嘴、耐磨保护等。机头架为箱形结构，为主轴承、主驱动及刀盘提供支撑。推进液压缸沿盾体圆周方向布置，每根推进液压缸配置靴板，靴板与液压缸球头和球套连接，靴板可将液压缸推力均匀地作用在管片接触面上。盾体滚转纠偏装置可调整推进液压缸与隧洞轴线的夹角。铰接液压缸连接掘进机中盾与尾盾，能使盾尾根据线路情况调整尾盾与中盾的夹角，满足掘进机转弯的需要。主机皮带输送机将落入刀盘内的岩渣运输至后配套皮带输送机，主机皮带输送机满足最高掘进速度的需要并有富余系数。前盾用于支撑机头架，并在前盾布置稳定器以减少开挖过程振动。中盾和前盾之间采用螺栓连接。尾盾与中盾通过焊接连接，在尾盾的末端设计止浆板密封，以防止回填豆砾石及水泥砂浆沿盾体向前扩散。

单护盾 TBM 即装有调向液压缸的固定式驱动机构，又装有铰接轴承或者扭矩液压缸，还配有辅助纵向移动液压缸的可伸缩式驱动机构。这些控制机构使得 TBM 可以建造转弯半径非常小的隧道(洞)。无论采用哪一种驱动机构，都可将刀盘退回，从而可以直接到达掌子面。如果刀盘处于常压环境下，那么作业人员可进入掌子面与刀盘之间的空间，易于更换在掘进过程中受磨损的滚刀。

3. 单护盾 TBM 工作原理

单护盾 TBM 隧道开挖时，掘进机由推进油缸作用于尾护盾内安装的管片来提供推力，刀盘转动破碎工作面的岩石，岩石碎屑由位于主机中部的皮带机运出。当掘进一个行程后，掘进停止，在盾尾的保护下，进行管片安装及管片背部填充，从而完成一个工作循环。单护盾 TBM 的掘进需要靠衬砌管片来提供推进反向力，因此在安装衬砌管片时必须停止掘进，即机器掘进与管片拼装不能同时进行。

在掘进过程中，刀盘回转破岩可能会造成盾体滚转。在掘进前，根据盾体滚转情况，利用纠滚装置，将推进油缸相对隧道轴线偏转一定角度。在推进油缸撑紧管片时，沿圆周产生切向力，该力对前盾产生纠偏转矩，在掘进过程中逐渐将盾体纠正。

有些单护盾 TBM 配置了驱动伸缩及抬升装置，机头架通过伸缩油缸及四组扭矩油缸与前盾相连接。扭矩油缸不仅为刀盘旋转提供反扭矩，且可以实现刀盘的上、下、左、右移动。

### 5.1.3　双护盾 TBM

1. 概述

双护盾 TBM 又称伸缩护盾式 TBM，是具有护盾保护，依靠管片和(或)撑靴撑紧洞壁以承受掘进反力和扭矩，掘进可与管片拼装同步的岩石隧道掘进机。

双护盾 TBM 是在单护盾 TBM 的基础上将护盾进行了改造，分成前后两部分，前护盾与后护盾之间为套筒式可伸缩连接，并在后护盾内设置了侧向支撑撑靴。刀盘可以借助撑靴与围岩的摩擦来提供前进推力，从而使衬砌安装和刀盘掘进互不干扰地同时进行。双护盾 TBM 对地质具有较广泛适应性，既能适应软岩，也能适应硬岩或软硬岩交互地层。

与敞开式 TBM 不同的是，双护盾 TBM 具有全圆的护盾；与单护盾 TBM 不同的是，双护盾 TBM 在地质良好时可以掘进与安装管片同时进行。伸缩护盾形式是双护盾 TBM 的独有的结构特点，是实现软硬岩作业转换的关键。

2. 双护盾 TBM 主机构造

双护盾 TBM 主机构造如图 5.1.5 所示，主要由刀盘、主驱动、盾体、主推系统、辅助推进系统、反扭转装置、稳定器、主机皮带机、管片拼装机等构成。

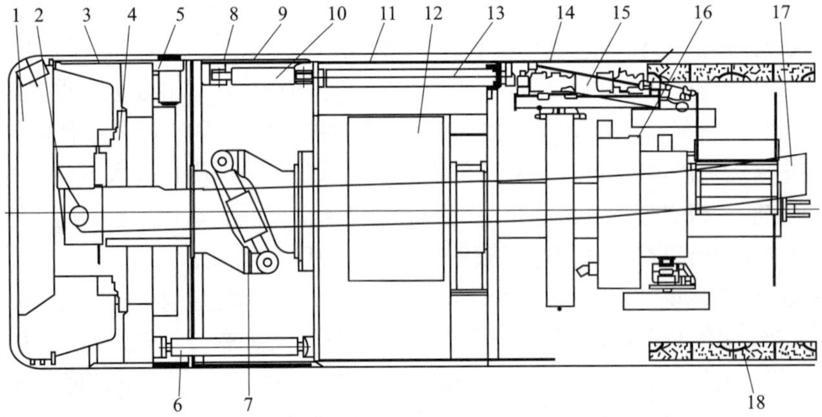


1—刀盘；2—溜渣槽；3—前护盾；4—主驱动单元；5—稳定器；6—推进液压缸；7—反扭矩梁；
8—外伸缩护盾；9—内伸缩护盾；10—铰接液压缸；11—支撑护盾；12—撑靴；13—辅助推进液压缸；
14—尾护盾；15—超前钻机；16—管片拼装机；17—主机带式输送机；18—管片。

图 5.1.5　双护盾 TBM 主机构造

1)盾体

双护盾 TBM 的盾体包括前护盾、伸缩护盾、撑靴、支撑护盾和尾护盾。由于双护盾 TBM 盾体长度较长，为降低卡盾风险，通常采取锥形设计，直径前大后小。

前护盾是主驱动的支撑体，其外径比掘进机的开挖直径略小，以允许设备调向，并防止在边刀磨损后，开挖直径减小导致护盾与岩壁发生卡阻。在掘进过程中为了稳定刀盘和前护盾，在前护盾的顶部通常有两个稳定器。

伸缩护盾包括外伸缩护盾和内伸缩护盾，外伸缩护盾与前护盾的后端通过螺栓连接，内伸缩护盾通过若干油缸与支撑护盾连接，内外护盾之间存在间隙。在双护盾模式下掘进时，外护盾跟随前护盾向前移动，内护盾保持不动，伸缩护盾伸长，在完成一个行程掘进进行换步时，外护盾和前护盾保持不动，内盾跟随支撑护盾向前移动，伸缩护盾缩短。通过伸缩护盾，解决了前护盾和支撑护盾之间的伸缩问题，使两个护盾之间的腔体始终处于受保护状态，保证了双护盾模式下掘进和安装管片可以同时进行；此外，解决了前护盾和支撑护盾的弯曲问题，伸缩内外护盾的间隙，允许掘进机前护盾和支撑护盾角度偏转，完成调向转弯。

尾护盾作用是为混凝土衬砌管片的安装提供足够操作空间，通过焊接或者螺栓与支撑护盾连接。为防止豆砾石进入尾护盾和豆砾石在尾护盾外飞溅，在尾护盾的末端通常设计有止浆板和密封刷。

2)推进系统

双护盾的推进系统包括主推系统、反扭矩装置、辅助推进系统。

主推系统由连接在前护盾和支撑护盾之间的若干油缸组成，分成上、下、左、右四组，沿圆周布置。每一组油缸均设置有一个行程传感器，用来反映该油缸的伸出长度。在调向时，通过四组油缸的伸长量来调整掘进方向。

反扭矩装置是位于前护盾和支撑护盾之间，传递刀盘扭矩的装置。

辅助推进系统由安装在支撑护盾的若干油缸组成，其结构功能与主推系统相同。

3. 双护盾 TBM 工作原理

双护盾 TBM 具有两种掘进模式：即双护盾掘进模式和单护盾掘进模式。双护盾掘进模式适用于稳定性好的地层及围岩有小规模剥落而具有较稳定性的地层，此时洞壁岩石能自稳并能经受水平支撑的巨大支撑力，掘进时伸出水平支撑靴撑紧洞壁，由支撑靴提供掘进反力；单护盾掘进模式则适应于不稳定及不良地质地段，由管片提供掘进反力。

1)双护盾掘进模式

在围岩稳定性较好的硬岩地层中掘进时，撑靴紧撑洞壁为主推进液压缸提供反力，使 TBM 向前推进，刀盘的反扭矩由两个位于支撑盾的反扭矩液压缸提供，掘进与管片安装同步进行。此时 TBM 作业循环为：掘进与安装管片→撑靴收回换步→再支撑→再掘进与安装管片，具体步骤如图 5.1.6 所示。

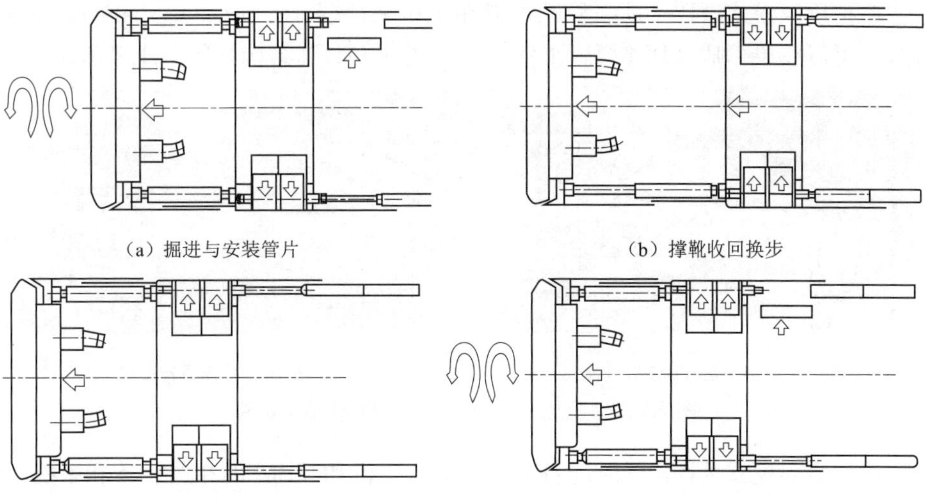

(a) 掘进与安装管片　(b) 撑靴收回换步

(c) 再支撑　(d) 再掘进与安装管片

图 5.1.6　双护盾掘进模式(硬岩模式)

2)单护盾掘进模式

在软弱围岩地层中掘进时，洞壁岩石不能为水平支撑提供足够的支撑力，支撑系统与主推进系统不再使用,伸缩护盾处于收缩位置。刀盘的扭矩力由盾壳与围岩的摩擦力提供,刀盘的推力由辅助推进液压缸支撑在管片上提供,TBM 掘进与管片安装不能同步。此时 TBM 作业循环为:掘进→辅助液压缸收回→安装管片→再掘进,如图 5.1.7 所示。

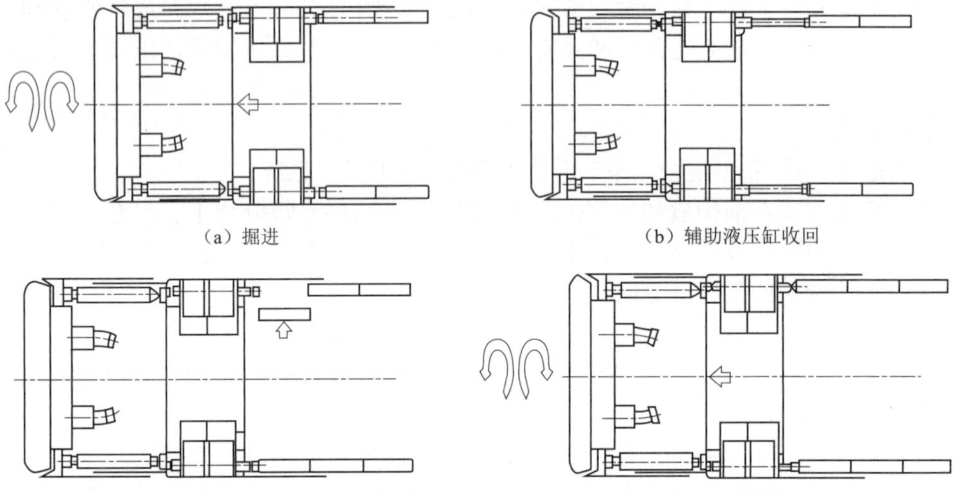

(a) 掘进　(b) 辅助液压缸收回　(c) 安装管片　(d) 再掘进

图 5.1.7　单护盾掘进模式(软岩模式)

### 5.1.4　多模式 TBM

1. 类型与构造

多模式 TBM 是在单护盾 TBM 工作模式的基础上增加了盾构密闭式功能,主要包括土压/单护盾双模式 TBM、泥水/单护盾双模式 TBM、土压/泥水/单护盾三模式 TBM。

1)土压/单护盾双模式 TBM

土压/单护盾双模式 TBM 是一种既可以在土压平衡(earth pressure balance,简称 EPB)模式工作,又可以在单护盾 TBM 模式工作的双模式 TBM,其结构如图 5.1.8 所示。

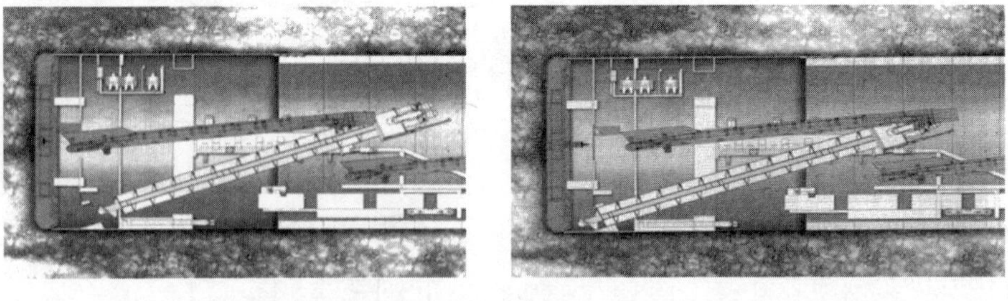

(a)单护盾 TBM 掘进模式　(b)土压平衡盾构模式

图 5.1.8　土压/单护盾双模式 TBM 结构示意

土压/单护盾双模式 TBM 同时配备土压平衡盾构机和 TBM 的相关设备和系统,如 TBM 具有的中心皮带输送机出渣系统、溜渣系统、除尘系统、豆砾石系统等,和土压平衡盾构机具有的螺旋输送机出渣系统、泡沫系统、同步注浆系统、膨润土系统等。

当开挖面不能自稳时,采用 EPB 模式,在带压模式下掘进,此时出渣装置采用底部螺旋输送机出渣;当开挖面能够自稳时,采用 TBM 模式,在敞开模式下掘进,此时出渣装置采用中心皮带输送机出渣。

2)泥水/单护盾双模式 TBM

泥水/单护盾双模式 TBM 可以在泥水平衡和单护盾 TBM 两种模式下相互转换,泥水平衡模式下,采用泥浆管道出渣,用于富水、高水压裂隙地层;单护盾 TBM 模式下,采用皮带输送机出渣,用于无水或少水岩石地层。泥水/单护盾双模式 TBM 如图 5.1.9 所示。

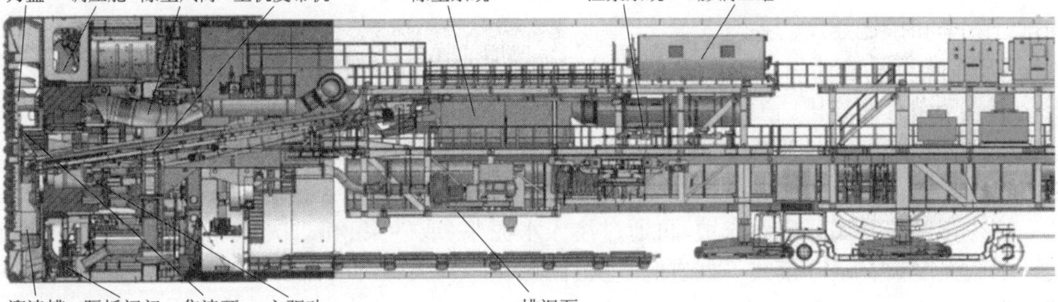


(a) 单护盾TBM模式

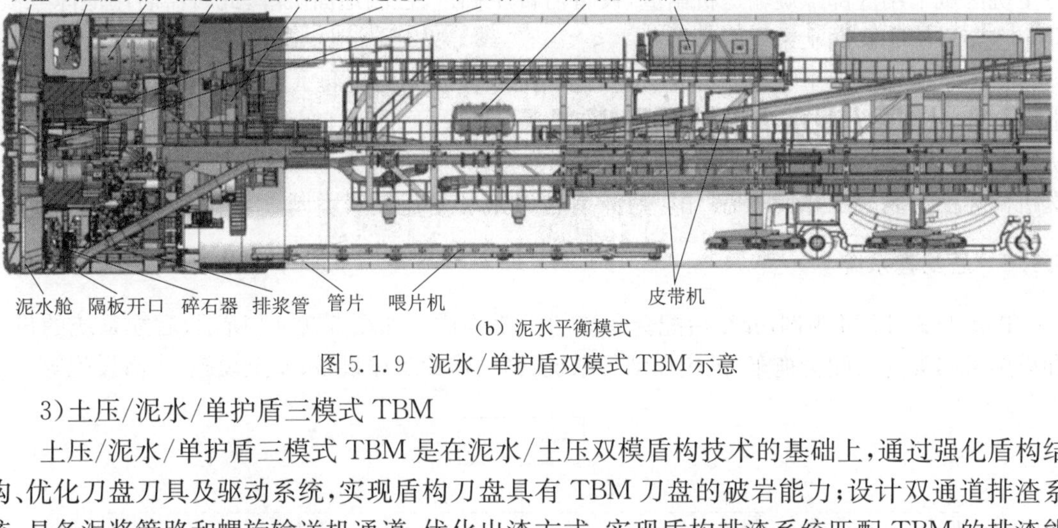


(b) 泥水平衡模式

图 5.1.9　泥水/单护盾双模式 TBM 示意

3)土压/泥水/单护盾三模式 TBM

土压/泥水/单护盾三模式 TBM 是在泥水/土压双模盾构技术的基础上,通过强化盾构结构、优化刀盘刀具及驱动系统,实现盾构刀盘具有 TBM 刀盘的破岩能力;设计双通道排渣系统,具备泥浆管路和螺旋输送机通道,优化出渣方式,实现盾构排渣系统匹配 TBM 的排渣能力,在保留泥水/土压双模式盾构机优点的基础上兼具全断面硬岩地层快速掘进能力。

土压/泥水/单护盾三模式 TBM 具有三种掘进模式,分别是土压掘进模式、泥水掘进模式和单护盾 TBM 掘进模式。

土压掘进模式下,通过土压力平衡掌子面水土压力,通过螺旋输送机、皮带机、渣车输送渣土,适用于黏土地层、复合地层掘进,具备施工工序简单、掘进效率高、耗能少和施工成本低等优点。

泥水掘进模式下,通过开挖仓泥浆压力平衡掌子面水土压力,通过泥浆管道输送渣土,适用于砂层、上软下硬地层、对地表沉降控制高等地层掘进施工,具备工作压力高、地表沉降控制好、刀盘刀具寿命长等优点。

单护盾 TBM 掘进模式下,开挖仓常压,泥浆液位高度为整仓的 1/3,通过泥浆管道输送渣土(下部进浆口进浆),适用于全断面硬岩地层掘进施工,具备掘进效率高,刀具寿命长、工作区域无粉尘等优点。

2. 工作原理

以土压/单护盾双模式 TBM 为例,介绍多模式 TBM 的基本构造和工作原理。土压/单护盾双模式 TBM 包括两种工作模式:单护盾 TBM 模式和土压平衡模式。两种不同的掘进模式下主机区域出渣方式不同,在进行模式转换时需要对刀盘进行局部改造,增加溜渣板。

土压/单护盾双模式 TBM 在硬岩地层或围岩可自稳地层掘进时采用 TBM 模式。此时主机区域采用中心皮带输送机出渣,掘进具有高转速、低扭矩的特点,以提高设备在硬岩地层中的掘进效率和掘进速度。

TBM 模式掘进时,中心皮带输送机从主驱动中心位置处伸入土仓,刀盘背部装有溜渣板,土仓中心处设有溜渣槽。刀盘破岩后渣土经刮渣板进入溜渣板,再通过溜渣槽落入中心皮带输送机,再经后配套皮带输送机运输至后配套区域。此时,刀盘中心处设计喷水回转装置,用于降尘和降温。

管片背部先采用豆砾石充填,再通过注入水泥浆(或砂浆)和二次补浆的方式使管片达到设计承载强度。在敞开模式下掘进时,主机区域灰尘较大,因此,需要启用除尘系统,净化主机部位空气质量。

土压/单护盾双模式 TBM 在不稳定地层中或软土地层中掘进时选用土压平衡模式。此时主机区域采用底部螺旋输送机出渣,设备需带压掘进、控制地面沉降,此时需启用泡沫系统、同步注浆系统和膨润土系统。

土压平衡模式下主驱动中心处安装有回转接头,泡沫及膨润土通过回转接头通道及刀盘上布置的管路进入到刀盘前部,对渣土进行改良。前盾下部装有螺旋输送机,渣土在螺旋输送机内形成土塞效应并通过螺旋输送机后仓门落入到后配套皮带输送机。在土仓隔板和螺旋输送机筒体上安装有土压传感器,用以检测土仓和螺旋输送机内土压。

### 5.1.5 后配套系统

以敞开式 TBM 为例,介绍后配套系统的主要构成。如图 5.1.10 所示,后配套系统的设备和设施可归类为后配套拖车、供应和动力系统、辅助作业工序设备、安全设施、生活设施等。

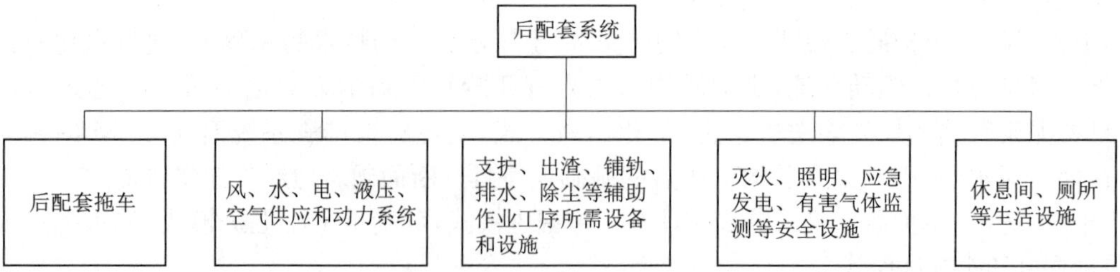

图 5.1.10 后配套系统构成

1)后配套拖车

后配套拖车是 TBM 重要的组成部分,由若干节钢结构车体组成。在门架式拖车上,装有 TBM 液压动力系统、配电盘、变压器、总断电开关、电缆卷筒、除尘器、通风系统、操纵台、皮带输送系统、混凝土喷射系统、注浆系统、供水系统及其他辅助设备。拖车在隧道内铺设的轨道上滚动行走,拖车之间通过铰接的连接轴连接。每节拖车都设置有人行通道和防护围栏以确保相关人员的安全。拖车和后配套结构上安装有斜梯、爬梯或工作平台,便于人工操作。

有时在后配套拖车与主机之间加设连接桥,连接桥也可以看作后配套系统的一部分。

2)供应和动力系统

(1)液压动力站

TBM主机液压动力站一般布置在后配套上,有时也布置在主机上。主机上的锚杆钻机液压动力站一般也安放在后配套拖车上。

(2)供电与电气控制系统

供电与电气控制系统包括与隧道(洞)布设电缆接口的高压电缆卷筒、变压器、电气控制柜、电缆等。

(3)供风系统

供风系统包括与隧道(洞)通风系统接口的风管储存筒、二次风机、后配套拖车上从后向前铺设的金属风管等。

(4)供水系统

供水系统包括与隧道(洞)供水管接口的水管卷筒、后配套上供水管、水泵、水箱等。

(5)供气系统

供气主要是提供高压空气,包括喷射混凝土用压缩空气和气动工具用压缩空气。供气系统设备主要由空气压缩机、储气罐及管路等构成。

3)辅助作业工序设备

(1)锚杆钻机

锚杆钻机一般作为主机附属设备布置在TBM主梁的前部,但有时也需要在连接桥上或后配套前部布设附加的锚杆钻机,主要用于隧洞直径较大、锚杆数量较多的隧道(隧洞)。

(2)混凝土喷射系统

混凝土喷射系统包括混凝土输送泵及其液压动力站和控制柜、喷射机械手及其液压动力站和控制柜、混凝土输送管路、外加剂输送泵及储存箱等。

(3)注浆系统

注浆系统包括注浆泵站、搅拌器及其管路。

(4)出渣作业系统

TBM采用皮带运输系统出渣作业时,其皮带运输系统由主机皮带输送机、后配套皮带输送机、连续皮带输送机等几部分组成。主机皮带输送机、后配套皮带输送机为TBM设备自带的出渣系统;连续皮带输送机的皮带通过支架安装在洞壁上或悬挂在洞顶,可不断延长。石渣由主机皮带输送机转到后配套皮带输送机上,然后由连续皮带输送机运至洞外。采用连续皮带输送机出渣,需要考虑在后配套拖车上布置连续皮带输送机尾段及安装皮带架的空间。

TBM隧道出渣还可以采用有轨运输。采用矿车运渣出洞,需要考虑后配套拖车上的列车行走轨道、推车器、卸渣点布置等。卸渣形式可采用侧翻式或翻转式。

(5)排水系统

排水系统主要由排水泵、污水箱、管路等组成。一般从主机至后配套尾部安排多级排水泵。

(6)轨道或仰拱块铺设设施

轨道铺设设施包括吊运轨道等材料的起重机及其滑道,以及需要留出铺设轨道空间。采用预制仰拱块时,需要有仰拱块起重机。

(7)除尘作业系统

除尘作业系统一般由除尘器、除尘风机、除尘风管等构成。

(8)清渣作业设备

TBM 施工时，洞底会沉积大量泥渣，特别是破碎岩石情况，需要清渣设备。一般采取人工将泥渣清理到清渣皮带输送机或吊运铲头上，再转运到后配套皮带输送机上。有时在主机处还采取螺旋输送机将石渣返回到刀盘。

4)安全设施及生活设施

安全设施包括后配套拖车上布设的扶手、走道、台阶、爬梯、护栏，以及灭火装置、照明设施、应急发电机、有害气体监控报警系统等；生活设施包括休息间、厕所等。

**复习与思考题**

(1)简述敞开式 TBM 工作原理。

(2)简述单护盾 TBM 与盾构机的区别。

(3)简述单护盾 TBM 和双护盾 TBM 的工作原理。

# 任务 5.2 TBM 隧道的支护结构

## 任务工单

班级：____________ 姓名：____________ 学号：____________ 小组：____________ 日期：____________

<table>
<tr><td>工作任务</td><td colspan="2">TBM 隧道的支护结构</td><td>学习模式</td><td>项目＋任务驱动</td></tr>
<tr><td>建议学时</td><td colspan="2">4 学时</td><td>学习地点</td><td>理实一体教室</td></tr>
<tr><td>任务描述</td><td colspan="4">根据设计文件，××隧道拟采用 TBM 法施工。项目部组织施工员对 TBM 隧道施工进行技术准备，具体任务包括：<br>(1)识读 TBM 隧道的施工图纸，根据施工图纸计算工程数量；<br>(2)编写 TBM 隧道的工程概况</td></tr>
<tr><td>任务目标</td><td colspan="4">能力目标<br>(1)能识读 TBM 隧道施工图纸；能计算相应工程数量；<br>(2)能理解、实施施工图纸中规定的各项工程措施。<br>知识目标<br>(1)掌握敞开式 TBM 隧道的支护结构构造；<br>(2)掌握护盾式 TBM 隧道的支护结构构造。<br>素质目标<br>(1)不怕吃苦、乐于奉献的品格；<br>(2)建设交通强国的责任感和使命感</td></tr>
<tr><td>任务实施</td><td colspan="4">(1)学习相关知识，进行知识准备；<br>(2)识读××TBM 隧道的施工图纸，根据施工图纸计算工程数量；<br>(3)编写 TBM 隧道的工程概况</td></tr>
<tr><td rowspan="5">考核评价<br>(100 分)</td><td colspan="3">考核项目</td><td>得分</td></tr>
<tr><td colspan="3">图纸识读及工程数量计算(40%)</td><td></td></tr>
<tr><td colspan="3">知识掌握(25%)</td><td></td></tr>
<tr><td colspan="3">工程概况编写(25%)</td><td></td></tr>
<tr><td colspan="3">职业素质养成(10%)</td><td></td></tr>
</table>

## 知识准备

支护结构的施工是 TBM 隧道施工的重要环节,TBM 隧道的支护结构应该根据选用的 TBM 机型特点,选择合适的支护形式和参数。

### 5.2.1　敞开式 TBM 隧道的支护结构

1. 敞开式 TBM 支护设计原则

敞开式 TBM 的支护结构主要按新奥法原理进行设计,多采用复合式衬砌,仰拱宜采用钢筋混凝土预制块结构(图 5.2.1)。初期支护主要包括钢拱架、锚杆、钢筋排、钢筋网、喷射混凝土等支护方法,二次衬砌采用模筑素混凝土、钢筋混凝土或钢纤维混凝土。图 5.2.2 为 TBM 隧道管片式衬砌。

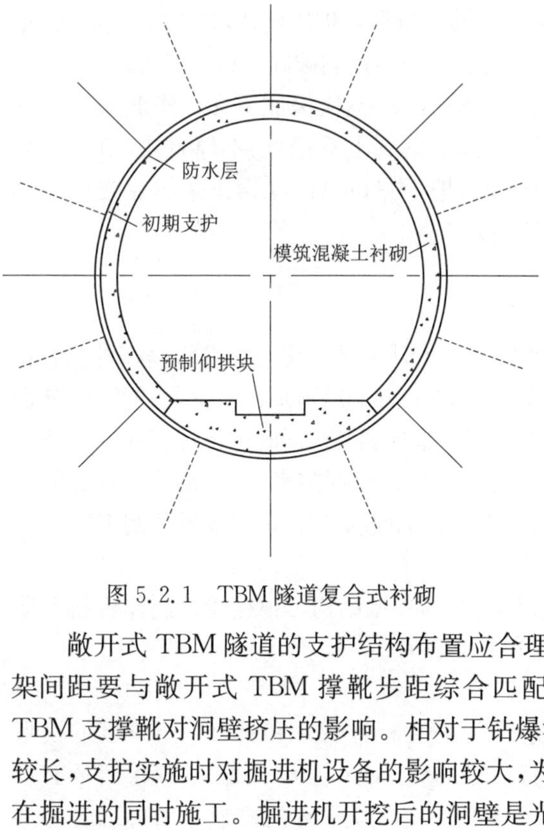


图 5.2.1　TBM 隧道复合式衬砌

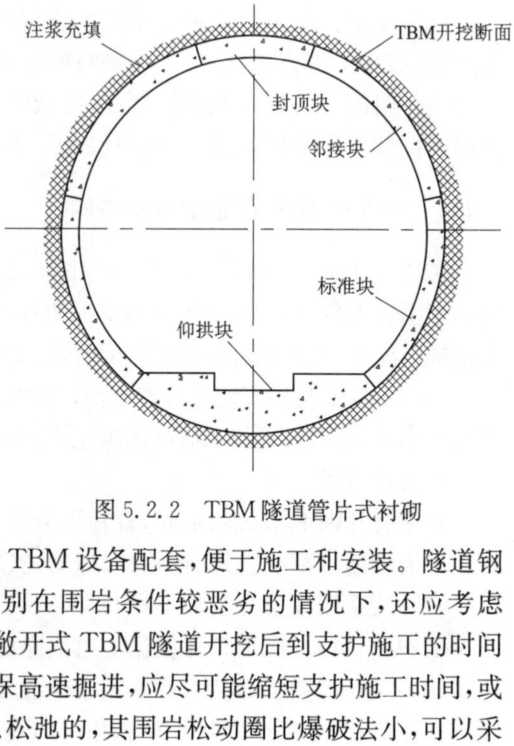


图 5.2.2　TBM 隧道管片式衬砌

敞开式 TBM 隧道的支护结构布置应合理,与 TBM 设备配套,便于施工和安装。隧道钢架间距要与敞开式 TBM 撑靴步距综合匹配,特别在围岩条件较恶劣的情况下,还应考虑 TBM 支撑靴对洞壁挤压的影响。相对于钻爆法,敞开式 TBM 隧道开挖后到支护施工的时间较长,支护实施时对掘进机设备的影响较大,为确保高速掘进,应尽可能缩短支护施工时间,或在掘进的同时施工。掘进机开挖后的洞壁是光滑、松弛的,其围岩松动圈比爆破法小,可以采用轻型支护。

2. 初期支护结构的组成

1)钢拱架

钢拱架是岩石掘进机施工采用最多的一种支护形式,可在短时间内架设,视围岩状况易变更设计,通常采用 H100～H150 的型钢。与喷射混凝土和锚杆比,可立即发挥支护效果,这对掘进速度快的岩石掘进机施工是很有利的。在松弛荷载较大时,可采用钢背板。敞开式 TBM 是靠支撑靴顶住围岩提供前进推力的,在Ⅳ、Ⅴ级围岩中架设钢拱架的间距必须考虑撑靴大小和 TBM 步进尺寸。

2)喷锚支护

在敞开式 TBM 中,最接近掌子面设置支护的位置是在刀盘后。刀盘和支撑靴间有主马达和液压缸装置等,施设支护的空间有限,同时喷射混凝土的粉尘和回弹对设备也有影响。因此,主机部位经常安装锚杆钻机、拱架安装器等,喷射混凝土机械手常布置在主机后的连接桥上。

TBM 施工段有别于钻爆法施工段,虽也采用喷锚支护,但其支护优先采用锚杆和钢拱架,对于Ⅳ、Ⅴ级围岩段为满足及时支护要求,布设的系统锚杆紧邻 TBM 机头进行施工,由护盾后的轨道式锚杆钻机快速安装完成,锚杆的钻进方向都是按照钻机圆形轨道的切线方向布置,而对于Ⅱ、Ⅲ级围岩,锚杆是随机布置,可以由人工安装完成。

3)钢筋排支护

当敞开式 TBM 施工遭遇破碎带时,将一定数量钢筋根据施工要求,按一定周向支护角度和间距沿洞壁周向排列,形成钢筋排支护结构。钢筋排的钢筋,一端支撑在顶护盾夹层结构中,露出护盾一端通过焊接固定在拱架和锚杆上。随 TBM 向前掘进和顶护盾前移,顶护盾、钢筋排、锚杆、拱架支撑构成的整体顶棚,可不间断地支撑破碎洞段,有效地控制破碎岩石的塌落。

钢筋排支护能有效支护已支护区和护盾之间的危险区域,不仅保证了支护作业人员的安全,而且减少了塌方量,减少了支护时的清渣作业量,真正做到了不塌方、不掉石块,节省了支护的工作时间。另外,钢筋排对危险区域的有效连续支护,为打锚杆、立钢拱架作业提供了充足的时间和安全的作业环境,从而保证了支护的质量。

### 5.2.2　护盾式 TBM 隧道的支护结构

护盾式 TBM 主要采用管片支护(图 5.2.2),然后进行壁后回填。优点是:适合软弱围岩,特别是当围岩承载力很低,撑靴不能支撑岩面时,可利用尾部推力千斤顶顶推已安装的管片,从而获得推进反力;当撑靴可以支撑岩面时,双护盾掘进机可以掘进和换步同时进行,提高循环速度。

利用管片安装机安装管片速度快,支护效果好,安全性好。根据防水需要,每块管片之间要安装止水条,并需在管片和洞壁间隙压入豆砾石和注浆。为了预制管片,需要设置预制工厂。

1. 管片分类

根据管片断面形式的不同,管片可分为箱型、平板型和异型结构。根据管片制作材料不同可以分为钢筋混凝土管片、钢管片、球墨铸铁管片和复合管片。

管片按适用线形分类如下:

①楔形管片。楔形管片根据隧道线路的不同,又可分为标准管片和具有一定锥度的楔形管片,前者用于直线段施工,后者用于曲线段转弯施工和修正轴向起伏(纠偏)。楔形管环有最大宽度和最小宽度,由管片外径和相应的施工曲线半径决定。楔形环的楔形角由标准管片的宽度、外径和施工曲线的半径而定。采用这类管片时,至少需三种管模,即标准环管模、左转弯环管模、右转弯环管模。

②通用管片。通用管片是针对同一条等直径隧道而言的,本质上是由楔形管片拼装而成的楔形管环。从理论上而言,通用管片可适用于所有单圆盾构施工的隧道工程,其理由在于,通过通用管片的有序旋转可完成直线段和不同半径的曲线段以及空间曲线段。在隧道的实际设计过程中,通用管片更适用于轴线存在较多曲线段以及空间曲线段的隧道,采用通用管片的优点在于设计图纸简捷、施工方便,同时可减少钢模的品种、降低工程造价。

2. 管片构造

目前，国内地铁管片衬砌均采用预制钢筋混凝土拼装而成，管片环一般由标准块、邻接块和封顶块组成。管片块与块、环与环之间采用高强螺栓连接，同时为了增加空间刚度，减少管片变形量，管片环与环之间一般采用错缝进行拼装。

1)管片分块

衬砌环一般由数块A型(标准块)管片、2块B型(邻接块)管片和1块K型(封顶块)管片组成。管环的分块数应根据隧道的直径大小、螺栓安装位置的互换性(错缝拼装时)而定，管环的分割数$n$(即管片数)按式(5.2.1)计算。

$$n=x(\mathrm{A})+2(\mathrm{B})+1(\mathrm{K}) \tag{5.2.1}$$

其中，$x$为标准块(A)的数量，其值与管片外径有关，外径大则$x$大，外径小则$x$小。铁路隧道中$x$一般取3～5块，对上下水道、电力和通信电缆隧道，$x$一般取0～4块。

封顶块有大、小两种，小封顶块的弧长以600～900 mm为宜。封顶块的楔形量宜取1/5弧长左右，径向插入的封顶块楔形量可适当取大一些；此外，每块管片的环向螺栓数量不得少于2根。

2)管片厚度与宽度

隧道管片不仅要长期承受作用于隧道的所有荷载、防止地下涌水，而且在施工过程中还必须承受TBM前进中推进液压缸的推力及衬砌背后注浆时的压力。管片的厚度一般需根据计算或工程类比而定。根据工程实践，管片厚度可取隧道外径的4%～6%，隧道直径大者取小值，小直径隧道取大值。

衬砌环的宽度主要依据线路曲线、断面大小、盾构设备、施工进度及造价等因素确定。铁路隧道断面较大，曲线段半径大，从降低衬砌制造成本、减少接缝和漏水、加快施工进度等方面考虑，管片宽度大一些为宜。常用的管片宽度一般为2.0 m。大直径掘进机施工隧道管片分块及厚度见表5.2.1。

**表5.2.1 管片分块及厚度**

| 管片环外径(m) | 管片分块(块) | 管片厚度(mm) |
|---|---|---|
| 8～10 | 7～8 | 300～400 |
| 10～12 | 7～9 | 400～500 |
| 12～15 | 9～12 | 500～600 |

3)管片连接

管片拼接方式有通缝和错缝两种。通缝拼装的施工工艺相对简单，管片的制作精度要求较低。当制作精度不高时，引起的顶碎比错缝拼装少。错缝拼装在控制结构变形方面比通缝拼装好，在保证拼装质量的情况下，丁字接缝防水比十字接缝容易，但在拼装质量不高的情况下可能导致管片容易顶碎。

管片连接构件包括环向接头和纵向接头在内的多种金属紧固件，其中环向接头的螺栓是连接相邻分散管片的主体结构。螺栓的数量与位置直接影响圆环的整体刚度和强度；我国环向接头采用单排螺栓较为普遍，布置在管片厚度1/3左右的位置(偏于内弧侧)，每处螺栓的接头数量不少于2根。

管片连接主要采用有螺栓连接方式，螺栓接头又有直螺栓、弯螺栓和斜螺栓三种连接方式，如图5.2.3所示。其中直螺栓接头是最普通常用的接头形式，不仅用于箱形管片，也广泛用于平板形管片。

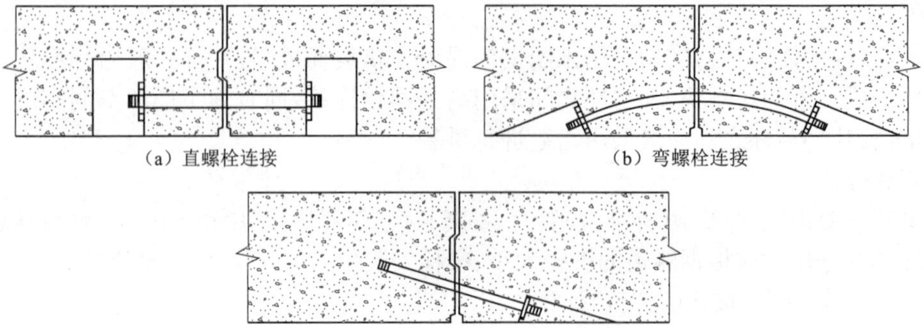

(a) 直螺栓连接　(b) 弯螺栓连接

(c) 斜螺栓连接

图 5.2.3　管片有螺栓连接方式

## 复习与思考题

(1)列举敞开式 TBM 隧道的初期支护结构。

(2)简述护盾式 TBM 隧道的管片结构。

# 任务 5.3　TBM 隧道施工准备

## 任务工单

班级：______ 姓名：______ 学号：______ 小组：______ 日期：______

<table>
<tr><td>工作任务</td><td>TBM 隧道施工准备</td><td>学习模式</td><td>项目+任务驱动</td></tr>
<tr><td>建议学时</td><td>1 学时</td><td>学习地点</td><td>理实一体教室</td></tr>
<tr><td>任务描述</td><td colspan="3">××TBM 隧道已经完成了开工前的技术准备工作，现需要为即将进入的 TBM 正式掘进阶段做好施工准备，具体任务包括：<br>编制 TBM 隧道施工准备方案</td></tr>
<tr><td>任务目标</td><td colspan="3">能力目标<br>(1)能根据实际情况正确选择掘进机类型；<br>(2)能编制 TBM 隧道施工准备方案。<br>知识目标<br>(1)掌握 TBM 选型；<br>(2)了解 TBM 设备组装与调试，了解 TBM 配套作业系统准备。<br>素质目标<br>(1)团队精神；<br>(2)全面思考问题的习惯</td></tr>
<tr><td>任务实施</td><td colspan="3">(1)学习相关知识，进行知识准备；<br>(2)根据施工图纸和《铁路隧道施工技术规程》，编制 TBM 隧道施工准备方案</td></tr>
<tr><td rowspan="4">考核评价<br>(100 分)</td><td colspan="2">考核项目</td><td>得分</td></tr>
<tr><td colspan="2">知识掌握(40%)</td><td></td></tr>
<tr><td colspan="2">TBM 隧道施工准备方案(50%)</td><td></td></tr>
<tr><td colspan="2">职业素质养成(10%)</td><td></td></tr>
</table>

## 知识准备

### 5.3.1 设备选型

TBM 施工之前必须进行设备选型，选型主要考虑以下几个方面的因素：

(1)工程与水文地质条件。

(2)断面形状与大小。

(3)环境因素。

(4)支护衬砌类型。

(5)洞线走向及坡度。

(6)工期与造价。

(7)安全施工要求。

(8)辅助工法和其他动力设备条件。

(9)人员技术素养。

影响选型的主要工程地质与水文地质条件包括：

(1)围岩的坚硬程度。

(2)岩体节理裂隙发育程度。

(3)岩石的耐磨性。

(4)岩体主要结构面与隧道洞轴线的关系。

(5)围岩的初始地应力状态。

(6)地下水发育程度。

实践表明，敞开式掘进机适用于岩体较完整、有较好自稳能力、地质条件较好的中、硬岩隧道，而护盾式掘进机适用于软弱围岩隧道。当岩体溶洞发育，或存在高压涌水，或密集分布有多条断层破碎带，则不能发挥 TBM 的快速施工优点，不宜采用 TBM 施工。

为了满足不同地质条件的要求，掘进机可以安装一些辅助设备进行特殊功能作业，如将地质超前钻机安装在主机顶部大刀盘后部的平台上，在主机停机时可施工超前钻孔，预报掌子面前方的地质情况；超前钻机还具备注浆和安装管棚的功能。刀盘的后部可安装钢拱架安装器，利用工字钢拱架形成支护结构，钢拱架的间距要与掘进机的行程距离一致或成倍数关系，在预制仰拱块上要留有安放拱架的沟槽；通过安装锚杆钻机，在掘进的过程中同时进行锚杆作业，以满足对围岩进行锚杆支护作业的需要。

### 5.3.2 TBM 设备组装与调试

TBM 现场组装工作分三个阶段：准备工作阶段、组装作业阶段以及现场调试阶段。准备工作阶段主要是完成 TBM 组装作业之前的相关工作；组装作业阶段是根据组装场地的总体规划和施工进度等条件，确定 TBM 组装的总体流程并进行组装。根据组装场地的不同可分为洞外组装和洞内组装。

TBM 洞内组装：主机和设备桥在洞口组装完成并达到步进条件，进入步进洞室后，开始后配套拖车的拆解运输，即运输一部分，在工地组装一部分；然后主机再次步进，随后拆解运输拖车，再进行组装，如此反复进行。根据洞内组装场地的大小和每节拖车的长度，确定单次拆解拖车的数量,所有拖车吊装完毕后,再进行管线连接和调试工作。

TBM 洞外组装:TBM 主机的组装按正常组装程序进行,后配套组装采用分节运输、分节吊装的方法(后配套拖车从组装工厂分体运输到组装现场),从最前一节开始向后依次吊装,在所有工作完成不影响整个组装运输工作时,再吊装最后一节拖车。所有拖车吊装完毕后,再进行管线连接和调试工作。

### 5.3.3 TBM 配套作业系统准备

TBM 是一项多环节紧密联系的作业系统,它包括破岩、出渣、支护、电力供应以及各种辅助设施。为了能够正常连续进行作业,在 TBM 设备组装工作完成的基础上,其他配套辅助设施诸如风、水、电、材料供应、仰拱生产、机械维修车间、配件库等都应具备。掘进机施工前的准备工作如下:

(1)洞外场地布置。掘进施工之前应调试设备使其处于较好的工作状态,加强对设备的检查、维护和保养,并准备好与之相关的配套设施,主要包括:混凝土拌和站,仰拱预制场,修理车间,配件库,供水、电、风系统,运渣系统,装卸调运系统等。

(2)预备洞与出发洞开挖。预备洞指从洞口处采用钻爆法或人工开挖至围岩条件较好的地段;出发洞是指 TBM 步行至预备洞工作面开始掘进时,由 TBM 本身要求应有撑靴撑紧洞壁,用以克服刀盘破岩的反扭矩及推进油缸的反推力而设计的地段。预备洞、出发洞的开挖均是为了确保 TBM 早日进入正常掘进施工状态。一般情况下,隧道洞口段覆盖层较薄,石质风化严重,预备洞和出发洞的长度需根据洞外的场地条件及隧道围岩地质情况决定。

### 复习与思考题

TBM 设备选型主要考虑哪几个方面的因素?

## 任务 5.4 TBM 隧道施工技术

### 任务工单

班级:________ 姓名:________ 学号:________ 小组:________ 日期:________

| 工作任务 | TBM 隧道施工技术 | 学习模式 | 项目+任务驱动 |
|---|---|---|---|
| 建议学时 | 2 学时 | 学习地点 | 理实一体教室 |
| 任务描述 | ××TBM 隧道已经完成了施工准备工作,即将进入隧道 TBM 施工阶段,具体任务包括:<br>(1)编写 TBM 隧道的施工方案;<br>(2)通过虚拟仿真实训,完成 TBM 隧道施工 | | |
| 任务目标 | **能力目标**<br>(1)能编写敞开式 TBM 隧道的施工方案;<br>(2)能编写护盾式 TBM 隧道的施工方案。<br>**知识目标**<br>(1)掌握敞开式 TBM 隧道掘进、支护和出渣运输的施工要点;<br>(2)掌握护盾式 TBM 隧道掘进、支护和出渣运输的施工要点。<br>**素质目标**<br>(1)不怕吃苦、乐于奉献的精神品格;<br>(2)遵章守纪的工作习惯 | | |

续上表

| 工作任务 | TBM隧道施工 | 学习模式 | 项目+任务驱动 |
|---|---|---|---|
| 建议学时 | 2学时 | 学习地点 | 理实一体教室 |
| 任务实施 | (1)学习相关知识，进行知识准备；<br>(2)根据TBM隧道施工图纸和《铁路隧道施工技术规程》，分2组分别编写敞开式TBM隧道的施工方案和护盾式TBM隧道的施工方案；<br>(3)开展TBM隧道施工虚拟仿真实训，完成施工方案的实施 | | |
| 考核评价(100分) | 考核项目 | | 得分 |
| | 知识掌握(40%) | | |
| | 施工方案编写(40%) | | |
| | TBM隧道施工虚拟仿真实训(10%) | | |
| | 职业素质养成(10%) | | |

## 知识准备

### 5.4.1　TBM掘进施工

1. TBM破岩原理

TBM主机刀盘上安装有一定数量的盘形滚刀，当刀盘旋转时，盘形滚刀划出的痕迹是以刀盘中心为圆心的、间距均匀的同心圆切槽。在掘进时，支撑系统把主机架牢固地锁定在开挖的隧道洞壁上，承受刀盘扭矩和推进力的反作用力。推进油缸以支撑系统为支点，把推力施加给主机架和刀盘，使得安装在刀盘上的盘形滚刀紧压岩面，并在掌子面固定同心圆切缝上滚动，当推力超过岩石的强度时，滚刀贯入岩石，掌子面被滚刀挤压碎裂而形成多道同心圆沟槽，随着沟槽深度的增加，岩体表面裂纹逐渐加深并扩大，当超过岩石的剪切和拉伸强度时，相邻同心圆沟槽间的岩石成片剥落。崩落在隧底的岩渣被刀盘上的铲斗、刮板汇集到主机内的皮带机上，通过三级皮带机系统倒运后，运送到后配套的渣车处卸渣，并由渣车运送至洞外。

2. 敞开式TBM掘进

1)敞开式TBM掘进流程

TBM掘进循环行程一般为1.5～2 m，其掘进作业流程如图5.4.1所示。

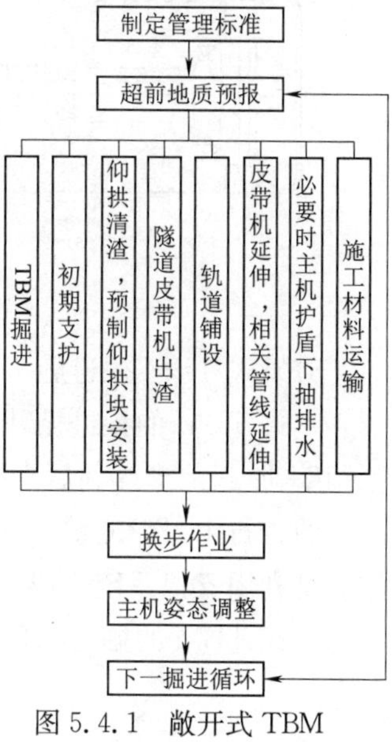

图5.4.1　敞开式TBM掘进作业流程

2)主梁式TBM掘进施工

主梁式TBM掘进时，撑靴撑紧在洞壁上为掘进机提供掘进反力，刀盘在主推进油缸的推力作用下向前推进，刀盘破岩切削下来的岩渣随着刀盘铲斗和刮板转动从刀盘底部到刀盘顶部，然后沿溜渣槽进入刀盘中心的主机皮带输送机上。在掘进的同时，进行初期支护和相关配套作业。掘进分为四个步骤循环进行，如图5.4.2所示。

第一步：撑紧撑靴，收起后支撑，如图5.4.2(a)所示。

第二步：刀盘旋转，开始掘进推进，如图 5.4.2(b)所示。

第三步：掘进行程完成后，进行换步，放下后支撑，如图 5.4.2(c)所示。

第四步：收回撑靴，前移撑靴，再撑紧水平撑靴，进行下一掘进循环，如图 5.4.2(d)所示。

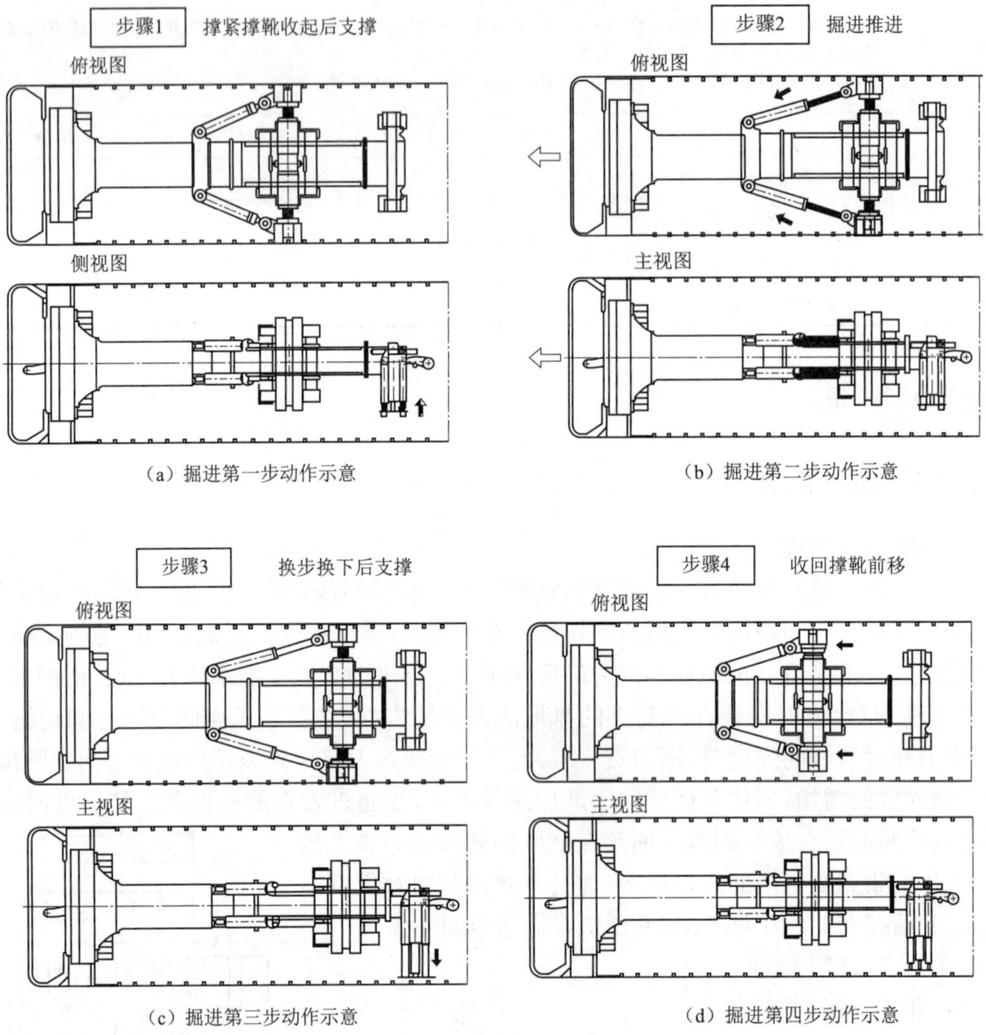


(a) 掘进第一步动作示意　(b) 掘进第二步动作示意

(c) 掘进第三步动作示意　(d) 掘进第四步动作示意

图 5.4.2　敞开式 TBM 掘进步骤

3)凯式 TBM 掘进施工

凯式 TBM 的掘进循环由掘进作业和换步作业交替组成。掘进时伸出水平支撑，撑靴撑紧洞壁，收起前支撑和后支撑；启动皮带输送机，刀盘回转，推进液压缸推动刀盘掘进破岩，被破碎的岩石由刀盘的铲斗落入出渣系统后输送至洞外。掘进一个循环后，进行换步作业，换步作业是利用支撑系统完成。

凯式 TBM 的掘进循环分为 5 个步骤，如图 5.4.3 所示。

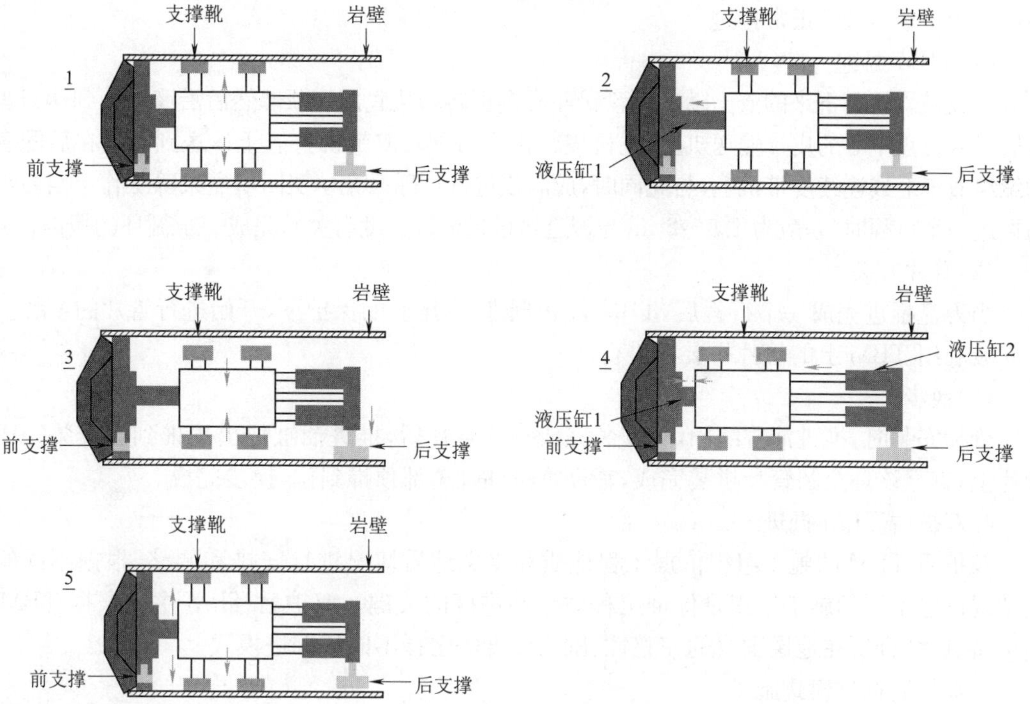


图 5.4.3　凯式 TBM 掘进步骤

步骤 1:撑靴液压缸伸出,撑靴撑紧岩壁,前支撑、后支撑缩回,做好掘进准备。

步骤 2:推进液压缸 1 伸出,推动刀盘向前完成一个循环掘进后停止。

步骤 3:前支撑、后支撑伸出,支撑设备,撑靴系统收回。

步骤 4:推进液压缸 1 缩短,推进液压缸 2 伸长,外凯向前滑移一个行程长度。

步骤 5:前后外凯的撑靴重新撑紧在洞壁上,前、后支撑缩回,开始新的掘进循环。

3. 单护盾 TBM 掘进

1)单护盾 TBM 掘进作业流程

单护盾 TBM 掘进作业流程如图 5.4.4 所示。

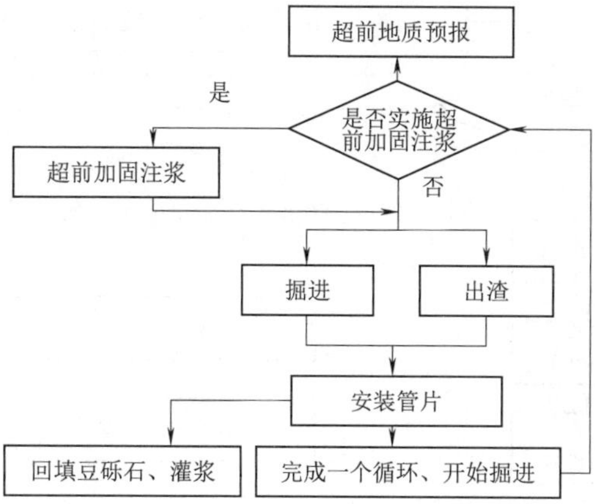


图 5.4.4　单护盾 TBM 掘进作业流程

2)单护盾 TBM 正常掘进

(1)TBM 掘进

刀盘破岩切削下来的渣土随着刀盘铲斗和刮板转动从底部到顶部然后沿溜渣槽到达刀盘顶部后进入刀盘中心的皮带输送机上,主机皮带机和后配套皮带机将渣土运送到等候在后配套上的编组渣车上或连续皮带机上,与此同时,成洞段进行豆砾石充填及回填灌浆等工作。当刀盘向前掘进一个行程时(一般为 1.5～2 m,与掘进机推进油缸长度有关),完成一个循环的掘进。

(2)管片安装

当刀盘推进完成一个行程后,TBM 停止掘进,在尾盾的保护下,开始进行管片的安装。管片安装利用 TBM 上的管片拼装机进行。

(3)换步

管片安装时,推进油缸缩回,每安装完成一块管片后,推进油缸伸出顶推到已安装完成的管片上,直至该环全圆管片拼装完成,辅助推进油缸全部顶推到位,换步完成。

4. 双护盾 TBM 掘进

双护盾 TBM 的施工组织依据工程地质和水文地质情况进行安排和调整,根据不同的地质情况确定不同的施工组织是保证工程质量和进度的关键。双护盾 TBM 主要根据 TBM 的施工特点,结合所在地层围岩的完整性、围岩强度等选择不同的掘进模式。

1)双护盾掘进模式施工

双护盾掘进模式是指在硬岩条件下的隧洞开挖时,TBM 掘进机依靠支撑盾上的支撑靴支撑在岩壁上给掘进机提供反力。在 TBM 掘进的同时,可在盾尾同时安装隧洞钢筋混凝土管片和管片背衬充填。

双护盾掘进模式下掘进作业流程如图 5.4.5 所示。

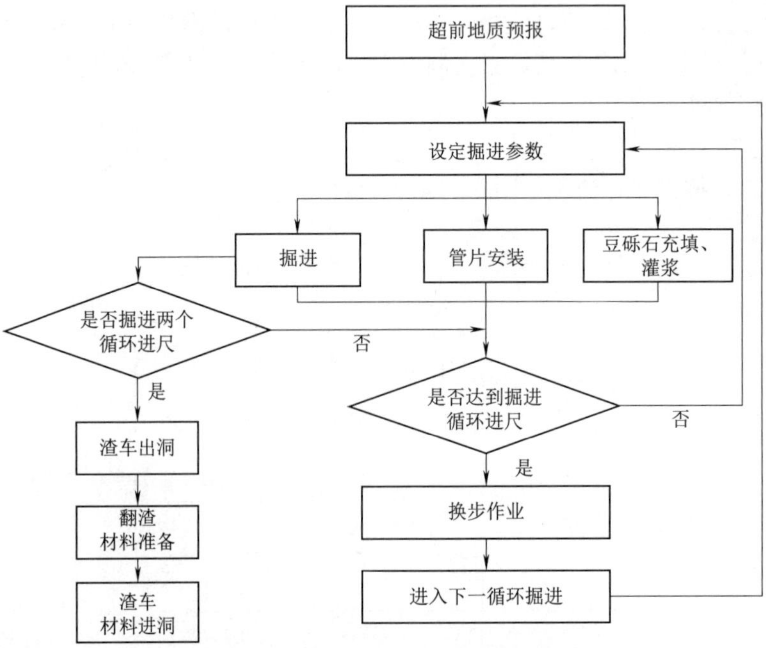


图 5.4.5　双护盾掘进模式下掘进作业流程

(1)TBM 掘进

刀盘在主推进油缸的推力作用下，伸缩盾伸开，刀盘向前推进，撑靴撑紧在洞壁上为掘进机提供掘进反力，后配套台车停在隧洞中，刀盘破岩切削下来的渣土随着刀盘铲斗和刮板转动从底部到顶部然后沿溜渣槽到达刀盘顶部后进入刀盘中心的皮带输送机上，主机皮带机和后配套皮带机将渣土运送到等候在后配套上的编组渣车上或洞内连续皮带机上，与此同时，在盾尾的保护下进行预制管片的安装、豆砾石充填工作。当刀盘向前掘进 1.5 m 时(一般 1.5～2 m 为一个行程，与掘进机推进油缸的油缸长度有关)，完成一个循环的掘进。

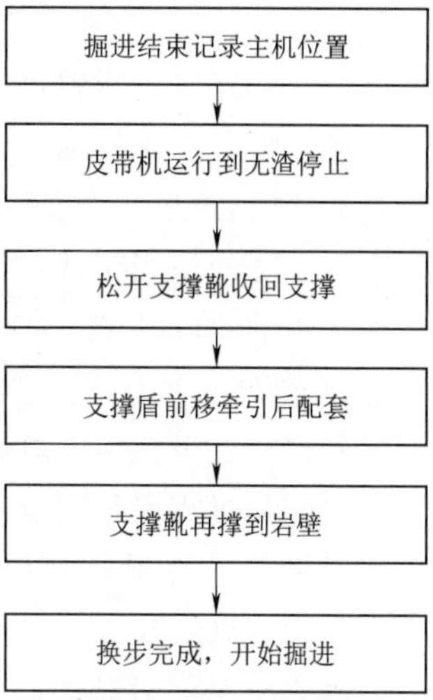

图 5.4.6　双护盾掘进模式换步流程

(2)换步

当主推进油缸达到最大掘进行程时，TBM 需要停机换步。此时刀盘停止转动，将撑靴慢慢收回，主推进油缸牵引和辅助推进油缸顶推提供反力使 TBM 向前移动，后配套随主机同时前移，直至主推进油缸完全处以收缩状态，然后撑靴再度撑紧洞壁，开始下一个循环的掘进，换步完成。换步流程如图 5.4.6 所示。

2)单护盾掘进模式施工

(1)单护盾掘进模式掘进作业流程

单护盾掘进模式下，双护盾 TBM 的掘进作业流程与单护盾 TBM 的掘进作业流程相同，如图 5.4.4 所示。

(2)单护盾掘进模式正常掘进

单护盾模式下，主推进油缸不工作，伸缩盾处于收缩状态，刀盘在辅助推进油缸的推力作用下向前推进。辅助推进油缸顶推到已安装好的管片上为掘进机提供掘进反力，后配套台车停在隧洞中。其余的刀盘破岩、出渣、豆砾石充填、回填灌浆、管片安装作业均与单护盾 TBM 的掘进作业相同。

管片安装时，辅助推进油缸缩回，每安装完成一块管片后，辅助推进油缸伸出，顶推到已安装完成的管片上，直至该环全圆管片拼装完成，辅助推进油缸全部顶推到位，完成换步。

5. TBM 掘进参数控制

不同地质条件下，TBM 的推力、刀盘转速和刀盘扭矩等参数是不同的。由于岩石均匀性相对较差，所以在 TBM 掘进作业中，常采用人工操作模式，根据不同地质条件及时调整 TBM 掘进参数，使 TBM 安全、高效地通过不同地质段。

TBM 从硬岩进入软弱破碎围岩时，相应的掘进主参数和皮带输送机的渣量、渣粒变化明显。据此大致判断 TBM 刀盘工作面的围岩状况并采用人工手动调节操作模式及时调整掘进参数。常用的 TBM 掘进参数如下：

(1)推进速度(贯入度)

硬岩情况下贯入度一般为 9～12 mm/r，当进入软弱围岩过渡段时，贯入度有微小上升趋势，考虑到 TBM 胶带输送机出渣能力，现场操作一般不允许有较长的贯入度上升时间，此时贯入度随给定推进速度的下降而降低，当完全进入软弱围岩时，贯入度相对稳定，一般在 3～6 mm/s。

(2)推力(推进压力)

硬岩情况下推进速度一般为额定值的 75%左右，推进压力也成相应比例，当进入软弱围岩过渡段时，推进压力呈反抛物线形态下降，下降时间与过渡段长度成正比，推进速度随推进压力的下降而适当调低，当完全进入软弱围岩时，压力趋于相对平稳，此时推进速度一般维持在额定值的 40%左右。

(3)扭矩

硬岩情况下扭矩一般为额定值的 50%，当进入软弱围岩过渡段时，扭矩有缓慢上升趋势，上升时间与过渡段长度成正比，当完全进入软弱围岩时，由于推进速度的下降扭矩相应降低，一般在额定值的 80%左右为宜。

(4)刀盘转速

硬岩情况下刀盘转速一般为 6 r/min 左右，软弱围岩过渡段后期，调整为 3～4 r/min，完全进入软弱围岩，维持在 2 r/min 左右。

(5)撑靴支撑力

硬岩情况下撑靴支撑力一般为额定值，当撑靴进入软弱围岩过渡段时，撑靴支撑力调整为额定值的 90%左右，当撑靴进入软弱围岩地段时(现场需要做相应处理)，撑靴支撑力一般调整为最低限定值，必要时需要改变 PLC 程序来设定限值，并根据刀盘前部围岩状况随时调整推进速度以确保 TBM 有足够的稳定性。

掌子面围岩硬度不均匀时，即使扭矩和推力均未达到额定值，部分刀具也可能遇到局部硬岩，当过载失效，或对主轴承和内凯氏机架产生偏载时，应根据扭矩、推力变化情况、刀盘的振动，判断并采取降低掘进速度的措施。当掌子面局部坍塌时，刀盘振动加剧，应停机进入掌子面确认围岩情况，必要时采用低速掘进模式，将刀盘转速由 5.4 r/min 降为 2.7 r/min，减小对围岩的扰动，但此时掘进速度也应减半，否则贯入度增加一倍，更易导致刀具过载和刀盘偏载。

此外，除合理换步和正确选择掘进参数外，从换步完毕到开始正常掘进的过渡时间内，提速过程也是影响时间节约、快速掘进的一个因素。

6. TBM 方向控制

由于地质条件复杂、地层软硬不均以及人工操作等因素的影响，TBM 不可能完全按照设计的隧道轴线推进，会产生一定的偏差，在掘进过程中操作人员应根据隧道测量导向系统显示的掘进偏差适当地进行方向调整，并采取有效技术措施控制掘进方向，使掘进轴线偏差处于允许范围之内。

主梁敞开式掘进机可根据测量导向系统显示掘进机的位置及方位，在掘进过程中对掘进方向可随时进行调整：掘进机以刀盘护盾为支点，通过调整主梁的左右上下位置来完成(图 5.4.7)。若需要向左方掘进时，可以伸出左侧支撑油缸，收回右侧支撑油缸，使主梁向右移动，即改变了掘进方向；若需要上下调整时，可以调整倾斜油缸使得主梁上下移动。因此，隧道中心轴线是一条连续的曲线。

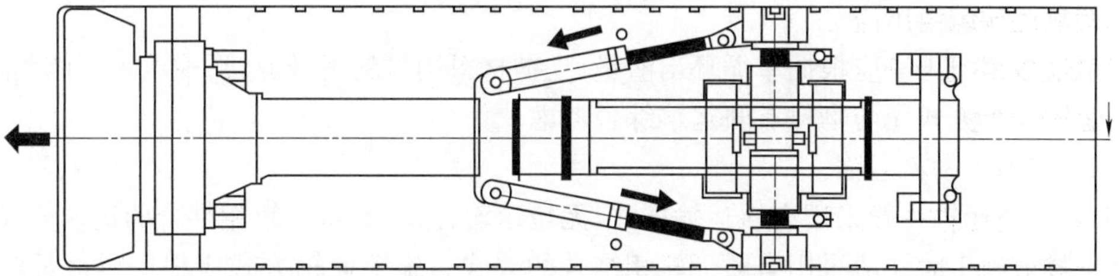

图 5.4.7　主梁敞开式掘进机掘进方向控制原理示意

## 5.4.2　TBM 出渣与物料运输

1. TBM 施工出渣

洞内装渣运输方式一般分为有轨装渣运输和连续皮带输送机装渣运输。两种装渣运输方式组成及使用条件见表 5.4.1。

表 5.4.1　两种装渣运输方式组成及使用条件

| 类别 | 组成 | 适用条件 |
|---|---|---|
| 有轨运输 | 牵引机车＋运输渣车＋材料车＋仰拱块运输车(管片、轨排运输车)＋人车＋混凝土罐车＋其他车辆进行编组，并配合翻渣倒运系统使用 | (1)开挖直径较小,皮带机布置困难<br>(2)运输坡度小于 20%<br>(3)运输线路顺畅,支路少、干涉较少、洞外场地大<br>(4)通过增加编组数量,能够满足掘进机设计最大掘进速度 |
| 连续皮带机运输 | (1)牵引机车＋材料车＋混凝土罐车＋其他车辆进行编组有轨运输,配合连续皮带机出渣<br>(2)无轨材料、人员运输,配合连续皮带机出渣 | (1)适用于平直隧道,或转弯较少且半径较大的隧道,特殊隧道可配置转接皮带机<br>(2)满足掘进机设计的最大掘进速度<br>(3)条件适合宜优先选用皮带机出渣 |

1)皮带装渣运输

采用连续皮带机出渣时,TBM 掘进产生的岩渣从刀盘溜渣槽进入刀盘中心的主机皮带机,经 TBM 后配套皮带机输送到连续皮带机内,通过连续皮带机运至洞外。

连续皮带机参数应根据隧道曲线、运输距离、掘进断面、掘进速度等确定。连续皮带输送系统由可移动的皮带输送机尾部、皮带存储及张紧机构、变频控制的皮带输送机驱动装置、皮带托滚及支架、调心轮、皮带输送机卸载机构、输送带、皮带打滑探测装置、皮带接头、变频控制系统、紧急拉索、皮带硫化机等组成。水平距离超过 10 km 或大坡度斜井条件下还应根据计算考虑是否增加助力驱动装置。每掘进 200～300 m 需要在皮带储存机构内装入新的皮带,新旧皮带进行硫化连接,保证皮带机继续延伸。

连续皮带机出渣具备条件时应直接运输至弃渣场。弃渣场范围较大可设置转渣皮带机或内燃车辆转运;弃渣场距离较远或影响因素较多时,可在洞口场地设置分渣设施,采用自卸汽车转运至弃渣场。

2)渣土二次倒运

渣土二次倒运需设置分渣台分渣至自卸汽车,或用装载设备二次装运,运输至指定弃渣场。

3)有轨运输编组出渣

有轨运输编组出渣应根据单循环出渣量、支护材料用量配置,卸渣形式可采用侧翻式或翻转式。运输编组方式应与物料有轨运输综合考虑。

2. TBM 施工物料运输

TBM 物料运输一般采用有轨运输方式、无轨运输方式、有轨无轨相结合的运输方式进行。由斜井下隧道施工时一般采用有轨无轨相结合的方式。施工运输方式应根据隧道长度、断面大小、运输能力、运输干扰程度、污染情况、隧道基底形式等因素综合比选确定。当运输坡度≥20‰时,供料运输宜选择无轨运输方式。

1)有轨运输方式

(1)运输轨线布置

有轨运输轨道铺设宜采用仰拱块或底管片方式,轨道固定在预埋的仰拱块螺栓上。隧道内有轨运输一般采用四轨双线轨道,每隔 500 m 设置 1 个单侧渡线道岔。在衬砌作业施工段,衬砌台车前后 100 m 处设置活动道岔,随着模板台车前移,活动道岔也随之前移。

(2)运输编组

TBM 掘进所需材料,如锚杆、网片、钢拱架、喷混凝土、仰拱块等以机车编组形式进行供应。运输动力车辆采用内燃机车,装载车辆采用与 TBM 相配套的仰拱块车、混凝土罐车和平板车。列车编组方式为:1 节人车+牵引机车+2 节喷射混凝土罐车+1 节砂浆罐车+2 节仰拱块车,以保证两个掘进循环的 TBM 施工材料供应。钢轨、轨枕、水管等材料根据需要编组材料车运送,主要以牵引机车+2 节平板车的方式为主,每天根据施工具体情况机动安排。衬砌混凝土浇筑时列车编组方式为:牵引机车+2 节混凝土罐车。列车编制示意如图 5.4.8 所示。

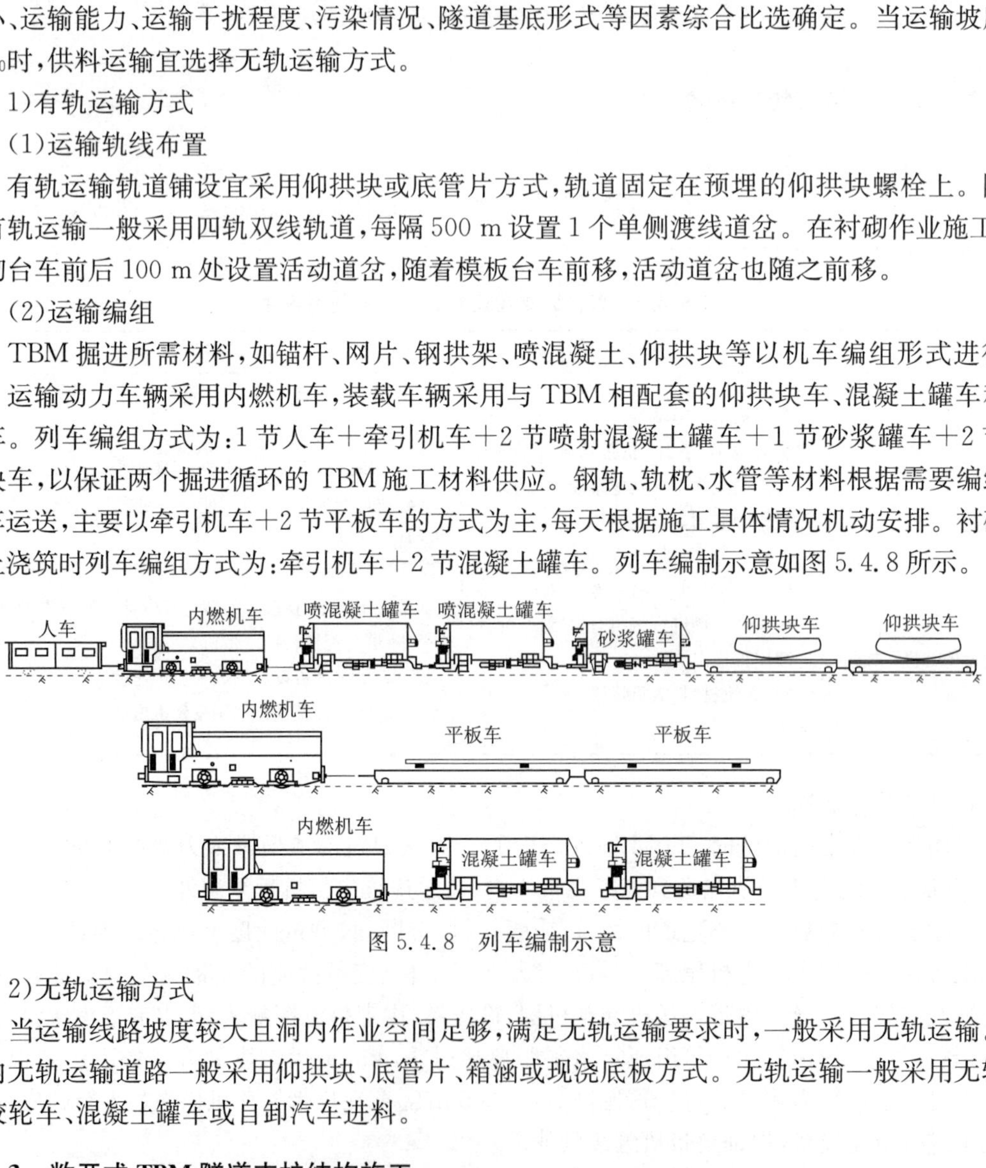


图 5.4.8 列车编制示意

2)无轨运输方式

当运输线路坡度较大且洞内作业空间足够,满足无轨运输要求时,一般采用无轨运输。隧道内无轨运输道路一般采用仰拱块、底管片、箱涵或现浇底板方式。无轨运输一般采用无轨双头胶轮车、混凝土罐车或自卸汽车进料。

### 5.4.3 敞开式 TBM 隧道支护结构施工

1. 初期支护施工

硬岩初期支护主要有锚杆施工、喷射混凝土支护、局部挂钢筋网支护;软岩支护主要有挂钢筋网喷锚支护、钢拱架支护;视围岩情况和设计要求采用超前小导管或超前锚杆等超前支护。支护所用材料均在洞外加工,喷射混凝土材料由大型自动搅拌站生产供应。

1)喷射混凝土施工

喷射混凝土支护由 TBM 自带的喷射系统完成,混凝土经过运输可在喷射区域纵向和横向移动。若遇软弱破碎围岩,需要在护盾离开岩面之后快速喷射混凝土封闭围岩,采用人工喷射混凝土方式进行初喷作业,之后再借助机械喷射的方式复喷至设计厚度。

2)锚杆施工

锚杆施工由 TBM 主机上配备的两台凿岩机实现设计范围内的锚杆钻孔施工。采用凿岩机钻孔,按设计要求定出孔位,并且钻孔方向、孔深、孔径应满足要求;安装锚杆前需检查杆体原材料规格、长度、直径是否符合设计要求,安装时锚杆插入孔内长度不得小于设计值的95%。锚杆安装后,不得随意敲击。

3)钢筋网施工

钢筋网施工根据设计支护参数要求,在相应围岩地段安装。钢筋在场外人工现场编网运至工作面。通过 TBM 进行安装,人工配合固定。

4)钢拱架施工

钢拱架采用设计要求的工字钢,由型钢弯曲机进行弯制成环,为便于运输和安装通常进行分段制作,安装时采用螺栓连接,加工完成后的钢拱架单体需根据设计要求进行试拼检查,检查合格后集中进行存放并标识清楚。钢拱架采用配置的钢拱架安装器进行安装。

5)超前支护施工

敞开式 TBM 在软弱围岩掘进时,需在进行超前地质预报的基础上进行超前加固,以减少掘进过程中的坍塌剥落量和围岩出护盾后的收敛量,并通过加强初期支护等手段控制围岩收敛和变形。

6)钢筋排施工

(1)钢筋排支护实施步骤

①TBM 掘进过程中,在判断前方可能出现破碎带等不良地质时提前插入钢筋排到顶护盾。

②当刀盘掘进到破碎带时停止掘进,立钢拱架并打锚杆,对钢筋排的露出端焊接固定。

③掘进到适当位置,立钢拱架并对钢筋排和钢拱架焊接。

④当钢筋排释放剩下 10 cm 时停止掘进,插入新的钢筋排。

钢筋排施工工序如图 5.4.9 所示

(2)钢筋排支护施工要点

①钢筋排应提前插入顶护盾的网格内,以便观察到不良地质时及时抽出进行支护,防止由于地质恶劣不方便插钢筋排情况发生。

②在判断前方有不良地质时,要时刻观察掘进参数和出渣情况。当刀盘掘进到破碎带时要马上停机进行支护作业,防止露出破碎带造成顶护盾塌腔情况发生。

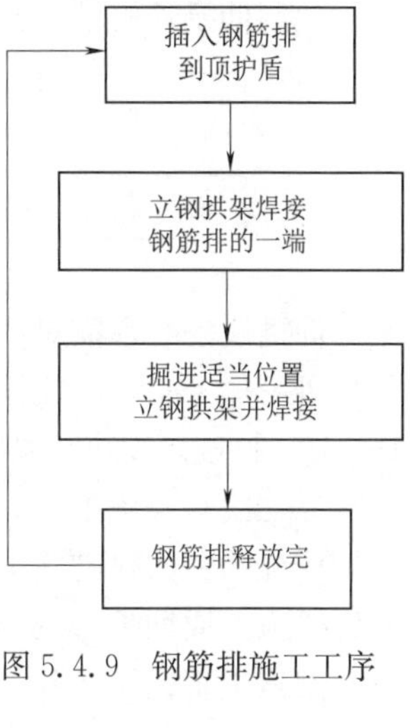

图 5.4.9　钢筋排施工工序

③支护作业时,要时刻观察刀盘前方和露出顶护盾的围岩变化情况,根据围岩破碎程度对钢拱架的间距做出调整,确保钢拱架、钢筋排、锚杆构成的联合支护结构具有足够强度。

④当钢筋排在顶护盾中的储存长度足够不需要放入新的钢筋排时,应及时对已释放出的钢筋排立拱架支护,焊接钢筋排和钢拱架,防止钢筋排在岩石挤压下间隙发生变化;并用锚杆

固定拱架，形成联合支护。

⑤在需要插入新的钢筋排时，要保证顶护盾尾部和钢拱架之间有足够的距离，方便钢筋排装入顶护盾的网格内；可以根据地质情况适当降低顶护盾的高度，方便新钢筋排的安装，但岩石特别破碎时不能降低顶护盾，防止发生降低顶护盾后不能撑起的情况。

⑥钢筋排的安装一定要和顶护盾网格方向平行，特别是在隧道转弯处用钢筋排支护时，要时刻观察钢筋排与顶护盾网格之间的相对位置变化，防止钢筋排卡死在顶护盾网格内，拉坏已安装的钢拱架。

⑦在安装钢拱架时，要保证钢拱架顶部顶紧钢筋排，并与隧道顶部接触；若间隙过大，要预留灌浆孔。

⑧在已经形成塌方的地段用钢筋排支护时，要在已形成的塌方区预留灌浆孔，方便以后衬砌支护作业。

2. 预制仰拱块的生产及铺设

敞开式 TBM 隧道的初期支护完成后，有时候需要安装隧道底部仰拱块。预制仰拱块的生产及铺设是敞开式 TBM 隧道施工的一个重要环节。

1)预制仰拱块的生产

预制仰拱场是 TBM 的配套工程，生产所需的混凝土、钢筋等材料必须符合相关规范的要求。预制仰拱应注意以下问题：

(1)模具应及时维护，检测是否存在变形等异常情况，确保模具的外形尺寸及强度符合要求。

(2)制定详细的机械操作规程，并进行技术交底，确保严格按照操作规程进行仰拱预制；定期对机械设备进行检修，确保其正常工作。

(3)混凝土配制、成品养护等原始记录资料必须详尽、完整。

(4)预制仰拱块的吊装、翻转以及堆放应注意人员及设备安全。

2)预制仰拱块的铺设

预制仰拱块安装工艺流程如图 5.4.10 所示。

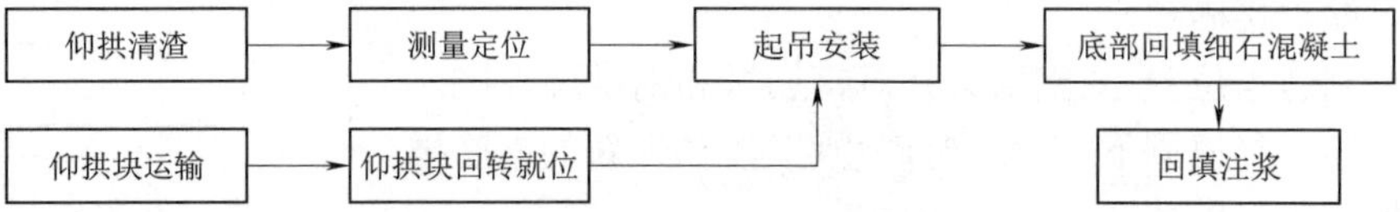


图 5.4.10　预制仰拱块安装工艺流程

仰拱块安装前需对仰拱底部的岩渣及废料进行清理，由人工清理至渣斗内，通过仰拱块安装吊机吊放上平板车运输至洞外。仰拱块安装就位后，利用注浆孔向其底部压注强度不低于 15 MPa 的砂浆或细石混凝土充填密实。

3. 二次衬砌施工

传统的二次衬砌施工工艺为先挖后衬模式，即掘进施工与二次衬砌施工不同步，传统工艺下隧道施工周期长、人员与材料投入紧张。因此，敞开式 TBM 隧道二次衬砌一般采用同步二次衬砌施工工艺。敞开式 TBM 隧道施工中，二次衬砌同步施工各工序必然占用 TBM 施工的部分运输通道作为施工场地，同时 TBM 施工所需的运输车辆以及风、水、电、通信等管线必须要通过衬砌施工区间，因此同步衬砌施工必须解决施工互相干扰的问题。同步二次衬砌施工有皮带输送机出渣同步衬砌和轨道运输出渣同步衬砌两种方案。

1)皮带输送机出渣同步衬砌

(1)施工工序流程

皮带输送机出渣同步衬砌施工工序流程如图 5.4.11 所示。

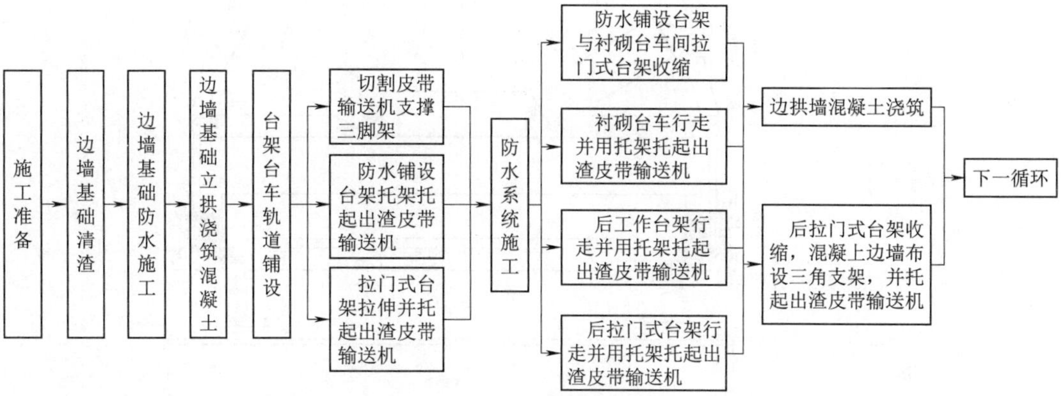


图 5.4.11　皮带输送机出渣同步衬砌施工工序流程

(2)衬砌台车

采用皮带输送机出渣同步衬砌时，衬砌台车及作业台架通过尺寸优化，采用不占用仰拱预制块上运输轨道的方案，在边墙基础电缆沟底上另设行走轨道；台车及作业台架下部净空满足双线机车通行要求；风管设在台车及作业台架中上部的圆形托盘中滑行，不影响随时通风的需要。TBM 皮带输送机出渣同步衬砌台车如图 5.4.12 所示。

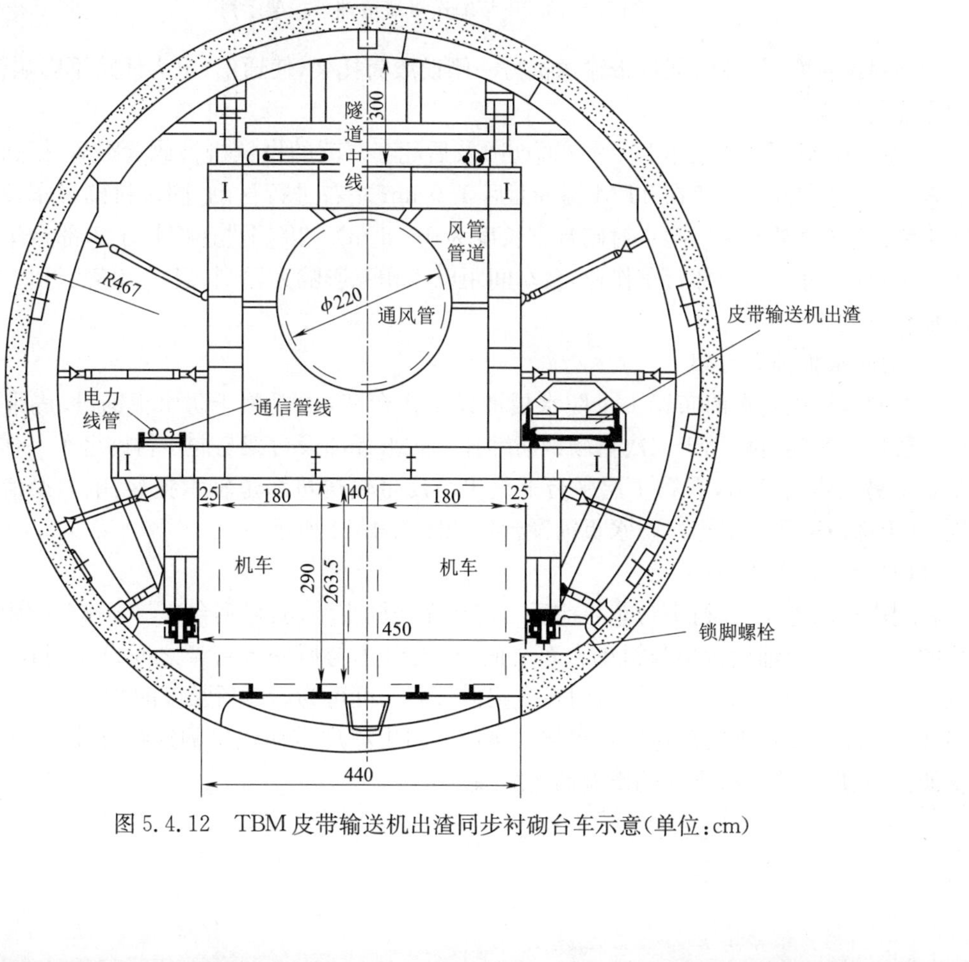


图 5.4.12　TBM 皮带输送机出渣同步衬砌台车示意(单位：cm)

在衬砌台车、作业台架上设托架轴承滑道,作为台车行走以及皮带输送机支撑架拆除后的皮带输送机支撑,使台车、台架无论行走还是作业均不影响皮带输送机出渣。皮带输送机滑道轴承托架如图 5.4.13 所示。

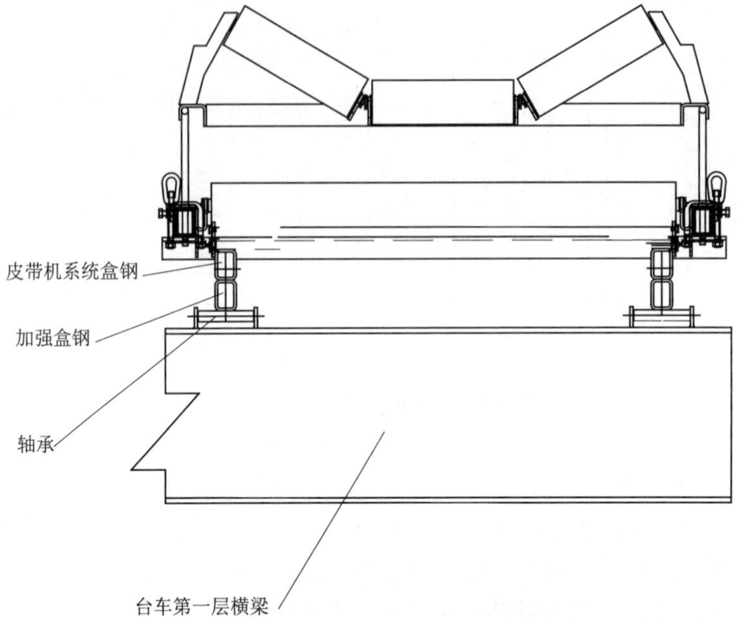


图 5.4.13　皮带输送机滑道轴承托架示意

在衬砌台车、作业台架皮带输送机另一侧设滚筒托架,使通信、电力线路不影响台车、台架的作业与行走。

考虑 TBM 及后配套长度、掌子面初喷及后配套复喷的供风机械放置距离、横通道施工等因素,同步衬砌台车一般在 TBM 掘进面后 1.0 km 左右进行衬砌,同步衬砌台车长应满足实际工程需求(西秦岭隧道同步衬砌台车长度为 16.5 m)。因掘进速度快于 1 部台车混凝土同步衬砌速度,可采用 2 部台车作业,台车间距以不相互影响为原则,当衬砌落后开挖较多时,可增加台车数量。

(3)防水板铺设台架

在同步衬砌台车前布置 1 个防水板铺设工作台架,主要用于防水板铺设、皮带输送机支架、顺接风管,同时可用于二次衬砌钢筋绑扎。防水板铺设台架与同步衬砌台车一样采用边墙基础上另设走行轨道,在第 1 层平台上设出渣皮带输送机滑道轴承托架、电力通信线滚筒托架,在上部设通风管滑道。防水板铺设台架如图 5.4.14 所示。

(4)拉门式支架

同步衬砌施工中,衬砌台车与前后工作台无法同步移动,衬砌台车与工作台间距是动态变化的。在防水板铺设台架与衬砌台车之间、衬砌台车与后修补台架之间设拉门式支撑台架。拉门式支架如图 5.4.15 所示,拉门式支架伸长后长度可为压缩后长度的 2 倍。通过拉门式支架伸长和缩短变化来实现衬砌台车与工作台之间出渣皮带输送机的连续支撑,将皮带输送机支架拆装、皮带输送机支托的影响彻底解除。

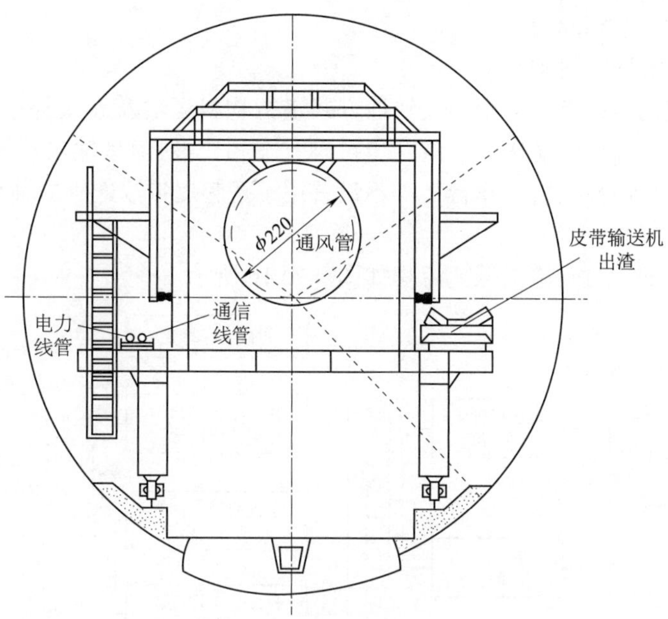


图 5.4.14　防水板铺设台架示意(单位:cm)

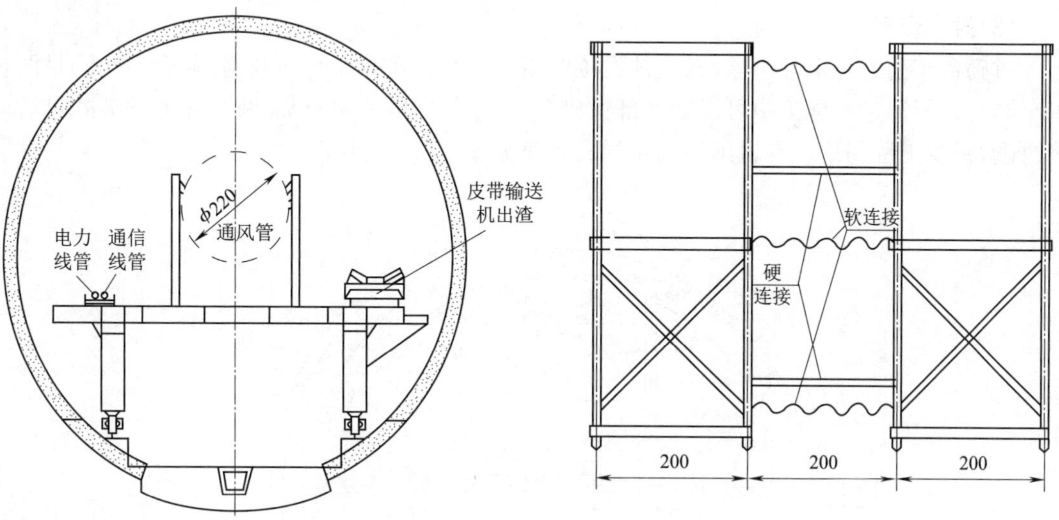


图 5.4.15　拉门式支架示意(单位:cm)

(5)后工作台架

在衬砌台车后布置 1 个工作台架,用于混凝土面修补、顺接风管、皮带输送机支架安装。后工作台架走行轨、滑道轴承托架、电力通信滚筒托架、风管托盘滑道与防水板铺设台架相同。

(6)工艺要点

混凝土采用洞外拌和站集中生产,轨行式混凝土运输车运输,混凝土输送泵泵送入模,插入式振捣器捣固密实,混凝土达到强度后拆模养护。其他防水、钢筋制作安装、混凝土入模等与钻爆法中使用的工艺相同。

2)轨道运输出渣同步衬砌

轨道运输出渣同步衬砌是采用铺设轨道方式进行物料运输及弃渣外运,有轨出渣与二次衬砌施工同步施工。与皮带输送机出渣同步衬砌方案相比,轨道运输出渣同步衬砌主要区别在于防水板台架、衬砌台车、后工作台架等不设置用于托起皮带输送机的轴承托架。

(1)施工工艺流程

轨道运输出渣同步衬砌施工工艺流程如图 5.4.16 所示。

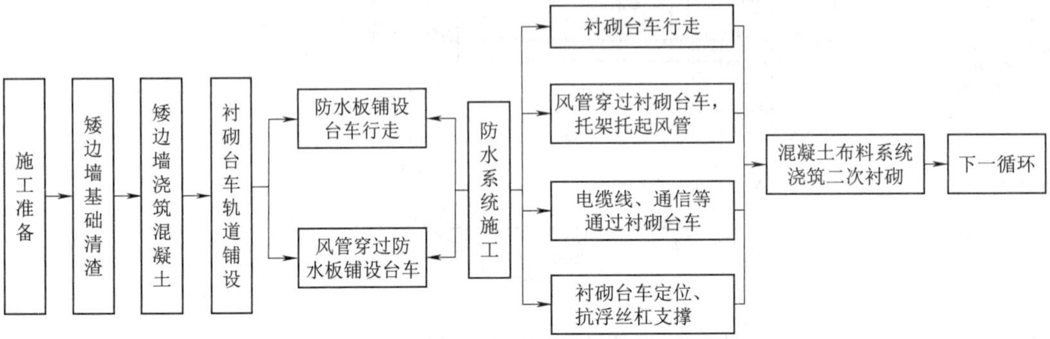


图 5.4.16　轨道运输出渣同步衬砌施工工艺流程

(2)衬砌台车

衬砌台车前方浇筑矮边墙,其上铺设临时钢轨作为衬砌台车走行轨道,衬砌台车满足两台机车同时并行通过。施工中可设置 2 部衬砌台车,采用间隔一定距离、跳打作业的方式进行同步衬砌,减少工程周期。有轨出渣同步衬砌台车如图 5.4.17 所示。

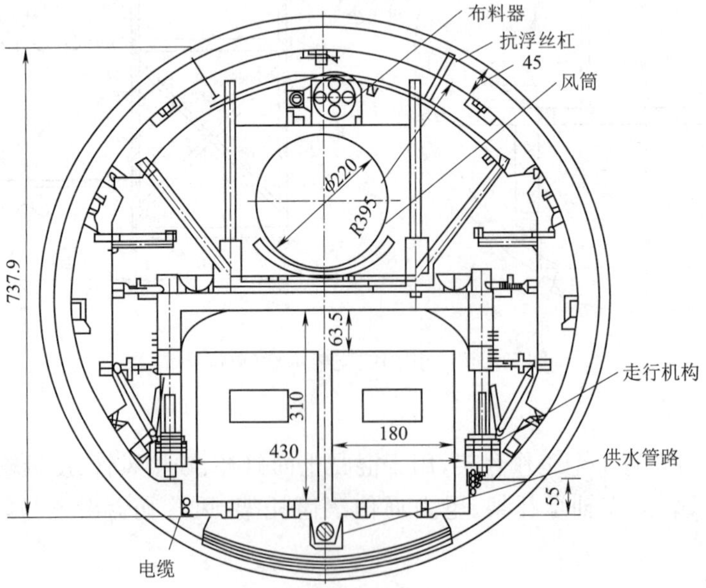


图 5.4.17　有轨出渣同步衬砌台车示意(单位:cm)

台车上层预留风筒穿行空间,并设有专用托架,其内表面光滑平顺,在台车前后两端设置风筒引导装置。将供水管铺设在仰拱块中心水沟内，高压电缆、通信与照明线在矮边墙与运输轨道的空隙中通过，在台车位置采用高强度 PVC 管保护。

衬砌台车设置混凝土布料系统，利用混凝土分配器、混凝土三通流量控制阀实现混凝土在台车上的分配，实现窗口浇筑不倒管、左右两侧同步对称浇筑，减小了侧向力、减少了输送管倒用次数，减轻了作业强度、节省了工作时间。采用内置式抗浮丝杠，浇筑时抗浮丝杠支撑到衬砌台车顶模内的岩面上，不接触衬砌混凝土面，有效解决衬砌台车上浮与冲顶问题。

(3)防水板铺设台车

铺设防水板时采用一台门架式台车施工，该台车与衬砌台车结构相似，利用衬砌台车走行轨、电机驱动行走，净空满足运输要求，上部中间位置穿越风筒。在矮边墙施作并达到强度要求后，防水板台车行进至铺设位置开始作业，并超前衬砌施工一定距离。

### 5.4.4　护盾式 TBM 隧道支护结构施工

1. 管片的生产与运输

TBM 隧道的管片必须在符合要求的厂房内生产，配备符合工艺要求的管片生产线。对操作人员进行技术交底及培训，经考核合格后，持证上岗。

管片模具应具有足够的强度、刚度和稳定性，应具有良好的密封性能、不漏浆，保证在正常使用条件下规定的周转使用次数内不变形。反复振捣、高温和温度重复变化等抗疲劳性能应满足要求。管片模具制作精度应满足管片尺寸精度控制要求；能保证管片的环、纵向预留孔件的尺寸和形状符合设计要求；能保证吊装孔预埋件位置和稳定性符合设计要求。

管片混凝土各种原材料应经试验检验合格，混凝土配合比经试配确定，其性能应符合设计要求。混凝土搅拌、浇筑、振捣等设备应进行安装调试、安全检查并验收通过；计量器具、计量设备应通过鉴定。

钢筋骨架制作时应采用焊接骨架，保证钢筋连接牢固，不变形。由于弧形骨架加工尺寸不易保证，应该在预先制作好的胎具上进行骨架成型，以便于保证骨架的成型精度。钢筋骨架必须通过试生产，经检验合格后方可批量制作。

混凝土应连续浇筑成型。根据生产条件选择适当的振捣方式；振捣时间以混凝土表面停止沉落或沉落不明显、混凝土表面气泡不再显著发生、混凝土将模具边角部位充实并有灰浆出现时为宜，不得漏振或过振。浇筑混凝土时不得扰动预埋件。管片浇筑成型后，在初凝前宜再次进行压面。

混凝土浇筑成型后至开模前，应覆盖保湿，采用蒸汽养护或自然养护方式进行养护。当采用蒸汽养护时，应经试验确定混凝土养护制度。管片混凝土预养护时间不宜少于 2 h，升温速度不宜超过 15 ℃/h，降温速度不宜超过 10 ℃/h，恒温最高温度不宜超过 60 ℃。出模时当管片表面温度与环境气温差大于 20 ℃时，管片应在室内车间进行降温，直至管片表面温度与环境气温差不大于 20 ℃。采用蒸汽养护时应监控温度变化并根据工艺要求及时调整蒸养温度，同时做好记录。管片脱模后还需进行喷淋养护/水池中的养护，养护时间不少于 7 d，管片在储存阶段应进行养护。

混凝土管片根据形式分类堆放。储存场地必须硬化、坚实平整。雨季应加强储存场地的检查，防止地基出现不均匀沉降。采用内弧面向上或单片侧立的方式码放，码放高度经计算后确定。不论采用何种方法储存，每层管片之间必须使用垫木，位置要正确。管片运输应采取适当的防护措施。管片必须达到设计强度后方可使用，根据安全操作规程进行吊装，吊装时使用专用的吊具。

2.管片拼装施工

管片拼装一般由施工人员遥控操作特定的机械设备完成，可分为半自动拼装和全自动拼装两类，两者的主要区别体现在每块管片的夹取和管片定位之后的螺栓连接是否需要人工辅助。对于半自动拼装隧道管片的拼装工艺流程，其中管片运送主要由地面大型吊机、隧道施工电瓶运送车、管片吊机、管片喂片机来完成；管片拼装主要由管片拼装机来完成管片的夹取、移动、回转等动作，将管片放置到指定的位置；管片固定主要由人工操作完成管片环向螺栓和纵向螺栓的连接。管片施工流程如图 5.4.18 所示。

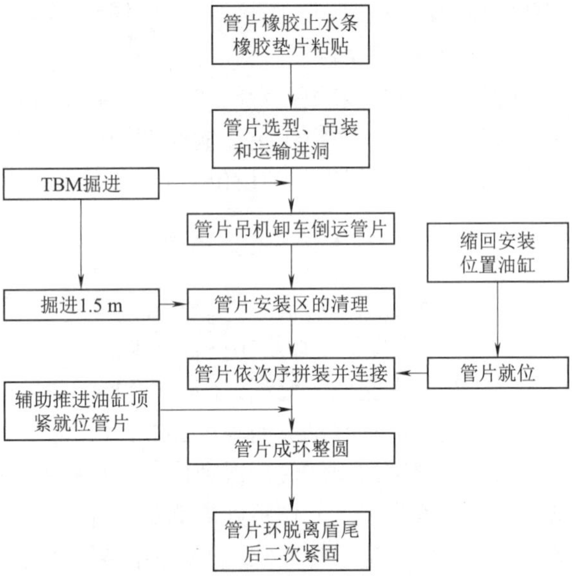


图 5.4.18 管片施工流程

进洞拼装前，应对管片进行清理，在地面上按拼装顺序排列堆放，按规定粘贴防水材料及橡胶传力垫。检查合格后，用吊机装入管片车，由编组列车运送至工作面。根据盾尾间隙和油缸行程确定管片拼装点位，一般按照错缝拼装的原则进行管片安装。拼装过程中应及时打紧管片连接螺栓，脱出盾尾后要对管片连接螺栓进行二次紧固。护盾式 TBM 在掘进和纠偏过程中，应严格控制油缸压力，防止管片损坏。管片拼装现场如图 5.4.19 所示。

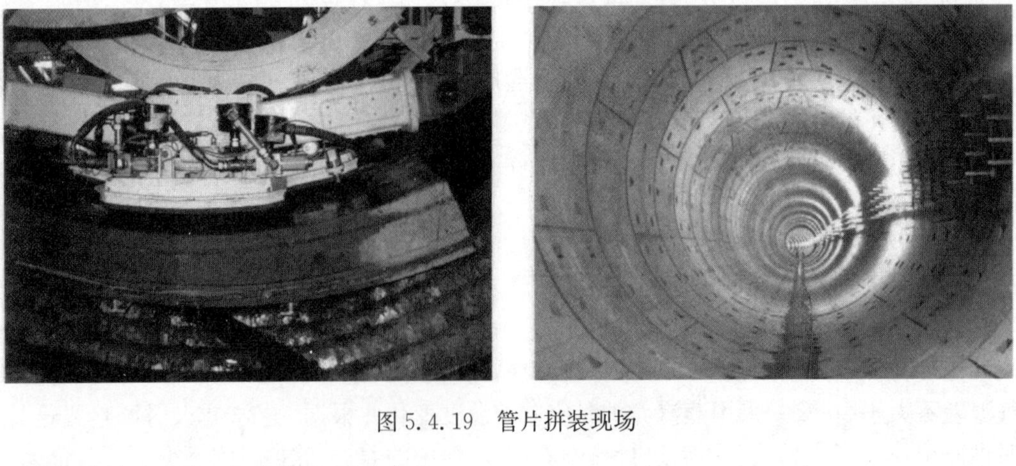

图 5.4.19 管片拼装现场

管片拼装过程中，应注意以下几点：

①管片拼装应按拼装工艺要求逐块进行，安装时必须从隧道底部开始，然后依次安装相邻块，最后安装封顶块。每安装一块管片，立即将管片纵环向连接螺栓插入连接，并戴上螺帽用电动扳手紧固。

②封顶块安装前，对止水条进行润滑处理，安装时先径向插入，调整位置后缓慢纵向顶推。

③在管片拼装过程中，应严格控制盾构推进油缸的压力和伸缩量，使盾构位置保持不变；盾构推进后的姿态应符合拼装要求；管片安装到位后，应及时伸出相应位置的推进油缸顶紧管片，其顶推力应大于稳定管片所需力，然后方可移开管片安装机。

④管片连接螺栓紧固质量应符合设计要求。

⑤拼装管片时应防止管片及防水密封条的损坏，安装管片后顶出推进油缸，扭紧连接螺栓，保证防水密封条接缝紧密，防止由于相邻两片管片在盾构推进过程中发生错动，导致防水密封条接缝增大和错动，影响止水效果。

⑥对已拼装成环的管片环作椭圆度的抽查，确保拼装精度。

⑦应注意使各种管片在环向定位准确，并保证隧道轴线符合设计要求(曲线段管片拼装时)。一般而言，轴线允许偏差：高程偏差±50 mm，平面偏差±50 mm；水平直径和垂直直径允许偏差＜50 mm；管片错台＜3 mm，管片接缝开口＜3 mm，管片拼装无贯穿裂缝，无宽大于0.3 mm的裂缝及剥落现象。

3. 壁后回填

TBM 施工将导致围岩的应力重新分布，为防止隧洞围岩的变形，使管片衬砌与被开挖围岩形成整体结构以共同受力，减少管片在自重及内部荷载下的变形，需要给开挖过的隧洞和管片外径之间的环形空隙及时进行豆砾石充填以及必要的灌浆，回填注浆可起到管片衬砌防水作用。

1)豆砾石吹填

管片与围岩之间回填的豆砾石，对于防止与控制管片的移动，控制围岩变形分担围岩压力，具有重要意义。

豆砾石吹填采用阶梯吹填法与对称吹填法。在豆砾石吹填时，应沿从前向后逐渐上升的阶梯吹填法，保证顶部豆砾石吹填饱满并避免豆砾石向前流动。在同环管片豆砾石吹填时，应左右方向交替对称吹填，避免因单侧吹填引起管片偏侧。

豆砾石吹填前，需要对豆砾石吹填设备进行检查，尤其是空压机和豆砾石喷射机需要进行风压和风量测试，以满足豆砾石回填能力；对豆砾石检查，确保豆砾石满足吹填要求。

豆砾石管路通过软管延伸到连接桥上，在喷射区设有工作平台，以便工作人员可以在隧道内较高的位置进行作业，豆砾石喷射区域位于设备桥架上的盾尾，在预制管片衬砌完毕脱离护盾后立即进行，管片外侧与围岩之间的空腔应充填密实，豆砾石的预压坚持“脱离护盾一环就必须回填一环”的原则进行。豆砾石吹填顺序如图 5.4.20 所示。

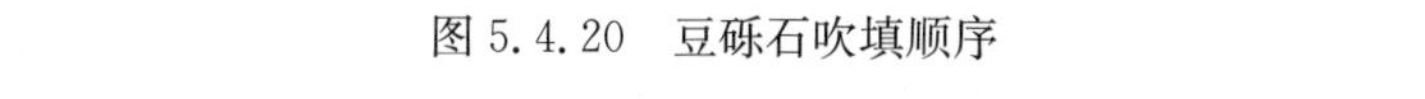


图 5.4.20　豆砾石吹填顺序

2)壁后灌浆

壁后灌浆施工，也应按照由上到下、交叉对称的原则进行。

(1)拱底灌浆

拱底片安装前需将底部的浮渣清理干净。为防止回填豆砾石后，在进行前部灌浆时，浆液向前窜浆，损坏 TBM 掘进机前部的设备，需要在管片前部每隔 3 环安装止浆条，豆砾石回填完成后从封闭环第一环拱底灌浆孔开始灌浆，至相邻拱底灌浆孔冒浆时，停止浆液的输入，拔出灌浆管并安装止浆塞，进行下个拱底灌浆孔灌浆，依次循环。

(2)两侧拱下部灌浆

在对两侧拱下部灌浆前，先把灌浆塞安装到首环侧拱下部的注浆孔进行水泥浆的浇筑，在水泥浆的浇筑过程中，需要对串浆情况进行实时监控，当发现后续环管片灌浆孔出现串浆情况时，需及时关闭灌浆塞。

(3)两侧拱上部灌浆、顶拱下部灌浆

两侧拱上部与顶拱下部的灌浆程序，与浇筑两侧拱下部的灌浆程序相同，均需要实时监控串浆情况，并按管片环间隔施工。

(4)灌浆孔封孔

灌浆孔在灌浆工作结束后，采用经试验室配合比试验后的砂浆进行封孔，表面需要进行抹灰，保证其外观平整、光洁。非灌浆孔的封孔方法与灌浆孔封孔方法一致。

## 复习与思考题

(1)简述主梁式 TBM、凯式 TBM 和双护盾 TBM 的掘进步骤。

(2)简述豆砾石吹填的施工要点。

# 项目6　隧道病害与防治

## 项目描述

由于勘察、设计、施工和运营等方面的原因，隧道在运营中会产生渗漏水、衬砌裂损、隧道冻害、衬砌侵蚀等病害，这些病害给隧道的正常使用和安全运营带来威胁。因此，对隧道结构在其寿命内需进行养护维修，是保障铁路隧道安全、畅通的基础和关键。

## 学习目标

**能力目标**

能根据隧道病害现场情况，分析病害原因并提出相应的解决措施。

**知识目标**

(1)掌握隧道病害的防治原则；

(2)掌握隧道常见病害类型、成因及防治措施。

**素质目标**

(1)能吃苦、有担当的职业道德；

(2)主动分析问题的习惯，培养主动解决问题的能力。

## 任务6.1　隧道水害及其防治

### 任务工单

班级：________姓名：________学号：________小组：________日期：________

| 工作任务 | 隧道水害及其防治 | 学习模式 | 项目+任务驱动 |
|---|---|---|---|
| 建议学时 | 1学时 | 学习地点 | 理实一体教室 |
| 任务描述 | 通过隧道水害及其防治相关知识的学习，完成以下工作任务：<br>(1)对隧道水害的产生原因进行分析；<br>(2)针对隧道水害能够合理选取防治措施，编制隧道水害防治方案 | | |
| 任务目标 | **能力目标**<br>(1)能对隧道水害的产生原因进行分析；<br>(2)能针对隧道水害合理选取防治措施。<br>**知识目标**<br>(1)掌握隧道运营中水害种类及其危害；<br>(2)熟悉运营隧道水害整治措施。<br>**素质目标**<br>主动分析问题的习惯 | | |

续上表

| 工作任务 | 隧道水害及其防治 | 学习模式 | 项目＋任务驱动 |
|---|---|---|---|
| 建议学时 | 1学时 | 学习地点 | 理实一体教室 |
| 任务实施 | (1)学习相关知识，进行知识准备；<br>(2)对××隧道水害原因进行分析；<br>(3)编制××隧道水害防治方案 | | |
| 考核评价<br>(100分) | 考核项目 | | 得分 |
| | 隧道水害及其防治知识掌握(30%) | | |
| | 隧道水害原因分析(10%) | | |
| | 隧道水害防治方案编制(50%) | | |
| | 职业素质养成(10%) | | |

## 知识准备

### 6.1.1　隧道水害的主要类型、危害及成因

1.隧道水害的主要类型及危害

隧道水害是指在隧道修建和运营过程遇到的水的干扰和危害，是最常见的隧道病害。这里主要指运营隧道水害，即地下水和地表水直接或间接地以渗漏或涌出的形式进入隧道内造成的危害。主要类型有隧道渗漏水、涌水、衬砌周围积水、潜流冲刷等。

1)隧道渗漏水的影响与危害

隧道渗漏水对隧道稳定、洞内设施、行车安全、地面建筑和隧道周围水环境产生诸多不良影响甚至威胁。

①渗漏水促使混凝土衬砌风化、剥蚀，造成衬砌结构破坏；渗漏水还会软化围岩，引起围岩变形，有些隧道渗水中含有侵蚀性介质，造成衬砌混凝土和砌筑砂浆腐蚀损坏；降低衬砌的承载能力；在寒冷和严寒地区，隧道漏水会造成边墙结冰、拱部挂冰，侵入隧道建筑限界，还会造成衬砌冻胀裂损。

②渗漏水加快内部设备(通信、照明、钢轨等)锈蚀，影响设备的正常使用，缩短线路设备的使用寿命，增加维修费用。

③水害引发路基下沉、基底裂损、翻浆冒泥等病害，导致线路轨距、水平变形超限，冻胀引发洞内线路起伏不平，以及洞内漏水潮湿降低轮轨黏着力，均会影响行车安全；水害使电绝缘失效、短路、跳闸，影响安全运营，引发漏电伤人事故；少数隧道，暴雨后隧道铺底破损涌水，淹没轨道，冲空道床，影响行车安全。

④严重渗漏水引发地表和地表建筑物不均匀沉降和破坏。

⑤隧道渗漏造成地表水和含水层水大量流失，破坏周围水环境，造成环境灾害。

2)衬砌周围积水的影响及危害

①水压较大时导致衬砌破裂。

②围岩浸水软化，承载力降低，对衬砌压力加大，导致衬砌破裂。

③膨胀性围岩体积膨胀，导致衬砌破裂。

④寒冷地区引发冻胀病害。

3)潜流冲刷的影响及危害

①衬砌基础下沉,边墙开裂或仰拱、整体道床下沉开裂。

②围岩滑移错动导致衬砌变形开裂。

③超挖围岩回填不实或未全部回填者,引起围岩坍塌,导致衬砌破坏。

2. 隧道水害的成因

隧道水害的成因是修建隧道时破坏了山体原始的水平衡系统,隧道成为所穿过山体附近地下水集聚的通道。当隧道围岩与含水地层连通,而衬砌的防水及排水设施、方法不完善时,就必然要发生隧道水害。

①隧道穿过含水地层,如砂类土和漂卵石类土含水地层;节理、裂隙发育,含裂隙水的岩层;石灰岩、白云岩等可溶性地层;当有充水的溶槽、溶洞或暗河等与隧道相连通时;浅埋隧道地段,地表水可沿覆盖层的裂隙、孔洞渗透到隧道内。

②隧道衬砌防水及排水设施不完善,如原建隧道衬砌防水、排水设施不全;混凝土衬砌施工质量差,蜂窝、孔隙、裂缝多,自身防水能力差;防水层(内贴式、外贴式或中间夹层)施工质量不良或材质耐久性差,经使用数年后失效;混凝土的工作缝、伸缩缝、沉降缝等未做好防水处理等。

### 6.1.2　隧道水害整治措施

既有隧道漏水的防治原则,应在周密调查、弄清水源和既有衬砌防排水设备现状的基础上,根据隧道的具体情况,因地制宜地贯彻“截、排、堵结合,综合整治的原则”,力求达到建立完善的隧道防排水系统,使用的材料安全耐久,工艺先进,质量可靠,方便维修,经济合理的目的。

常用的整治隧道渗漏水的基本方法如下:

1. 适当疏排

对地表水丰富的浅埋隧道,当地表沟谷坑洼积水、渗水对隧道有影响时,可用疏导积水、填平沟谷、砌沟排水等措施,使洞顶地表形成良好的排水系统,不使洞顶的地表水流入或渗入隧道。在洞口仰坡边缘周围设截水沟或排水沟,并保持良好状态。

地下水丰富、隧道内无排水沟或排水沟深度不足而导致隧道底部积水的,应采取增设水沟,将单侧沟改为双侧沟,加深侧沟或采取设置暗管加深水沟等措施。既有隧道侧沟沟底位于基床底面以上时,排水沟只能排除基底以上衬砌的渗漏水,隧道底部的地下水排不出去,积聚在基底以下,在列车动荷载作用下基底软化,沟墙开裂或倾倒,铺底或仰拱破碎,道床翻浆。实践证明,消除这一病害有效的方法是将侧沟加深至轨面以下 1.5 m 左右,排除基底以下的积水,以保持隧道底部干燥和稳定。

当长大隧道,仅靠隧道内排水沟不能将流入隧道的地表水及地下水排出时,往往引起水漫道床、冲断行车,可采用增设或疏通平行导洞的方法进行排水。

增设防寒泄水洞是整治寒冷地区隧道水害的有效方法。寒冷地区的隧道,衬砌后的地下水渗漏到隧道中,冻结成冰,悬挂在拱部成冰溜,贴附在边墙成冰柱,积聚在道床上成冰丘,都可能侵限危及行车安全,而且由于结冰冻胀,导致衬砌裂损、脱落。为消除病害可增设泄水洞,泄水洞设在最大冻结线以下,以竖向排水沟与衬砌背后相连,并在泄水洞边墙及洞顶向围岩打潜水孔,以利疏排围岩中的裂隙水。

2. 注浆堵水

对隧道衬砌的渗漏水,除采用排水措施外,还可以用注浆进行封堵。对注浆材料总的要求是：可灌性好；凝结时间可控制，固化最好是突变的；固化体强度高、抗渗性好、粘结力强、微膨胀、耐久性好；材料来源广，价格便宜；施工工艺简便；无毒，对环境无污染。

①向衬砌背后围岩或回填层注浆。一般使用普通水泥净浆或砂浆，普通水泥净浆或砂浆原料丰富，价格低廉，且结硬强度高，耐久性好，但是普通水泥浆初凝时间长，易造成浆液流失。普通水泥浆早期强度低，强度增长慢，易沉淀析水。因此使用时必须加入速凝剂、膨胀剂、减水剂等使普通水泥浆具有快凝、早强、微膨胀的性能。

②向衬砌内部注浆。由于衬砌内部的空洞、裂纹与围岩裂隙相比要小得多，注浆材料一般采用超细水泥。超细水泥的最大粒径为 20 μm，可渗入渗透系数 $10^{-4}\sim10^{-3}$ cm/s 的细砂或裂隙宽度大于 0.05 mm 的缝隙中。普通水泥的最大粒径为 90 μm，只能渗入渗透系数大于 $5\times10^{-4}$ cm/s 的粗砂或裂隙宽度大于 0.6 mm 的缝隙中。超细水泥的可灌性与化学浆液相近，无毒、无污染、结硬强度高、耐久性好，是衬砌内部注浆的理想材料。

③向基底注浆。一般在行车间隔内进行，要求注浆材料必须具有快凝、早强、高强、微膨胀的性能，而且耐久性好。

3. 增设防水层

新建隧道衬砌防水一般采用防水混凝土或外贴式防水层。然而运营隧道发生水害，增设外贴式防水层几乎不可能，因此通常增设内防水层。内防水层虽然不能阻止水流进入衬砌内，但可阻止水流进入隧道内。当水停止在衬砌内流动，衬砌内的孔洞可能因碳酸钙沉积而有一定程度的愈合。

增设内防水层是比较经济的。增设内防水层的方式有三种：一是刷涂，二是刮压，三是喷涂。

### 复习与思考题

隧道水害的常见防治措施有哪些？

## 任务 6.2　隧道衬砌裂损及其防治

### 任务工单

班级：__________ 姓名：__________ 学号：__________ 小组：__________ 日期：__________

| 工作任务 | 隧道衬砌裂损及其防治 | 学习模式 | 项目+任务驱动 |
|---|---|---|---|
| 建议学时 | 1 学时 | 学习地点 | 理实一体教室 |
| 任务描述 | 通过隧道衬砌裂损与防治相关知识的学习，完成以下工作任务：<br>(1)对隧道衬砌裂损进行分析和研究，找出产生原因；<br>(2)针对隧道衬砌裂损原因，提出相应的整治措施，编制隧道衬砌裂损整治方案 | | |
| 任务目标 | **能力目标**<br>(1)能对隧道衬砌裂损进行分析和研究，找出产生原因；<br>(2)能针对隧道衬砌裂损原因，提出相应的整治措施。<br>**知识目标**<br>(1)掌握隧道衬砌裂损类型及主要危害；<br>(2)熟悉隧道衬砌裂损整治措施。<br>**素质目标**<br>主动解决问题的能力 | | |

续上表

| 工作任务 | 隧道衬砌裂损及其防治 | 学习模式 | 项目+任务驱动 |
|---|---|---|---|
| 建议学时 | 1 学时 | 学习地点 | 理实一体教室 |
| 任务实施 | (1)学习相关知识,进行知识准备;<br>(2)对××隧道衬砌裂损进行分析和研究,找出产生原因;<br>(3)编制××隧道衬砌裂损整治方案 | | |
| 考核评价(100 分) | 考核项目 | | 得分 |
| | 铁路隧道衬砌裂损及其防治知识掌握(30%) | | |
| | 隧道衬砌裂损原因分析(10%) | | |
| | 隧道衬砌裂损整治方案编制(50%) | | |
| | 职业素质养成(10%) | | |

## 知识准备

### 6.2.1 隧道衬砌裂损类型及主要危害

由于隧道受到地层压力的作用,使隧道衬砌结构物产生裂缝和变形。

整治隧道衬砌裂损首先要消灭已有的衬砌裂损带来的对结构及运营的危害,并防止加大裂损,其次采取以稳固围岩为主、稳固围岩与加固衬砌相结合的综合治理措施。

1. 衬砌裂损的类型

衬砌裂损的类型主要有:衬砌开裂,衬砌变形,衬砌腐蚀破坏,衬砌背后空洞,仰拱破碎、道床下沉、翻浆冒泥等。

①衬砌开裂。隧道衬砌开裂根据其走向分为纵向裂缝、环向裂缝和斜向裂缝三种。

纵向裂缝平行于隧道轴线,危害性最大,继续发展可引起隧道掉拱、边墙断裂甚至整个隧道塌方;斜向裂缝一般和隧道纵轴成 45°角,其危害性仅次于纵向裂缝,也需认真加固;环向裂缝主要由纵向不均匀荷载、围岩地质变化、沉降缝等处理不当所引起,多发生在洞口或不良地质地带与完整岩石地层的交接处,一般对于衬砌结构正常承载影响不大。

②衬砌变形。混凝土衬砌发生变形,造成隧道净空不够或侵占预留加固的空间,个别隧道的混凝土衬砌侵入 30～40 mm,因此运营隧道需定期进行限界测量。

③衬砌腐蚀破坏。我国西南地区不少铁路隧道混凝土衬砌被酸性地下水腐蚀。这些地区的地下水中硫酸根($SO_2^{4-}$)含量高达 6 000 mg/L,因而造成混凝土衬砌和道床被腐蚀成豆腐渣状,强度降低 30%,这种混凝土衬砌的处理和加固难度较大。

④衬砌背后空洞。在衬砌与围岩之间没有回填密实或回填不密实处,容易出现较大的移动和外鼓。

⑤仰拱破碎、道床下沉、翻浆冒泥。这些病害直接影响行车安全,必须及时处理。

2. 衬砌裂损的主要危害

衬砌裂损是隧道病害的主要形式,隧道衬砌裂损破坏了隧道结构的稳定性,降低了衬砌结构的安全可靠性,影响隧道的正常使用,甚至危及行车安全。衬砌裂损变形的主要危害有:①降低衬砌结构对围岩的承载能力;②使隧道净空变小,侵入建筑限界,影响行车安全;③拱部衬砌掉块,影响行车和人身安全;④裂缝漏水,造成洞内设施锈蚀,道床翻浆,严寒和寒冷地区产生冻害;⑤铺底和仰拱破损,基床翻浆,危及行车安全,被迫降低车辆运行速度,大量增加养护维修工作量。

在运营条件下对裂损衬砌进行大修整治,施工与运输相互干扰,费用较大。

### 6.2.2 隧道衬砌裂损整治措施

1. 衬砌裂损整治原则

①加强观测,掌握裂损变形情况和地质资料,查清病因,对不同裂损地段采用不同的工程措施;

②对渗漏水、腐蚀等病害,一并综合进行整治,贯彻彻底整治的原则;

③合理安排施工慢行封锁计划,尽量减少对正常运营的干扰;

④精心测量,保证加固后的隧道净空满足隧道限界的要求,确保锚喷加固衬砌、拱背压浆等整治措施的施工质量。

2. 衬砌裂损整治措施

1)裂缝整修

小裂缝,又无渗水时,可用水泥浆嵌补,或先凿槽后再用 1∶1 水泥砂浆或环氧树脂砂浆涂抹,为防止砂浆固结收缩,可在制备砂浆时加入 10%～17%的膨胀剂;裂损严重,拱圈有多道裂缝,部分失去承载能力时,原则上拆除重建,一般用锚网喷或喷射早强钢纤维混凝土;开裂严重,但拱圈基本形状无较大变形时,可采用素喷或网喷混凝土整治。

对严重裂损变形的隧道衬砌,以往作为临时的加固措施和施工安全防护措施,常使用钢拱架支护,当隧道净空足够时,可在衬砌内边架设;净空不富裕时,采用凿槽嵌入衬砌内。作为永久性加固措施,在净空富裕时,过去常采用在隧道内增设钢筋混凝土套拱加固,当衬砌严重裂损变形侵入隧道建筑限界地段时,则采用更换衬砌的办法整治。但套拱与更换衬砌的办法都具有施工进度慢、劳动强度大、工程费用高、行车干扰大等缺点。特别是爆破拆除旧衬砌时,不可避免地要对围岩产生再一次扰动,导致地层压力进一步增大,塌方断道事故时有发生,不仅增加工程处理困难,而且严重干扰正常运营。

早强钢纤维混凝土因具有早期强度高,抗裂、抗渗、抗震、抗硫酸盐腐蚀性能好等优点,特别适用于运营铁路桥隧建筑物抢修工程、抗震加固和电气化前隧道拱顶裂损、漏水的综合整治。

2)衬砌背后空洞注浆

注浆可以填充拱背(墙背)空隙,约束衬砌变形,固结衬砌背后松散围岩。

注浆填充拱背空隙,是改善衬砌受力状态,提高衬砌承载能力的一项必要措施。隧道压浆耗费水泥量较大,为了节省水泥和投资,可选用水泥粉煤灰砂浆、水泥沸石粉砂浆、水泥黏土砂浆等可灌性好、抗渗性、耐腐蚀性较好的廉价材料。

3)底板的稳定处理

底板既是传力结构又是受力结构,底板不稳定直接影响仰拱的稳定性。易风化泥化的泥质岩类隧底,排水不良时,铺底容易损坏,产生翻浆冒泥病害,是运营线较常见的一种病害。一般采用改建加深侧沟或增建深侧沟、更换铺底方法整治。当为黏土质泥岩或有膨胀特性的页岩时,宜增设仰拱,以防止边墙下沉、内移和隧底隆起。

加深排水沟,疏干地下水,可消除底板软化。对已软化的底板可采取置换或注浆加固。

4)换拱、换边墙

隧道承载力模型试验证明,开裂的衬砌仍然具有一定的承载能力。即便是严重裂损错台,并局部侵限的衬砌,在钢拱架的临时支护下,可采用凿除其侵限部分,加强网喷的办法来恢复和提高承载能力。所以,换拱、换边墙一般情况下不宜采用。只有在衬砌严重变形,其断面大部分侵入建筑限界,必须拆除扩大限界的情况下,才采用更换衬砌的整治方法。

**复习与思考题**

隧道衬砌裂损的防治措施有哪些?

# 任务 6.3 隧道冻害及其防治

## 任务工单

班级:______ 姓名:______ 学号:______ 小组:______ 日期:______

| 工作任务 | 隧道冻害及其防治 | 学习模式 | 项目+任务驱动 |
|---|---|---|---|
| 建议学时 | 1 学时 | 学习地点 | 理实一体教室 |
| 任务描述 | 通过隧道冻害与防治相关知识的学习,完成以下工作任务:<br>(1)对隧道冻害进行分析和研究,找出产生原因;<br>(2)对隧道冻害的原因,提出相应的整治措施,编制隧道冻害整治方案 | | |
| 任务目标 | **能力目标**<br>(1)能对隧道冻害进行分析和研究,找出产生原因;<br>(2)能针对隧道冻害的原因,提出相应的整治措施。<br>**知识目标**<br>(1)掌握隧道冻害种类及其危害;<br>(2)熟悉隧道冻害防治措施。<br>**素质目标**<br>能吃苦、有担当的职业精神 | | |
| 任务实施 | (1)学习相关知识,进行知识准备;<br>(2)对××隧道冻害进行分析和研究,找出产生原因;<br>(3)编制××隧道冻害整治方案 | | |
| 考核评价<br>(100 分) | 考核项目 | | 得分 |
| | 隧道冻害及其防治知识掌握(30%) | | |
| | 隧道冻害原因分析(10%) | | |
| | 隧道冻害整治方案编制(50%) | | |
| | 职业素质养成(10%) | | |

**知识准备**

### 6.3.1 隧道冻害种类及其危害

隧道冻害是寒冷地区和严寒地区的隧道内水流和围岩积水冻结,引起隧道拱部挂冰、边墙结冰、洞内网线设备挂冰、围岩冻胀、衬砌胀裂、隧底冰锥、水沟冰塞、线路冻起等,影响到安全运营和建筑物的正常使用的各种病害。

隧道冻害会导致衬砌冻胀开裂，甚至疏松剥落，造成隧道衬砌结构的失稳破坏，降低衬砌结构的安全可靠性，严重影响运输的安全和正常运行。

隧道常见冻害的种类主要有：

(1)拱部挂冰、边墙结冰

隧道漏水冻结，在拱部形成挂冰，不断增长变粗；在边墙形成冰柱，多条相近的冰柱连成冰侧墙，如不及时清除，挂冰、冰柱和冰侧墙侵入限界，对行车安全造成严重威胁。

(2)围岩冻胀破坏

Ⅳ～Ⅵ级围岩和风化破碎、裂隙发育的Ⅲ级围岩，在隧道冻结圈范围内含水率达到起始冻胀含水率以上，并具有水分迁移和聚冰作用时，围岩产生强烈的冻胀，抗冻胀能力差的直墙式衬砌产生变形，限界缩小，衬砌裂损；洞门墙和翼墙前倾裂损；洞口仰拱坍塌。

(3)衬砌发生冰楔

硬质围岩衬砌背后积水冻胀，产生冰冻压力(称为冰劈作用)，传递给衬砌。经缓慢发展，常年积累冰冻压力像楔子似的，使衬砌发生破碎、断裂、掉块等现象；已裂解为小块状的拱部衬砌混凝土块，在冰劈作用下，可能发生错动掉块；衬砌的工作缝和变形缝充水冻胀，经多次冻融循环，使裂缝不断扩大，引起衬砌裂开、疏松、剥落等病害。

(4)洞内网线挂冰

隧道漏水落在铁路电力牵引区段的接触网和电力、通信、信号架线上结冰。如不及时除掉，会坠断网线，使接触网短路、放电、跳闸，中断通信、信号，危及行车和人身安全。

### 6.3.2 隧道冻害防治措施

严寒及寒冷地区隧道冻害的防治，其基本措施是综合治水、更换土壤、保温防冻、结构加强、防治融坍等，可根据实际情况综合运用。

1.综合治水

隧道冻害的根本原因就是围岩地下水的冻结，如果能将水排出在冻结圈以外，杜绝水进入冻结圈，就能达到防止冻害的目的，因此，综合治水是防止冻害的最基本的措施。

综合治水要在查明冻害地段隧道漏水及衬砌背后围岩含水情况后，采取“防、排、截、堵”综合治水措施，消除隧道漏水和衬砌背后积水，具体措施包括：

①加强接缝防水，防水材料要有一定的抗冻性，以消除接缝漏水。

②完善冻害段隧道的防、排水系统，消除衬砌背后积水，并防止冻结圈外的地下水向冻结圈内迁移。

③排水设施或泄水孔应保证不冻结。

④严寒地区可采用中心深埋泄水洞。

2.更换或改造土壤

将冻结圈内的围岩更换或改造，将冻胀土变为非冻胀土、透水性强的粗粒土或保温隔热材料，从而达到防治冻害的目的。

更换土壤一般是将砂黏土、粉砂、细砂更换为碎、卵石或炉渣，换土厚为冻深的0.85～1.0倍，同时加强排水，防止换土区积水。

改造土壤就是采用注浆固结方法，在砂类土及砾卵石等容易注浆的岩土中注入水泥—水玻璃或其他化学浆液，固结冻结圈内岩土，消除冻胀性。

改造土壤的另一种方法就是在冻结圈注入憎水性填充材料，使之堵塞所有孔隙、裂隙，阻止土中水分迁移和聚冰作用。

3. 保温防冻

通过控制温度，使围岩中水分达不到冰点，以达到防冻目的，方法主要有保温、供热、降低水的冰点，具体方法如下：

①在隧道内加筑保温层。

②降低水的冰点。在围岩中注入丙二醇、$CaCl_2$、NaCl 等，使水的冰点降低，从而降低围岩的起始冻结温度，达到防冻的目的，一般只在紧急情况下使用。

4. 结构加强

通常采取的措施有：防水混凝土曲墙加仰拱衬砌，主要适用于Ⅳ～Ⅵ级围岩和风化破碎、裂隙发育的Ⅲ级围岩；防水钢筋混凝土衬砌，主要适用于Ⅲ级以上局部冻胀性围岩地段；网喷混凝土加固，加设抗冻胀锚杆，主要适用于有锚固条件的Ⅳ级以上围岩、局部冻胀性硬岩地段，对既有冻胀裂损的衬砌，可应用喷锚加固技术，但需满足限界要求。

5. 防治融坍

隧道洞内要防止基础融沉，可采用加深边墙至冻土上限或冻而不胀层；防治道床春融翻浆可采用加强底部排水，疏干底部围岩含水或采用换土法。也可采用：加大侧墙厚度，使拱轴线能更好地抵抗侧向冻胀；拱部衬砌厚度增加，一般加厚 10 cm 左右；提高衬砌混凝土强度等级或采用钢筋混凝土；隧底增设混凝土支撑。

### 复习与思考题

隧道冻害的防治措施有哪些？

## 任务 6.4　隧道侵蚀及其防治

### 任务工单

班级：＿＿＿＿＿姓名：＿＿＿＿＿学号：＿＿＿＿＿小组：＿＿＿＿＿日期：＿＿＿＿＿

| 工作任务 | 隧道侵蚀及其防治 | 学习模式 | 项目+任务驱动 |
|---|---|---|---|
| 建议学时 | 1 学时 | 学习地点 | 理实一体教室 |
| 任务描述 | 通过隧道侵蚀及其防治相关知识的学习，完成以下工作任务：<br>(1)对隧道侵蚀进行分析和研究，找出产生原因；<br>(2)对隧道侵蚀的原因，提出相应的整治措施，编制隧道侵蚀防治方案 | | |
| 任务目标 | **能力目标**<br>(1)能对隧道侵蚀进行分析和研究，找出产生原因；<br>(2)能针对隧道侵蚀的原因，提出相应的整治措施。<br>**知识目标**<br>(1)熟悉隧道衬砌侵蚀种类及危害；<br>(2)熟悉隧道衬砌侵蚀的防治措施。<br>**素质目标**<br>不怕吃苦、乐于奉献的精神品格 | | |

续上表

| 工作任务 | 隧道侵蚀及其防治 | 学习模式 | 项目＋任务驱动 |
|---|---|---|---|
| 建议学时 | 1学时 | 学习地点 | 理实一体教室 |
| 任务实施 | (1)学习相关知识,进行知识准备;<br>(2)对××隧道侵蚀原因进行分析;<br>(3)编制××隧道侵蚀防治方案 | | |
| 考核评价<br>(100分) | 考核项目 | | 得分 |
| | 隧道侵蚀及其防治知识掌握(30%) | | |
| | 隧道侵蚀原因分析(10%) | | |
| | 隧道侵蚀防治方案编制(50%) | | |
| | 职业素质养成(10%) | | |

## 知识准备

### 6.4.1　隧道衬砌侵蚀种类及危害

隧道衬砌侵蚀分为物理性侵蚀和化学性腐蚀两类。隧道衬砌侵蚀的主要影响因素有:衬砌圬工的质量和水泥的品种、侵蚀性介质的种类和浓度、环境的温度和湿度等自然条件。

隧道衬砌侵蚀使混凝土变酥松,强度下降,降低隧道衬砌的承载能力,还会导致钢轨及扣件腐蚀,缩短使用寿命,危及行车安全。为确保隧道建筑物的安全使用,应积极对衬砌侵蚀病害进行防治,研究分析隧道产生侵蚀的原因及作用机理,指导隧道侵蚀的预防和整治。

物理侵蚀主要有冻融交替部位的冻胀性裂损、干湿交替部位的盐类结晶性胀裂损坏两种。前者产生的条件是隧道在寒冷和严寒地区衬砌混凝土充水部位,侵蚀的机理为普通混凝土是一种非均质的多孔性材料,其毛细孔、施工孔隙和工作缝等易被环境水渗透。充水的混凝土衬砌部位,受到反复的冻融交替冻胀破坏作用,产生和发展冻胀性裂损病害,造成混凝土裂损;后者产生的条件是隧道周围有含石膏、芒硝和岩盐的环境水,侵蚀机理为渗透到混凝土衬砌表面毛细孔和其他缝隙的盐类溶液,在干湿交替条件下,由于低温蒸发浓缩析出白毛状或棱柱状结晶,产生胀压作用,促使混凝土由表及里,逐层破裂疏松脱落。

化学腐蚀一般有硫酸盐侵蚀、镁盐侵蚀、溶出性侵蚀(软水侵蚀)、碳酸盐侵蚀、一般酸性侵蚀等,但是隧道衬砌混凝土腐蚀是一个很复杂的过程,以上提到的这几种腐蚀作用有时会同时发生。

### 6.4.2　隧道衬砌侵蚀的防治措施

产生侵蚀的三个要素是侵蚀介质的存在、易侵蚀物质的存在、地下水的存在且具有活动性。针对隧道侵蚀产生的原因和条件,对隧道侵蚀采取的防治措施主要有以下几种:

1. 提高衬砌的密实性和整体性

这是提高混凝土抗侵蚀性能最主要的,也是最重要的措施。因为不管是混凝土或砌块、砂浆遭受化学侵蚀,还是冻融交替或是干湿交替作用,甚至几种情况同时存在的最不利情况,共同的必要条件是衬砌的透水性。由于水及其中侵蚀介质能渗透到衬砌内部,才会发生一系列物理、化学变化，致使衬砌混凝土或砌块、灰缝产生腐蚀损坏。如果在修建隧道衬砌时，采用了防水混凝土作衬砌，提高了衬砌的密实性和整体性，外界侵蚀性水就不易渗入混凝土内部，从而阻止了环境水的侵蚀速度，就可以提高衬砌的耐久性，降低侵蚀的影响。

一般用集料级配法和掺外加剂法配制防水泥凝土，来提高隧道衬砌的密实性和防水性，由于隧道衬砌是现场浇筑，在有地下水活动的地段，往往很难保证防水混凝土的质量，从而影响防水性，因此要采取相应措施。

2. 外掺加料法

腐蚀主要是由混凝土中游离的 $Ca(OH)_2$ 等引起的，可以采取降低混凝土中 $Ca(OH)_2$ 浓度的措施来达到抗侵蚀的目的。如掺加粉煤灰可以除去游离的 $Ca(OH)_2$；也可以掺加硅粉，但由于硅粉颗粒细，施工时污染严重，对环境有害，影响其使用范围。

3. 选用耐侵蚀混凝土

合理选择水泥品种，尽量改善混凝土受侵蚀的内因(如对抗硫酸盐侵蚀的水泥要限制 $C_3A$ 含量不大于 5%，在严寒地区不宜选用火山灰质水泥等)，但目前尚没有完全可以消除腐蚀的水泥品种。从合理选择水泥品种，与优选粗细骨料及级配、掺外加剂、减少用水量等项措施结合起来，最大限度地提高衬砌的抗腐蚀性和密实度，配制成防腐蚀混凝土，效果就更好。

目前隧道工程常用的防腐蚀水泥有抗硫酸盐水泥、高抗硫酸盐水泥、低碱高抗硫酸盐水泥、矾土水泥、石膏矿渣水泥等。

4. 加强衬砌外排水措施

将侵蚀性环境水排离隧道周围，减少侵蚀性地下水与衬砌的接触。目前，在地下水丰富地区，用泄水导洞法将地下水引至导洞内，减少地下水对主体隧道的影响，一般泄水导洞应根据地下水的活动规律和流向，设在主洞的上游，拦截住地下水。地下水不发育地区，在隧道背后做盲沟，将地下水排入盲沟，从而减少对隧道衬砌的腐蚀。

5. 施作防蚀层

采用防蚀层是一种对混凝土表面进行处理的方法，把耐腐蚀的材料铺设在衬砌混凝土表面，使之成为一层防蚀层，是提高衬砌抗腐蚀能力的常用方法。

①防蚀层铺设面的确定。防蚀层可以铺设在衬砌外面，也可以设在衬砌内面，对隧道衬砌，一般采用防蚀层与防水层合二为一，在衬砌外面铺设。

②防蚀层的施作。防蚀层按其成型工艺有注浆、抹面、喷涂(喷射混凝土或喷涂料)和块材镶砌等。

③伸缩缝、变形缝防蚀。当隧道衬砌的伸缩缝、变形缝发生侵蚀病害时，可在病害发生处，施作位于衬砌背后的排水盲沟把水排走。如果采用防水措施，可用油膏和胶油嵌缝，缝口再用氯丁橡胶粘合剂粘贴氯丁橡胶，用开卸式塑料止水带或软的聚氯乙烯板条封口。施工缝如果发生腐蚀，可用聚氯酯注浆防水。

## 复习与思考题

隧道侵蚀的防治措施有哪些？

# 参考文献


[1] 国家铁路局. 铁路隧道设计规范：TB 10003—2016[S]. 北京：中国铁道出版社，2017.

[2] 中国铁路总公司. 铁路隧道设计规范(极限状态法)：Q/CR 9129—2018[S]. 北京：中国铁道出版社有限公司，2019.

[3] 中国铁路总公司. 高速铁路隧道工程施工技术规程：Q/CR 9604—2015[S]. 北京：中国铁道出版社，2015.

[4] 中国铁路总公司. 客货共线铁路隧道工程施工技术规程：Q/CR 9653—2017[S]. 北京：中国铁道出版社，2017.

[5] 国家铁路局. 铁路隧道工程施工质量验收标准：TB 10417—2018[S]. 北京：中国铁道出版社，2019.

[6] 国家铁路局. 高速铁路隧道工程施工质量验收标准：TB 10753—2018[S]. 北京：中国铁道出版社，2019.

[7] 国家铁路局. 铁路隧道工程施工安全技术规程：TB 10304—2020[S]. 北京：中国铁道出版社有限公司，2020.

[8] 中国铁路总公司. 铁路隧道监控量测技术规程：Q/CR 9218—2015[S]. 北京：中国铁道出版社，2015.

[9] 中国铁路总公司. 铁路隧道超前地质预报技术规程：Q/CR 9217—2015[S]. 北京：中国铁道出版社，2015.

[10] 中国铁路总公司. 铁路隧道工程施工机械配置技术规程：Q/CR 9226—2015[S]. 北京：中国铁道出版社，2015.

[11] 中国国家铁路集团有限公司. 铁路隧道衬砌施工技术规程：Q/CR 9250—2020[S]. 北京：中国铁道出版社有限公司，2021.

[12] 中国国家铁路集团有限公司. 铁路隧道锚杆支护技术规范：Q/CR 9248—2020[S]. 北京：中国铁道出版社有限公司，2021.

[13] 中国国家铁路集团有限公司. 铁路隧道湿喷混凝土施工技术规程：Q/CR 9249—2020[S]. 北京：中国铁道出版社有限公司，2021.

[14] 国家铁路局. 铁路瓦斯隧道技术规范：TB 10120—2019[S]. 北京：中国铁道出版社有限公司，2019.

[15] 国家铁路局. 铁路隧道盾构法技术规程：TB 10181—2017[S]. 北京：中国铁道出版社，2017.

[16] 中国铁路总公司. 铁路黄土隧道技术规范：Q/CR 9511—2014[S]. 北京：中国铁道出版社，2014.

[17] 中华人民共和国国家质量监督检验检疫总局，中国国家标准化管理委员会. 全断面隧道掘进机　术语和商业规格：GB/T 34354—2017[S]. 北京：中国标准出版社，2017.

[18] 习淑娟，骆宪龙. 铁路隧道施工与维护[M]. 2 版. 北京：中国铁道出版社有限公司，2019.

[19] 王国博. 高速铁路隧道工程施工技术[M]. 2 版. 北京：中国铁道出版社有限公司，2019.

[20] 张俊儒. 隧道工程[M]. 成都：西南交通大学出版社，2013.

[21] 赵勇，肖明清，肖广智. 中国高速铁路隧道[M]. 北京：中国铁道出版社，2016.

[22] 卿三惠. 高速铁路施工技术・隧道工程分册[M]. 北京：中国铁道出版社，2013.

[23] 孙振川，陈馈，杨延栋. 山区复杂地质长大隧道岩石掘进机(TBM)及其掘进关键技术[M]. 北京：人民交通出版社股份有限公司，2020.

[24] 杜彦良，陈馈，王江卡. TBM 隧道施工[M]. 福州：福建科学技术出版社，2021.